高职高专营销类专业能力本位系列教材
编写指导委员会

总 主 编：陈周钦

执行主编：曾艳英　高南林

编 委 会：曾艳英　覃常员　蒋　令　赵柳村

　　　　　黄本新　卢　岩　张　波　陈俊宁

　　　　　陆凯红　汤　俊　高南林

高职高专营销类专业能力本位系列教材

现代汽车营销

XIANDAI QICHE YINGXIAO

主　编：黄本新　钟向忠

副主编：胡勇军　陈曙征　黄新生

暨南大学出版社
JINAN UNIVERSITY PRESS
中国·广州

图书在版编目（CIP）数据

现代汽车营销/黄本新，钟向忠主编．—广州：暨南大学出版社，2010.9
（高职高专营销类专业能力本位系列教材）
ISBN 978－7－81135－546－8

Ⅰ．①现…　Ⅱ．①黄…②钟…　Ⅲ．①汽车—市场营销学—高等学校：技术学校—教材
Ⅳ．①F766

中国版本图书馆 CIP 数据核字(2010)第 116369 号

出版发行：暨南大学出版社

地　　址：中国广州暨南大学
电　　话：总编室（8620）85221601
　　　　　营销部（8620）85225284　85228291　85228292（邮购）
传　　真：(8620) 85221583（办公室）　　85223774（营销部）
邮　　编：510630
网　　址：http：//www.jnupress.com　http：//press.jnu.edu.cn

排　　版：广州市天河星辰文化发展部照排中心
印　　刷：广州市怡升印刷有限公司

开　　本：787mm×1092mm　1/16
印　　张：17.625
字　　数：450 千
版　　次：2010 年 9 月第 1 版
印　　次：2010 年 9 月第 1 次
印　　数：1—3000 册

定　　价：32.00 元

（暨大版图书如有印装质量问题，请与出版社总编室联系调换）

总 序

"十一五"期间，教育部、财政部决定实施国家示范性高等职业院校建设计划，通过重点建设 100 所国家示范性高职院校，带动全国高职院校深化改革，提升高等职业教育的整体建设水平。这标志着我国高等职业教育进入了一个追求内涵发展的新历史阶段。这是科学发展观在我国高等教育领域的具体体现，对促进我国高等职业教育更好更快发展具有重大的战略意义。

在人数与规模上，高职教育已占有我国高等教育的半壁江山。经过多年的发展，高职教育已从当初规模化建设转向突出内涵发展、转向深入课程改革与提升学生的核心专业能力培养上来。在当前全国各类学校争创示范院校中，我国高等职业教育正在进行一场颠覆性变革。如何进行内涵建设，提高课程教学质量，是当前所有高职院校面临的一项重要课题。

随着我国生产力水平的不断提高，市场竞争日益激烈，传统的营销方式越来越不能满足经济发展的需要，市场向营销工作提出了更高要求，也向营销人才培养提出了更高要求。2006年以来，广东交通职业技术学院开始在全院各专业中大力推行基于工作过程和岗位能力的课程教学改革。我们通过工学结合基地建设、专家讲座、说课比赛、教学示范、教学观摩、教学评价、教师培训、教案评比等一系列工作，将教学改革逐步推进，并在各专业与各一线教师中深入开展。根据我院"航标灯精神"和"铺路石品格"的人才培养理念，各专业对原有的专业课程体系进行了根本性的改造，并取得了初步的成效。

为了满足实际教学的需要和进一步巩固改革成果，在充分调研与分析的基础上，我们组织近二十所高职学校的百余位专业老师及多名知名企业的专业人士共同编写了这套营销类专业能力本位系列教材。我们力求将知名企业实践与理论有机结合起来，以就业岗位为导向，强调分析企业实际工作过程与岗位关键能力训练；重点结合近年来国内尤其是广东的知名企业营销工作来进行内容提炼与编排；充分听取和吸收企业人员的意见，每一本教材都有企业顾问参与编写或是进行审核；合理补充新知识与新内容，充分体现高职教育特点。每一个案例、技能训练活动、习题等都精益求精，强调实践性与可操作性。真正把教师备课、授课、辅导答疑、学生考证、企业实际工作内容、岗位能力训练等教学、实训环节有机地结合起来。其编写特色主要体现在以下几个方面：

（1）突出能力本位。力求面向专业培养方向和岗位工作要求，不断强调学生岗位业务操作能力和自我学习、思维能力以及创造性解决问题的能力，促进学生就业以及后续发展。

（2）内容新颖。借鉴国内外最新教材与成果，案例取材主要为近几年国内尤其是广东省内的知名企业实践经验，内容突出岗位实际操作，融会最新理论与实践成果。

（3）合作交流。本系列教材由全国近二十所高职院校近百名专业教师与企业专业人士共同合作编著而成，相互交流学习，集思广益，共同编写，具有较强的实战性与适用性。

（4）配套产品丰富。本系列教材除有电子课件外，还有教学视频、习题、考卷、知名企业一手岗位训练内容等，为一线教师提升教学质量提供方便。

衷心希望这套系列教材能有助于进一步深化高职院校营销类专业教学改革，为新形势下高职营销人才培养作出一份贡献。同时，也希望广大教师与读者多提宝贵意见。

广东交通职业技术学院院长　陈周钦
2009 年 2 月

前 言

2008 年底，金融危机登陆中国，一时之间，市场哀鸿遍野，汽车营销企业也不例外。"减掉脂肪、缩减成本、控制产能、削减营销开支"——2008 年底大部分汽车企业不约而同地采取这些措施。2009 年上半年，中国汽车市场营销活动大幅减少，直到 2009 年下半年，由于政府"保八经济目标和小排量购置税减半"政策的实施，汽车消费市场迎来了井喷时期，各汽车企业手忙脚乱，导致临时性的营销活动严重缺乏创新性，只是重复进行"节油赛、全国巡展、车友会、明星代言"等传统营销活动。但这些活动往往只是"一次性"的，钱依旧花不到点子上，铺张浪费严重。2009 年，虽然中国汽车产销突破 1 300 万辆，但汽车营销的效果并不明显。

从本质上说，最好的汽车营销是让消费者通过各种渠道全方位了解车型、品牌以及诉求，最终促成购买决定。消费者的购车行为与购买情况分析、汽车营销企业完善的售后服务、良好的沟通技巧、行之有效的营销策划，这些都要求销售者具备扎实的营销理论基础，同时也需要他们具有良好的现场销售能力。

根据目前国内汽车营销市场的特点，结合高等职业教育理论"够用为度、注重技能训练"的特性，以培养第一线的汽车营销人才为目标，编者深入汽车销售企业实地调研，以汽车销售的工作过程为主线来编写本教材。

本教材编写有两方面的特点：

（1）注重实践性，多案例分析，少理论阐述，以职业岗位能力为本位，力求教材简洁、明了。教材内容参阅了大量国内外公开发表的资料和文献，教材的内容精练、精选，目的是使初学者通过学习能很快成为一个懂得汽车销售的专业人才。

（2）打破传统的营销教材编排顺序，对理论体系进行了重新整合，以汽车营销实务为核心，在汽车技术知识方面不求纵向深入，而求横向宽泛，吸收前沿的营销理论和营销方法。教材首先分析、阐明作为基层的专业汽车销售人员应具备的素质与应遵循的规范，然后拓展到中层的汽车销售人员所应具备的汽车营销策划能力。

本书由广东工程职业技术学院黄本新和钟向忠任主编，广州航海高等专科学校胡勇军、广东工程职业技术学院陈曙征、广州工商职业技术学院黄新生任副主编。广东工程职业技术学院钟向忠编写第一章和第二章，广州工商职业技术学院黄新生编写第三章，广东工程职业技术学院陈曙征和李江分别编写第四章和第五章，广东工程职业技术学院黄本新编写第六章和第七章，广州航海高等专科学校胡勇军编写第八章和第九章。全书由黄本新统纂，广州大学松田学院陈芳红和广州华立科技职业学院陈建负责核对、整稿。

希望本教材能为汽车营销类应用型人才的培养有所贡献。鉴于汽车营销实务涉及的内容具有可变性和时效性的特点，加之时间仓促，水平有限，恳请广大读者提供宝贵的改进意见。

编　者

2010 年 3 月

目 录

第一章　汽车营销人员要求

学习目标

1. 了解汽车的分类和新名称的含义，掌握汽车的基本构造和主要性能。
2. 掌握规范、得体的语言和基本社交礼仪。
3. 了解服务意识的重要性，掌握培养良好服务意识的方法。
4. 掌握专业汽车销售人员必备的知识和技能。

买车的故事

王莉是一个很要强的女孩子，不管是生活中还是工作上，她都希望做得比别人好。最近，看到周围的朋友们都开上了小车，她觉得赶不上潮流了。

王莉的工作单位离家有点远，她每天大约有3个小时的时间都花在路上。看到大好的时光就这样在上下班的路上白白流走，她很希望能拥有自己的小车。

王莉决定买车是经过了一番痛苦抉择的。收入不高，积蓄不多，而且每个月还要供楼，一想到买车，她都愁得不得了。幸亏有家里人支持，又跟朋友借了一些，好不容易凑了十万元。

买什么车好呢？尽管想拥有一台属于自己的车子，但王莉对车辆的认识实在有限，当然，还是可以从报纸上或网上了解到十万元左右的小车有哪些。至于哪类车的性价比较高，就不得而知了。

王莉有一个朋友是"老"司机，开了很多年的车。看到王莉的情况，他建议她买一辆日本车，因为日本车省油，维护费用也不高。就这样，一个星期六上午，王莉一个人到离家较近的日产车4S店"相"车。

接待王莉的汽车营销员叫曾君，看上去是一个二十岁出头的男孩。王莉请曾君仔细介绍价格在十万元左右的各种不同车辆的情况，她希望通过比较不同类型的车辆以作出购买决定。

第一节　汽车专业知识

一、汽车的分类

（一）汽车的八种类型

（1）四门三厢轿车（Sedan）。这是在街上最常见的四门三厢车，中国内地称之为轿车，中国台湾人称之为房车。这类车如广汽本田，上海帕萨特、别克，奥迪 A6 等，但缺乏个性。

（2）两厢掀背车（Hatchback）。通常是掀背式两厢车，车尾上的门可向上掀起。外形小巧玲珑，价格比较便宜。

（3）旅行车（Wagon）。大多数旅行车都是以轿车为基础，将轿车的后备厢加高到与车顶齐平，用来增加行李空间。现在北美很多车都有相应的 Wagon 版本。

（4）客货两用车（VAN）。VAN 的中文意思就是：客货两用车，也称 MPV（Multi-Purpose Vehicle，多功能用途车）。在北美，VAN 是常见的车型，既有四四方方的 VAN，也有圆滑的 VAN；在中国，也叫大面包、子弹头等，通常有 7～8 个座位，侧面是滑行的车门。

（5）越野车（SUV）。主要有 Sport UtilityVehicle、兰德罗孚、兰奇罗孚大切诺基、陆地巡洋舰，现在的雷克萨斯 LX470 及悍马，都是相当出色的 SUV，都有着极强的越野性能。

（6）皮卡车（Pick-up Truck）。皮卡在北美人眼中是最稳健、最忠实的伙伴，但在中国并不流行。

（7）可折叠敞篷车（Convertible）。这类车主要以休闲为主。

（8）跑车（Roadster）。顾名思义，就是要跑得快，像 ACURANSX。

（二）轿车分类

1. 国外轿车分类

欧系分类：德国轿车分为 A、B、C、D 四级，其中 A 级车又可分为 Aoo、Ao 和 A 等三级车。美系分类：通用公司一般将轿车分为六级，是综合考虑了车型尺寸、排量、装备和售价之后得出的分类。

2. 国内轿车分类

以价格为主，技术规格为辅。20 万元以上的轿车归为中高级轿车；15～20 万元为中级轿车；10 万元左右或 10～15 万元为普通级轿车；10 万元以下为微型轿车或经济型轿车。

（三）轿车级别划分

轿车发动机的总排量可以作为区分轿车级别的标志。发动机总排量是指发动机全部汽缸的工作容积之和，单位是 L。我国轿车分级是以发动机总排量为依据的。

排量小于或等于 1L，属于微型车。排量大于 1L 且小于等于 1.6L，属于普通级车。排量大于 1.6L 且小于等于 2.5L，属于中级车。排量大于 2.5L 且小于等于 4L，属于中高级轿车。排量大于 4L，属于高级轿车。排量越大的轿车，功率越大，加速性能越好，车的内装饰也越高级，其档次也就越高。

（四）轿车外形种类

轿车按其车身的特点，可分为双门轿车、双门硬顶轿车、四门轿车、四门硬顶轿车、高级轿车、旅行轿车、掀背式轿车和敞篷轿车等。

双门轿车：设有两排座、两个门，外形明显地分为头、中、尾三部分。

双门硬顶轿车：是双门轿车的变形。

四门轿车：设有两排座四扇门，是最通用的车身样式，外形与双门轿车相同。

四门硬顶轿车：是四门轿车的变形。特点是：中支柱去掉上半段，车顶轻巧，动感好，但密闭性和安全性不如四门轿车。

高级轿车：设三排座，中间一排可折叠，前排座位后部有隔窗。

旅行轿车：即将四门轿车的车顶向后延伸，后排座椅可叠起来，以便放置行李。

掀背式轿车：除驾驶员外，其余的座椅都可叠起来的轿车。

敞篷轿车：采用可折叠的软篷或可拆卸的硬顶制成，侧窗通常也可拆卸，供检阅使用。高级敞篷车还设有可升降的后排座椅和栏杆扶手。

二、汽车结构常识

（一）汽车整体结构

（1）汽车主要由发动机、底盘、车身和电器设备组成。发动机是汽车的动力装置，是汽车的心脏。发动机产生的动力，通过底盘传动系传给驱动轮驱动汽车行驶。汽车传动系通常由离合器、变速器、万向传动装置和驱动桥组成。如下图所示。

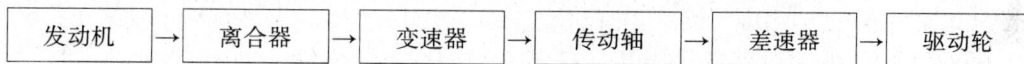

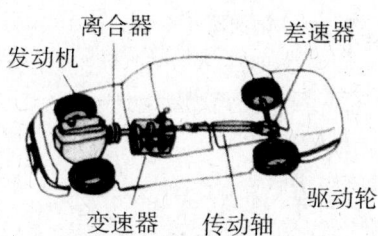

发动机 → 离合器 → 变速器 → 传动轴 → 差速器 → 驱动轮

手动变速器汽车（MT）　　　　　自动变速器汽车（AT）

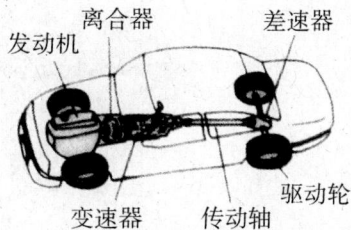

（2）根据发动机和驱动轮的位置，传动系在汽车上的布置形式分为：发动机前置后轮驱动（FR）、发动机前置前轮驱动（FF）、发动机后置后轮驱动（RR）、发动机前置前、后轮驱动（4WD）。如下图所示。

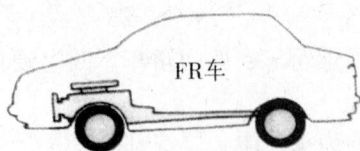

发动机前置后轮驱动　　　　　　　　发动机后置后轮驱动

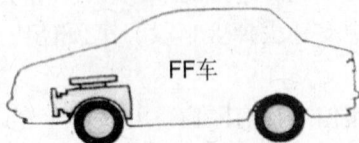

发动机前置前轮驱动　　　　　　　　发动机前置前、后轮驱动

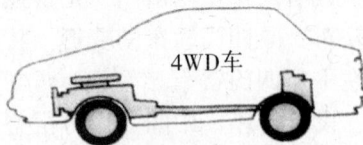

（3）汽车发动机所产生的动力经传动系传给驱动车轮，当车轮与地面接触时，地面给车轮一个反作用力，这个反作用力称为驱动力。当驱动力足以克服汽车的行驶阻力并且地面有足够大的附着力时，汽车便能行驶。行驶阻力包括：滚动阻力、空气阻力、坡度阻力和加速阻力。

（二）机械常识

1.发动机

（1）发动机是汽车的动力装置，其作用是将燃料燃烧的热能转化为机械能，为汽车行驶提供动力。发动机由机体、曲轴连杆机构、配气机构、冷却系、润滑系、燃料供给系和点火系（汽油机）等组成。如下图所示。

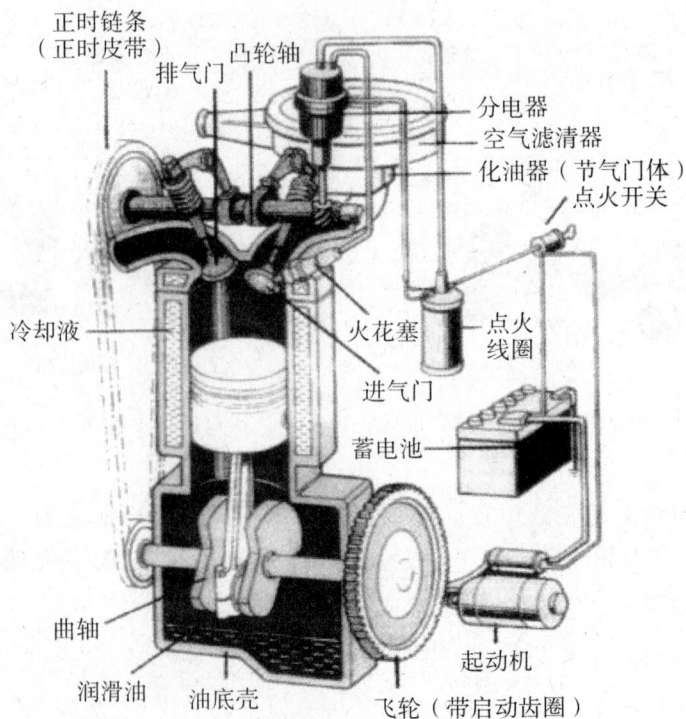

（2）发动机的工作循环由进气、压缩、作功、排气四个过程组成。活塞往复四个行程完成一个工作循环的发动机称为四冲程发动机。如下图所示。

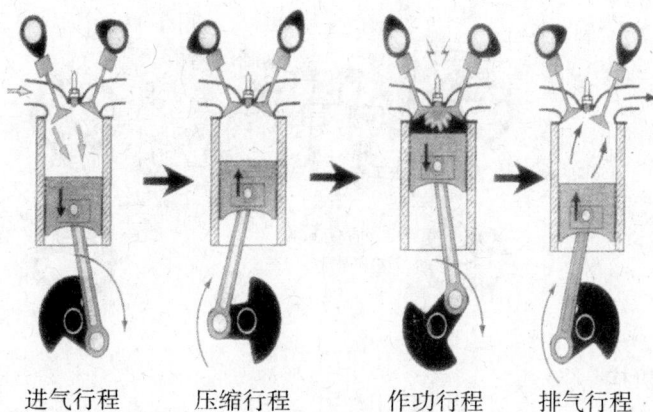

进气行程　　　　压缩行程　　　　作功行程　　　排气行程

2. 底盘

（1）汽车传动系由离合器、变速器、万向传动装置和驱动桥组成。如下图所示。

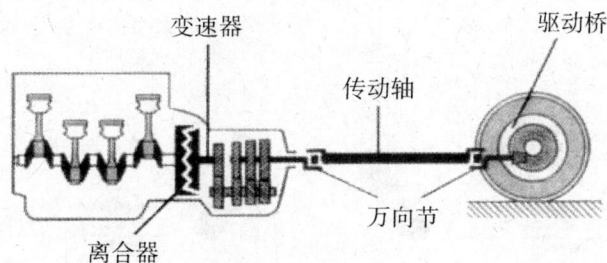

（2）汽车行驶系由车架、车桥、悬架和车轮等部分组成。

（3）转向系的作用是在驾驶人的操纵下改变或保持汽车行驶的方向。转向系由转向盘、转向器、转向节、转向节臂、横拉杆和直拉杆等主根本机件组成。如下图所示。

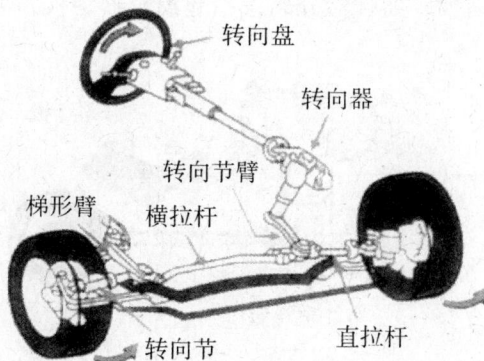

（4）液压式制动系主要由制动主缸、制动轮缸、车轮制动器、油管和制动踏板等组成。如下图所示。

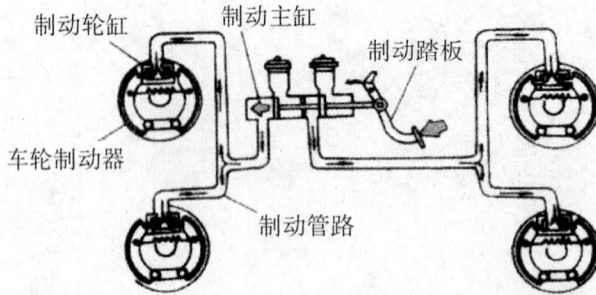

制动轮缸　制动主缸　制动踏板
车轮制动器
制动管路

（三）汽车操纵机构

汽车的驾驶操纵装置，一般都设在驾驶员能方便操作的位置，其装置的布置因车型不同而有所区别，但其作用和操作方法基本相同。

1. 转向盘

转向盘是操纵汽车行驶方向的装置，通过它控制转向轮使车辆直行或转向；转向盘向左转动，转向轮向左摆动，车辆向左转弯；转向盘向右转动，转向轮向右摆动，车辆向右转弯。如下图所示。

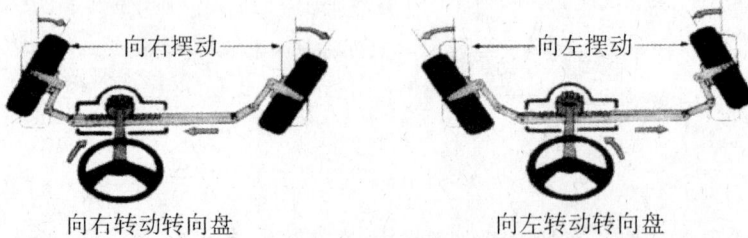

向右摆动　　　　　　向左摆动

向右转动转向盘　　　　　　向左转动转向盘

2. 离合器踏板

离合器踏板设置在驾驶室左侧底部，是离合器的操纵装置，用以控制发动机与传动系动力的相接与脱开。踏下离合器踏板，离合器分离；抬起离合器踏板，离合器接合。如下图所示。

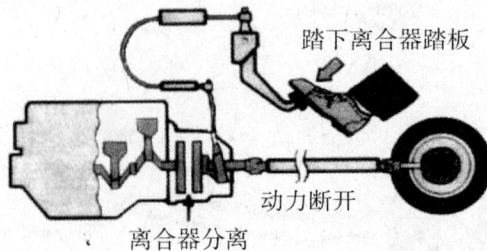

踏下离合器踏板
动力断开
离合器分离

3. 制动踏板

制动踏板设置在驾驶室底部，是行车制动器的操纵装置，用以操纵车辆减速和停车。踏下制动踏板，产生制动作用；抬起制动踏板，解除制动。如下图所示。

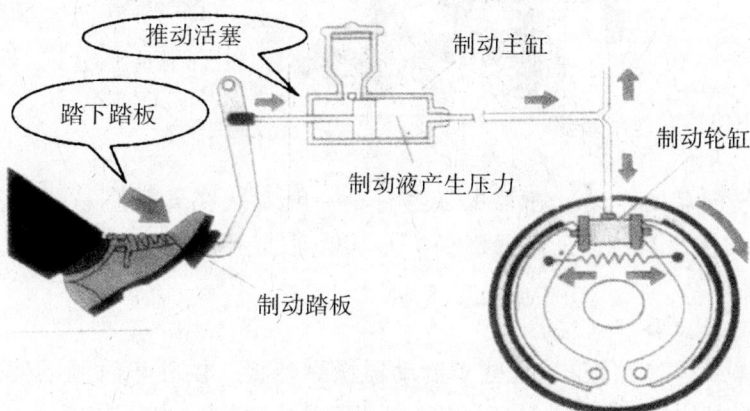

推动活塞

踏下踏板

制动主缸

制动轮缸

制动液产生压力

制动踏板

4. 加速踏板

加速踏板设置在驾驶室底部，用以控制节气门开度（或柴油喷油泵柱塞的有效行程），改变发动机的转速和输出功率。踏下加速踏板，发动机转速升高；松抬加速踏板，发动机转速下降。如下图所示。

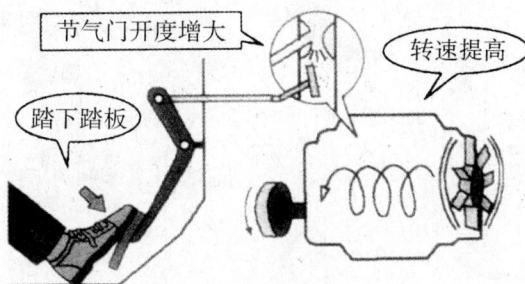

节气门开度增大

转速提高

踏下踏板

5. 变速杆

（1）手动变速器的变速杆是变速器的操纵机构，左置式转向盘的汽车变速器操纵杆一般安装在驾驶座的右侧位置或转向柱上，用以通过变换不同档位或分离变速器内相应的各档齿轮，改变传递的转矩和转速。如下图所示。

变速杆球头

变速杆

变速器

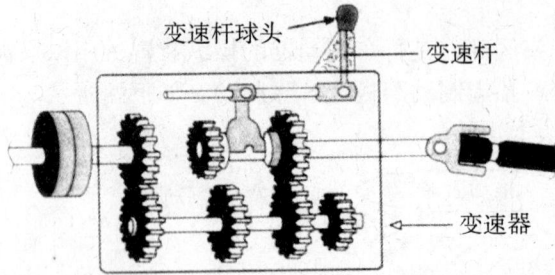

（2）左置式转向盘的自动变速器的变速杆，一般安装在驾驶座右侧位置，设有停车档（P）、倒档（R）、空档（N）、正常行驶档（D）、低速档（1、2、3），变速杆球头上设有锁止按钮。

6. 驻车制动器操纵杆（踏板）

驻车制动器操纵杆（踏板），是驻车制动器操纵装置，供驻车时制动使用，拉紧操纵杆（踏下踏板）起制动作用，放松操纵杆（松抬踏板）解除制动。如下图所示。

后轮制动

踏下踏板

手拉式驻车制动器操纵装置　　脚踏式驻车制动器操纵装置

7. 其他操纵件

（1）点火开关大多数安装在转向盘右下方，用于接通或切断起动机、点火和电器线路。点火开关一般设有四个位置，分别标注 0 或 LOCK（插入或拔出点火钥匙位置，在此位置时，转向盘会被锁住）、Ⅰ 或 ACC（在此位置时，发动机关闭，其他车用电器可正常使用）、Ⅱ 或 ON（发动机工作位置）、Ⅲ 或 START（起动机工作位置）。

（2）阻风门拉手一般安装在仪表盘左下侧，是化油器起动装置的操纵机件，用来控制化油器阻风门的开闭；常用于冷启动发动机、升温运转以及混合气过稀动力不足时。

（3）汽车的喇叭按钮一般位于转向盘顶端，少数车辆安装在一侧手柄或组合开关上。按下按钮时喇叭响，松开按钮停止鸣喇叭。

（4）灯光、信号组合开关是控制转向灯、照明灯光和信号灯光的装置，大多数安装在转向盘左下方转向柱上，用左手操纵。常见的有旋转—提拉式。如下图所示。

转动前照灯杆

位置1——车宽灯、尾灯、牌照灯和仪表灯点亮
位置2——前照灯和上述所有灯点亮

远光——打开大灯，向外推杆（位置1）
近光——把杆拉向自己（位置2）
远、近光闪烁——把杆全部拉回，再释放，远光关闭（位置3）

左转　右转

抬按转向灯光（点火开关处于接通位置ON时）
位置1——向上抬，右转向灯点亮
位置2——转完后，此杆自动复位，或在变速车道后，需用手将杆复位
位置3——向下按，左转向灯点亮

危险报警闪光灯（俗称双闪）
按下时前后的两侧转向灯会同时闪烁
停车时或在交通混乱时，用于警告其他车

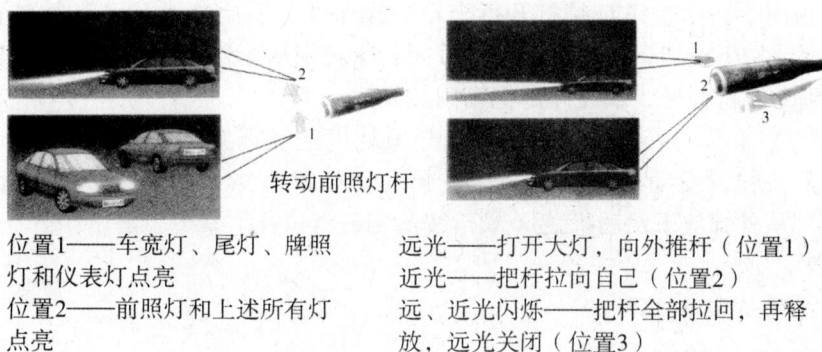

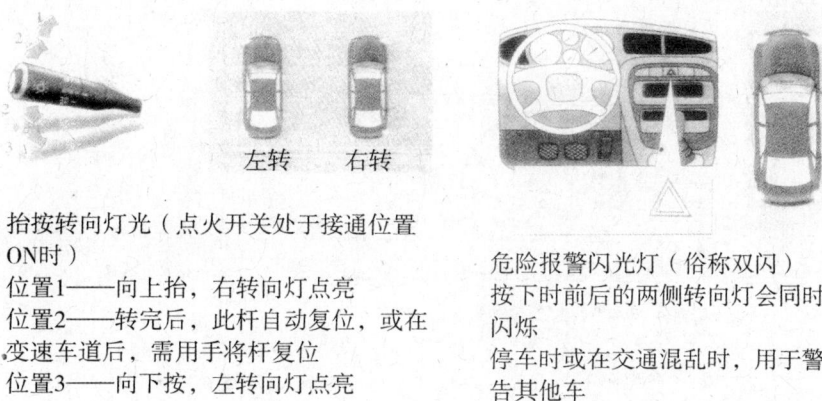

（5）风窗玻璃刮水器开关，是控制刮水器的操作装置，大多数安装在转向盘右下方转向柱上，用右手操纵。将开关手柄向下拉或向上推，可选择不同的刮刷档位。如下图所示。

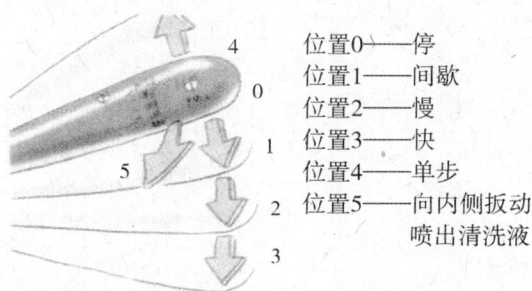

位置0——停
位置1——间歇
位置2——慢
位置3——快
位置4——单步
位置5——向内侧扳动喷出清洗液

（6）防雾灯开关是控制前后防雾灯的操作机件，按下前雾灯（或向前旋转）开关，前雾指示灯、前雾灯亮；按下后雾灯（或向后旋转）开关，后雾指示灯、后雾灯亮；部分车辆前、后雾灯只有在示宽灯、近光灯或远光灯亮时才工作。

（7）后视镜操纵杆是操纵室外后视镜和室内后视镜的操纵件。车外后视镜手动操纵杆位于车辆前门内侧，可在车内4个方向上调整车外后视镜；室内后视镜调整，可扳动扳钮使后视镜上下转动一个角度，扳回扳钮，后视镜恢复原位。

（8）行李箱门手柄（按钮）是打开行李箱的操作件，手柄位于登记表盘左下方或左侧门下方，拉起手柄或按下按钮，行李箱打开；关闭行李箱门从车外部操作，抓住行李箱门内衬上的手把向下拉到3/4行程处，或在外部把箱门按到底。

（9）发动机盖（罩）手柄（按钮）是打开发动机盖（罩）的操作件，位于仪表盘下方，拉起手柄或按下按钮，发动机舱盖打开；提起发动机罩边缘上的锁舌，即可掀开发动机盖（罩）；关闭时，从外部放下发动机盖（罩）按落到底就位并卡紧。

（四）仪表

1. 几种常见的仪表盘

如下图所示。

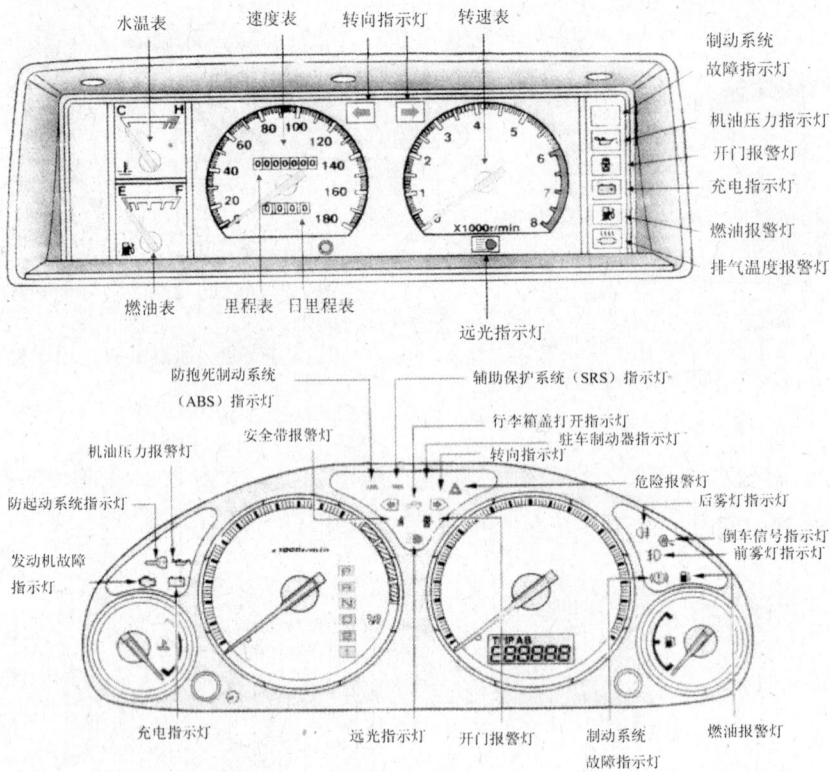

2. 仪表盘上各种符号的含义

如下图所示。

灯光总开关	前照灯近光	前照灯远光	位置灯	前雾灯
前照灯水平手调机构	转向指示灯	危险报警灯	燃油液面高度指示灯	水温指示灯
机油压力指示灯	蓄电池充电指示灯	制动系统故障指示灯	防抱死制动系统指示灯	发动机控制系统指示灯
风扇（暖气、冷气）	空气外循环	空气内循环	空调制冷指示器	地板及迎面出风
迎面吹风	地板及前风窗玻璃吹风	前风窗玻璃刮水器	前风窗玻璃刮水器及洗涤器	前风窗玻璃除霜或除雾
后风窗玻璃刮水器及洗涤器	后风窗玻璃除霜或除雾	雪地起步模式	运动模式	儿童安全锁
安全气囊	点烟器	喇叭	后雾灯	安全带
车门锁住开锁	电动车门	驻车灯	冷却液	音响扬声器

3. 仪表、指示（报警）灯

（1）电流表与充电指示灯用以指示蓄电池充电或放电的电流值，监控充电电路工作是否正常。电流表指针指示在"0"的位置，指示灯不亮；打开点火开关，电流表指针指向"－"的一侧、指示灯亮，表示蓄电池放电；发动机向蓄电池充电时，电流表指针指向"＋"的一侧，指示灯熄灭。

（2）燃油表与液面报警灯用以指示油箱内存油量，表上有"0"、"1/2"、"1"三个读数，分别表示"空"、"一半"、"满"。进口汽车上的燃油表标有"FUEL"字样，指针指向"F"表示满，指向"E"表示空；当最低燃油液面报警灯亮时，需要加注燃油。

（3）机油压力表用以指示发动机运转时润滑系主油道内机油的压力。机油压力报警灯是发动机机油压力过低的警报装置。接通点火开关，指针摆在"0"位置，报警灯亮；发动机怠速运转时，机油压力不低于 0.80 100kPa，报警灯熄灭；发动机正常运转时，机油压力应在 3 100～4 100Pa 之间。

（4）水温表用以指示发动机冷却液的温度，单位℃（摄氏度）。打开点火开关，水温表显示温度，温度报警灯瞬间闪烁后或发动机启动后熄灭；水温表标有字母"H"、"C"，指针指向"H"区表示温度过热，指向"C"区表示温度过低，指向两个字母之间位置表示温度正常；冷却液温度过高或过低时，报警灯亮。

（5）车速里程表一般由速度表、里程表、日里程表组成。速度表指示汽车行驶速度；里程表用来记录累计行驶总里程数；日里程表用于记录一天或某段区间的里程数，按回零位按钮至"0"位后开始计数。

（6）发动机转速表用于调整发动机怠速时转速，检视发动机维持最高效率时的每分钟转速。电子转速表的指示器可以用模拟或数字形式显示转速数值。转速表上标有红色示警限数，发动机转速不得超过红色警区。

（7）驻车制动器指示灯是驻车制动器开关专用指示灯。拉起驻车制动器操纵杆，驻车制动器置于制动位置时，指示灯亮，颜色为红色；松开操纵杆后，指示灯熄灭。

（8）开车门报警灯是车门打开时的指示灯，车上任何一扇门打开或关闭不严时，指示灯亮，颜色为红色。部分车辆设有左右两侧车门指示灯，分别指示左侧或右侧车门打开或关闭不严。

（9）安全带报警灯是提示安全带连接—断开的指示灯。安全带插头未插入固定扣时，指示灯亮，颜色为红色；插头插入固定扣时，指示灯灭。

（10）危险报警灯也称为故障停车信号灯，一般与转向信号灯、停车信号灯共用，有的车辆单独设置。打开报警信号灯开关，所有的转向信号灯和停车信号灯同时闪烁。

（11）倒车信号指示灯及报警器是倒车时的报警装置。将变速杆挂入倒档时，倒车信号灯亮，报警器发出断续的报警声，用以警告车后的行人和其他车辆驾驶者。

（五）汽车新型系统、设备

1. 自动变速器（AT、CVT、AMT）

汽车自动波常见的有三种类型，分别是液力自动波（简称 AT）、机械无级自动波（简称 CVT）、电控机械自动波（简称 AMT）。目前轿车普遍使用的是 AT，AT 几乎成为自动波的代名词。

2. 电控行驶平稳系统（ESP）

电控行驶平稳系统 ESP（Electronic Stability Program），它是 ABS 和 ASR 两种系统功能的延伸。因此，ESP 称得上是目前汽车行驶防滑装置的最高级形式。

3. 电子控制刹车辅助系统（EBA）

EBA 是属于安全配置中的一种，它配合 ABS 更好地发挥刹车的安全性能，能使汽车更安全地行驶。EBA 在行车过程中可以感应到驾驶人对刹车踏板的动作需要。电脑从刹车踏板所侦测到的刹车动作来判断驾驶人此次刹车的意图，如果是非常紧急地刹车，EBA 将会指示刹车系统产生更高的油压使 ABS 发挥作用，而使刹车力更快速地产生，减少刹车距离。EBA 可以根据驾驶者踩刹车踏板的力度与速度，极快地反应和计算紧急程度，瞬间增加制动油压的压力，缩短刹车距离。

4. 即时扭矩自动全时四轮驱动技术（TOD）

TOD（Torque On Demand）可以根据气候和道路状况获得需要的动力。通常情况下，TOD系统表现为后轮驱动，但当路面状况发生变化时，它便会根据需要，将扭矩传送到前轮以提供足够的抓地力。TOD借助12个传感器检测各半轴的工作状态，检测的参数有车速/车轴转速、节气门开度、制动及ABS系统状态等，以防止轮胎丧失附着力。

5. 安全气囊（SRS）

如果说ABS是汽车最重要的主动安全性部件，那么安全气囊就是最重要的被动安全性部件。安全气囊系统由触发装置、气体发生器和气囊三部分组成，触发装置包括传感器、电子控制装置、储备电源和监控装置。电子控制系统接受加速度传感器发来的信号，并进行分析，以测定是否发生碰撞事故，然后对气体发生器发出指令，由电流点燃气囊中的"药物"，并吹胀气囊，整个操作时间约需0.03秒。触发装置中的监控装置可连续自动监控，确保整个气囊系统在任何时候都处于准备工作状态。

6. 制动防抱死系统（ABS）

ABS（Antilock Bakinz System）就是"刹车防抱死装置"。该系统是一种开发时间最长、推广应用最为迅速的重要安全性部件。它通过控制防止汽车制动时车轮的抱死来保证车轮与地面达到最佳滑动率（15%～20%），从而使汽车在各种路面上制动时，车轮与地面都能达到纵向的峰值附着系数和较大的侧向附着系数，以保证车辆制动时不发生抱死拖滑、失去转向能力等不安全的工况，提高汽车的操纵稳定性和安全性，缩短制动距离。

7. 电子转向助力（EPS）系统

EPS（Electric Power Steering）电动转向系统是在20世纪80年代中期提出的。电动转向系统符合现代汽车机电一体化的设计思想，该系统由转向传感装置、车速传感器、助力机械装置、提供转向助力的电机及微电脑控制单元组成。系统工作时，转向传感器检测到转向轴上转动力矩和转向盘位置两个信号，与车速传感器测得的车速信号一起不断地输入微电脑控制单元，该控制单元通过数据分析以决定转向方向和所需的最佳助力值，然后发出相应的指令给控制器，从而驱动电机，通过助力装置实现汽车的转向。通过精确的控制算法，可任意改变电机的转矩大小，使传动机构获得所需的任意助力值。

8. 涡轮增压器（Turbo）

涡轮增压又称为废气涡轮增压，它是利用排气管排出的废气压力去推动一台涡轮，再由涡轮带动一台压气机，来提高进气压力，增加汽缸的充气量。涡轮增压的作用是神奇的，同排量发动机，因为有了涡轮增压，就有可能提高功率30%～100%，有时功率提高虽不明显，但低速扭矩变得非常理想。另外，涡轮增压在节能和环保方面也具有明显优势，所以现在涡轮增压发动机已成为一种发展趋势。

9. 驱动防滑（ASR）

汽车的牵引力控制可以通过减少节气门开度来降低发动机功率，或者由制动器控制车轮打滑来达到目的，装有ASR的汽车综合这两种方法来工作，也就是ABS/ASR。

10. 汽车故障电脑检测仪

汽车故障电脑检测仪的主要功能有：电控系统解码和清码、提供即时故障维修资料、动态数据流测试、终端元件测试以及联机打印功能等。其中动态数据流测试还具有显示动态波形的功能；还可以进行防盗解锁、钥匙匹配、发动机控制单元匹配、怠速调整及设置等操作，能快捷地检测电喷发动机、自动变速器、防抱死制动、安全气囊，自动空调、定速巡航、主动悬架及仪表板等系统，帮助维修人员迅速完成故障定位，进而排除故障。

三、汽车的主要性能

汽车的主要性能是指汽车的动力性、经济性、制动性、操纵稳定性、行驶的平顺性以及通过性等。

（一）汽车的动力性

汽车动力性的可由三个方面来评价：

（1）汽车的最高车速 Vmax（km/h）。汽车的最高车速是指汽车在混凝土和沥青铺设的水平、良好的路面上行驶所能达到的最高行驶速度。

（2）汽车的加速时间 f(s)。汽车的加速时间长短是汽车加速能力的高低的表征，它对平均行驶速度有较大影响。

（3）汽车的最大爬坡度。最大爬坡度是表示汽车满载时，在良好的路面上的上坡能力，也就是汽车最低挡时的最大爬坡度。

（二）汽车的燃油经济性

汽车的燃油经济性，常用在一定运行的工况下，汽车行驶的百千米燃油消耗量或一定燃油量能使汽车行驶的里程来衡量。在我国，通常用单位行程内的燃油消耗量（L/100km）来评价，即行驶 100km 所消耗的燃油升数（L）。其数值愈大，汽车的燃油经济性愈差。

（三）汽车的制动性

汽车的制动性是指汽车在行驶中，按需要强制减速直至停车的能力。汽车的制动性是评价汽车安全性能的主要指标，良好的制动性可提高平均车速，获得高的运输生产率。

（四）汽车的操纵稳定性

汽车的操纵稳定性通常包含相互关联的两部分，即操纵性和稳定性。操纵性指的是汽车快速准确地响应驾驶员发出的转向指令的能力；而稳定性是指汽车遭遇外界干扰时，能抵抗干扰而保持稳定行驶的能力。

（五）汽车行驶的平顺性

汽车行驶的平顺性是现代高速、高效率汽车的一个重要性能。汽车在行驶时，路面不平等因素引起汽车的振动，使乘员或货物处于振动的环境中。振动影响人的舒适性、工作效能和身体健康、货物的安全性。

（六）汽车的通过性

汽车的通过性是指汽车在一定的承载质量下，能以足够的平均经济车速，顺利地通过坏路或无路区域，并能克服各种障碍物且具有一定寿命的能力。

四、汽车新名称的含义

（1）零千米是从国外传入我国汽车销售行业的名词。意为汽车从生产线上组装到用户手中，行驶里程极少，几乎为零。国际工业协会规定，新车下线后，行驶记录不超过 50 英里（注：1km = 0.6214mile）的车才算新车。目前，各制造商均对新车采用集装箱形式运输，以满足用户对车零千米的要求。

（2）绿色汽车的含义为少污染、低噪声、无公害，如电动汽车，以太阳能、天然气、石油液化气、甲醇、氢气为燃料的汽车均属绿色汽车。绿色汽车还派生出了"生态汽车"、"环保汽车"、"零污染汽车"、"清洁汽车"等新名词。

（3）迷你汽车的基本特征是车身短、外壳小、百千米耗油 3.5L 以下、不产生污染的微型轿车。

（4）多功能汽车是在汽车上配有家庭设施、娱乐设施装置，供人们生活、休闲、娱乐。

（5）家庭轿车是一个概念模糊的汽车新名词，含义为大众家庭购买的价廉质优、安全节油、小排量、低污染的轿车。

（6）智能汽车是利用最新科技成果，使汽车具有自动识别行驶道路、自动驾驶、自动调速等先进功能的模拟人脑的汽车。它与"无人驾驶汽车"、"智能轮胎"、"智能玻璃"等新名词相联系。

（7）安全汽车是综合运用当代最新汽车安全技术的研究成果，以汽车专用电脑控制、指令、协调汽车各安全机构，保证汽车的最佳安全性能。安全汽车装有防抱死系统（ABS）、防滑系统（ARS）、乘员保护系统（SRS）等安全装置。

（8）概念车是汽车厂商用来传达自己的设计理念或未来发展方向的，以展示自己在汽车界的实力。它可能只是一种探索，也可能与即将投产的某种车型非常相近。

（9）汽车广告中的"4S"四位一体是一种服务的方式，包括整车销售（Sale）、零配件供应（Spare part）、售后服务（Service）、信息反馈等（Survey）。"4S"是指集四项功能于一体的汽车服务企业，是四个英文单词的字头缩写。

（10）扭矩：汽车的"爆发力"扭矩和功率一样，是汽车发动机的主要参数之一，它反映在汽车性能上，包括加速度、爬坡能力以及悬挂等。它的准确定义是：活塞在汽缸里的往复运动一次所做的功，单位是牛顿；在每个单位距离所做的功就是扭矩。

（11）发动机压缩比是汽缸活塞的最大行程容积与最小行程容积的比值，也等于整个活塞的运动行程上止点和下止点在不同行程位置的容积比值。简单来讲，就是在发动机汽缸中，有一只活塞在一定的运动行程范围，周而复始地直线往复运动。

（12）转子发动机又称为米勒循环发动机。它采用三角转子旋转运动来控制压缩和排放，与传统的活塞往复式发动机的直线运动迥然不同。

第二节 营销人员的基本礼仪

着装太随便

北京某合资品牌汽车的 4S 店。

店内卫生、干净、整洁是该店给人的第一印象。虽然地处顺义郊区，四周风沙较重，但店内保洁人员非常勤快，专业的工作人员在反复擦拭展车，直到展车光可鉴人。展厅内摆放的绿色植物和鱼缸也很整洁。汽车饰品的货架也摆放整齐，看不到灰尘。

该店最需改进的地方就是员工着装太随便。店面内的工作人员，除了一名销售接待穿着整齐的制服并打着领带，其他工作人员都在工装外套内穿着家常衣服，显得非常杂乱，不够专业。

汽车销售是与人打交道的工作。在销售过程中，汽车销售人员与汽车产品处于同等重要的位置。汽车销售人员的外在形象和言谈举止都会影响客户对汽车的选择。相当一部分客户决定购买汽车是出于对销售人员的好感、信任和尊重。因此，汽车销售人员首先应该学会推销自己，让客户接纳自己，愿意与自己交往，喜欢听自己对汽车的介绍和讲解。只有这样，销售人员才能在与客户接触的过程中成功地卖出产品。

一、塑造良好的形象

（一）适宜的礼仪

礼仪是仪容、举止、表情、服饰、谈吐、待人接物等方面约定俗成的行为规范。礼仪原则有：敬人原则、自律原则与适度原则。礼仪的特征是规范性、可操作性、民族性和时代性。在汽车销售中，礼仪既是"通行证"，又是"润滑剂"。

（二）端庄的仪容

仪容是指一个人的容貌仪表。仪容端庄的具体要求如下：

1. 着装整洁大方

汽车营销人员良好的着装可以满足客户视觉和心理方面的需求。汽车销售公司一般都要求员工统一着装，这不仅能很好地体现企业文化，而且营销人员统一的外在形象也提升了企业的整体形象。营销人员应当着衬衫、打领带。穿外套制服，仪表整洁，并佩戴铭牌。

2. 领带

领带虽小，但却透出一个营销人员的品位，因而要求领带必须端正整洁，不歪不皱，质地、款式与颜色应与服饰匹配，符合自己的年龄、身份和公司的文化，不宜过分华丽和耀眼。一般不提倡佩带印有公司标记的领带，更不应该打真皮或珍珠领带。

3. 鞋袜

专业的汽车销售人员讲求所穿鞋袜必须搭配得当，如果穿有带的皮鞋，应系好鞋带。凡穿西装制服者要求穿皮鞋，皮鞋以黑色为主，应随时保持鞋面洁净亮泽，无尘土和污物，不宜钉铁掌，鞋跟不宜过高、过厚或怪异。袜子必须干净无异味，不能露出腿毛。男性销售人员不应穿白色的袜子，以免影响客户的注意力；女性销售人员应穿肉色短袜或长筒袜，袜子不要褪落或脱丝；女式鞋以中跟或平跟为宜，因为穿高跟鞋会导致步态不灵活，也容易引起疲劳；不允许穿凉鞋或不穿袜子进入工作场所。

4. 化妆要适当

化妆并非女士专有。男士的化妆是指每天早晨要剃须，不留胡子，保持面容整洁；头发要时时梳理，定时理发，不留怪异发型，以显大方得体。女士以化淡妆为宜，切不可浓妆艳抹，佩戴饰物不宜过于贵重和花哨。不论男女，使用香水要选择气味清淡高雅的，不可使用过浓的香水或香脂，以避免香气熏人，引起客户不信任或反感。

具体要求如下：

（1）头发。专业的汽车销售人员要求头发洁净、整齐，无头皮屑，不做奇异的发型。对于男性销售人员，发型款式大方，不怪异，长短适中，头发干净整洁，染发无太大反差，无汗味；不抹过多的发胶把头发弄得像刺一样硬，发脚要修剪干净，不允许留长发或光头。对于女性销售人员，要求不留长过肩部的披肩发，如果平时留长发，工作时应将长发盘在脑后显出职业性；同时，女性也不宜用华丽头饰。从专业的角度看，头发的处理要遵循：前发不附额，侧发不掩耳，后发不及领。

（2）眼睛。眼睛是心灵的窗户，人的心理活动通过眼睛可以得到清晰的表达。专业的营销人员应该做到眼睛无眼屎、无睡意、不充血、不斜视；如果佩戴眼镜，应端正、洁净明亮，不允许在工作场所佩戴墨镜或有色眼镜。

（3）耳朵。耳朵经常清洗，做到内外干净，无耳屎。一般情况下，女性销售人员不戴耳环更容易体现其专业性；男性销售人员切勿为了新潮而穿耳孔、戴耳环，这将有损自身的专业形象。

（4）鼻子。鼻孔干净，不流鼻涕，鼻毛不外露。

（5）嘴与口腔。有些汽车销售人员往往不太注重口腔卫生，一开口就让客户面露难色。因而，要注意保持牙齿整洁洁白，口气清新，防止口腔异味，嘴角无泡沫，与客户洽谈时不允许嚼口香糖等。对于有吸烟嗜好的男性销售人员，更应该注意牙齿的保洁，及时清除牙斑和沉着的色素。

（6）胡子。男性销售人员要注意经常刮干净或修整齐自己的胡子，如执意要留长胡子、八字胡或其他奇形怪状的胡子，那将会对自己的专业形象造成极大的损害。

（7）脸。不论是男性销售人员还是女性销售人员，均要求脸面洁净、无明显粉刺。为了表示对客户的尊重，女性销售人员还须适度化妆，但施粉要适度，不留痕迹。女性销售人员在容妆方面应自然，通过恰当的淡妆来实现，给人以大方、悦目、清新的感觉；不宜描眉、涂眼影、上较夸张的粉底和颜色鲜艳的指甲油；应清淡自然，似有若无，切忌浓妆艳抹。男性销售人员应适当涂些护肤膏，不要让脸上皮肤太干或太油。

（8）脖子。不论是否打领带，专业的销售人员在工作时间内都不应戴项链或其他饰物。

（9）手。在销售中经常会与客户进行手的接触（如握手），因而要求随时保持手的洁净，指甲应经常修理，保持整齐，不留长指甲。擦一些护手霜，保持手的湿润与柔软。对于女性销售人员，不涂有色的指甲油，不戴除结婚戒指以外的其他饰品。

总之，销售人员的形象，是品牌形象的延伸。通过照镜子，不仅可以发现自己妆容是否整齐，而且镜子中的你也是客户眼中的你。

（三）优雅的举止

在与客户的交往中，优雅的举止是汽车销售人员给客户的一张无形的名片。汽车销售人员应具有端正的坐姿、站姿，稳健、轻松的行姿，含蓄、高雅的手势，充满魅力的微笑，炯炯有神的目光。这既能体现汽车销售人员的自信、能力和修养，又能赢得客户的好感，更能亲近他人，从而使沟通更加顺利，给自己带来成功。

具体要求如下：

（1）态度恭敬。恭敬在营销工作中是指对客户要尊重和有礼貌，包括态度和蔼、接待周到、有问必答、不顶撞客户、不打骂客户、不挑剔客户缺点和毛病，解决不了的问题要详细说明等。

（2）表情从容。表情从容是指营销人员在接待客户时有条不紊，不慌不忙，不急不躁，按部就班，情绪镇静，不张扬，不激动，尤其在发生纠纷的时候，能保持镇静。

（3）行为适度。"举止得体"本身包括行为适度，适度才能体现出得体。"举止得体"用来描述人的行为，是指某个行为恰到好处，既不过分，也不缺损。前面提到的"态度恭敬"，是说对客户不能不恭敬，但又不能太恭敬，太恭敬了对方会感到你别有所图。这就是说恭敬要适度。其他如镇静、笑容、亲切、主动、友好等都是这样。

（4）形象庄重。形象庄重是指营销人员的语言、举止不随便、不轻浮、不鬼鬼祟祟。

（四）待人热情

营销人员在接待客户时，要热情，它直接关系到企业形象和企业的经济效益。待人热情是职业活动的需要，是与人交往的首要条件。其基本要求如下：

（1）微笑迎客。微笑迎客是指营销人员在接待客户时，要面带微笑。微笑是热情的表示、欢迎的象征，也是职业活动的基本要素。当客户需要我们的时候，应该笑脸相迎，主动问询服务的内容和要求，使客户感到温暖和愉快。

（2）亲切友好。亲切友好是指营销人员在接待客户时表现出来的亲切、和睦与友善态度。它包括两方面的内容：一方面，语言要亲切友好，即要用礼貌的语言和尊称的敬语；另一方面，在行动上要有亲切友好的表示，即要主动征询客户的意见，并认真帮助他们排忧解难，在接待过程中始终不能有反感、不耐烦的表现。

（3）主动热情。主动热情是指营销人员同客户的关系中，营销人员要始终处于主动的地位，因为有了主动才有热情。首先，要主动地接待客户，包括主动地打招呼，询问客户要求，不能等着客户先开口。其次，要主动地提供高质量的服务，并主动地询问还有什么其他要求。当客户要离开时，要请客户对服务提出意见，并主动道别。

二、运用规范、得体的语言

规范礼貌的语言也是塑造良好形象的方法之一。汽车销售工作是通过语言来沟通各种信息的。接待客户靠语言，展示汽车靠语言，与客户进行洽谈也靠语言，甚至说服客户、达成交易的时候也靠语言。任何一个阶段，都必须通过语言的交流取得销售的成功。因此，汽车销售人员还应注意语言礼仪。

（一）掌握交谈的基本技能

谈话时要做到表情自然、语言亲切、表达得体。说话时手势要适当，动作幅度不要过大，更不要手舞足蹈。谈话时切忌唾沫四溅。汽车销售人员应让话题感人，激起客户共鸣：先让自己感动，再好的话题，如果汽车销售人员自己不为所动，必然无法感染客户；就地取材的话题比较容易引起共鸣；观念性话题更易于与客户交流沟通；独创、新颖、幽默的话题较受欢迎。

（二）营造愉悦和谐的谈话气氛

汽车销售人员在与客户交谈时，应使交谈双方都能感到本次谈话的愉悦氛围。谈话时既不能使客户尴尬，也不能使自己窘迫。要想营造愉悦和谐的沟通氛围，汽车销售人员应做到以下五点：

（1）在与客户交谈时，应使用表示疑问或商讨的语气，这样就可以更好地满足客户的自尊心，从而营造出一种和谐愉悦的谈话气氛。

（2）汽车销售人员交谈的话题和方式应尽量符合客户的特点，应准确地把握客户的性格、心理、年龄、身份、知识面、习惯等。

（3）汽车销售人员在说话前应考虑好话题，对谈话涉及的内容和背景、客户的特点、交谈的时间和场景等因素，都应给予重视。

（4）汽车销售人员应用简练的语言与客户交谈，应注意平稳轻柔的说话声音、适中的速度和清晰的层次。

（5）汽车销售人员应控制好自己的情绪和举止。可用适度的手势配合谈话的效果，但也要得体。在人多的地方，不可以只和某一位客户交谈而冷落旁人。

（三）谈话时应保持谦虚、谨慎

谦虚也是一种礼貌。在与客户初次见面时，汽车销售人员的自我介绍要适度，不可锋芒毕露，这样会给你的客户夸夸其谈、华而不实的感觉。如果为了表示谦虚和恭敬而自我贬低也是不可取的。要想给客户留下诚恳坦率、可以信赖的印象就必须做到自我评价时实事求是、恰如其分。

（四）学会运用幽默的语言

幽默，这种机智和聪慧的产物可以通过巧妙的方式来表达感受。但是，毫无意义的插科打诨并不代表幽默。幽默既是一种素质，又是一种修养；既是一门艺术，又是一门学问。汽车销售人员如果能够巧妙运用幽默的语言会使自己的工作轻松不少。

（五）语言要注入感情

汽车销售人员切忌用生硬、冷冰冰的语言来接待客户。在汽车销售过程中，不可忽视情感效应，它可以起到不可估量的作用。僵硬的语言会挫伤客户的购买信心，而充满关心的话语往往可以留住客户。

（六）遵从接待客户的语言规范

在汽车销售人员接待客户的过程中，还应注意语言规范。语言能体现汽车销售人员的素质和水平。对汽车销售人员来说，文明礼貌用语是十分重要的。汽车销售人员在为客户服务时应注意以下礼貌用语：

1. 迎宾用语

"您好，您想看什么样的车?"

"请进，欢迎光临我们的专卖店!"

"请坐，我给您介绍一下这个车型的优点。"

2. 友好询问用语

"请问您怎么称呼？我能帮您做点什么?"

"请问您是第一次来吗？是随便看看还是想买车?"

"我们刚推出一款新车型，您不妨看看。不耽误您的时间的话，我给您介绍一下好吗?"

"您是自己用吗？如果是的话您不妨看看这辆车。"

"好的，没问题，我想听听您的意见行吗?"

3. 招待介绍用语

"请喝茶，请您看看我们的资料。"

"关于这款车的性能和价格有什么不明白的您请说。"

4. 道歉用语

"对不起，这种型号的车刚卖完了，不过一有货我马上通知您。"

"不好意思，您的话我还没有听明白"、"请您稍等"、"麻烦您了"、"打扰您了"、"有什么意见，请您多多指教"、"介绍得不好，请多原谅"。

5. 恭维赞扬用语

"像您这样的成功人士，选择这款车是最合适的。"

"先生（小姐）很有眼光，居然有如此高见，令我佩服。"

"您是我见过的对汽车最熟悉的客户了。"

"真是快人快语，您给人的第一印象就是干脆利落"、"先生（小姐）真是满腹经纶；您话不多，可真算得上是字字珠玑啊"、"您太太（先生）这么漂亮（英俊潇洒），好让人羡慕。"

6. 送客道别用语

"请您慢走，多谢惠顾，欢迎下次再来!"

"有什么不明白的地方，请您随时给我打电话。"

"买不买车没有关系，能认识您我很高兴。"

总之，汽车销售人员谈吐要得体规范，落落大方。

汽车销售人员在与客户交谈时，还应注意运用以下语言技巧：

（1）汽车销售人员说话时要主题明确、精简，语速适中，保持微笑，最好根据对方的反应调整话题。

（2）汽车销售人员应间接地指出对方的错误，善用形容词增强说话效果，称呼客户的名字和头衔时要让客户感觉亲切与受到尊重。

（3）汽车销售人员应以对方关心的内容为话题，说话时应分辨混淆字词，并注意说话礼貌，多说"请"、"谢谢"等礼貌词。

（4）汽车销售人员应避免说话滔滔不绝，给客户说话的机会，要善于倾听，抓住客户谈话的重点。

（5）让客户了解有关信息，与他们保持合适的谈话距离，以自然姿势辅助说话，沟通时要保持谦恭的态度，认真重述与整理客户的语意。

三、基本社交礼仪

（一）介绍、称呼、握手礼仪

与客户初次相见，打完招呼后，介绍、称呼、握手就是最基本的交际礼节了。

1. 介绍礼仪

（1）为他人做介绍。其先后顺序是：先向身份高者介绍身份低者，先向年长者介绍年幼者，先向女士介绍男士。在口头表达时，先称呼身份高者、年长者和女士。再将被介绍者介绍给对方。介绍时，可以姓名与职务或职称并提，也可以姓与职务或职称并提。当双方年龄相当、地位相当、又是同性时，可以先向先在场者介绍后到者。介绍时，除女士和年长者外，一般应起立，如在会谈桌旁则不必起立，被介绍者可以微笑点头回应。

（2）自我介绍。一般包括姓名、职业、单位即可。某些场合可以多介绍一些情况，如籍贯、经历、特长和兴趣等，以便给人留下深刻的印象。自我介绍一定要大方爽朗，决不能让自己卑下。从接近客户的技巧角度讲，自我介绍的时机，可选在刚一见面，也可以选在交谈中间。客户为初次见面者，没有介绍人又不作自我介绍是失礼的。

2. 称呼礼仪

初次见面，不明对方身份，一般对男士可称"先生"或"老板"，对女士称"小姐"或"太太"；熟悉后对有职务或职称者，可以直接在职务名称前加姓氏来称呼，如"李总"、"王经理"、"张工"等。

3. 握手礼仪

与客户握手时，要主动热情、自然大方、面带微笑，双目注视客户，切不可斜视或低着头。可根据场合，一边握手，一边寒暄致意，如"您好"、"欢迎光临"等。对年长者或有身份的客户，应双手握住对方的手，稍稍欠身，以表敬意。一般情况下，握手要用右手，应由主人、年长者、身份地位高者、女性先伸手。握手时不可用力过猛，尤其对女性，不要长时间握住对方的手。当然，过分松垮也是对对方的不尊重和轻视。几个人同时握手时，注意不要交叉，应等别人握完手后再伸手。不要戴着手套与人握手，这样是不礼貌的。当手不洁或有污渍时，应事先向对方声明并致歉。握手时必须是上下摆动，而不能左右摇动。

（二）名片使用礼仪

初次见到客户，首先要以亲切的态度打招呼，并报上自己的公司名称，然后双手将名片递给对方。名片不应从裤子口袋里掏出，应在上衣口袋或手提包内掏出。递名片时，名片的正面应面对对方，名字要正面面向客户，让客户易于接受。

客户回递名片时，最好是双手去接，并点头致谢。这时不要立即收起来，也不应随意玩弄或摆放，而是认真阅读，要注意对方的姓名、单位、职务或职称，并轻读以示敬重。对没有把握念对的文字，可以请教对方。然后，将名片放入自己上衣口袋或手提包中。

（三）通信礼仪

在营销工作中，经常要使用信函、传真、电子邮件等，约见客户推销商品、向客户致信解释、向关系户发贺贴。写好这些函件，对于销售商品、维系感情、扩大生意起着很重要的作用。

（1）书写要规范、整洁。函件规格一般为称呼、问候语、正文、结束语、署名及发出日期。函件书写要整齐、有序、干净。因为这反映了一个人的能力和性格。它会让人感到寄信人是一位作风严谨、办事认真的人。

（2）态度要诚恳、热情。只有用认真、热情、负责的态度撰写函件，才能给客户留下好的印象，增强感染力，为生意的成交和日后业务的扩大，打下良好的基础。

（3）文字要简练、得体。销售函件不同于一般公文，它要做到文情并茂，但也不能像私人信件那样随意发挥，或滥用辞藻，或过于冗长。否则会使客户感到不耐烦，留下办事不利索的印象。向客户解释时要含蓄、委婉，要尽量用常见的字眼，避免词不达意、避免使用晦涩难懂的词语。

（4）内容要真实、确切。用函件销售商品，所介绍商品的名称、规格、用途、维修等，一定要与实际情况一致。不然客户就会产生受骗的感觉。另外，对商品的价格、供货时间、地点、付款方式的表达也要准确、清楚，否则就可能产生不必要的误解和争议。

（四）电话礼仪

通电话时要使用礼貌用语，如"您好"、"请"、"谢谢"、"麻烦您"等。主动问好，会使人心情开朗，给人留下有礼貌的好印象，并将直接影响客户对你的态度和看法。因此，万万不可忽视电话礼仪。电话铃响接听，第一句话是："您好。"超过四遍才接，就要向对方说"对不起，让您久等了"，这是礼貌的表示，可消除对方久等铃响的不快。打电话时，应礼貌地询问："现在说话方便吗？"要考虑对方的时间和场合。如果客户表示为难，可主动提议约定再通话时间。在接听对方电话时，为表示在认真倾听，应适时说"是，是"、"好，好吧"等，或回应"不，不是"、"让我想想，让我找找"等，一定要用得恰到好处，否则会适得其反；和客户通话时，要注意不要和他人再说话，包括用手盖住话筒与他人说话。如果不得已，要向客户道歉，请其稍候，或者过一会再与客户通话；挂电话前，要向客户说声："请您多多指教"、"抱歉，在百忙中打扰您"等，会给对方留下好印象；客户来电要找的人不在时，可记下其姓名、电话号码，以便回电。一般不主张传话，因为传话容易失真，会带来麻烦；要客气地挂断电话。当接听完电话后，要确定对方已经挂上电话，再轻轻挂断电话。如果在通话中最后致意都没说，或接到的不是自己的电话，便将话筒"砰"地挂断，会给对方留下极坏的印象。

（五）宴请、赴宴礼仪

1. 宴请礼仪

从工作需要出发，宴请不要太铺张。由于各地区、各民族风土人情不同，所以要尊重客户的习惯、爱好。出席宴请，要注意仪容、穿着要整洁大方，男女均可适当化妆，显得隆重有气氛，使宴请活动轻松愉快。

（1）宴请客户的时间、地点在宴请前应与客户商定。

（2）作为宴请客户的主人，一定要比客户提前到达宴请地，并安排好座次。一般主宾坐在主人右上方或左上方，陪同人员要坐在末端。

（3）如需在宴请时签订合同，应事先做好准备，并在餐前进行签字仪式；双方签字后，一般应举杯庆贺。

（4）菜上桌后，主人应注意招呼客户进餐，敬酒不要强求，自饮也不应过量。陪同人员，应配合主人在宴席期间与客户交谈，活跃气氛。

（5）宴会结束，陪同人员应起立礼送，主人应送客户至门口，热情送别。

2. 赴宴礼仪

接受邀请后，不要随意改动。到达宴请地后，应主动向主人问候致意。宴会中，如确有急事需提前退席，应向主人说明，并致歉后静静离去。宴会结束，一般是主宾向主人握手致谢离席。

第三节 良好的服务意识

失 望

2007年1月，山先生的车犯毛病了，气门老是响，他把车开到了某合资品牌汽车在青岛的4S店，要求换气门，可是让他没有想到的是，与其来买车时的殷勤相比，服务人员的态度简直是天壤之别。山先生到了4S店，说明情况之后，就一直等着，在苦苦等待了几个小时之后，山先生得到的答复是可以换，但是必须自己付款，这也就意味着山先生还在保修期内的车，不能享受正常的保修服务了。他要求给个理由和说法，结果，4S店给了山先生一个有关保修的条例，其中有这样一条规定：如果在保修期之内，车主没有在他们4S店做保养，其后出现什么问题，一概由车主自己负责。

这下山先生傻眼了，虽说自己去别的地方做过保养，但是山先生觉得，且不管这个条例本身是否合理合法，4S店应该在客户买车或者做第一次保养的时候就告知消费者，而山先生此前对这个规定一无所知，等到出了问题之后再来告诉他有这样一个条例，从情理上说，他认为这是无法接受的。

而按照山先生自己的理解，这个条款本身也让人无法信服。因为没有任何规定说保修期内所有的车都必须到4S店做保养，4S店的保养不一定就比外面修理厂的保养水平高，车还在保修期内，4S店以这个为由拒绝保修，怎么都说不过去。

4S店是1998年以后才逐步由欧洲传入中国的舶来品。由于它与各个厂家之间建立了紧密的产销关系，具有购物环境优美、品牌意识强等优势，这几年在国内发展极为迅速。

4S店一般采取一个品牌在一个地区分布一个或相对等距离的几个专卖店，按照生产厂家的统一店内外设计要求建造，投资巨大，豪华气派，建成后在5～10年之内都不会落后。

尽管4S店越建越漂亮，但并非每个店都能留得住客户。这是因为有些4S店忘记了它们的核心部分之一：服务，其工作人员缺乏服务意识、无法为客户提供高质量的服务。

一、服务和服务意识

中国社会科学院编、商务印书馆出版的《现代汉语词典》对"服务"的解释是"为集体（或别人的）利益或为某种事业而工作"。也有专家给"服务"下这样的定义："服务就是满足别人期望和需求的行动、过程及结果。"前者的解释抓住了"服务"的两个关键点，一是服务的对象，二是说清了服务本身是一种工作，需要动手动脑地去做；后者的解释则抓住了服务的本质内涵。

4S 其中的一个 S 就是 SERVICE（服务），其每个字母都有着丰富的含义：

S – Smile（微笑）：服务人员应该对每一位客户提供微笑服务。

E – Excellent（出色）：服务人员应将每一个服务程序都做得很出色。

R – Ready（准备好）：服务人员应该随时准备好为客户服务。

V – Viewing（看待）：服务人员应该将每一位客户看做是需要提供优质服务的贵宾。

I – Inviting（邀请）：服务人员在客户消费结束时，应该显示出诚意和敬意，邀请客户再次光临。

C – Creating（创造）：服务人员应该想方设法为客户创造出热情的服务氛围。

E – Eye（眼光）：服务人员应该始终以热情友好的眼光关注客户，使自己适应客户心理，预测其要求，提供及时有效的服务，从而使客户时刻感受到服务人员在关心自己。

综上可以看出，服务意识是一个人对服务（或是某一服务）的理解及根据其理解所表现出来的自觉性行为。服务意识实际上是对服务人员的职责、义务、规范、标准、要求的认识，它要求服务人员时刻保持在客户心中的真诚感。

就企业而言，服务意识是指企业全体员工在与一切与企业利益相关的人或企业的交往中所体现的为其提供热情、周到、主动的服务的欲望和意识，即自觉主动做好服务工作的一种观念和愿望，它发自服务人员的内心。

服务意识包括两个方面：一是某组织内部各个层级之间的；二是该组织与客户之间的。

服务意识的内涵：它是发自服务人员内心的；它是服务人员的一种本能和习惯；它可以通过培养、教育训练形成。在现代社会，服务日渐成为指导人们各项活动的理念之一，服务意识的内涵早已超出了"微笑服务"、"关怀服务"的范畴。

服务意识有强烈与淡漠、主动与被动之分。这是认识程度问题，认识深刻就会有强烈的服务意识；有了强烈展现个人才华、体现人生价值的观念，就会有强烈的服务意识；有了以公司为家、热爱集体、无私奉献的风格和精神，就会有强烈的服务意识。

做好本职工作、合乎制度要求，只能是合格的员工；而能够真正站在客户立场为其着想，才是真正优秀的员工。因此，强调对员工服务意识的培养是非常必要的。有了这样的意识，才能具备相应的能力，再加上必要的条件，才能使优质的服务得以实现。

截然不同的服务

L打算买车。某天，和P跑到广西汽贸园内的某国内品牌汽车的4S店逛了逛，这里客户不多，工作人员无精打采，中央摆了一辆A3、一辆A1，L转悠了十来分钟，整个过程没有一个工作人员过来介绍情况，只有一个销售人员两眼警惕地盯着L，生怕L会把展车一屁股坐坏。L实在忍不住，向这位工作人员询问了一下价格，对方一副爱理不理的样子，挤出一句"没有任何优惠"，甚至像A3这样上市很久的车子，1.6最低配报出的价格高达8.88万元，比官方指导价还高4 000元……L无语，转身出门。

马路对面就是东风标致的4S店，于是L走了进去。还没进门就传来一声问候，忽然间让L有了上帝的感觉，于是在里面耐心地看，其中一名销售人员（其他人都比较忙，基本没有闲着的）一边耐心地给L介绍各款车型的优点，一边介绍目前的优惠状况，尽管销售人员一眼就看出L今天既不是来下订单的，也不像他们的准车主，但还是一点都没表现出不耐烦。L晃悠了十来分钟，大概了解了目前的价格情况，于是转身出门，就在L走出大门约3米远时，一位销售人员追了上来，把他们的产品宣传资料和联系方式亲手递到了L的手上，同时面带微笑地表示任何时候打电话都没有问题。

二、服务意识的重要性

4S店是以"四位一体"为核心的汽车特许经营模式，包括整车销售（Sale）、零配件（Spare part）、售后服务（Service）和信息反馈（Survey）。4S店的核心含义是"汽车终身服务解决方案"。

4S店模式其实是汽车市场激烈竞争下的产物。随着市场逐渐成熟，用户的消费心理也逐渐成熟，用户需求多样化，对产品、服务的要求也越来越高，越来越严格，原有的代理销售体制已不能适应市场与用户的需求。4S店的出现，恰好能满足用户的各种需求，它可以提供装备精良、整洁干净的维修区，现代化的设备和服务管理，高度职业化的气氛，保养良好的服务设施，充足的零配件供应，迅速及时的跟踪服务体系。通过4S店的服务，可以使用户对品牌产生信赖感，从而扩大销售量。

因此，"4S"的关键词是"解决方案"和"服务"。服务是企业生存的命脉，只有清楚这一点，服务人员才能为用户提供最高品质的服务。长期以来，价格竞争是企业最基本、也是最普通运用的竞争手段。然而随着市场竞争的激化，价格竞争的空间越来越小，非价格竞争所占的比例越来越大。在非价格竞争中，提高服务质量是主要竞争手段。

服务也是利润的源泉。在现代商业竞争日趋白热化的今天，服务至上更是企业战胜对手的法宝。企业不但不能脱离客户，还要想方设法接近客户，为客户服务，为企业创造价值，赢得利润。"将心比心"，把自己摆在客户的位置上来考虑问题，客户第一，时时处处为客户着想。

服务会让自己、企业乃至客户都能获得利益，而服务质量则取决于服务意识。企业的任何一分子，从领导到基层员工，都应具备这种意识。这种意识不是平时交谈时的一两句口头禅，而是深入到人的血液中的一种意识，只有具备了这种意识，才能把服务质量提高到一个全新的水平。只有具备良好的服务意识，才不会只从完成自己的工作的角度出发，而是为客户着想，帮客户解决问题。

对于服务人员来说，其责任就是为客户提供高品质的产品，丰富他们的生活，并给他们带来利益。如果没有良好的服务意识，就无法履行责任，导致公司的收入减少，利润下降。具有良好的服务意识，服务人员才能用"心"感动客户，帮助客户，在客户对发生的问题提出争议或投诉时，立刻化解客户的忧虑和烦恼。处理问题时，在不影响公司利益的前提下学会换位思考，做好客户服务。了解了服务对象，才能更好地提供优质服务。

具有良好的服务意识，才能维护公司的品牌。品牌是根植于客户心中，而赢得客户的心是一个艰难的过程。一个品牌的好坏，体现于服务人员的服务意识。具有良好的服务意识，就会持续推出亲情化服务新举措来满足客户的潜在需求，满足客户对"增值"服务的需要，拉开与竞争对手的距离，提升公司的形象，最终感动客户。

意识决定行为，行为产生结果，客户是否满意和服务质量如何，最终是由服务人员的服务意识决定的。

由此我们可以看出，服务意识从本质上来说是一种商业头脑。现在，社会经济环境发生了很大的变化，服务的内容和形式也要随之不断改变，从某种程度上说，服务能否与时俱进取决于服务意识的强弱；同样，企业能够活的长久、活的强大也取决于是否拥有一大批具有良好服务意识的员工。

上牌的波折

一天，吴先生兴致勃勃地去上牌，到最后一步投档时，细心的工作人员发现发票上的合格证字母打错了（在这里真是要好好感谢这个工作人员，前面的程序中没有一个人发现，包括吴先生本人）。于是吴先生回去找4S店的人重开发票，这时就出现了一个问题，因为交购置附加税时已经把税联交上去了，没法给4S店三联发票，后来店里的一个男工作人员居然叫吴先生自己去太平门的交税点更换。吴先生就不愿意了，为了上牌，他专门请了一天的假；再说，4S店做错了事，应该积极地去为客户弥补，而不应该让客户自己去处理。吴先生和该工作人员据理力争，最后4S店里的一个女工作人员答应由店方去处理，并让吴先生配合，把完税证提供给他们去太平门把开错的发票换回来。

三、培养良好的服务意识

国内的汽车厂商在汽车销售市场上经过若干年的激战与磨炼，纷纷提出了一些销售服务的宗旨和理念。如"管家式服务"、"用户满意工程"、"卖产品更卖服务"、"一个中心，六个支撑"、"麻烦自己，方便用户"、"服务及时100%，服务彻底100%，收费合理100%"等。这些销售理念，对进一步贴近消费者、全面服务用户、树立良好的品牌形象具有积极的意义。

（一）明确客户的需要

客户需要

1	物美价廉的感觉	14	站在客户的角度看问题
2	优雅的仪态	15	没有刁难客户的隐藏制度
3	清洁的环境	16	倾听
4	令人感觉愉快的环境	17	全心处理个别客户的问题
5	温馨的感觉	18	兼顾效率和安全
6	可以帮助客户成长的事物	19	放心
7	让客户得到满足	20	显示自我尊严
8	方便	21	能被认同与接受
9	提供售前和售后服务	22	受到重视
10	认识并熟悉客户	23	有合理的、能迅速处理客户抱怨的渠道
11	服务具有吸引力	24	不想等待太久
12	兴趣	25	专业的人员
13	提供完整的选择	26	前后一致的待客态度

（二）客户永远是对的

服务人员要站在客户的立场上去考虑问题，给客户以充分的尊重，并最大限度地满足客户的要求。具体体现在以下四个方面：

（1）要充分理解客户的需求。对客户提出超出4S店服务范围、但又正当的需求，不能认为是客户过分，而是4S店的不足，所以4S店必须将该需求作为特殊服务予以满足，确定难以满足的，必须向客户表示歉意，取得客户的谅解。

（2）要充分理解客户的想法和心态。对客户在4S店外受气而迁怒于4S店，或因身体、情绪等原因而大发雷霆的出格态度和要求，4S店必须给予理解，并以更优良的服务去感化客户。

（3）要充分理解客户的误会。由于文化、知识、地位等差异，客户对4S店的规则或服务不甚理解而提出种种意见，或拒绝与4S店合作，服务人员必须向客户作出真诚的解释，并力求给客户满意的答复。

（4）要充分理解客户的过错。由于种种原因，有些客户有意找碴，或强词夺理，4S店必须秉着"客户至上"的原则，理让客户，给客户面子。

（三）个性化服务

个性化服务通常体现在服务人员的主动性，表现为发自内心地与客户进行情感交流，设身处地地体会客户的心情，最大限度的满足客户需求，以使客户满意、惊喜和感动。

1. 个性化服务的表现形式

（1）一般性个性化服务。即只要客户提出要求，就尽最大的努力去满足他们。这些个性化服务在技术技能上要求不高，只要求员工具备积极主动为客户服务的意识，做到心诚、眼尖、口灵、脚勤、手快。

（2）突发性服务。客户原来没有需求，但在4S店期间发生了需解决的问题，需要4S店帮助，如果此时服务准确到位，客户将永远难忘。

（3）针对性服务。该服务也不一定高档，但要求服务人员有强烈的服务意识，想客户所想，有时甚至要站在客户的立场上看问题。

（4）委托代办服务。指客户本人由于各种原因无法亲身办理而委托4S店代为办理的业务。

2. 个性化服务的要求

熟悉、掌握4S店规范化程序和各岗位操作规程；熟悉、了解相关业务知识；具备超前意识；在最短时间内减少客户的陌生感；服务要具有持续性。

总之，在个性化实施过程中，服务人员应时刻保持最佳的精神状态，才能了解客户的需求。同时，针对回头客进行持续性的个性化服务，是4S店知名度和声誉度在社会公众中不断提高的有力保证。

（四）掌握高度服务意识的关键环节

1. 服务意识形成——接待前的准备

充分的接待前准备包括四个方面：首先是体力的准备；其次是专业知识的准备，必须对产品有足够的了解；第三是了解客户的准备，必须非常了解目标客户，了解其兴趣、爱好，这样便于沟通，便于投其所好；第四是精神上的准备，使自己的情绪达到巅峰状态。

2. 服务意识提升——成交前的工作

显然，这是客户服务最重要的一个环节。

（1）建立客户信赖感。在推销的过程中，要不断地给客户证明，使其百分之百地相信你。建立客户的信赖感，第一是通过自己的形象，也就成功的穿着。第二，要学会倾听。这不仅是建立信赖感的关键，而且也是最直接的了解客户的方式。首先，前20分钟要聊FORM，F代表家庭；O代表事业；R代表休闲；M代表财务。其次，聊购买的价值观。不要想即将说的话，要听出客户真正的意思，从关心的角度跟客户沟通。第三，问问题。问NEADS，N代表现在；E代表满足；A代表更改；D代表决策；S代表解决方案。第四，要模仿对方的谈话。模仿对方的文字、声音和肢体语言，与对方相似，引起共鸣。

（2）提出解决方案并塑造产品的价值。其实客户买的不是车子，而是车子可能带来的软性的东西，比如移动的家、舒适的生活，而这个好处是非常直接的。针对客户的问题、需求和渴望，提出解决方案，同时塑造自己产品的价值：首先给其痛苦，然后再扩大伤口，最后再给解药。

（3）分析竞争对手。货比三家绝对不吃亏。但不可批评竞争对手，如何比较呢？首先，点出车子的三大特色；第二，举出最大的优点；第三，举出对手最弱的缺点；第四，跟车价高的车型做比较。做竞争车型分析，一定要找到客户购买的关键所在，即客户最重要的价值观。

（4）解除反对意见。反对意见应在客户讲出来之前解除应预先框视。任何客户的反对意见一般不超过6个，假如能预先框视这6条反对意见，则极易成交。所有的抗拒点，都通过"发问"解决。

3. 服务意识维护——客户服务

做服务要让客户成为忠诚的客户，而不仅仅是满意的客户，因为满意不等于忠诚。

李嘉诚说：上门找客户累，客户上门来才轻松。当客户有抱怨时，要做额外的补偿，当交车后很多投诉的客户遇到问题，需要4S店出面解决，这时位于一线的销售人员的态度就会在很大程度上左右着矛盾是趋向解决还是进一步激化。因此，不论何时，都应把客户当做自己的朋友看待，尽最大的努力去帮助其解决问题。绝对不能因为给客户造成损失而让4S店失去客户。

第四节　自我修炼　铸造成功

乔·吉拉德的故事

乔·吉拉德，1928年11月1日出生于美国底特律市的一个贫民家庭。9岁时，乔·吉拉德开始给人擦鞋、送报，赚钱补贴家用。乔·吉拉德16岁就离开了学校，成为一名锅炉工，并在那里染上了严重的气喘病。后来他成为一位建筑师，到1963年1月为止，盖了13年房子。35岁以前，乔·吉拉德是个全盘的失败者，他患有相当严重的口吃，换过四十个工作仍一事无成，甚至曾经当过小偷，开过赌场。35岁那年，乔·吉拉德破产了，负债高达6万美元。为了生存下去，他走进了一家汽车经销店，3年之后，乔·吉拉德以年销售1425辆汽车的成绩，打破了汽车销售的吉尼斯世界纪录。他在15年的汽车推销生涯中总共卖出了13001辆汽车，平均每天销售6辆，而且全部是一对一销售给个人的。他也因此创造了吉尼斯汽车销售的世界纪录，同时获得了"世界上最伟大推销员"的称号。

伟大的传奇：

(1) 连续12年被《吉斯尼世界纪录大全》评为世界汽车零售第一。

(2) 连续12年平均每天销售6辆车——至今无人能敌。

(3) 被吉斯尼世界纪录誉为"世界最伟大的销售员"——迄今唯一荣登汽车名人堂的销售员。

(4) 创造了5项吉尼斯世界汽车零售纪录：①平均每天销售6辆车；②最多一天销售18辆车；③一个月最多销售174辆车；④一年最多销售1425辆车；⑤在15年的销售生涯中总共销售了13001辆车。

经济效益是企业一切活动的中心，而销售是实现经济效益的主要途径。汽车经销店里的汽车要送到用户手里就必须通过商品交换，通过汽车销售人员的劳动才能实现。因此，销售工作是整个经销店里面必不可缺的一个重要组成部分，汽车销售是光荣而重要的岗位。汽车销售人员只有在优胜劣汰的市场竞争中，认识市场、适应市场、驾驭市场，才能赢得市场，从而为经销店赢得更多的利润。

一、成为专业的汽车销售人员

要成为训练有素的汽车销售人员，掌握一定的知识和技能、技巧是必不可少的。

（一）与产品相关的知识

专业的汽车销售顾问必须具备全面的知识，有自己独到的见解，能够与客户建立信任，并帮助他们确立倾向于自己所销售的汽车产品的评价体系与评价标准。当然，还要做到比汽车设计师更了解汽车。销售最大的难点是每位销售人员必须对自己所销售的汽车产品有一个全面、深入的了解，对竞争品牌的产品有深入的认识，非常熟悉与汽车相关的专业知识。现在，已经上市的汽车品牌繁多，加上每个品牌有多个规格和型号，销售人员要面对的汽车产品不胜枚举。这样，销售中花在产品认识上的时间与精力就比销售其他的产品要多得多。如果对自己的销售工作没有一个正确的认识，不肯花大量的时间进行这方面的研究，就会一知半解，不利于自己的销售。从客户的决策过程看，他们在决定购买前，一定会要求销售人员对他们提出的任何问题都给予一个满意的答复，只要有一点不认可，就会导致整个销售前功尽弃。所以，丰富的产品专业知识是汽车销售的核心问题。要想成为一个专业的、高效率的汽车销售人员，应注意掌握以下方面的知识：

（1）汽车品牌的创建历史及该品牌在业界的地位与价值。

（2）制造商的情况：包括设立的时间、成长历史、企业文化、产品的升级计划、新产品的研发情况、企业未来的发展目标。

（3）汽车产品的结构与原理及与其他竞争产品相比较的优势与卖点。

（4）应用于汽车的新技术、新概念：如 ABS、EBD、EDS、GPS、全铝车身、蓝牙技术等。

（5）对某些追新求异的客户，应该在新技术的诠释上超过竞争对手。

（6）世界汽车工业发展的历史：对一些影响汽车工业发展的历史事件要详细了解。

（7）其他知识：汽车贷款常识、汽车保险常识、汽车维修与保养常识、汽车驾驶的常识、汽车消费心理方面的专业知识等。只有全面深入地掌握了比竞争对手更多的产品专业知识，才有超越竞争对手、赢得销售成功的条件。

（二）公司相关信息

比老板更了解自己的公司。一旦客户确定了品牌和车型，他们接下来的事情就是选择经销商。此时他们最关注的就是将要合作的这家公司是什么样的公司、实力如何、会存活多长时间、是否值得他们依赖、未来会得到哪些保障等问题。为此，销售人员必须了解公司的发展历史、企业文化、规模、经营现状、股东情况、未来的发展方向与目标、客户对自己所在公司的评价与口碑等，借此来强化客户的认同感。客户在选择经销商的过程中，除了直接向销售人员询问外，还会根据外部调查的情况进行佐证。他们会非常注意细节，因而他们会在与销售人员的接触中，通过销售人员一些不经意的言谈举止对该公司的情况进行评价。此时，销售人员对自己所在企业的好感会直接影响客户的决策。如果汽车销售人员对公司的成长历史、现在所取得的成就、未来的发展远景、公司的文化等没有一个清晰认识，没有对有利于影响客户决策的部分做更深刻的了解，将无法赢得客户信赖。只有通过描绘企业发展前景才能增强客户的购买信心，通过对公司热爱、对公司老板敬佩等真实情感的流露，让客户感觉到这是一家说到做到、有良好企业文化和发展前景的企业，促使他们尽快作出购买决定。这里需特别提醒的是，即使对公司有任何的意见和不满，在客户面前决不允许流露也不能谈及。如果销售人员在与客户沟通的过程中，有意无意地透露了一些负面的情况，势必会加大客户的心理负担与压力，会让他们在合作中产生更多的顾虑。反之，如果该销售人员对自己所在公司的评价都是积极的、正面的，这种情绪会从正面直接影响客户选择的倾向性。所以，如果客户不与自己成交，并非他们的错，而要反思自己是否在销售伊始已经在客户的大脑中注入了不良的信息。另外，销售人员通过对自己所在公司的深入了解，认真总结出公司的优势与特点，在销售中能够针对客户提出的一些异议及时进行化解。这里要强调的是，公司的优势应该用客户熟知的一些标准和公布的结果来说明，对于一些未公开但的确独树一帜、与众不同的内容也要提供给客户作为参考。例如，客户很关心售后服务的问题，为了说明公司在售后服务方面的能力与水平，可以列举某个时间同行业的维修技术练兵和比武的情况，如果本公司赢得了该比赛的第一名，就应该通过该情况的描述让客户认同自己的企业。如果客户对企业的专业能力表示怀疑，可以列举企业内各类人员的文化程度、公司对员工培训的情况、所有维修人员从事专业维修的总年限等。一句话，要让客户消除异议，事实就是最好的回答。比竞争对手更了解自己，知己知彼方能百战不殆，这是孙子兵法阐述的兵家制胜原理，也是商战中必须把握的原则。

（三）市场与行业知识

市场与产业知识可分为广义和狭义两方面。广义知识与汽车产业在经济中的表现有关。例如，经济波动会对客户购买行为产生影响，客户在经济高涨和经济衰退时期会有不同的购买模式和特征。随着经济环境的变化，销售人员应该随时调整销售技巧。假如处于通货膨胀时期，销售人员可以此来劝说客户提前购买。如果销售人员还要参与销售预测和销售计划制订，那么广义知识就是非常必要的。狭义知识主要包括目前对客户的知识。销售人员需要了解客户的采购政策、购买模式、习惯偏好以及客户提出的产品服务。在某些情况下，销售人员还需要了解客户的服务对象，即客户。例如，批发商面对的是零售商，零售商面对的是消费者等。

（四）推销技巧和谈判技巧

必须掌握和运用一些基本的推销技巧和谈判技巧。这些技巧包括：

（1）识别潜在客户。识别潜在客户可以有许多线索，如现有客户、供应商、产业协会、工商名录、电话簿、报纸杂志等。

（2）准备访问。在识别出潜在客户后，就要确定访问的目标客户，尽可能多地收集目标客户的情况，并有针对性地拟定访问时间、访问方法和销售策略。

（3）确定接近方法。销售人员应该准备好初次与客户交往时的问候，以自己良好的行为举止促使双方关系有一个良好的开端。

（4）展示与介绍产品。销售人员应知道如何才能引起客户注意、使客户产生兴趣、激发客户欲望，最后使之产生购买行动。

（5）应付反对意见。销售人员在向客户介绍和推销产品时，客户一般会产生抵触心理，并提出反对的看法。这时销售人员就需要相应的技巧，引导客户的情绪，使他们放弃反对意见并接受自己的建议和观点。

（6）能够帮助客户投资理财。汽车消费中有相当一部分是家庭消费投资，对于这类客户，他们手中的资金有限，如何有效利用有限的资金达成更高的购买目标是他们关注的焦点。如果销售人员具备较为专业的投资理财知识，给客户提供一些这方面的信息，将会帮助他们选出适合自己的车型、购车的投资、付款的方式，协助客户以最有效的投资组合方式获得多方面的投资效益。

（7）达成交易。销售人员需要掌握如何判断和把握交易时机的技巧，他们必须懂得如何从客户的语言、动作、评论和提问中发现可以达成交易的信号。

（8）后续工作。交易达成后，销售人员就需要着手认真履行合同，保证按时、按质、按量交货，并就产品的安装、使用、保养、维修等做好指导和服务。这些后续工作是使客户满意，实现重复购买的必要条件，销售人员必须充分重视，以积极的态度、兢兢业业的精神去完成。一旦客户对产品发生了兴趣，双方就要着手就价格、信用、交货时间等条件进行谈判。交易能否最后达成，谈判技巧很重要，这里包括何时开始谈判、明确谈判战略和战术等。

二、顶尖销售人员必备的四种态度

1. 成为顶尖销售人员的动力源泉

威廉·丹姆思说："我觉得每一个人都有进行思考的余地，我们这一代最大的一场革命，就是发现人只有改变内在的心态，才能改变外在的世界。"每个人都要有这样的概念——我们能够调整自己内在的心态，来改善外在的世界，从而产生改变现状的动力。

2. 成为顶尖销售人员的自我肯定

成为顶尖的销售人员需要自我肯定，也就是说要做一个喜欢自己的人。作为一个销售人员，应该让客户感觉到你的清晰、自然、优雅、专业，这样客户才会对你销售的产品及服务有信心，你才有可能进行成功的销售。如果你的行为不专业，没有自信，没有热情，那么客户必然也会对你没有信心。

3. 成为顶尖销售人员的成功渴望

什么是成功？成功就是实现目标。要想成为一名顶尖的销售人员，你需要思考：你是否有成功的渴望？这种渴望是一种内在的推动力，促使你制定一个目标，并下定决心去实现它。从这一角度而言，很多人没有成功，是因为太多的负面思想告诉自己不可能、办不到、没有时间，把自己变成了心灵的囚徒。

4. 成为顶尖销售人员坚持不懈的精神

在追求成功的道路上，除了要有动力、成功的渴望、充满自信，还要有坚持不懈的精神。对于销售人员来说，没有什么比坚持不懈更为重要。英国首相丘吉尔在演讲的时候告诉大家成功的秘诀，他只用了三句话：第一句是"绝不放弃"，第二句是"绝不绝不放弃"，第三句是"绝不绝不绝不放弃"。他告诉我们一个观念：在追求成功道路上，绝不轻易放弃！

三、影响销售人员的 26 个弱点

销售人员需要学习许多积极的态度，同时也应该避免许多不良的习惯，以免影响个性及专业能力。仔细看看这些缺点，反省自己，直到给自己一百分为止。找一位深知自己的好友，让他诚实地给出分数。举出实际的例子，让别人参与自我改善的过程，会得到更大的鼓舞和勇气。

（1）拖延的习惯——不能立即且坚定地行动。

（2）两项基本的恐惧——心理充满恐惧的人不会成功。两项基本的恐惧是：批评；目标客户不买。

（3）花太多时间"聊天"而不是销售。

（4）把责任推给业务经理。业务经理没有义务陪推销员拜访客户。他的工作是教推销员怎么做，而不是替他做。

（5）找借口。不要找借口，找订单才有用。

（6）花太多时间耗在旅馆大厅或咖啡馆。旅馆大厅或咖啡馆是休息的好去处，但是"休息"太多的推销员，迟早会被炒鱿鱼。

（7）景气。景气是常见的商谈话题，但是不要让目标客户以此转移你的销售重点。

（8）昨天的宴会很好玩，但对隔天的生意却没有帮助。

（9）依赖业务经理替你寻找客户。

（10）等待经济复苏。守株待兔是没有用的，订单不会自动从推销员的门里溜进来。

（11）不愿听到别人说"不"。这个字对一个真正的推销员而言，只是努力的开始。如果每个客户都说"好"，推销员就失业了，因为根本就不需要推销员。

（12）害怕竞争。亨利·福特有很多竞争对手，但他一点也不担心，因为他有勇气和能力推出超低价位的八汽缸汽车，其他厂家在短期内望尘莫及。

（13）未能事先安排好一天的工作计划。事先计划的人能够合理、有效地完成当天的工作，如果没有计划，推销员自然不知该如何着手。

（14）疏于拜访客户。对于没有在一定时间内拜访的推销员，目标客户很快就会疏远。客户需要产品，马上就要！

（15）惰怠。业务会议、约客户见面迟到，早早回到办公室的推销员将一事无成，很快就要再找新的工作。

（16）使用破旧或不合时宜的推销材料。污损、破旧、散乱的推销材料，显示推销员的散漫、不用心。

（17）未随身带笔。书写工具是推销员有效的利器，销售大师随身带着合用的笔。目标客户会很快厌恶老是借笔写字的推销员，尤其是借了不还的人。

（18）因为眼镜或饰物而分心。不安地看手表、转动戒指、推镜框或咬眼镜架，故做思考状，会使目标客户紧张，失去成交的机会。

（19）无精打采的解说。仔细听自己的解说，如果连自己都不想听，自言自语、枯燥无味——客户一定也是同样的感觉。

（20）提及私人问题。你的问题是你个人的问题，每个人都有自己的困扰，客户并不想听你的私人问题。

（21）没有看完或听完在职训练的材料。公司的文宣材料不是用来折纸飞机或投垃圾桶的，而是有话要告诉你，所以应该仔细研读，随时应用。

（22）任意停车。把车停在客户的私人车位，占用别人的车道，造成塞车，激怒客户，势必断绝将来成交的可能。把车停在稍远的地方，走路并不麻烦。

（23）承诺公司做不到的事。推销员承诺的东西，客户就会有所期待，若无法实现，就会造成客户和公司的尴尬和不愉快。

（24）雨天毫无防备。下雨淋成落汤鸡，明知道会下雨又不带伞，在客户面前狼狈不堪。随时准备轻便的雨衣及雨伞，以备不时之需。

（25）文具用品耗尽。合约、说明书、空白订单不充裕，错失成交的机会。

（26）悲观，结果正如预期一样黯淡。

四、自我修炼，铸造成功

汽车销售员在我国是一个新兴的职业。世界营销界都把美国的汽车销售员乔·吉拉德称为"No. 1"，谁知道他到达成功之巅前经历了多少磨难？

根据能力水平层次，从低级到高级，汽车销售员可以分成营业员、产品顾问、销售技师、营销师四个等级。分析一下这四种类型，从业者就能找到成长的途径。

1. 营业员

相当于一般商店里的营业员。他（她）只需按客户所点货品开销售单，按规定引导客户交钱，并将指定商品取货交货，就算完成工作了。

2. 产品顾问

汽车是集合了机械和电子技术、操控功能各异、设计理念高深、使用条件复杂的一个系统产品。所以各汽车店都要求销售人员掌握汽车相关基础知识，对所售车型能作详尽介绍，甚至客观全面地了解同类竞争车型，从而能向客户"王婆卖瓜"。

3. 销售技师

销售技师是指在具备专业知识的基础上，还具备与销售、使用汽车相关的其他知识，更重要的是"顾"得上为客户提供一系列相关服务，"问"得着客户的所想所求。

4. 营销师

基于对"客户关系"的高深理解，能够建立、巩固、维护并发展好客户关系——以真诚、信誉为基础，以尊重客户的需求为标准，以热情、礼貌为表达，以客户的满意为目标。这些来不得半点虚假，99 分等于 0，唯有 100 分，才能真正打动客户，才能将生意上的利益博弈关系转化为互利共赢关系。

复习思考题

1. 汽车的主要结构有哪些？

2. 如何做到待人热情？

3. 怎样才能具备良好的服务意识？

4. 从成长的历程看，汽车销售员可分为几个层次或等级？各有什么特点？

第二章　汽车营销总论

学习目标

1. 理解汽车营销的概念，掌握其内容和特点。
2. 了解我国汽车业的发展历程。
3. 了解我国汽车产业政策。
4. 了解我国汽车营销行业的现状，掌握我国汽车营销行业的发展趋势。

从销售到营销

20世纪初，汽车是由制造工人手工打造而成的，成本较高，因而价格难以下降，汽车成了地位的象征，拥有汽车成了少数人的特权。福特的贡献在于他把汽车变成了普通商品。福特用大规模生产实现了这一点，他创造了第一条汽车装配流水线，从而大大缩短生产时间，降低了成本和价格。为了满足市场对汽车的大量需求，福特采用了颇具竞争力的销售战略，只生产一种车型，即只生产T型车；只有一种颜色可供选择，那就是黑色。黑色的T型车，几乎就是汽车的代名词。这样做的好处是福特能以最低成本生产，以最低价格提供给消费者。福特也因此成为美国最大的汽车制造商。1914年福特汽车占有美国一半的市场份额。然而1927年福特不得不关闭了T型生产线，从此汽车多样化时代开始了。

福特汽车最初是以生产观念为核心来组织生产，但是随着销售环境的变化，客户的需求发生变化，最后福特汽车公司不得不改变原有的生产观念，以市场营销观念为核心来组织生产。

第一节　汽车营销的概念

一、市场营销

（一）市场概念的界定

市场是人们经常使用的名词，但随着商品生产的发展和人们认识的日益深入，对其含义的理解却不尽相同。市场的概念虽有多种含义，但通常可归纳为三种：市场是商品交换的场所；市场是指某项产品或劳务现实或潜在购买者的集合；市场是商品交换关系的总和。如下表所示。

市场与各组成要素关系

市场 = 人口 + 购买力 + 购买意愿或愿望			
市场	人口	购买力	购买意愿
小	多	低	有
有限	少	高	无
有限	多	高	无
大	多	高	有

（二）市场功能

市场功能包括：资源配置、平衡供求、价值实现、提供服务及调节利益。

（三）市场的类型

从不同角度考察，市场可以按地域范围、流通环节、竞争程度、商品形态及用途、交易特点、供求状况等类别进行划分。但从现代企业营销的角度看，市场实质上是指在一定时间与空间条件下具有现实和潜在消费需求的客户群，立足于企业客户来讨论市场尤其必要。

1. 消费者市场

消费者市场特点：消费者人多面广，市场潜力巨大；需求具有层次性和发展性；购买呈现多样化；小批量的重复购买；非行家购买，具有可诱导性；购买具有连带性和转移性。

2. 生产者市场

（1）概念：生产者市场是指为满足生产经营的需要而由购买生产资料的企业用户构成的客户群。

（2）特点：用户少且相对集中；其需求属派生性需求且弹性较小，具有一定关联性和波动性；技术性强、专业采购较多；广泛采用直接购买，批量大而频率低；行家购买和理智型的集团决策；需求受宏观因素影响大。

（四）市场营销的含义

市场营销是经由市场交易程序、满足客户需求并实现赢利目标的企业经营活动全过程。

（1）营销是满足社会需要的一种经营哲学，一切以客户为中心，以满足需求为行为准则。

（2）营销是解决经营问题的一种心智过程，在复杂多变的环境中通过事前信息分析，形势判断，精密策划，制订有效竞争方案以保证营销成功。

（3）营销是包括计划、组织、控制等职能在内的管理过程，营销管理是企业管理的核心部分。

（4）营销是一种保证产品顺利销售的系统方法，借助一系列的手段和策略来实施。

（5）企业的市场营销是一种微观活动，如果将其看成是"使各种不同的供给能力与各种不同需求相适应的社会经济过程，以实现社会发展的目标"，那就是宏观市场营销。

（五）市场营销功能

市场营销在社会经济生活中的基本作用就是解决生产与消费的矛盾，满足生活和消费的需要。社会的生产和消费之间存在诸多矛盾，概括起来有：生产者与消费者在空间上的分离、时间上的分离、信息上的分离、所有权上的分离、品质上的差异和矛盾、估价上的差异和矛盾、供需数量上的差异和矛盾等。市场营销通过执行其交换、物流、便利、示向等功能，创造经济效用。

1. 交换功能

包括购销两个方面，通过这个功能实现产品所有权的转移，解决生产者和消费者的所有权分离和商品估价矛盾，使生产者获得货币资金用于再生产，消费者得到所需商品用于生产或生活消费。其中购买的功能包括购买什么、向谁购买、购买多少、何时购买、以什么价格条件购买的决策；营销的功能包括寻找市场、营销促进、营销价格、营销服务等决策。需要指出的是，市场营销强调消费趋向的引导和潜在需求的转变。所以，改变潜在交换为现实交换，从而使生产和消费向纵深发展，成为交换功能的重要内容。

2. 物流功能

或称实体分配功能，包括货物的运输和储存等。前者是为了实现产品在空间位置上的转移，后者是为了保存产品的使用价值，并调和产品供求的时间矛盾。此功能的发挥是交换功能实现的必要条件。

3. 便利功能

指便利交换、便利分配的功能，包括资金融通、风险承担、信息沟通、产品标准化和分级等。借助资金融通和商业信用，可以改变产品的流向和流量，在一定条件下能够给买卖双方带来交易上的方便和利益。风险承担是指产品交易和运输过程中，必然要承担的财务损失。市场信息的收集、加工与传递，对于生产者、中间商、消费者和用户都是重要的，没有信息沟通，其他功能都难以实现。产品的标准化和分级，可大大简化交换过程，不但方便储运，也方便客户购买。

4. 示向功能

此功能是指通过市场调查、研究、分析，描绘出消费需求对产品的预期以及市场的供求态势、竞争状况等，从而对企业因时因地地推出适销对路的产品，发挥示向作用。此功能对企业往往更具有战略意义。

二、汽车营销

礼　物

在米高的家乡阿尔伯克基市，某品牌汽车的日均销量为6～8台，而且在第一次接触的客户中有72%的人会再次光顾。要知道，其他品牌汽车商的回头客只有8%左右！在当时衰退的汽车市场上，如此骄人的销售业绩令人好奇而不解。

当米高第一次走进土星汽车销售公司时，员工们与他素不相识，却向他详细地介绍了他们的价格策略、每种车型的利润率以及员工的收入。他们甚至打开员工培训手册供米高阅读，还说如果需要更多的信息，欢迎明天再来。米高欣然接受了邀请。

星期天，米高和妻子简像往常一样散步。简轻轻牵起米高的手说："不知道你记不记得今天是我康复五周年的日子。"五年前，简被确诊患了乳腺癌并接受了手术。米高一时间无言以对，感到尴尬，猛然意识到，他似乎把所有的时间都用来赚钱谋生，却不曾用赚来的钱好好享受生活。

翌日，简去学校上课了，米高仍满脑子想着如何为简庆祝的事。终于，米高作出了购买一辆土星牌汽车送给简的决定。米高到土星汽车销售公司付了订金，但没有确定车型和颜色，而是约好周三把妻子带来由她挑选。米高把买车的缘由告诉销售员并嘱咐其保守秘密，好给妻子一个惊喜。

星期二早上，米高忽然想起简一直想拥有一辆白色的汽车，便赶紧打电话给销售员询问是否有白颜色的车。回答说只剩一辆了，不过不能保证周三还有，因为车卖得很快。米高说不妨碰碰运气，让销售员把车放进展厅。

因为有个亲属意外地住进医院，结果直到周六下午米高才把简"骗"出了家门，直奔土星公司。简一进土星公司就被五颜六色的汽车吸引住了。她一眼瞅见展厅里有辆白色的双人小汽车，径直走过去，坐进车里兴奋地说："多漂亮的小汽车啊！我能买辆新车吗？"米高故意摇头道："不行，等儿子大学毕业再说吧。"简恳求说："我实在厌倦开那辆旧车了，想要辆新车。"米高仍然坚持："还有三个学期儿子就毕业了。我答应你，到时候一定给你买。"

简快速地绕到了汽车前面，她猛地发出了一声足以令人血液凝固的尖叫！原来，汽车销售员订制了一条横幅挂在汽车的引擎盖上。横幅上写着一行醒目的大字："简，祝贺您康复五周年！这辆车属于您！让我们一起庆祝生活吧！——您的爱人及土星公司全体员工敬上！"后面是所有员工的签名。

简惊喜地尖叫着，倒进米高怀里放声大哭起来。米高热泪盈眶，环顾四周，发现此时店内竟空无一人。销售人员全部暂离展厅，好让他们独享激动人心的时刻。新光临的客户都被员工拦住，引到一旁解释发生的情况。很多人都站在展厅的玻璃窗外向内张望，周围的人都鼓起掌来，有的还感动得掉了眼泪。

这几年，米高在美国、澳大利亚等地演讲时，经常把这个真实的故事引为传奇式服务的典范。旧金山的一位女士听了米高的演讲后，竟不远万里给土星公司打长途电话订购了一辆新车！正像土星公司曾宣称的那样："在激烈的市场竞争中，只有杰出的服务才能使我们的产品与众不同！"

这个小故事让人在感动的同时也对汽车营销工作有了更深的理解。汽车营销与日用消费品的营销有很大的不同，汽车营销要深入客户的生活，深入客户的心灵。

（一）汽车营销的概念

汽车营销就是在了解客户需求的基础上，有针对性地介绍商品，满足客户特定需求的过程。汽车作为商品，当然包括有形的商品及无形的服务，满足客户特定的需求是指客户特定的欲望被满足，或者客户特定的问题被解决。汽车营销不是一股脑儿地解说商品的功能，而是要深入地了解客户的需求，进行有针对性的介绍，注重结果。在与客户沟通的过程中，不要试图说服客户，要让客户感觉受到尊重，要由客户自己来做决定，要让客户发自内心地认同。营销员在营销过程中不要炫耀自己的专业知识，而要注意倾听，让客户说出他的想法，营销员要谦虚，要让客户感觉到轻松和愉悦。营销不只是营销商品，最关键的是要赢得客户的理解和信任，真诚是营销员最有力的武器。

真诚的回报

在一个炎热的午后，有位穿着汗衫、满身汗味的老农夫，伸手推开厚重的汽车展示中心玻璃门。他一进门，一位笑容可掬的女销售员立刻迎面走来，很客气地询问老农夫："大爷，我能为您做什么吗？"老农夫有点腼腆地说："不用，只是外面天气热，我刚好路过这里，想进来吹吹冷气，马上就走了。"女销售员听完后亲切地说："就是啊，今天实在很热，天气预报说有32℃呢，您一定热坏了吧，我帮您倒杯水吧。"接着便请老农夫坐在柔软豪华的沙发上休息。

"可是，我们种田人衣服不太干净，怕会弄脏你们的沙发。"女销售员边倒水边笑着说："有什么关系，沙发就是给客户坐的，否则，公司买它干什么？"

喝完清凉的茶水，老农夫闲着没事便走向展示中心内的新货车，东瞧瞧，西看看。这时，那位女销售员又走了过来："大爷，这款车很不错哦，要不要我给您介绍一下？"

"不要！不要！"老农夫连忙说，"你不要误会了，我可没有钱买，种田人也用不到这种车。"

"不买没关系，以后有机会您还是可以帮我们宣传啊。"然后女销售员便详细耐心地把车的性能逐一解说给老农夫听。

听完后，老农夫突然从口袋中拿出一张皱巴巴的白纸交给这位女销售员，并说：

"这些是我要订的车型和数量，请你帮我处理一下。"

女销售员有点诧异地接过来一看，这位老农夫一次要订 8 台货车，连忙紧张地说："大爷，您一下订这么多车，我们经理不在，我必须找他回来和您谈，同时也要安排您先试车。"

老农夫这时语气平和地说："小姐，你不用找你们经理了，我本来是种田的，因为和人投资了货运生意，需要买一批货车，但我对汽车外行，买车简单，最担心的是车子的售后服务及维修，因此我儿子教我用这个笨方法来试探每一家汽车公司。这几天我走了好几家，每当我穿着同样的旧汗衫，走进汽车营销公司，同时表明我没有钱买车时，常常会受到冷落，让我有点难过……只有你们公司，只有你们公司知道我不是你们的客户，还那么热心地接待我，为我服务，对于一个不是你们客户的人尚且如此，更何况要是成为你们的客户……"

这个案例具有很大的启示作用：营销的成功，不仅体现在汽车商品的介绍上，而且要求营销人员具有良好的专业素养和一颗真诚的心。

（二）汽车营销的内容与特点

1. 汽车营销的主要内容

汽车营销工作的内容非常广泛。主要内容包括售前准备、客户开发、沟通技巧、营销接待技巧、客户需求分析、车辆展示与介绍、试乘试驾、客户异议处理、成交策略与技法、交车及交车仪式、售后维系、营销员自我管理等。

汽车营销的基本流程可归纳为以下几个步骤：

（1）售前准备（Precall Preparation）。营销人员在营销前应对汽车行业、所代理的汽车制造厂以及所在的经销公司、经销的产品、竞争对手和客户情况等都非常熟悉。营销人员准备得越充分，营销成功的可能性就越大。

（2）寻找潜在客户（Prospecting）。营销人员必须主动利用各种营销机会，寻找潜在的客户。有效的客户资源是营销人员开展营销工作的基础。

（3）接近客户（Approach）。营销人员与客户第一次见面，有些人称之为营销中最重要的 30 秒钟。营销人员必须吸引客户的注意力和兴趣。良好的第一印象是成功营销的开始。

（4）识别问题（Problem Recognition）。在介绍产品之前，营销人员应利用良好的沟通能力，确认客户的需求和问题所在，这样才能有针对性地开展商品介绍和说明，做到有的放矢。

（5）产品介绍及演示（Presentation）。营销人员要擅长解释和生动地描述相关的产品特征和优点，利用各种有效的商谈技巧，使客户对产品和服务有一个全面、准确的了解。

（6）异议处理（Handling Objections）。营销人员要有处理客户异议的能力。

（7）成交（Closing）。营销人员在确保客户愿意购买的前提下，签署合同。

（8）建立联系（Building Relationship）。过去，这一过程仅仅等同于售后服务；如今，这一过程提升为营销人员与客户之间建立长期的售后维系。

在实际营销中，汽车各品牌都根据自己产品的特点，制定了相应的汽车营销流程。在本教材中，我们以目前主流的营销模式——4S 专卖店的营销业务流程为主线；在内容上，将我国汽车市场上各大品牌的营销业务标准与汽车营销的专业理论相结合；在编排方式上，将理论与实际案例相结合，力求通俗易懂、生动活泼，既能学习理论又能指导实践。

2. 汽车营销的特点

汽车与房子一样属于高档耐用消费品，与普通商品的营销相比具有很大的不同，具体体现在以下七个方面：

（1）面向高消费人群。汽车是高价商品，从几万元到几百万元，甚至上千万元；同时，汽车也是高价值的商品，汽车不仅仅是代步的工具，而且还充分展示人的身份、地位、品味、爱好、生活方式、审美等多方面信息。随着国家经济的快速发展，汽车逐渐进入了家庭，但是汽车并不是生活的必需品，而是人们在解决了温饱之后，提高生活品质、创造新生活方式的一种选择。目前汽车的营销对象大多是社会的精英人群，具有较高的收入或稳定的职业，这是一个特定的高消费人群。

（2）技术先进，结构复杂。汽车是民用产品中结构最为复杂的商品，也是技术含量最高的商品，同时，也是技术更新最快的产品。2006年平均每三天就有一款新车型上市，每一款新车上市都会带来技术的提升和改善，因此，可以说汽车营销工作是营销行业中最复杂、科技含量最高的工作，营销人员必须对汽车有深入的了解，全面掌握商品的知识和汽车原理，熟悉汽车的基本构造，这就意味着汽车营销顾问要具备丰富的专业知识，而且要随着汽车工业的发展和技术的创新持续学习。一个优秀的营销顾问需要长时间的培训和锻炼，通过长时间的实践和积累才能成长。

（3）商品体现生活方式。汽车对于客户来说不仅仅是一件商品，而且是一种新的生活方式，客户在使用汽车的过程中会遇到各种各样的问题，营销顾问要随时给予帮助，使客户真正体会到拥有汽车之后，生活变得更加轻松、便捷、愉悦，在提高了生活质量的同时，对汽车产生依赖感。由于对生活的满足感增强了，客户也会对经销店和营销顾问产生信赖，从而提高客户的忠诚度。

（4）营销的相关业务广泛。随着汽车营销行业的不断发展，与汽车营销相关的业务也得到了长足的发展，如汽车按揭业务、汽车保险业务、汽车改装、汽车美容、汽车保养、二手车置换、汽车俱乐部等相关业务。由于业务所涉及的项目多，因此，对营销顾问就提出了更高的要求，要求营销顾问熟悉这些业务，能够协助客户办理相关的业务，这也是在其他产品营销中所没有的。可以说，汽车营销顾问不仅仅要了解汽车本身，还要了解与汽车相关的所有知识。有时，相关业务知识比商品知识本身还重要。

（5）体现终生服务。汽车营销是一种终生销售和服务，在日本和美国，由于汽车拥有量已趋于饱和，因此二手车的销售量比新车还要大，而且新车的销售中90%是换车。从这一点也可以看出，未来汽车营销是一种终生的销售和服务，通过良好的售前、售中、售后服务，使客户产生信赖感，从而获得老客户介绍、换购、增购的营销机会。能否建立客户的"品牌忠诚度"，取决于营销顾问的终生服务意识和良好的专业素质。

（6）主动营销才有出路。目前，我国的汽车销售才刚刚起步，"井喷"的需求使销售商喜上眉梢，但是汽车销售市场会像所有的行业一样，很快变成买方市场。目前，我们国内的汽车销售行业正处于黄金季节，营销顾问守在展厅就能有很好的营销业绩，但这样的时光很快就会过去，看看现在的日本和美国，也就能看到我们不远的将来。在日本，营销人员平均每天要外出登门拜访 10 名以上的客户，每拜访 30 名客户才有可能成交 1 辆车。在美国，最令人躲闪不及的人是保险、汽车和房地产的营销员，而在国内，汽车营销的竞争还远未达到这种程度，但在不远的将来我们也会步入这种竞争的环境，只有主动出击才是唯一的出路。

（7）营销周期较长。汽车不同于一般商品的购买，对客户来说是一笔不小的开支，客户不会不假思索就花出这笔钱。很少有客户在买车前不进行品牌间的比较。在决定购买之前，客户常常会花上数星期甚至数月时间反复衡量，并且在购车的过程中，家庭其他成员往往也会参与，使整个决策的过程出现反复和变化。因此，营销人员在与客户接触的过程中，不能急于求成，要有耐心，要有打持久战的思想准备，不能因为客户没有决定购买而气馁。在目前的营销实践中，被客户拒绝一次，10 个营销员中有 5 个会从此放弃；被拒绝第二次，5 个人中又少掉 2 个；被拒绝第三次，就只剩下一个人会做第四次努力，这时他已经没有竞争对手了。成功贵在坚持，这一点对汽车营销顾问来说更为重要。

三、我国汽车营销的发展历程

我国汽车营销的发展历程各阶段的特征与特点：

（一）第一代汽车营销：以产品为导向，以产品创新为核心工具的营销阶段

早期的汽车产业，一个突出的特征就是产品相对短缺，供不应求，消费者没有选择余地。谁能够批量生产消费者买得起的汽车，消费者就购买谁的产品。这就是第一代汽车营销。在供不应求的背景下，营销理论研究的对象，就是如何分配有限的汽车资源，如何解决客户排队的问题，如何根据汽车数量确定最低服务水平的维修网点。因此，这个阶段的营销理论，从本质上看，其实是渠道与配送体系的理论。

（二）第二代汽车营销：依靠多个营销手段创新为核心工具的营销阶段

短缺导致早期参与竞争的企业，获得了巨大利润，这使得现有企业扩大生产，而新企业也积极进入汽车产业，于是竞争出现了。尽管这个阶段竞争水平很低，但是，已经迫使汽车厂家开始进行多方面的营销创新，营销实践与理论开始进入到第二阶段。第二阶段营销的突出特征就是简单依靠产品与价格的厂家，为了赢得市场，开始使用多个销售工具。比如，开发新的产品、调整价格、进行广告宣传与品牌塑造、创新销售渠道等。汽车营销进入了多个营销手段创新时代。这个阶段，我国的营销，尽管有所创新，但是还没有达到系统的阶段，由于合资企业与我国汽车制造技术的限制，战略品牌营销的手段并没有跟上，因此，该阶段营销主要是单一营销功能即宣传因素的创新。

（三）第三代汽车营销：4P 整合营销功能为核心工具的营销阶段

从 1999 年开始，我国汽车营销的体系也进入到第三代营销，即 4P 理论为核心的阶段。跨国营销服务机构，带来了整合营销理论，4P 理论指导下的汽车品牌推广手段，逐渐取代了第二代单一品牌宣传的做法。我国汽车营销主要有两大内容，第一是宣传，在产品与价格确定的背景下，大量的广告投入，铺天盖地的宣传，建立 4S 店统一形象的服务体系。结果，汽车新兴品牌迅速崛起，同时，单台汽车的营销费用也不断的上升。整合营销理论成为汽车产业的主流理论，产品、价格、渠道、宣传四位一体的整合营销品牌宣传模式，成为汽车厂家的主要工具。

（四）第四代汽车营销：石油危机导致了考特勒营销需求管理理论成为主流营销理论

第四代营销要求全方位、多角度的接触消费者，对消费者的需求进行系统管理。第四代营销需求管理理念的出现，引发了全球汽车营销业的革命。深入每个家庭，访问消费者，了解消费者的汽车需求，帮助消费者分析基本需求；然后，不管消费者是否买车，都要求对消费者需求进行管理和控制，有效地进行需求分析和挖掘，汽车产业进入了第四代营销理论的阶段。

（五）处于萌芽与发展阶段的第五代营销：价值战略营销

第五代营销，目前处于萌芽与发展阶段，但是它已经表现出了明显不同于以往的营销特点，那就是高度强调消费者的利益和价值，要求厂家想方设法在成本和费用能够支持的情况下，尽可能实现消费者价值最大化。

第二节　我国汽车行业的变迁

广州车展揭示车市新风向

随着车市的发展，华南市场辐射能力增强，众厂商对这个区域的重视程度越来越高。2009 年 11 月 23 日，广州国际车展正式拉开序幕，与往年不同的是，作为华南地区的区域车展，不再摆出以卖车为主的阵势，而是新车、概念车、战略发布等重头节目一一上演，各大厂商铆足了劲儿力求在这个承上启下的岁末大餐中夺得主动权，让业内人士不得不对 2010 年的车市认真审视。

新能源车型一直是汽车展的一大亮点。此次广州车展，几乎每家参展商都在低碳、节能、减排方面有不同程度的举措，超过 60% 的车企在企业战略中有涉及低碳减排的发展规划。

在沃尔沃展台，一辆黑色两厢车上的一行字格外醒目："DRIVe 的二氧化碳排放量低达 99 克接近于零。"沃尔沃的目标是"2020 年沃尔沃车型平均每公里二氧化碳排放量为 90~100 克，成为汽车环保领域的领导者"。

丰田公司除了带来环保常青树混合动力车型普锐斯之外，还将已在日本和美国销售的混合动力车凯美瑞摆放在更显眼的位置。而此次丰田还推出了两款与众不同的外插电源的电动车。

同样引人注目的还有福特在国内首展、采用 EcoBoost 新动力技术的发动机切割模型。EcoBoost 新动力技术能有效提升燃油经济性 20%，降低 15% 的二氧化碳排放，同时还缩小了发动机尺寸，增强了发动机的动力性能。

今年的广州车展，欧美汽车纷纷发力，一改以往丰田、本田、日产等日系品牌一枝独秀的局面，大有叫板日系企业统治地位的趋势。

中国汽车工业驶上了发展的快车道：通过合资，引进了新车型，掌握了大规模生产的基本技术；在引进技术的基础上，建立了符合现代工业技术标准的汽车零部件生产体系；开拓了国内汽车市场，成为生产汽车品牌最多、最齐全的国家之一。

一、中国汽车业的发展历程

1. 以国家扶持为主导的初创阶段

1920 年，我国曾经自己研制过几辆小卡车并取名为"民生"牌，但由于日本政府发动侵华战争，汽车工业被扼杀在摇篮里。1949 年 10 月，新中国成立后，中央重工业部机器工业局开始着手筹建新中国的汽车工业。这标志着中国汽车行业开始步入初始阶段。1951 年 3 月，当时的政务院财经委员会批准第一汽车制造厂在长春兴建。1956 年 7 月，国产第一辆解放牌 4 吨载货汽车在第一汽车制造厂诞生。这是我国第一辆真正意义上的自主生产的汽车。

2. 以合资经营为特征的发展阶段

这一阶段，中国汽车产业尝试引进先进的管理模式，以推动汽车产业的发展。在经济全球化浪潮的冲击下，许多国家出于利润最大化的动机，开始在全球范围内寻找最优区位，跨国公司的建立成为不可阻挡的历史潮流。廉价的劳动力和广阔的消费市场使得中国成为许多商家的最优选择。中国大地上迅速掀起了中外合资经营的浪潮。1984 年 1 月 15 日，由北京汽车制造厂与美国合资经营的北京吉普汽车有限公司举行开业仪式。1984 年 5 月，国营长安机器厂与日本铃木自动车工业株式会社达成生产 ST 90 系列微型汽车技贸结合引进技术协议。

3. 自主创新阶段

这一阶段，中国汽车产业在努力挖掘国内市场潜力的同时，也将目光延伸到世界市场。为了努力提高国际竞争力，中国汽车企业一方面引进并吸收国外先进的技术与管理经验，另一方面"苦练内功"，自主研究、学习，掌握核心技术，打造知名品牌。各类国产汽车知名品牌如雨后春笋般冒出来。中国的汽车开始走出国门，走向世界，逐渐在世界舞台上占据重要地位。

二、中国汽车产业的发展成果

1. 产业规模不断扩大

从新中国成立至今，中国汽车产业经过多年的发展，产业规模逐步扩大。从最初一汽的小规模生产到后来一汽实现规模化生产经营、国家筹措建立二汽，再到经济全球化席卷下的合资经营，中国的汽车产业呈现蓬勃发展的趋势。生产量和销售量也迅速增加，2002 年中国汽车销售量达到 340 万辆，同比上升了 42%。2009 年产销量突破 1 300 万辆，成为世界上第一大汽车市场，实现了突飞猛进的跨越。

2. 产业结构不断优化

汽车业的产业结构大致呈货车、客车、轿车三分天下的局势。以前，一直是货车和客车占主导地位。目前汽车行业中的轿车得到迅速发展，不仅产量的增长引领整个汽车行业，技术进步也不断加快。各种新型的轿车接连面世。1957 年 8 月，设计试制成功第一辆红旗牌高级轿车。同年 12 月，洪都机械厂试制东风牌轿车成功。1983 年 4 月 11 日，第一辆上海桑塔纳牌轿车在上海组装成功。一汽引领着技术创新和品牌创新的潮流，不断推出名优品牌。1989 年 8 月，一汽新建的轿车装配线生产出首批奥迪轿车。1991 年 12 月 5 日，一汽大众生产的第一辆捷达轿车下线。1998 年 9 月 27 日，举世瞩目的民族品牌高档轿车——全新大红旗轿车在一汽隆重亮相。轿车的崛起改变了过去货车和客车一统天下的局面，使产业结构得到优化。

3. 生产集中程度不断提高

中国汽车产业有不断向优势企业集中的趋势。目前中国已有第一汽车集团、东风汽车集团、上海汽车集团等 3 家资产规模超过 200 亿元的特大型企业集团。2009 年的资料显示，最大的上海汽车集团全年整车销量为 272 万辆，上汽、一汽、东风三大集团的生产集中度为48.10%，比 2000 年提高 3.35 个百分点。产量在 20 万辆以上的 4 家企业（上汽、一汽、东风、长安）的生产集中度为 57.76%，比 2000 年提高 3.19 个百分点。

4. 市场结构不断优化

首先，产品结构不断优化，汽车产业产品系列不断加宽和延伸，产品品种呈现多样化趋势。其次，竞争环境不断改善。新中国刚成立时，以国家控制为主导，只有单一的国营模式。虽然后来国家不断下放权力，如允许汽车生产企业有一定比例的汽车产品自销权，国有企业仍占有较大的优势。但是随着经济全球化的进一步深化，竞争日益激烈。一方面，以民营企业为代表的新企业的进入，改变了汽车产业竞争的传统格局，打破了国有企业一统天下的局面；另一方面，国产汽车和进口汽车的竞争不断白热化。日益激烈的竞争虽然在一定程度上减少了某些企业的利润，可是却极大地激发了国内企业的潜力，鼓励国内企业不断改进技术，改善经营管理，提高生产率，最终提高了国内企业的国际竞争力，为国内企业走出国门、面向世界打下了坚实的基础。

5. 技术不断创新

中国汽车行业在努力实现规模化经营的同时，也致力于技术的革新和进步。中国汽车产业技术的进步主要靠中国企业自力更生。1971 年 12 月，一汽试制成功 60 吨矿用自卸汽车。1995年 5 月 26 日，我国首次整车正面碰撞试验成功。1996 年 4 月 17 日，清华大学汽车实验室进行了国内首次汽车侧撞试验。另外，中国汽车产业技术的革新也归功于中国开放的贸易政策。中国汽车企业不断引进国外先进技术。1987 年 7 月，一汽与美国克莱斯勒汽车公司就引进轻型发动机协议在人民大会堂举行签字仪式。1993 年 6 月 12 日，国际银团向一汽大众有限公司提供 4.2 亿元贷款，供该公司引进世界先进的冲压、焊装、油漆设备和发动机生产线等。1993年 8 月 3 日，一汽集团第二发动机厂建设工程全面竣工，该工程总投资为 3.3 亿元，是引进美国克莱斯勒汽车公司具有 20 世纪 80 年代国际先进水平的产品、制造技术和关键配套设备的建设项目。

三、中国汽车产业在经济发展中的巨大作用

1. 促进国民经济快速高效发展

现阶段我国正处于汽车产业快速发展的关键时期。2006 年我国汽车产业增加值占经济总量的 1.6%，近年来，该值仍呈现上升趋势，可见汽车产业对经济的带动作用日益明显。统计结果显示，1978—2006 年汽车增加值占 GDP 比重呈稳步上升趋势，从 1978 年的 0.59% 增至2006 年的 1.61%。随着汽车产业规模的逐步扩大，汽车在国民经济中的影响力逐渐提高，对经济的带动作用越发明显。

1998—2003 年间，我国汽车产业的增长明显高于整个工业和 GDP 的增长。在 1998—2006 年，中国汽车产业、工业和 GDP 的增长率分别为 24.6%、7.9%、8.98%，汽车产业的增长速度分别为工业和 GDP 的 2.7 倍和 3.1 倍。2006 年汽车产业增长率达到 52.1%，而工业为 18.2%、GDP 为 13.8%，汽车产业增长速度迅速扩大到工业的 2.8 倍和 GDP 的 3.8 倍。我国在 2001—2003 年的汽车产业增长弹性系数为 0.28，汽车产业增加值平均每增加一个单位就能使国民经济增长 0.28 个单位，这说明汽车产业增长对国民经济增长带动效果显著，而且汽车产业的迅速发展推动了国民经济的迅速发展。

2. 带动相关产业的发展，有利于产业结构的优化升级

汽车工业带动了整个工业的发展。汽车工业具有投资量大的特点和规模化经营的发展要求，而且汽车工业的中间投入很大，产业链也相当长。汽车工业的发展依赖于很多产业部门，对整个工业的发展有很大的带动作用。汽车工业需求较大的工业部门主要有钢铁、非电子机械、电子机械、金属制品、塑料制品、橡胶制品、有色金属、纺织、玻璃制品、电力工业、化学工业，其中需求比重最大的是上述前五类工业。汽车工业的发展对以上工业部门产生了很大的需求拉动作用。

3. 有利于产业结构的优化升级

为了实现我国经济又好又快地发展，我国长期致力于产业结构的调整和优化。我国产业结构的调整升级包括两个方面：一是工业结构的升级，主要是加快技术密集型产业和高新技术产业的发展；二是三大产业结构之间协调发展。汽车工业本身属于技术密集的加工工业。

4. 扩大就业

汽车产业规模大且汽车企业数量多，因此汽车产业容纳就业人口的能力较强，它的发展可以给人们提供更多的就业机会。同时，汽车产业联系了国民经济的许多部门，它的发展可以相应地带动如工业和服务业等多个部门的发展，从而增加多个产业部门容纳就业人口的能力。

走过历史看车展

上海车展创办于 1985 年，是中国最早的专业国际汽车展览会；逢单数年举办，目前已经成功举办了十一届。

2004 年 6 月，上海国际汽车展顺利通过了国际博览联盟（UFI）的认证，成为中国第一个被 UFI 认可的汽车展。伴随着中国汽车工业与国际汽车工业的发展，经过 20 多年的积累，上海国际汽车展已成长为中国最权威、最具国际影响力的大型车展之一。从 2003 年起，除上海贸促会外，车展主办单位增加了权威性行业组织和拥有举办国家级大型汽车展经验的中国汽车工业协会和中国国际贸促会汽车行业分会。三家主办单位精诚合作，为上海车展从区域性车展发展成为全国性乃至国际性汽车大展奠定了坚实的基础，确立了上海车展的地位和权威。

从 1985 年首届上海车展以 73 家参展商、1.5 万平方米展台面积起家，到 1990 年首届北京车展观众即突破 10 万；从 1985 年原装进口桑塔纳作为展会主推车型，到 2004 年凯迪拉克 Sixteen 概念车亮相国展，北京车展与上海车展的你追我赶共同见证了中国汽

车工业的发展。当中国汽车工业以年产超过 500 万辆的业绩向世界第三大汽车生产国迈进的时候，北京车展与上海车展也在为争夺中国第一张国际 A 级车展的名片展开了一场没有硝烟的战斗。

除上述数字的增长之外，国内汽车产销量的增长与普及率的提高正改变着京沪车展的内涵。从 20 世纪 90 年代初上海观众为获得一把免费赠送的纸扇排起长队，到世纪之交怀有购车冲动的北京市民满头大汗地在各个展台收集车型资料；从 2004 年北京车展中靓丽的车模与文艺演出成为最大亮点，到 2005 年上海车展中外品牌概念车周围的人头攒动，京沪车展在十几年间经历了庙会—展销会—文化盛典—专业展会的变化过程。国际车展不但成为京沪等大都市白领生活不可缺少的组成元素，更加快了汽车文化普及，是中国步入汽车社会的推进剂。

四、中国汽车业面临的问题

1. 缺乏核心技术和自主研发能力

当前无论哪个汽车企业都有自主创新的计划，每年都有新车推出，但由于缺乏核心技术和自主研发能力，推新显得华而不实。主要表现在以下三个方面：一是在小众车型和低端车型中"模仿"远远超过"原创设计"，摆脱不了侵权的嫌疑，影响品牌打造；二是大部分汽车企业已建立了研发中心，但这些研发机构只浮于表面很少开展实质性的研发活动，即使有过新车开发尝试，也仅仅是产品的局部改进，离整车开发还有相当远的距离；三是打着整合世界资源的旗号全盘买入，自主设计的含金量不高。

2. 汽车产业人才与资金匮乏

汽车产业本是资金密集型产业，研究开发费用在产品成本中占很大比重，由于固定资产、运转费用投入不足导致国内最大的汽车生产商的生产规模只是汽车强国中一般企业的 50%。另外，由于国家在对汽车产业所需各类人才的培育上缺少规划，科技资源缺乏整合，使许多汽车企业深感缺乏世界汽车工业最前沿的、高水平的技术开发人才和研究力量。

3. 价格竞争激烈，忽视服务竞争

中国汽车行业一贯实行"市场指导价"，使价格成为企业、经销商及消费者之间的壁垒，而各地经销商为了生存，不惜血本打价格战。一方面，经销商之间相互砍价，造成不同经销商报价不同，导致市场价格混乱，让消费者心里感觉不踏实，出现观望、等待购车的现象；另一方面，经销商将大部分精力放在打价格战上，忽视了品牌的推广和服务质量的提高，市场竞争还没有延伸到服务贸易领域。

4. 跨国汽车公司在中国的垄断逐步加强

在中国汽车市场上，目前占主导地位的轿车产品都是合资企业生产的，并且基本上是外国品牌，全球最著名的汽车制造厂商大都在中国合资建立了整车生产厂，并拥有产品开发主导权。自 2004 年以来跨国公司在中国的垄断性逐步加强。主要体现在三个方面：一是跨国公司具有明显的资金、品牌和技术优势，使其投资方式从合资走向独资；二是一些以品牌或核心技术见长的跨国公司通过并购或控股的方式挤占或吞并国内企业,取得市场支配地位;三是现在跨国公司在中国的合作方式从产品、一般技术合作到品牌、标准合作,并抢先制定行业标准,控制先进技术。

五、我国汽车行业发展的制约因素

汽车行业的发展不仅取决于国家经济的发展,更重要的是市场需求。然而,一些客观因素又会抑制市场需求,从而制约汽车行业的发展。

1. 能源供求矛盾突出

我国汽车拥有量绝对数值在世界上并不算很大,然而能源供应状况不容乐观。一方面,由于油价一路攀升,燃油费用在车主的月平均养车费用中占了很大的比例,从而导致用户认为买车容易养车难,也使部分消费者推迟甚至放弃购买计划;另一方面,我国国内能源供求矛盾比较突出。

2. 城镇的基础建设落后且交通管理严重滞后

我国城镇的基础建设落后,交通过于拥挤,特别是大城市,更是拥挤不堪,造成停车不方便且停车费用过高,开车人叫苦不迭。另外,交通标识指示不清楚,驾驶者与行人不遵守交通规则等,导致交通状况更加复杂,增加了每一位交通参与者出行的危险系数。

3. 环保问题日益严重

汽车排放的尾气中含有大量的有害成分,严重地影响了市民的生活质量,特别是一些大城市的环境污染已到了非解决不可的地步。如果今后仍继续增加环保水平不高的汽车的使用量,则无疑是雪上加霜,研发零污染或低污染的新能源与清洁汽车已势在必行。

4. 信用体系不健全

国外汽车信贷发展是基于健全的社会信用体系,发达国家基本都建有完整的用户信用档案,而中国目前社会总体信用等级不高,个人信用程度更是参差不齐,加上目前尚无专门的机构建立社会信用档案,信用风险成了金融机构发放车贷的主要风险。据报道,汽车消费贷款从"井喷"到"刹车"共为银行留下了900多亿元的坏账。因此政府有关部门应该牵头并协同金融机构建立企业和个人信用体系,降低金融机构车贷的风险,促进汽车行业的良性发展。

六、中国汽车业的发展趋势

1. 结构继续优化

车型结构将继续优化,看好乘用车;商用车中,看好重货。乘用车销量增长、比重提升、赢利能力增强,商用车中的客车作为复苏滞后的一个子行业,也重归上升通道,城市化与工业化进一步促进货车行业增长,整个汽车行业将呈现"量增利更增"的态势。

2. 新能源汽车前途不可限量

汽车工业的发展面临环境污染与能源紧缺两大约束,节能减排、低碳经济是行业发展的必然要求,新能源汽车前途不可限量。国家与地方出台政策积极鼓励引导,在新能源汽车示范推广试点城市逐渐增加和5个城市私人购买新能源汽车给予政策性补贴的推动下,《汽车产业调整和振兴规划》中"到2011年要改造现有产能，形成50万辆新能源汽车产能、新能源汽车销量占乘用车总销量的5%左右"的目标完全可能实现。

3. 行业整合：版图重构

通过兼并重组，形成2~3家产销规模超过200万辆的大型汽车企业集团，4~5家产销规模超过100万辆的汽车企业集团，产销规模占市场份额90%以上的汽车企业集团数量由目前的14家减少到10家以内。鼓励一汽、东风、上汽、长安等大型汽车企业在全国范围内实施兼并重组。支持北汽、广汽、奇瑞、重汽等汽车企业实施区域性兼并重组。支持汽车零部件骨干企业通过兼并重组扩大规模，提高国内外汽车配件市场份额。

4. 建立研发机构，增强自主创新能力

企业将为找到新的利润增长点而建立自己的技术研发机构，增强自主创新能力，努力开发新技术、新车型打入国内外中、高级市场。一方面，加强与国际合作，引进并消化吸收国外先进的技术、管理模式并加强与国际上产、学、研各个层面的通力合作，进而实现集成创新，逐步打造中国汽车自主品牌；另一方面，实施关键汽车技术的国家工程，改变支柱产业缺乏核心技术的支柱空心化现状，并提出自己的法规标准。最后，国家在科技计划中为汽车技术设立专项计划，支持企业自建研究基地并给予人、财、物的资助或者与大学、研究院所等机构合建产、学、研基地。

5. 贴近市场，进行个性化设计

从目前的形势看，我国汽车需求量在不断上升，人们的汽车消费素质也在逐渐提高。无论是"老三样"、还是现有的汽车新秀，都不能完全满足消费者对汽车日益多样化、个性化的需求。比如说：一些成功人士买车追求高级，但并不希望这款车越大越好，而是要求动感有活力、性能好、在各项技术指标和配置上都使内心有愉悦的感受；物流用车越来越重视车子的综合性价比，要求环保节能、运营率高、安全性高、故障率低。因此，企业将贴近市场，通过以消费者为导向的产品设计来满足消费者的个性化需求。

七、汽车行业高频词、关键词

1. 节能减排

"节能"即节约能源；"减排"即减少污染气体排放，与"环保"有类似含义。以2007年5月国务院印发《节能减排综合性工作方案》为标志，"节能"、"环保"的重要性和紧迫性被提到了新的战略高度。

2. 新能源汽车

汽车是能源消耗大户，近些年来开发应用新能源（相对于汽、柴油）得到了政府、行业的普遍重视。新能源汽车有混合动力汽车、纯电动汽车（BEV，包括太阳能汽车）、燃料电池电动汽车（FCEV）、氢发动机汽车，以及其他新能源（如高效储能器、二甲醚）汽车等。

3. 高技术、863计划

高技术一般指处于当代科学技术前沿，对发展生产力、促进社会文明、增强国家经济实力起先导作用的一系列新技术群的统称，包括信息、新材料、新能源、生物、海洋、空间等几大技术群。发展汽车领域的高技术，无疑会促进汽车产业的健康和快速发展。2006年11月科技部公布的"十一五"首批国家高技术研究发展计划（863 计划）专题立项中，有两大领域的三大项直接涉及汽车行业——节能与新能源汽车、汽车开发先进技术、机动车污染控制技术研究，其中又包含大量子项（或课题），汽车等行业掀起了开发应用高技术和落实 863 计划的新高潮。

4. 燃油税、费改税

1998 年 1 月 1 日起施行的《公路法》提出："公路养路费用采取征收燃油附加费的办法；征收燃油附加费的不得再征收公路养路费。"这是国家首次提出以"燃油附加费"替代"公路养路费"。燃油税是将现今普遍征收的养路费和其他费用合并成燃油税费，通过法律约定整合各部门间的利益关系，从而最大限度地节省能源和基础设施开支。2009 年 1 月 1 日开始燃油税的实施使车辆的使用成本结构发生较大变化，养路费等固定支出将被燃油税取代。

5. BRT、BRT 客车

BRT（Bus Rapid Transit，快速公交系统）是利用现代化的大容量专用公交车辆（即 BRT 客车）在专用道路上快速运行的新型公共交通方式。与普通公交相比，BRT 具有速度快、运量大、运行准点可靠等优势，堪称"地面上的轨道交通"；但是，同轨道交通相比，BRT 具有建设周期短、建设成本低等优势，因此，在世界很多城市得到应用。

6. 计重收费

计重收费即以实地测量的货车总质量作为收取车辆通行费的依据。计重收费的实施改变了过去根据车辆核定装载质量和车型分类来收取车辆通行费的做法，在一定程度上改善了我国货运车辆严重超载的现状，对国家公路起到了有力的保护作用；也减少了因超载而引发的重大交通事故，同时已杜绝了车辆"大吨小标"现象。

7. 用户、驾驶员

用户包括客、货运业主、施工单位、驾驶员，他们对商用车产品、服务的评价是最有说服力的。真正赢得他们的信任是企业制胜的关键。许多商用车企业不约而同地将目光和部分重点放在了用户和驾驶员身上，开始加大相关投入。

第三节　我国汽车产业政策及发展趋势

中国成为世界第一大汽车产销国

中国汽车工业协会近日发布 2009 年国产汽车产销统计。去年国产汽车产销量突破 1 300 万辆，同比增长率创历年最高，乘用车产销量首次超过 1 000 万辆，商用车总体呈良好表现。2009 年汽车工业的迅猛发展，使我国成为世界第一大汽车生产和消费国。

统计显示，2009 年，国产汽车产销 1 379.1 万辆和 1 364.48 万辆，同比增长 48.30% 和 46.15%。乘用车产销 1 038.38 万辆和 1 033.13 万辆，同比增长 54.11% 和 52.93%；商用车产销 340.72 万辆和 331.35 万辆，同比增长 33.02% 和 28.39%。在全球经济恢复举步维艰的情况下，2009 年，我国汽车工业取得了全球瞩目的成绩，首次超过美国，成为全球产销量第一的国家。

一、汽车产业政策 60 年嬗变

（一）1949—1958 年

1949 年 10 月，中央重工业部机器工业局开始着手筹建新中国的汽车工业。

1950 年，新中国第一个五年计划中明确包括了汽车项目。

1953 年 7 月 15 日，"一汽"举行奠基典礼，毛泽东在奠基石上亲笔题辞。

1956 年 7 月 13 日，第一辆国产"解放"牌载货汽车正式下线，结束了中国自己不能制造汽车的历史。

（二）1959—1977 年

由于处在建国初期，各项事业均在探索中进行，工业水平极度不发达，立法尚未完善，并受"文化大革命"影响，此时期汽车工业发展缓慢。

（三）1978—1988 年

1978 年底，十一届三中全会召开，正式提出"改革开放"政策，将汽车工业作为重要工业基础之一。

1980 年 6 月，国家机械工业委员会颁发《1981 年至 1990 年全国汽车车型发展规划纲要》（试行）和《汽车工业调整改组方案》（试行）。骨干汽车厂开始着手筹建汽车工业联营体，以扩大生产规模，减少重复生产。

1986 年 4 月，"七五"规划中明确提出："把汽车制造业作为重要的支柱产业。"

（四）1989—1998 年

1994 年 2 月，原国家计委颁布《汽车工业产业政策》，"国家鼓励汽车工业企业利用外资发展我国的汽车工业"，"国家鼓励个人购买汽车，鼓励汽车工业企业按照国际通行原则和模式自行建立产品销售系统和售后服务系统"。

（五）1999—2009 年

2000 年 10 月，"十五"规划提出鼓励轿车进入家庭，大力发展公共交通业。

2002 年 1 月，海关总署颁布《暂定税率进行调整公告》，使进口车关税从 120% 下调至 25%。

2003 年 10 月，《汽车金融公司管理办法》施行。

2003 年 11 月，《汽车金融公司管理办法实施细则》颁布并施行。

2004 年 5 月，《中华人民共和国道路交通安全法实施条例》正式颁布。

2004 年 6 月，《汽车产业发展政策》出台。

2004 年 10 月，《缺陷汽车产品召回管理规定》出台。

2004 年 10 月，开始实施《汽车贷款管理办法》。

2005 年 4 月，《汽车品牌销售管理实施办法》出台。

2005 年 7 月，实施《乘用车燃料消耗量限值标准》。

2005 年 10 月，"十一五"规划提出鼓励生产和使用节能经济型汽车。

2006 年 1 月，《车辆购置税征收管理办法》实施。

2006 年 4 月,《二手车交易规范》出台。

2006 年 6 月,《机动车交通事故责任强制保险条例》(交强险)出台。

2007 年 11 月,《新能源汽车生产管理规则》出台。

2008 年 7 月,全国实施机动车污染物排放"国Ⅲ"标准。

2009 年 1 月,燃油税开始实行,汽车使用费进一步降低。

2009 年 3 月,《汽车产业调整和振兴规划》出台。

二、2007—2009 年汽车产业政策解读

(一) 2007 年 11 月 1 日《新能源汽车生产准入管理规则》正式实施

新能源汽车生产门槛将会提高。财政部将对购买新能源汽车的消费者直接采取财政补贴措施,持续投入将达 200 亿元。一大批自主企业纷纷推出自己的新能源战略和车型。

(二) 国家机关优先采购自主品牌车

2007 年底,国务院机关事务管理局和中央国家机关事务管理局联合下发《关于做好中央和国家机关节能减排工作的紧急通知》,要求中央和国家机关各部门、各单位切实做好公务用车节能减排工作,带头使用经济、节能、环保的自主品牌汽车,原则上不配备越野车,严禁公车私用。

(三) 2008 年 2 月 1 日,新版交强险方案开始施行

新版交强险的"无责财产损失赔偿限额"将由现行 400 元调低至 100 元,无责财产赔付同时将简化索赔手续;6 座以下家庭自用汽车的交强险保费将由现行 1 050 元/年调低为 950 元/年。此次交强险责任限额的调整,充分体现了交强险保障生命、以人为本的宗旨。

(四) 2008 年 5 月 1 日新《道路交通安全法》开始实施

新修订的《道路交通安全法》开始正式实施,其中一个新亮点就是其中规定:"机动车与非机动车驾驶人、行人之间发生交通事故,非机动车驾驶人、行人没有过错的,由机动车一方承担赔偿责任;有证据证明非机动车驾驶人、行人有过错的,根据过错程度适当减轻机动车一方的赔偿责任;机动车一方没有过错的,承担不超过百分之十的赔偿责任。"该法案可以更好地规范交通管理工作,全面提升交通管理效能,加大交通安全法律和法规执行力度。

(五) 2008 年 7 月 1 日起全国实施"国Ⅲ"标准

"国Ⅲ"标准相当于欧洲Ⅲ号标准的国家机动车污染物排放标准,2008 年 7 月 1 日起在全国范围内实施。近年来,国家相继出台了强制性标准 GB19578 - 2004《乘用车燃料消耗量限值》、《新能源汽车生产准入管理规则(征求意见稿)》。在这几年中,国家还启动了"清洁汽车行动"和"国家 863 计划电动汽车重大专项"。

(六) 2008 年 7 月 1 日,汽车行业标准《汽车燃料消耗量标识》实施

汽车出厂时必须统一加贴油耗标识,标明百公里耗油量。厂家在标识上要向消费者分别说明车在市区、市郊的行驶油耗和综合油耗以及这款车的最低油耗、最高油耗。消费者最关心的"理论油耗"与实际油耗之间存在多大差距及其原因,汽车厂家同样需在标识上作出说明。

(七) 2008 年 9 月 1 日大排量汽车消费税调整出台

汽车工业是能源消耗和污染物排放"大户",是节能减排工作的重点。此次消费税税率调

整对国产乘用车影响有限，对进口大排量车影响较大。业内人士认为，消费税的调整将会抑制一部分人购买大排量车的欲望，有利于改善进口汽车结构，而对小排量车的发展也会起到一定的促进作用。

（八）2009 年 1 月 1 日成品油价税费改革方案

本次燃油税改革的总体要求是"公平、规范、节约、减负"。燃油税费改革，是规范政府收费行为，依法筹集养路资金，促进交通健康发展的好事情，有利于公平负担，有利于资源节约和环境保护，民众表示支持改革，期盼尽快实施。

（九）2009 年 1 月 20 日至 12 月 31 日，对我国 1.6L 及以下排量的乘用车减按 5% 的税率征收车辆购置税

该政策一公布便一石击起千层浪，引起汽车行业内外的极大关注，1.6L 及以下排量的小型车销售热潮由此启动，中国汽车市场也由此从寒冬转向暖春并走向盛夏。

（十）2009 年 3 月 20 日，《汽车产业调整和振兴规划》细则全文正式对外公布

该规划对国内汽车产销量、汽车消费环境、市场需求结构、企业兼并重组、自主品牌汽车市场的发展、新能源汽车发展、整车研发和关键零部件技术发展等领域提出了明确的目标和发展任务，对推进国内汽车产业结构优化升级，增强企业素质和国际竞争力，促进产业和国民经济平稳快速发展具有重要意义。

（十一）《关于促进我国汽车产品出口持续健康发展的意见》发布

2009 年 10 月 23 日，此文件由商务部、发改委、工信部、财政部、海关总署、质检总局联合发布，以改变受金融危机影响而大幅下滑的汽车出口局面。该政策首次提出了中国汽车出口的目标：汽车及零部件出口从 2009 年到 2011 年力争实现年均增长 10%；到 2015 年，汽车和零部件出口额达到 850 亿美元，年均增长约 20%；到 2020 年实现我国汽车及零部件出口额占世界汽车产品贸易总额 10% 的战略目标。同时，还提出了一些促进出口的措施，比如加强知识产权保护、积极应对和化解贸易摩擦、鼓励企业提升自主创新能力、优化出口产品结构、鼓励出口基地企业自主创新和技术改造，重点支持基地企业技术创新、技术改造和新能源汽车及关键零部件的研发等。

三、《中国汽车产业"十一五"发展规划纲要》的五个关键词

1. 节能

"十一五"期间，中国将重点研发混合动力汽车、燃料电池汽车、纯电动汽车整车和零部件的关键技术，促进节能环保汽车的产业化。发展节能环保汽车，不仅有利于加强国家能源安全和环境保护，也有利于汽车工业本身的发展，增强中国汽车工业的核心竞争力。

2. 出口

要实现汽车产品出口可持续发展需经过三个转变：首先，零部件出口要从以劳动和材料密集型的器械类的低端产品为主向以技术含量和附加值较高的机电一体化零部件为主转变，出口市场由以售后和维修市场为主向进入跨国公司全球配套体系转变，同时要提高自主知识产权零部件的出口比重；第二，汽车整车出口要从以中小动力卡车为主，向大中小客车、皮卡、轿车、商用车并重转变，出口地区由以发展中国家为主向发达国家、发展中国家并重转变，同时

要提高汽车整车中自主知识产权和民族品牌的出口比例；第三，汽车产品出口要从单一产品出口向产品出口与技术出口、资本输出相结合转变。

3. 自主

"十一五"期间，中国将大力引导汽车产业加大自主品牌产品的研发和推向市场的力度，扩大自主品牌的市场份额，提高自主品牌的产业竞争力。

4. 标准

技术标准和人才、专利一并成为我国科技发展的三大战略。同时，技术标准也是今后规范市场经济秩序、构建社会主义和谐社会重要的技术基础。

5. 环保

汽车尾气已经成为空气污染的重要污染源，环境与产业发展所产生的矛盾日益凸显。"十一五"期间，国家将继续加大对机动车生产、使用过程的监管力度。

第四节　我国汽车营销行业的特点

4S 模式神话面临破灭？

10 年前，当汽车销售 4S 店进入中国时，全新的销售模式和服务模式令消费者感到觉耳目一新。一时间，汽车 4S 店会取代传统的定点经营和大卖场经营的说法甚嚣尘上。短短几年内，4S 店快速发展，店面面积不断刷新，装修豪华程度不断升级。除轿车外，卡车、客车，甚至是特种车如起重吊车等，都纷纷开建 4S 店。一时间，汽车 4S 店风头无两，似乎 4S 店的神话将会一直延续下去。

然而，随着时间的推移，4S 店销售模式遭遇极大挑战。尤其是 2008 年全球金融危机爆发，经济持续低迷，受其影响，销售不利、库存积压严重、流动资金匮乏，这给所有行业参与者打了一剂清醒剂，对迷信 4S 店模式者更是当头一棒。据了解，2008 年，汽车 4S 店遭遇严峻挑战，真正完成年初时制定的销售任务的 4S 店没有几家，除少数销售畅销车型的 4S 店之外，绝大多数 4S 店的日子都不好过，昔日只要建 4S 店就赢利的神话就此破灭。

目前在广州乃至华南地区，甚至全国范围内，除了一汽奥迪、雷克萨斯等这些豪华品牌和一些有客户基础和财力较为雄厚的专卖店外，绝大多数 4S 店经销商的日子都比较难过，即使日子好过的那部分 4S 店，销售额与往年相比也有较大降幅。

就广东全省来看，4S 店经营困难已非常普遍。在广州，直接因此倒闭的 4S 店为数较少，但经营困难却是广泛存在的事实。2010 年，芳村就有一家法国合资品牌和韩国合资品牌的 4S 店只做维修不做销售了。广州周边的二、三级城市有些 4S 店面临倒闭或者已经倒闭，较为严重的是东莞市，由于部分工厂关闭，有效客户直接减少，某些品牌的 4S 店更为困难，有的甚至早已关门或被收购。

进入 21 世纪，中国汽车消费市场已从以公务和商务购车为主，转入以私人购车为主的阶段。这标志着国内汽车销售市场的初步形成。近年来，世界知名的汽车企业纷纷进入中国市场，中国自主品牌也逐步崛起，汽车市场正演绎新一轮的行业变革，而汽车销售业的变革也如火如荼。

一、我国汽车营销行业的现状

（一）竞争激烈

目前国内汽车销售行业的竞争比较激烈，据国家工商总局统计，2008 年初，全国办理合法注册的汽车经销商企业近 33 000 家，仅汽车经销网络的从业人员就达 500 万人，同一城市、同一品牌的汽车会出现两到三家甚至多家的经销商，各经销商对消费者的争夺十分明显。降价促销、购车赠送礼品、维修或代金券的现象非常普遍。尽管行业经历过数次整合，但跨省级的大型汽车经销商仍比较少，多数为区域型的销售商，经营模式和产品服务以 4S 店模式为主。截至 2008 年上半年，全国 4S 店已经达到 7 644 家，同质化现象比较严重，同业竞争程度较高。

（二）毛利率低

在整车方面，汽车厂商在产品供应链上游处于垄断地位，位居前 10 位的汽车厂家占了全国汽车产销量的近 80%。许多供应商通过授权、代理等模式直接控制下游的汽车销售商。在价格方面，供应商对价格调控处于主导地位，汽车的销售价格主要由供应商确定，销售商销售整车只能通过供应商的销售返利获取微薄利润，毛利率约为 4%～5%。

（三）进入壁垒高

汽车销售业的前期投资比较大，一般而言，建设一家 4S 店的成本为 1 500 万～2 500 万元，这对于进入者的资金要求较高。此外，对于产品采购，厂商一般要求提前付款，不允许赊销，一般还要向厂家交纳 300 万～500 万元的保证金，对于专用设备的采购一般在 900 万～1 200 万元，这些都会占用销售商大量现金。在渠道建设方面，销售商需要招募有经验的销售人员及进行渠道渗透，也需要投入大量的广告促销宣传费（每月约为 2 万～5 万元）。总体而言，汽车销售 4S 店启动资金在 3 000 万元左右，对于进入者的资金实力要求很高，进入壁垒比较明显。

（四）经营方式日趋成熟

具体表现在以下四个方面：

1. 从粗放型销售向组合型销售转变

2006 年国内汽车市场有近 100 款新车上市，有新车上市应有旧款车降价，新车上市加价销售，用不了三五个月，就开始降价销售，似乎很少有按厂家指导价销售的情况，价格仍是厂家应对市场的最主要手段。从这一点也可以看出，现行国内汽车销售走的仍然是粗放型销售的路子。单纯的价格战和广告仍然是厂商最热衷的销售手段。从国内许多大众媒体纷纷开设汽车专版，到电视台汽车类广告突然增多，以及各家厂商不断举出降价大旗，都集中体现了当今国内汽车销售处于初级阶段。

2. 从营业员式销售向顾问式销售转变

在 20 世纪 90 年代初期，很多汽车销售店或汽车市场的销售人员实际上只是一个营业员，主要工作就是等客户上门，然后向客户介绍产品特性。营业员式的销售，难以克服的一个缺陷在于被动坐商，缺乏对客户群的主动研究和细分、定位；同时，在车辆销售之后也没有售后维系，无法与客户保持长期联系，可能会错失老客户增购和介绍新客户购买的机会。而顾问式销售显然可以很好地弥补这一缺陷。通过一对一顾问式销售，可以把售前咨询、售中服务、售后维系有机结合起来，形成面向客户群的全程销售模式，减少来自不同环节的潜在客户流失。因此，顾问式销售是变被动销售为主动销售、有效地提高客户的满意度、最大限度地满足客户的精神需求，同时也最大限度地创造了销售机会的销售方式。最伟大的汽车销售大师乔·吉拉德曾经在一年的时间里销售了 1 425 辆汽车，正是通过顾问式的销售，以客户关系的维系来带动销售业绩的提升。在美国，汽车销售人员大部分是学历很高、受过专业培训的汽车销售工程师；销售人员不仅负责开拓新客户，同时也负责老客户的再开发。

3. 从"卖产品"向综合服务转变

在4S店销售模式之前，汽车的销售和售后服务是分离的，销售人员只负责卖车，售后服务项目是由厂家另外指定的特约维修站来负责。这种分工负责的方式，给客户带来很多不便，同时也无法向客户提供全面的服务。随着4S店的兴起，售前、售中、售后的全程式服务越来越受到客户的欢迎。一站式服务也就成了汽车销售的标准化模式。销售顾问除销售汽车产品以外，还要为客户提供诸如按揭、保险、事故处理、维修保养、二手车交易、车友会活动等综合性的服务，使客户在一个经销店就能解决所有关于车辆使用的问题；并且在解决问题的过程中，客户与经销店的销售顾问建立起长期的联系，逐步构建对品牌、销售店、销售顾问的忠诚，从而形成企业经营的价值链，在全面提高服务水平的同时，也提高了公司的收益，将新车销售的收益、保险、上牌以及按揭贷款的代理费收益、维修的收益、二手车销售的收益等都纳入了公司的整体收益之中。

4. 从以新车销售为主向新车、二手车并重转变

目前我国汽车销售还是以新车销售为主。二手车的交易量仅为新车交易量的30%左右，而且很大一部分的二手车交易是由车主自行完成交易的，这一现状就使得现在的汽车销售商对二手车的交易缺乏足够的重视，重新车销售、轻二手车销售的现象普遍存在。在发达国家，二手车的交易量要远远大于新车的销售量。美国二手车的交易量约为新车交易量的2.6倍，日本二手车的交易量是新车交易量的1.5倍，二手车的销售已经成为汽车销售商的主要利润来源。目前，国内合资的汽车企业，如丰田、通用、大众等公司都在积极开展二手车的业务，取得了很好的效果：一方面通过二手车置换业务，有力地促进了新车的销售；另一方面，通过二手车的销售，提高了经销商的利润。随着二手车业务的不断开展，对销售人员的要求也就越来越高，除了要熟悉新车的销售知识，还要了解二手车销售的知识。现在已经有很多销售人员考取了二手车评估师的资格，汽车经销商也会越来越重视二手车销售，这是一个必然的趋势。

（五）汽车营销人才抢手

有关资料显示，目前就汽车业招聘岗位来说，集中在研发、销售、品牌、售后领域。另外，优秀的管理人才、质量监控人才、项目管理人才也是招聘率较高的职位。但目前尤其紧缺的是既懂市场又懂技术的营销人才，这也是各个公司"挖人"的对象。由于汽车行业的专业性要求高，营销人员首先要懂车，熟悉汽车的构造、零部件、各项性能等，还要根据市场和产品制定有效的营销策略，所以这类人才的匮乏是相当严重的。

二、制约我国汽车营销行业发展的问题

（一）品牌授权合同不规范，存在强权条款

在我国汽车销售行业中，目前实施的授权合同中有很多强权条款，主要体现在厂家对经销商的商务政策中有过多的限制性条款：

（1）厂家往往规定由经销商承担广告宣传费用，以此来分摊自己的成本，却加重了经销商的负担。

（2）厂家制订的年度计划过高甚至无法完成，向经销商强行分配，造成经销商库存严重。

（3）厂家对旗下的经销商实行严格的区域限制，不允许跨地区售车或购车，剥夺了消费者的消费自由。

（4）单一的零部件供应策略剥夺了经销商自由采购的意愿。

（二）单一的模式、过高的建店标准加重经销商的负担

近年来，我国汽车销售行业中以 4S 店为主的销售模式发展单一化，出现了很多问题：

（1）4S 店越建越大，越建越奢侈，造成资源浪费，加剧了环境污染。

（2）厂家往往向经销商收取过高的建店保证金，并指定建店材料供应商和设备供应商，加重了经销商的成本负担。

（3）厂家强加给经销商的"铺底库存"多为"过季产品"，造成经销商手中的库存越来越多，容易导致滞销。

（三）营销网络盲目扩张，易引发恶性竞争

大多数汽车企业的 4S 店都集中在北京、上海等一线城市，销售网点分布不均匀，这样容易造成同品牌经销商之间的恶性竞争。

（四）部分厂家的分网策略同样会引发恶性竞争

近两年，当合资企业纷纷开始并网销售的时候，某些自主品牌企业却正好相反，不约而同地实施分网销售的策略，拼命扩张建店。当前，奇瑞、吉利、比亚迪、江淮、东南、一汽轿车等企业的分网销售虽然是扩充网络的一种手段，但 4S 店越来越多，同样会引发经销商之间的恶性竞争。

（五）零部件、汽车装饰、汽车金融等方面的强权策略有待改善

汽车"后市场"的问题跟 4S 店的问题类似，厂家对经销商的授权存在强权条款，如指定采购渠道、强行压库、搭配销售等。

（六）退出机制缺失，给消费者造成损失

前几年奥克斯汽车退出市场，一走了之，售后服务无人负责，造成车主集体投诉；2009年南京菲亚特又重演退市事件，与全国 100 多家经销商解约。

（七）跨国公司高度掌控进口车流通环节，消费者没有得到实惠

对于进口车，外资总经销商通过定价可以直接在中国市场获得高额、稳定的利润，而广大消费者却没有享受到关税大幅度下调、人民币升值、市场开放、竞争升级带来的好处。

（八）二级经销商与汽车有形市场的矛盾日益突出

一直以来，汽车销售以 4S 模式为主导，二级经销商不被厂家认可，甚至受到排挤和打压。

由于没有厂家授权的合法地位，造成二级经销商鱼龙混杂、竞相压价，从而扰乱市场的正常运行秩序。

三、我国汽车营销行业十大发展趋势

（一）大众消费时代来临，寻常百姓能圆有车梦

据统计，至 2009 年底，我国汽车保有量已达 7 619.31 万辆，与上年相比，增加 1 152.10 万辆，增长 17.81%。随着影响中国汽车市场需求的因素的优化调整，如价格、居民收入和消费结构、汽车信贷、消费环境等，我国汽车市场将会快速发展。

（二）供需平衡即将打破，汽车产业有望整合

我国汽车需求每年以超过 16% 的速度递增，其中轿车需求增长将更快。随着汽车年需求量及产量快速增长，汽车市场越来越吸引人们的眼球。一方面，全国各地大力兴建汽车生产企业；另一方面，国际汽车巨头布局中国市场。如今，汽车行业逐步实行调控，但仍难以控制住生产企业的盲目性，终有一天汽车生产会供过于求。

（三）高中低档产品更加丰富，外形色彩渐趋靓丽多彩

一方面，汽车业在庞大的中国市场快速兴起，我国又是一个有着 13 亿人口的大国，市场需求是多种多样的；另一方面，国际品牌的加入，部分车型或款式保持与国际市场同步。如此一来，高中低档汽车新品的不断推出，外形、色彩、价格、性能的大比拼，难免让人眼花缭乱。

（四）经济实用车型增加，增强消费者购买欲望

经济型车，顾名思义，就是经济实用的汽车。其基本特点无外乎燃料费用少、耐用、易操作、返修率低、没有不必要的豪华设备，把这些特点集中起来就是一句话："车好养。"国家经贸委发布的汽车工业"十五"规划中明确提出，轿车重点发展排量 1.3L 以下、百公里油耗达到国内先进水平、符合国家安全、节能、排放法规及私人用车要求的经济型轿车。

（五）汽车价格继续走低，行业利润有待下降

我国加入 WTO 之后，汽车竞争性市场逐步形成，我国汽车市场开始进入价格不断下降的轨道。但是，降价并没有使汽车销售迅速提升。一些专业人士评析，降价对于整个汽车制造业来说，意义无疑非常深远，从汽车消费的角度讲，降价更加强了不少消费者持币待购的信心。

（六）汽车连锁卖场即将出现，销售渠道面临巨大变革

汽车业会不会再走家电业的老路？会不会也产生像国美、苏宁、三联、永乐、大中等类型的连锁零售商？答案是肯定的，像如今广州已出现的"汽车城"、北京的"汽车超市"。这样说来，汽车业的竞争仍然不够充分，汽车的销售渠道有待在利润进一步降低之后，得到更多的拓展。

（七）服务市场空间巨大，汽车业发现新"奶酪"

很浅显的一个道理是：汽车保有量越大，汽车服务市场也就越大。如果说整车销售是汽车市场的前沿阵地，那么维修保养、配件供应、精品美容和汽车改装等服务则可以称为汽车市场的"后市场"。汽车服务市场被经济学家称为汽车产业链上最大的利润"奶酪"。美国《新闻周刊》和英国《经济学家》曾刊载文章，根据对世界排名前 10 位的汽车公司近 10 年的利润

情况分析，在一个完全成熟的国际化的汽车市场上，汽车的销售利润约占整个汽车业利润的20%，零部件供应利润约占20%，有50%～60%的利润是在其服务领域中产生的。

（八）合资、并购、联合速度加快，生存、发展、竞争问题显著

国外汽车品牌与国产汽车合资联合的例子不胜枚举。例如，上海两大汽车品牌：上汽通用和上海大众；一汽先后与大众、丰田合资；东风与雪铁龙、悦达起亚、本田、日产合作；长安和铃木、福特合作等。

（九）国际品牌国产化，加剧高档市场竞争

众多国际汽车品牌均看好中国廉价的劳动力和充满潜力的市场，纷纷到中国来投资。中国的汽车业正朝着国际品牌国产化的方向发展，已经成为国际品牌的加工生产制造基地之一。除了已有的几十家合资企业外，随着高档轿车国产宝马的下线，其他汽车高档品牌也已经或即将加入中国市场的角逐。

（十）家电新兵试水，历史将会重演

家电行业利润渐趋微薄，各大家电生产厂家在寻求新的出路。春兰集团早在1997年就开始对汽车产品进行投资，如今汽车产品已经占了整个集团产品的32%；冰箱巨头新飞开始涉足冷藏车的生产；格林柯尔收购亚星客车；家电业巨头广东美的集团宣布投资20亿元，打造云南美的汽车城；在空调界进行低价革命的奥克斯也已推出自己的SUV系列，并在业界率先提出"差价补偿"，继续着其一贯的价格战作风。

四、我国汽车营销业的十大关键词

1. 水平事业

水平事业可以理解为4S店除了销售、售后之外的衍生业务，这些业务因核心业务而生，又能促进4S店核心业务的发展。对4S店而言，可以靠增加服务内容增加赢利；对企业而言，可以树立自身品牌，更好地吸引消费者，而最终得到方便和实惠的就是广大消费者。水平事业的种类非常丰富，开发的潜力巨大。通过水平事业，更多的消费者被独特的服务所吸引，水平事业将成为消费者选择品牌的重要因素，也将成为企业增加市场占有率的利器。

2. 网络扩张

随着销量的增长，各个品牌的经销商网络自然会扩张，2009年车市的爆发式增长更加快了厂家扩张销售网络的速度。

在一线城市，虽然土地资源越来越紧缺，但是众多厂家仍然削尖了脑袋往里钻。在二三线城市建设网点，建设规模小、功能全的小店成为主流，甚至有不少企业集团将自己旗下的众多车型建设成汽车超市的模式。

3. 经销商集团化

中国汽车市场的经销商集团化也正在悄悄进行，当然一些单品牌店的经销商的投资人往往还经营其他生意，总之，单靠一个店的营业利润恐怕很难规避车市发展的经营风险。经销商集团化发展有"东方不亮西方亮"的功效，通过多品牌多店的经营可以有效地规避经营风险。多品牌的经营也可以相互借鉴、相互促进，也有利于培养更多人才、留住更多人才，还有利于树立经销商自己的品牌。

4. 消费信贷

消费信贷逐渐成为厂家促进销售的一个法宝，通过厂家、金融公司或者与银行的信用卡中心合作，为消费者提供灵活的、免手续费等实惠的贷款服务，从而让潜在消费者尽快变成自己的客户。

5. 差异化

差异化不是逆常规而动，而是用特色的服务或者产品打动消费者，是高于一般标准的高级营销。差异化将不断深入，特别是经销商的差异化，将对经销商树立自身在区域内的品牌至关重要。

6. 区域营销

中国幅员辽阔，造成区域消费差异巨大，有的车在南方热销，在北方却低迷；有的车在西部更受欢迎，有的车在经济发达地区更受青睐。这样巨大的差异让更多厂家开设了大区，实行具有地区特色的大区营销。

7. 二、三级网点

厂家在各个区域增加自己的经销商网点，而经销商也在自己区域内不断增加二、三级网点，这也成为经销商发展的一个重要趋势，这种现象在自主品牌汽车中表现最为突出。

8. 分网与合网

分网销售更多见于自主品牌。在现有车型基础上分网，建立高端品牌。合资品牌中也有进行合网销售的。

9. 包装与包销

对车型进行包装，进行差异化的营销成了更多厂商的选择。这种包装来自于对消费者购买情况的调查，针对不同消费群体在厂家提供车型的基础上进行装饰、配置等，从而形成"安全版"、"静音版"、"行政版"等不同的差异化车型。市场的销售结果证明，如果用心了解消费者需求，进行有针对性的包装，总会取得不错的市场效果。包销是把厂家的一款车型打包进行销售，这些车型往往拥有诱人的价格，性价比较高。

10. 区域车展

区域车展也正在成为各个厂家争夺区域市场份额的重要战场，区域车展能够直面当地消费者，使区域的营销直达消费者。特别是区域实力媒体举办的车展，由于有大规模的宣传报道作铺垫，往往能取得不错的效果。

复习思考题

1. 我国汽车营销的发展历程经历了哪几个阶段？
2. 我国汽车业的发展趋势有哪些？
3. 我国《汽车产业调整和振兴规划》的实施有何重大意义？
4. 制约我国汽车销售业发展的问题有哪些？

第三章　汽车营销战略与市场策略

学习目标

1. 了解汽车营销战略的内涵与特征，掌握汽车营销战略的识别与选择。
2. 了解分销渠道的作用和类型。
3. 掌握汽车品牌市场细分的依据和基本要求。
4. 掌握产品生命周期各阶段的特征及市场营销策略。
5. 掌握影响汽车产品价格的主要因素及定价的依据和方法。
6. 掌握汽车市场常用的促销方式和手段。

通用汽车的中国攻略

通用在中国市场"先失手"的情况下，通过一系列令人眼花瞭乱的"组合拳"重新赢得了市场的认可。

（一）"武装中国"的超级本土化方针

1. 培育中国自主的研发与生产能力

通用的理解力很强，1997 年通用汽车进入中国市场之初，就设立了本土的汽车设计中心，培养本土的设计人才，提高本土的设计能力，并率先提出"一年一个新车型"的承诺。

2. 与中国建立平等的伙伴关系

通用汽车进入中国以来，所有六家合资公司的股权比例无一例外的都是 50∶50，保持一种均衡态势。"国产化率"问题也极好地反映了通用在协调伙伴关系上的高明手腕，明智提出"提高国产化能够加快适应性以及快速反应能力"。

3. "区域分割，鲸吞蚕食"的全面布局

短短几年，通用汽车在中国的区域布局已经北抵沈阳，南至广州，西及重庆，东达上海，全面地覆盖了中国汽车消费的重点区域；无论是区域组合还是产品组合都构成了强大的竞争优势，现在通用汽车凭借着上海通用、金杯通用和通用五菱已经占据了很大的市场份额。

（二）"准、稳、狠"的营销策略

1. "准"确的市场调研体系

通用的调研体系可谓把"准"字做到了淋漓尽致，正是这种全面的体系使得通用的决策准确度相当之高，不打无把握之仗，实现战则必胜。

2. "稳"健的服务水平

通用在服务上的投入可谓是苦心孤诣，回报也是相当可观的，上海通用汽车的服务满意度指数多次位居中国汽车企业之首。

3. 凶"狠"的品牌传播

通用汽车抓住了中国政府渴望彻底提升中国汽车产业并与国际接轨的愿望，抓住了当年上海市政府进行浦东开发极需争取全球500强的首席公司通用作为跨国公司形象代言人的心理，文章做得大到令几乎同期落户广州的本田和落户长春的奥迪自叹不如。通用的魅力使得上海市政府把通用项目列为"市府一号"工程，并使通用在中国享有很好的声誉。

第一节　汽车营销战略

随着全球经济的逐步一体化，汽车市场环境发生了巨大的变化，营销也起到了前所未有的作用。我国汽车企业应该把营销提高到战略高度来认识，以树立自己独特的竞争优势，其中主要是树立战略营销观念，制定正确的营销战略规划；整合营销战略，稳定各方面的关系；建立有效的管理组织和培养高素质的营销队伍。

一、汽车营销战略的内涵和特征

汽车企业面临激烈的市场竞争，必须从以产品为中心转向以客户需求为中心；必须从以企业为中心的销售战略转向以用户为中心的营销模式。现在，汽车企业营销战略逐渐向模块组合式的营销战略转化。汽车公司纷纷依据品牌将营销活动和组织机制分解为若干可供组合的模块，针对不同群体建立不同的分销渠道，为客户提供个性化服务。树立"用户第一"的观念，不断满足客户需求，战胜竞争对手，这是现代汽车企业应对竞争、加快发展必须考虑的重要战略举措。

（一）战略及其内涵

战略是公司为了实现既定目标，进行市场调研，分析企业历史、现状，预测未来，对企业全局的、长远的、重大的问题所作的运筹规划。

战略是实现企业长期目标的方法。对于现代公司而言，营销战略往往是其公司战略的核心内容。企业总体战略又称公司战略，是公司最高层次的战略，它需要根据公司使命，选择公司参与竞争的业务领域，优化配置资源。公司战略构成要素主要包括：战略思想、战略目标、战略重点、战略阶段及战略对策等。公司战略具有全局性、长远性、指导性、竞争性或抗竞争性、适应性、系统性等特征。

从战略内容来看，公司战略一般包括以下四个方面的关键内容：

（1）公司使命。公司使命表达的是有关公司存在价值和意义之类的一些根本性问题，是在企业战略思想指导下形成的。

（2）公司目标。公司使命必须转化成各个管理层和部门的具体目标，并且要制定执行措施，然后要进行检查监督，以便控制。最常见的目标有赢利、销售增长、市场份额扩大、风险分散以及创新等。

（3）公司业务组合战略。如何分析市场需求，如何提高客户让渡价值、赢得客户满意，如何开展客户关系管理；何时何地采用长期发展战略，何时何地采用防御或收缩战略，都应深思熟虑。

（4）公司新业务战略及长期规划发展战略。一个公司不仅要管理好现有的业务，而且还要考虑通过发展新业务，实现公司的成长。现在主要有三种成长战略可供公司选择：一是密集型成长战略，即公司为现有的业务领域寻找机会；二是一体化成长战略，即建立或并购与目前业务有关的业务；最后是多元化成长战略，即寻找与公司目前业务范围无关的，但富有吸引力的新业务。

从战略过程来看，公司战略管理可以划分为战略制定、组织实施和检查控制三个阶段。

（1）战略管理是指组织高级管理层对战略的制定、组织实施和监督控制而进行的一系列社会活动。战略制定包括确定企业的长期发展目标与纲领、使命和任务，识别企业的外部机会与威胁，识别企业内部的优势和劣势，制订多种方案，选择最优方案。战略制定过程所要解决的问题也就是战略计划的内容。

（2）战略组织实施要求公司建立年度目标，制定政策，激励员工和优化配置资源。战略组织实施包括培育企业文化、建立有效的组织结构和智慧支持体系、调整企业经营方向、制定预算、建立和使用管理信息系统以及将雇员报酬与组织绩效挂钩等。

（3）战略控制就是跟踪企业环境变化和战略执行情况，发现问题，找出问题的原因，并及时采取纠正措施。基本的战略控制活动包括重新审视企业内外环境因素，度量组织业绩以及采取纠正措施。

营销战略是指企业确定的在将来某个时期内希望达到的经营管理活动的目标，以及为了实现这一目标而预先制订的行动方案。营销战略是企业战略管理的一个重要组成部分，营销战略必须遵循公司战略并以其为指导。同时，公司战略的落实也离不开营销战略的制定、实施与控制。

（二）汽车营销战略的内涵与特征

汽车营销战略是指汽车企业在现代市场营销理念的指导下，为了实现企业的目标，对于企业在较长时间内市场营销发展的总体设想和规划。在一个给定的环境中，营销战略涉及三种相互作用的力量，这三种力量被称为"战略3C"：消费者（Customer）、竞争者（Competitor）、公司（Corporation）。

汽车市场营销战略具有以下特征：

1. 全局性

因为营销战略是以企业的全局为对象，根据企业总体发展需要而制定的，因此具有权威性的指导作用。主要包括两个方面：一是指企业对市场营销的总体设计含有总体规划和整体策略；二是指企业以生产为中心转向了以市场营销为中心。

2. 长远性

营销战略着眼于未来，谋求的是企业长远发展，关注的是企业长远利益，是对汽车企业未来较长时期内如何生存和发展统筹规划的结果。

3. 风险性

由于汽车企业的外部环境是变化不定的，而且是复杂的，包括国内因素和国际因素，较难把握，因此要作出正确的科学决策往往具有一定的风险。

4. 稳定性

营销战略是在对企业自身条件和客观环境长期发展趋势进行科学分析和预测的基础上制订的，因而具有相对稳定性。

5. 适应性

企业的市场营销战略要随着变化的主客观条件，尤其是随着外部环境的变化进行调整和完善，使之与环境保持良好的动态适应性。

6. 系统性

大系统套小系统，相互促进，共同提高，遵循戴明循环。

制定汽车营销战略具有重要意义，可使企业的营销活动得到整体的规划和统一的安排，实现"市场营销观念"所要求的"企业活动目标一体化"。

二、汽车营销战略

面对发展迅速的汽车市场，树立正确的市场营销观念，用先进的市场营销理论做指导，分析相关因素，进行有效的战略规划，是一个企业在变动和发展的动态环境中成功经营的关键。

（一）汽车市场营销的发展趋势

面对迅速变化的汽车市场，企业根据内部因素和外部因素来分析制定汽车营销战略是必须的。目前，汽车营销战略主要包括售后服务跟进营销战略、鼓励消费战略、自主创新战略、强势品牌战略、滚动发展战略、市场竞争战略、营销组合战略、客户满意战略、长期发展型战略、防御型战略（即收缩战略、剥离战略和清算战略）等。

（二）客户满意战略

客户满意战略 CS（Customer Satisfaction）在汽车营销战略中有着独特的地位。客户满意战略产生于激烈的竞争市场。市场环境发生了变化。买方市场的特征逐渐明显，消费者的经验和消费心理素质也日趋成熟，消费者对产品和服务的需求也发生了变化，于是综合服务质量成了企业竞争的关键。靠优质服务使客户满意已成为众多汽车企业的共识，以服务营销为手段提高客户满意度是企业在市场竞争中的理性选择。

（三）汽车市场竞争战略

企业要发展，要在竞争中获取较满意的成功，首先必须要了解竞争对手的战略，这样才能做到"知彼知己，百战不殆"。市场竞争战略一般可分为三种基本类型，即低成本战略、产品差别化战略和集中化战略。

1. 低成本战略

在这种战略的指导下，企业决定成为所在产业中实行低价成本生产的厂家。成本优势的来源因产业结构不同而不同，它们可以包括追求规模经济、专利技术、原材料的优惠待遇和其他因素。如果一个企业能够取得并保持全面的低成本地位，那么它只要能使价格相等或接近于该产业的平均价格水平，就会成为所在产业中高于平均水平的超群之辈。当低成本企业的价格相当于或低于其竞争厂商时，它的成本地位就会转化为高收益。低成本战略的成功取决于企业日复一日地实际实施该战略的技能。

2. 产品差异化战略

产品差异化战略就是企业创造本企业产品的特征，使之与同行业其他产品有所区别。产品差异既可以指产品间的实质性差异，比如向市场提供前所未有的具有新特征的产品，也可以指对没有实质性差异的产品通过广告宣传等手段给客户所造成的感觉上的差异。产品差异战略使客户对本企业的产品更感兴趣，产生依赖，消除价格的可比性，降低对价格的敏感性，从而取得较大的竞争优势。

3. 集中型战略

集中型战略就是企业将经营目标集中到整个市场的某一部分，在这一部分建立自己产品在成本或产品差异上的优势地位，或在局部市场上建立自己的优势。如某汽车制造厂专门为山区的农民制造的摩托车和农用汽车等就是最好的例子。

（四）汽车市场发展战略

汽车市场发展战略可以概括为三类：密集性发展战略、一体化发展战略和多元化发展战略。其一是密集性发展：市场渗透、市场开发及产品研发。其二是一体化发展：后向一体化发展、前向一体化发展和水平一体化发展。其三是多元化发展：同心多元化发展、水平多元化发展和综合多元化发展。

宝马的"品牌全球化，营销地方化"战略

一、背景：欧共体市场一体化

1993 年 1 月 1 日，欧洲市场一体化形成，许多汽车制造商已经调整了它们对欧共体市场的销售网络，宝马公司也不例外。一体化的政策之一是技术规则规定的标准化，这当然是有利无害的，问题在于市场上的目标群体是否也应该"标准化"。

二、寻找"欧洲品牌"

（一）为什么需要欧洲品牌

宝马决意要成为一种出类拔萃、个性鲜明的产品，要在占市场总量 15% 的高档轿车市场领域中独占鳌头。宝马决定采取集中统一的品牌战略，战略的实施则依不同的国家而有所变化。这就是所谓"品牌全球化，营销地方化"的营销战略系统。

这一战略形成的第一步是进行市场调研。市场调研的任务在于决定宝马在欧洲和各地区范围内的理念定位。调查的结果表明，客户要求可以分为以下三大类：①对所研究的每个国家的细分市场中的所有驾驶人都具备同等重要的特性，这些特性在全欧洲有效；②对

某个国家的所有驾驶人同等重要的标准,这些标准构成国别差异;③对所有国家中某些驾驶人同等重要的要求,这些要求带来与目标群体有关的差异。结果,任何想要为欧洲人提供得体的套装的人都可以找到相应的式样,只不过,必须根据地方习俗加以编织,根据个人爱好进行着色。

(二)欧洲式样

全欧洲一致的要求有:可靠性,安全性,质量,先进技术。宝马公司把这些标准称为基本要求。那些被认为不符合这些要求的轿车在购买决策的最初阶段,就被购买者从本来就不太长的备选清单中去掉。另一方面,符合这些要求的汽车则在所有国家都被认为是好车。

(三)量体裁衣

一旦这种式样通过了上述基本考验,下一步就是选择适合某个国家趣味的体裁,还得将该国的气候条件一并考虑。

(四)因人着色

就一个民族来说,他们有共同的观点,但是就个体来看,各人希望展示的个人风格却不相同,甚至大相径庭。正是由于后者的存在,不同国家的那些具有某种相同或相似的要求的人,构成了宝马细分市场中的目标群体。根据某种相同或相似的要求,宝马公司经研究后找出其共性及特殊性。

三、发现结果的应用

调研结果为"品牌全球化,营销地方化"提供了有力的依据。此外,调研结果还使宝马公司通过对定位标准的有机组合,寻找最佳的战略路线。若要获得理想的战略,指导方针必须:①尽可能多地对目标群体成员富有吸引力;②具有凝聚力,即使有多方面的特征,也要形成一个统一的整体;③符合企业形象的要求;④提供一个超越竞争对手的独特地位。

第二节 汽车营销品牌策略

世界上第一个汽车品牌是1886年诞生的奔驰汽车。在工业社会进程中,没有任何一个产品的品牌可以像汽车品牌这样历史悠久,如"奔驰"、"宝马"、"福特"、"凯迪拉克"、"雪佛兰"、"劳斯莱斯"、"宾利"、"大众"、"奥迪"、"法拉利"等世界著名品牌,给消费者留下了美好的品牌印象。

一、品牌的基本概念

品牌是企业可持续发展的重要资源之一。在市场发育和发展的过程中,品牌的概念正受到越来越多的关注,成为产品竞争的重要手段。

（一）品牌的基本概念

对于品牌的定义有多种，著名市场营销专家菲利普·科特勒博士这样解释品牌："品牌是一种名称、术语、标记、符号或图案，或是它们的相互组合，用以识别某个消费者或某群消费者的产品或服务，并使之与竞争对手的产品或服务相区别。"

上述定义说明品牌是一个复合概念，它由品牌外部标记（包括名称、术语、图案等）、品牌识别、品牌联想、品牌形象等内容构成。它包括品牌名称和品牌标志这些基础部分。品牌名称是指品牌中可以用语言称呼的部分，如汽车品牌中的"别克"、"林肯"、"丰田"、"本田"等。品牌标志是品牌中可以被认出但不能直接用语言称呼的部分。

（二）汽车品牌的种类

汽车品牌种类可以按照汽车的种类进行分类，但在汽车销售市场上一般都按汽车生产厂家的所在地进行分类。下面以美国、欧洲、日韩为例。

1. 源自美国的汽车品牌

通用汽车旗下品牌包括：别克、凯迪拉克、雪佛兰、悍马、欧宝、萨博等。福特汽车旗下品牌包括：马自达（控股）、林肯、美洲豹等。克莱斯勒汽车旗下品牌包括：克莱斯勒、道奇、吉普、顺风、猎兽等。

2. 源自欧洲的汽车品牌

德国汽车品牌：奔驰、大众、奥迪、宝马、保时捷、欧宝等。

意大利汽车品牌：法拉利、菲亚特、依维柯、兰旗亚、兰博基尼、布加迪等。

英国汽车品牌：劳斯莱斯、莲花、宾利、摩根、伏克斯豪尔、迷你、路虎、捷豹等。

法国汽车品牌：雪铁龙、标致、雷诺等。

瑞典汽车品牌：沃尔沃（已被中国吉利汽车公司收购）、萨博（通用公司控股）。

3. 源自日韩的汽车品牌

日本汽车品牌：雷克萨斯、丰田、本田、日产、三菱、马自达、五十铃、铃木等。

韩国汽车品牌：现代、起亚、大宇（通用公司控股）。

（三）汽车品牌的作用、意义与特征

1. 品牌的作用

（1）有助于消费者认清品牌购买产品，并进行质量监督。这是因为品牌可以区别各个企业的同种产品，反映产品的质量和特色。消费者通过品牌可以掌握产品的生产厂家和质量标准，从而会增加安全感，必要时还可投诉索赔。

（2）有助于企业进行广告宣传，促进销售。品牌是产品的代表，品牌为广告宣传提供了明确、具体的对象。良好的品牌更有利于广告宣传和产品销售。

（3）有助于创立名牌产品。企业要使自己的产品成名，成为企业拳头产品，除了提高产品质量之外，还必须有品牌，并经常维护、提高这个品牌的声誉，获得消费者信任。

2. 汽车品牌的意义

（1）汽车品牌是汽车价值的象征。"劳斯莱斯"代表高贵，"奔驰"是高质量的代名词，"沃尔沃"是安全的保证。

（2）汽车品牌是企业经营理念的象征，代表了企业品牌。如今，汽车品牌已经向企业品牌过渡。"奔驰"是德国奔驰公司追求质量、创新、服务的象征；"丰田"则代表日本丰田公司"客户第一、销售第二"的经营理念。

（3）汽车品牌还是身份和地位的象征。

因此，汽车生产商已从制造汽车过渡到制造品牌、创造价值，经销商也从销售汽车向销售品牌、传递价值转变。

3. 汽车品牌的特征

（1）汽车品牌多以创始人名字命名。世界级汽车品牌的命名、个性和定位与公司的理念相结合，往往打上了创始人的烙印。如美国的"福特"、"克莱斯勒"，英国的"劳斯莱斯"，法国的"雪铁龙"和日本的"丰田"，这些品牌都是以创始人的名字或姓氏直接命名的。这些汽车公司无不承袭了各自创始人的经营理念。1999 年福特"T 型车"被评为"世纪名车"，原因就在于其视质量为生命的传统经营理念。丰田则以其一贯秉承的将客户利益放在首位的经营理念享誉世界。

（2）汽车品牌和汽车标志的人格化。汽车标志具有品质、身份、地位和时代的象征意义。"奔驰"象征着上流社会的成功人士，"劳斯莱斯"是身份显赫的贵族，"福特"是踏实的中产阶级白领。这些人格化的品牌成为社会地位、身份、财富甚至职业的象征，成为车主第二身份特征。"劳斯莱斯"除了用两个"R"字母叠合成商标外，还有一个展翅飞翔的女神雕像，象征"速度之神"和"狂喜之神"。

（3）汽车公司往往都实行多品牌策略。德国大众拥有帕萨特、POLO 等 9 个品牌；通用拥有凯迪拉克、雪佛兰、别克、土星等 8 个品牌。

（4）汽车品牌都针对各自特定的细分市场。"奔驰"的购买者是年龄偏大、事业有成、社会地位较高、收入丰厚的成功人士。"宝马"的购买者是年轻有为、富有朝气、不受传统约束的新一代人士。

二、汽车品牌市场细分

对汽车行业而言，一个汽车生产或销售企业开展营销时，面对的是一个十分复杂的市场，这个市场中的消费者由于收入、爱好、生活习惯等因素的不同，对提供的汽车商品和服务也有不同的需求。为此，必须在此之前进行市场细分。然后，把一个或几个细分市场作为目标，为每个市场制订产品开发和营销方案。企业还要进行市场定位研究，为企业及其产品在目标市场上树立一定的特色并塑造预定的形象，以取得竞争优势地位。一个完整的目标市场营销有三个步骤，即市场细分、目标市场选择和市场定位，这也就是目标市场营销战略。目标市场营销能帮助企业更好地识别营销机会，为每个目标市场开发适销对路的产品，这是关系到企业生存和发展的重大决策，是实施具体营销策略的基本前提。

（一）汽车品牌细分的作用

1. 市场细分的概念

美国市场学家温德尔·史密斯于 1956 年首先提出市场细分理论，这是市场营销学理论上的重要突破。所谓市场细分就是企业根据市场需求的多样性和购买者行为的差异性，把整个市场（即全部用户）划分为若干具有某种相似特征的用户群（细分市场），每一个用户群就是一个细分市场，以便执行目标市场营销的战略和策略。

市场之所以能够细分，是有其客观依据的。这些依据主要体现在以下两个方面：

（1）市场需求客观上具有差异性，购买动机和购买行为也具有差异性。可以说，正是由于这种差异性的存在，市场细分才有划分的标准。

（2）市场需求还具有一定的相似性。如果用户的需要没有某种共性，那么市场细分就无从做起，企业不可能将每一个用户都作为一个细分市场。正是这种需要存在共性，市场细分才具有实际的营销意义。

2. 市场细分的作用

企业进行市场细分和实行目标市场营销，对于改善企业经营、提高经营效果具有重要作用。这主要体现在如下方面：

（1）有利于发现市场营销机会。运用市场细分可以发现市场上尚未满足的需求，并从中寻找适合本企业开发的需求，从而抓住市场机会。这种需求往往是潜在的，运用市场细分的手段和细致的市场调研，就可以发现这类需求，从而使企业抓住市场机会。

（2）能有效地制定最优营销策略。在细分的市场上消费需求明确而具体，企业能有效地制定相应的营销策略，达到最优化的目标。

（3）能有效地与竞争对手相抗衡。通过市场细分，能够发现目标消费群的需求特性，从而使产品富有特色，甚至可以在一定的细分市场形成垄断的优势。

（4）能有效地扩展新市场，扩大市场占有率。企业对市场的占有是逐步的。通过市场细分，企业可以先选择最适合自己占领的某些子市场作为目标市场。当占领这些子市场后再逐渐向外推进、拓展，从而扩大市场的占有率。

（5）有利于企业合理利用资源，发挥优势。每一个企业的经营能力都有其优势和不足。有限的资源分摊在众多市场上，使得优势无从发挥，弱势难以弥补。企业将整体市场细分，确定自己的目标市场，这一过程正是将企业的优势和市场需求相结合的过程，有助于企业集中优势力量开拓市场。

（二）汽车品牌市场细分的依据和基本要求

市场细分面临的首要问题是市场细分变量的选取。所谓市场细分变量，是指那些反映需求的内在差异，同时能作为市场细分依据的可变因素。一般来说，形成市场需求差异性的因素都可以作为市场细分的依据。但由于市场类型不同，细分的依据也有所不同。

1. 市场细分变量

根据汽车商品的特点，研究其市场细分因素时应主要考察消费者市场的情况。影响消费者市场需求的因素，即用来细分消费者市场的变量，可概括为以下四大类：

（1）地理变量。按地理变量细分市场就是把市场分为不同的地理区域，如国家、地区、省市、南方、北方、城市、农村等。各地区由于自然气候、传统文化、经济发展水平等因素的影响，形成了不同的消费习惯和偏好，并且具有不同的需求特点。在我国进行汽车销售，运用地理变量，最简单的是根据通用的行政区域划分，将市场分为华东、华南、华中、华北、西部，或者根据经济发展水平划分为沿海地区、内陆地区、边远地区等。根据不同的地理因素，采取不同的营销方案。

（2）人口变量。人口变量细分是按年龄、性别、家庭人数、生命周期、收入、职业、文化程度、宗教信仰、民族、国籍、社会阶层等人口统计变量划分消费群。对汽车市场营销来说，收入是进行市场细分必须考虑的因素。一辆汽车的性能再好、创意再新，如果消费者的收入不足以负担这种汽车的价格，那么该汽车就不可能打开该细分市场。

（3）心理变量。在人口因素相同的消费者中，对同一商品的爱好和态度也可能截然不同，这主要是由于心理因素不同。消费者的生活方式、社会阶层、个性和偏好都是心理变量的内容。个性是经常被用来细分市场的变量，这个变量在汽车市场营销中的运用十分普遍。因为世界上著名的汽车品牌往往都已经被人赋予个性色彩，因此这些品牌所对应的也往往是一些相同性格的消费者。比如，奔驰象征着上流社会的成功人士；劳斯莱斯是身份显赫的贵族；福特是踏实的中产阶级白领。这种人格化品牌异化成为社会地位、身份、财富甚至职业的象征，成为车主的第二身份特征。这种品牌的个性特征往往和创始人的性格相联系，又经过长时间的浓缩，已经成为一种约定俗成的特点，是短时间内无法改变的。

（4）行为变量。行为变量是反映消费者购买行为特点的变量。它包括购买时机、利益偏好、使用状况、使用频率、对品牌的忠实程度、对产品的态度和购买阶段等。行为变量是建立细分市场的最佳起点，行为变量通常可以分为以下七类：

①购买时机。可根据产生需要、购买或使用产品的时机将购买者区分开来。对于汽车行业来说，春节、五一、国庆等重大节日和春季、秋季的旅游黄金时间往往是购车的高峰期。

②利益偏好。根据消费者从产品中追求的不同利益分类是有效的细分方法。购买汽车的消费者，有的注重实用性，有的可能就是赶时髦，有的将其作为身份地位的象征。世界著名的整车生产厂家往往都有适合消费者不同利益追求的产品。

③使用状况。许多产品可按使用状况将消费者分为"从未用过"、"曾经用过"、"准备使用"、"初次使用"、"经常使用"五种类型，即五个细分市场。在某种程度上，经济状况决定了公司应把重点集中在哪一类使用者身上。市场占有率高的大企业常常对潜在使用者感兴趣，而一些小企业则只能尽力吸引经常使用者。对使用状况不同的消费者，在广告宣传以及推销形式方面都有所不同。

④使用频率。根据消费者使用商品的频率，可以将消费者细分成少量使用者、中量使用者和大量使用者。大量使用者人数通常只占总市场人数的小部分，但是他们在总消费中所占有的比重却很大。营销者通常主要按照大量使用者群体的偏好来提供产品和服务。

⑤忠诚程度。不同消费者对产品品牌的忠诚程度是不同的，根据消费者的忠诚程度，可以将消费者分为四类：坚定忠诚者、适度忠诚者、喜新厌旧者和无固定偏好者。其中，坚定忠诚者始终只购买某一类品牌的产品，企业应投其所好，巩固其忠诚程度。适度忠诚者则是同时偏爱两三个品牌，企业通过分析这类消费者可以发现本企业的竞争品牌，以便制定有效的对策。喜新厌旧者是经常改变购买品牌的一类消费者，通过对其进行分析研究，找出产品的弱项并及时改进和调整。无固定偏好者不忠诚于任何品牌，企业应力争使其成为本企业产品的忠实使用者。

⑥购买阶段。对于每一种产品来说，都可能同时存在已经购买、即将购买、想要购买、对产品感兴趣、对产品有所了解或不了解的各种消费者，这些消费者处在购买过程中的不同阶段。各个阶段的消费者人数的多少对营销策略的制定有很大的影响，企业的营销策略必须随着购买阶段的发展而变化和调整。

⑦态度。根据消费者对产品的热衷程度，可将其态度分为热爱、喜欢、无所谓、敌视等。

企业可以通过调查、分析，针对不同态度的消费者采用不同的营销对策。

以上就是细分市场时经常使用的细分变量。但是，一个公司在进行市场细分时往往不是运用一个单一的变量，而是综合使用几个变量进行市场细分。

2. 汽车市场常见的细分方法

在通常情况下，可按以下依据将汽车市场予以细分：

按西方国家对汽车产品大类的划分方法，汽车市场可分为：轿车市场、商用车市场（指除轿车以外的所有汽车产品现实的和潜在的购买者）。

按我国对汽车产品类型的传统划分标准，汽车市场可分为：载货汽车市场、越野汽车市场、自卸车市场、专用汽车市场、特种汽车市场、客车市场、轿车市场。还可以分为：乘用车市场，包括客车、轿车及具有乘用车车身形式的各类专用汽车构成的市场；载货汽车市场，包括各类非乘用车车身形式的专用汽车市场。

按购买者的性质不同，汽车市场可分为：机关公务用车市场、商务及事业性单位用车市场、生产经营性用户需求市场、私人消费性用户需求市场等。

按汽车产品的性能特点不同，汽车市场可分为：载货汽车市场，包括重型汽车市场、中型汽车市场、轻型汽车市场和微型汽车市场；轿车市场，包括豪华轿车市场、高档轿车市场、中档轿车市场、普及型轿车市场和微型轿车市场；客车市场，包括大型、中型、轻型和微型客车市场。

按汽车产品的完整性不同，汽车市场可分为：整车市场、零部件市场、汽车配件市场。

按汽车使用燃料的不同，汽车市场可分为汽油车市场和柴油车市场。

按地理位置不同，汽车市场可分为：东部沿海地区汽车市场、中部地区汽车市场、西部地区汽车市场等，甚至还可分为城市汽车市场和农村汽车市场。

按汽车保有量变化与否，汽车市场可分为：新增需求市场、更新需求市场。

按自然气候条件，汽车市场可分为：丘陵、高原、平原等汽车市场。

按是否属于首次向终端用户销售，汽车市场可分为：新车市场、二手车市场。

按汽车是否具有专门用途，汽车市场可分为：普通汽车市场、特种专用汽车市场。

猎豹汽车品牌策划

20世纪90年代后期，湖南古城永州。一座现代化的汽车工业城市的雏形逐渐形成，被有关部门称为"冷水滩模式"的湖南长丰汽车制造股份有限公司在经过3年悄无声息的快速发展后，开始走向全国、面向世界。

1. 寻找品牌价值认同

汽车是一种相对昂贵的产品，其表现品牌应具有综合性，因而在策划过程中策划者放弃了差异化诉求策略，转向从"高品质"与"技术来源"寻求突破。"三菱技术"被认为是世界轻型越野车工业史中最为完善与先进的汽车之一，而"猎豹技术"正是通过沿袭这种技术，在中国造就了高品质的轻型越野车。事实上，在国内几家屈指可数的越野车生产企业当中，猎豹无论从技术上还是从品质上都遥遥领先。猎豹品牌的技术内容被确定为"世界一流技术","中国越野之王"被确定为品牌的理想内容。

2. 品牌策略思路设计

策划公司、企业管理层、日方代表在经过充分讨论后，确定"世界一流技术，中国越野之王"为企业定位广告语。该定位广告语一推出，就以品牌宣言的形式迅速提升了猎豹品牌的价值形象。

随后策划者又根据企业战略目标，确定了猎豹品牌形象策略的基本构架，包括四个阶段。第一阶段是猎豹品牌定位。传播"世界一流技术，中国越野之王"的理念，以战略概念的定位与品质内涵的推广对猎豹品牌加以整合与升华。第二阶段是品质定位。以"安全舒适"、"奔放豪华"、"成功信任"作为猎豹汽车品质上的诉求点，根据汽车市场的走向，猎豹汽车在原有的营销基础上，完善有效的整合传播，以"基于产品，立足形象，建立双向信息交流"的方式逐步完善猎豹汽车市场营销的基础。第三阶段是强化猎豹品牌形象。实现猎豹品牌形象的统一规范，植入猎豹品牌价值观，创造一种较为浓厚的越野车文化氛围。第四阶段是树立长丰企业形象，以品牌的良好经营加强对企业形象的塑造。

3. 关于通过品牌策划塑造汽车文化的思考

要建立现代化的汽车企业，扛起发展民族汽车工业的大旗，首先应创造出与世界品牌同步的汽车文化。从这个意义上讲，猎豹在创建品牌上的勇气是可嘉的。

三、汽车品牌定位与策略

（一）汽车品牌市场定位的概念与定位原则

汽车产品在市场上品牌繁多，各有特色，而广大用户又都有着自己的价值取向和认同标准。企业想在各自的目标市场上取得竞争优势和取得更大的经济效益，就必须在充分了解用户和竞争者的基础上，确定本企业的市场位置，即为企业树立形象、为产品及服务赋予特色，这个过程即市场定位。

1. 概念

所谓市场定位，是指企业以何种产品形象和企业形象出现，以便给目标用户留下一个深刻的印象。产品形象和企业形象是指用户对产品和企业形成的印象。如大家常说的"物美价廉"、"豪华高贵"等就属于产品形象的概念范畴。而"对用户负责"、"实力雄厚"等，则属于企业形象的概念范畴。国内外各大汽车公司都十分注重市场定位，精心地为企业及每一种汽车产品打造鲜明的个性，并将其准确地传达给消费者。例如，大众汽车公司的"为民造车"，其产品以真正"大众化"著称；奔驰汽车公司的"制作精湛"，其产品以"优质豪华"、"高档名贵"著称；沃尔沃汽车公司的"设计生命"，其产品以"绝对安全"等企业形象和产品形象闻名于世。

2. 定位原则

企业要做好市场定位，使自己的产品在社会公众心目中树立起良好的形象，并不是一件轻而易举的事。企业必须在战略上考虑将产品定在一个什么位置或水平上，是与竞争对手针锋相对，把产品定在与竞争对手相似的位置上，同竞争者争夺同一细分市场，还是另辟蹊径、回避竞争者，将产品定在与竞争者完全不同的位置上，抢占潜在市场或突出宣传自己的特色，坚守自己的传统阵地。可以说，上述考虑就属于市场定位战略考虑。企业应结合自己的实力、产品优势及其他条件，综合分析，确立定位战略。

（二）市场定位战略

企业要做到准确定位，首先要决策采取何种市场定位的战略。市场定位的战略类型包括如下四种：

1. 产品差异化策略

从产品质量、特色、耐用性、可靠性、维修性、风格等方面实现差别的策略。

（1）产品性能质量。产品性能质量是指产品主要特点在运用中的水平。一般来说，产品的性能可以分为低、中、高和超级。性能高的产品总体来说可以产生较高的利润，但是，当产品性能超过一定的分界线后，由于价格因素的影响，愿意购买的人会越来越少，利润反而会降低。

（2）产品特色。产品特色是对产品的基本功能的某些增补。例如，对于汽车来说，它的基本功能就是作为代步工具和运输工具，汽车产品的特色就是在基本功能上的增加，如电动窗、ABS、安全气囊、空调等装置。由于汽车可以提供的差别化项目很多，因此，汽车制造商需要确定哪些特色应该标准化，哪些是可以任意选择的。

（3）耐用性。耐用性是衡量一个产品在自然条件下的预期操作寿命的性能。一般来说，购买者愿意为耐用性较好的产品支付更高的售价。但是，如果该产品的时尚性相当强，耐用性就可能不被重视。同样，技术更新较快的产品也不在此列。

（4）可靠性。可靠性是指在一定时间内产品保持正常运转的可能性。购买者愿意为产品的可靠性付出溢价。由于汽车产品属于耐用性商品，因此，可靠性和耐用性都是受到消费者重视的主要指标。

（5）可维修性。可维修性是指一个产品出了故障或用坏后进行维修的难易程度。一辆由标准化零件组装起来的汽车容易调换零件，其可维修性就高。理想的可维修性是指可以花少量的钱或时间甚至不花钱或时间，自己动手修复产品。除了汽车设计水平和生产质量决定了该汽车的可维修性之外，为该汽车提供的售后服务也可看做可维修性的衡量标准之一。如果一家汽车生产企业建立大量维修点，可以保证消费者在最短的时间内使汽车获得维修，同样可以认为该汽车的可维修性强。

（6）风格。风格是产品给予客户的视觉和感觉效果。许多汽车买主愿意出高价购买一辆汽车，就是因为被该汽车的外表所吸引。当人们提到一辆汽车时，眼前最先浮现的通常是该汽车的外观。风格比质量或性能更能给客户留下印象。同时，风格具有难以仿效的优势。本田公司的"铃木武士"所做的市场调查也显示，有29%的消费者是被"铃木武士"的外观和设计所吸引而购买该车的。企业常常还通过寻求产品特征实现产品的差别化，如丰田的安装、本田的外形、日产的价格、三菱的发动机都是非常有特色的。

2. 服务差异化战略

向目标市场提供与竞争者不同的优质服务的战略。一般的，企业的竞争能力越强，越能体现在用户服务水平上，越容易实现市场差别化。通过服务差别化提高客户总价值，从而击败竞争对手。汽车是技术密集型产品，实行服务差别化战略是非常有效的。服务差别化主要体现在订货方便、客户培训、客户咨询、维修和其他多种服务上。

（1）订货方便。订货方便是指如何能让客户以最方便的方式向企业订货。网络的普及和电子商务的产生为客户提供了随时随地可以订货的购物方式，这种便捷的订货方式已经开始被广泛使用。因此，汽车销售商和生产商发展电子商务是必然的趋势。

（2）客户培训。客户培训是指对客户单位的雇员进行培训。特许经营是当今汽车销售行业中比较重要的渠道策略，大多数汽车厂都会对它的特许经销商进行培训，以便使他们更好地经营特许店。此外，在汽车销售中，客户培训也可以看做是教会客户如何使用新汽车，这项工作并不一定要靠销售人员进行，一本详细的使用说明书也可以起到客户培训的作用。

（3）客户咨询。客户咨询是指卖方向买方无偿或有偿地提供有关资料、信息系统和提出建议等服务。例如，某销售公司设立提醒服务，提醒消费者按时享受生产商或经销商的承诺服务，提醒消费者注意某些常规适用规范，如进行年检、购置保险等。

（4）维修。维修是指消费者所能获得的修理服务的水准。由于汽车是一种耐用商品，消费者购买汽车后通常希望尽可能长时间地使用。因此，汽车消费者非常关心他们从卖方那里可以获得的修理服务的质量。维修是售后服务的一项内容，在服务营销被汽车营销行业日渐重视的今天，优秀的整车生产商都会注重维修服务的提供。

3. 人员差异化战略

人员差别化战略是指通过聘用和培训比竞争对手更优秀的人员以获取差别优势的战略。实践早已证明，一支优秀的队伍不仅能保证产品质量，还能保证服务质量。

4. 形象差异化战略

形象差别化战略是指在产品的核心部分与竞争者无明显差异的情况下通过塑造不同的产品形象以获取差别的战略。

要使一个产品具有有效的形象，需要做到三点：第一，它必须传递特定的信息，这些信息包括产品的主要优点和定位；第二，必须通过一种与众不同的途径传递这种信息，使其与其他的竞争产品区别开来；第三，必须具有某种感染力，从而触动客户的心。汽车是受品牌影响很大的一种商品，品牌形象本身就可以看做是汽车生产厂的标志，品牌的差别是产品定位甚至是企业定位的体现。

（三）市场定位的战略选择

企业的目标市场中，通常会存在一些其他企业的产品。这些产品已经在消费者心目中树立了一定的形象、占有一定的地位。企业要想在目标市场上成功地树立起自己产品独特的形象，就必须考虑这些竞争企业的存在，并针对这些企业的产品制定适当的定位战略。可供企业选择的市场定位战略主要有：

1. 竞争性定位

竞争性定位是指将本企业产品定位在与现有竞争者产品相似的市场位置上，与竞争对手针锋相对，争夺同一细分市场。这种定位要考虑以下因素：生产技术与质量水平是否具有优势；市场潜力与市场容量是否足够吸纳两个企业的产品；是否有比竞争对手更强的生产经营实力。只有具备这些条件，企业才能在市场竞争中处于有利位置，才能采用这种定位战略。

2. 拾遗补缺定位

拾遗补缺定位是指企业通过分析市场中现有产品的定位状况，从中找出尚未占领的空缺位置，并以此来为本企业确定市场位置。企业采取这种拾遗补缺的方法为其产品定位，可以使自己的产品具有一定的优势和特色，并可避免与同行竞争。采用这种定位策略应考虑以下因素：是否有足够多的、确定的消费需求；这种空缺产品的生产技术是否可行和经济合理；企业是否具有开发与经营的能力。

3. 突出特色定位

突出特色定位是指企业通过分析市场中现有产品的定位状况，发掘新的具有鲜明特色的市场位置，来为企业的产品定位。企业应该根据市场需求情况与本身条件，尽量突出产品特色。这种战略在实施时对企业条件要求较高，而一旦成功将给企业带来丰厚的收益。

第三节　汽车营销市场策略

市场营销的各种营销因素可概括为四个要素，即产品（Product）、价格（Price）、分销（Place）和促销（Promotion）。这四个方面是企业营销活动的主要因素，一般称为营销因素或市场因素。这些因素对汽车企业来说是可以控制的，也就是说汽车企业根据市场的需要，可以决定自己的产品结构、制定产品价格、选择分销渠道和促销方法。

一、汽车产品策略

汽车产品是汽车市场营销的物质基础，是汽车市场营销组合中最重要的因素。营销组合中的其他三个因素，也必须以汽车产品为基础进行决策。因此，汽车产品策略是整个营销组合策略的基石。

（一）关于产品及产品整体概念

对于汽车产品来说，用户需要的是汽车能够满足交通运输的需求，以及满足心理上和精神上的需要，如匹配身份、地位等，尤其是那些高级轿车用户更是如此。此外，汽车产品的用户还希望生产厂家能够提供优质的售后服务，如备件充裕、维修网点多、上门服务、"三包"（即包修、包退、包换）等。

由此可见，当代产品的概念，应是一个包含多层次内容的整体概念。菲利普·科特勒等学者使用五个层次来定义产品整体概念。产品整体概念的五个基本层次如下图所示。

（1）核心产品。核心产品是指向客户提供的产品的基本效用或利益。人们购买汽车不是为了获取装有某些零部件的物体，而是为了满足交通或其他方面的需求。

（2）形式产品。形式产品是指核心产品借以实现的形式或目标客户对某一需求特征的特定满足形式。形式产品由五个特征构成，即品质、式样、特色、商标及包装。对于汽车产品来说，形式产品即指汽车的车型、品质性能、式样特色等。

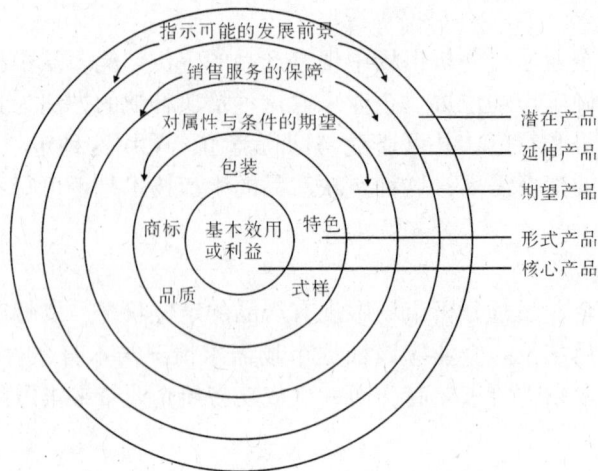

图中文字：
指示可能的发展前景
销售服务的保障
对属性与条件的期望
包装
商标 基本效用或利益 特色
品质 式样
潜在产品
延伸产品
期望产品
形式产品
核心产品

（3）期望产品。期望产品是指客户购买该产品时期望得到的与产品密切相关的一整套属性和条件。

（4）延伸产品。延伸产品是指客户购买形式产品和期望产品时，附带获得的各种利益的总和，如汽车的产品说明书、保证、安装、维修、交车、技术培训等。

（5）潜在产品。潜在产品是指现有产品包括所有附加产品在内的、可能发展成为最终产品的潜在状态产品。潜在产品指出了现有产品可能的演变趋势和前景。

产品整体概念的五个层次，十分清晰地体现了以客户为中心的现代营销观念。这一概念的内涵和外延都是以消费者的需求为标准、由消费者的需求来决定的。

（二）汽车产品的组合策略

1. 产品组合及其相关概念

（1）产品线。产品线是指产品组合中的某一产品大类，是相关或相似的产品，通俗地说就是车型系列。产品项目是指产品系列中各种不同档次、质量和价格的特定品种。

（2）产品组合。产品组合是指一个汽车企业提供给市场的全部产品线和产品项目的组合或结构，即企业的业务经营范围。企业为了实现营销目标，充分有效地满足目标市场的需求，必须设计一个优化的产品组合。例如，一汽集团生产的重型载货汽车、中型载货汽车、轻型载货汽车、高级轿车、中级轿车、普及型轿车、微型轿车等，这就是产品组合；而其中重型载货汽车或中型载货汽车等就是产品线；每一大类包括的具体品牌、品种则为产品项目。如下图所示。

一般来说，汽车企业采取四种方法发展产品组合：①加大产品组合的宽度，即增加车型系列，扩展企业的经营领域，实行多样化经营，分散企业投资风险。②增加产品组合的长度，即使品种多样化，产品线丰满充裕，成为更全面、更丰富的产品线企业。③加强产品组合的深度，即增加每一车型系列的品种数目，占领更多的同类产品的细分市场，满足更广泛的市场需求，增强行业竞争力。④加强产品的一致性，使汽车企业在某一特定市场领域内加强竞争并赢得良好的声誉。

目前我国的汽车市场，除了中型载货汽车的品种发展较为完善外，其余各种车型都还有很大的品种发展余地，而轿车和重型汽车方面的发展空间更大，因而各汽车企业更要做好产品线与产品项目的决策，以谋求更大的发展空间。

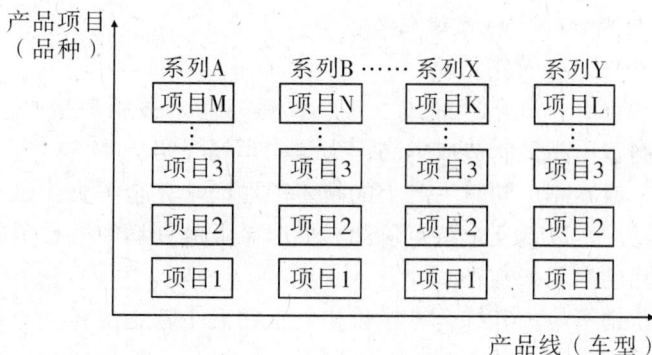

2. 汽车产品组合策略

汽车产品组合策略就是指汽车企业如何根据消费市场实际，合理进行产品组合决策。在决策时需要考虑三方面的限制：一是企业所拥有的资源条件的限制；二是市场基本需求情况的限制；三是竞争条件的限制。常采取的策略有以下三种：

（1）产品项目（汽车品种）发展策略。企业如果通过增加汽车产品品种可增加利润，那就表明产品线太短；如果减少汽车品种可增加利润，那就表示产品线太长。产品线长度以多少为宜，则主要取决于汽车企业的经营目标。如宝马公司最近曾表示，扩大产品品种将会成为今后宝马公司开拓市场的重要途径。由此可见，宝马公司所采取的就是汽车品种发展策略。

（2）产品线（车型系列）发展策略。当汽车企业预测现有产品线的销售额和赢利率在未来可能下降时，或其他经营条件（如市场竞争、企业经营目标等）发生改变时，就必须考虑在现有产品组合中增加产品线，或加强其中有发展潜力的产品线（新车型）。

（3）产品线延伸策略。每一家汽车企业的产品都有特定的市场定位，如美国的林肯牌汽车定位于高档市场，雪佛兰牌定位在中档汽车市场，我国的吉利牌汽车为迎合我国目前家庭小轿车的发展，定位于低价低档小轿车。产品线延伸策略指全部或部分地改变原有产品的市场定位，具体有向下延伸（在高档产品线中增加低档产品项目）、向上延伸和双向延伸三种实现方式。

（三）汽车产品生命周期及其营销策略

1. 产品生命周期的概念

产品从完成试制、投放到市场，到最后被淘汰、退出市场为止的全部过程所经历的时间，称为产品的生命周期。汽车产品的生命周期可以理解为某种车型从试制成功上市到被新车型替代而淘汰所经历的时间。根据产品销售量、销售增长率和利润等变化曲线可以定性地把产品生命周期划分为四个典型形态（阶段）：

（1）市场导入期（也称介绍期）。市场导入期是指在市场上报出新型汽车产品，汽车销售呈缓慢增长状态的阶段。

（2）市场成长期。市场成长期是指该车型的汽车在市场上迅速为客户所接受、销售额迅速上升的阶段。

（3）市场成熟期。市场成熟期是指大多数购买者已经接受该车型，市场销售额缓慢增长或下降的阶段。

（4）市场衰退期。市场衰退期是指销售额急剧下降、利润渐趋于零甚至负值的阶段。

2. 汽车产品生命周期各阶段的营销策略

（1）导入期的市场特点与营销策略。

①导入期的市场特点有：汽车产品进入市场试销，尚未被用户接受，因此销售额增加缓慢；生产批量小，试制费用高，制造成本高；为了向市场介绍产品，广告及其他推销费用的支出很高；由于产量少，成本高，同时生产上的技术问题尚未完全解决，以及推销费用高，这时期产品的售价常常偏高。由以上几个特点可知，此时企业的利润往往是负值，产品在这个时期的亏损只能由其他产品的赢利来弥补。

②导入期的市场营销策略。若综合考虑价格与促销两个营销因素，对处于导入期的汽车新产品的营销策略常可采用以下四种方法。

快速掠取策略。此策略以高定价和高促销费用推出新产品。实行高定价是为了在每单位销售额中获取最大的利润，高促销费用是为了引起目标市场的注意，加快市场渗透。成功实施这一策略可以尽快收回新产品开发的投资。国外汽车公司在推出富有特色的中高级轿车时常采用这一策略。

缓慢掠取策略。此策略以高价格低促销费用将新产品推入市场。高价格和低促销费用的结合可以使企业获得更多利润。东风汽车公司在推出 EQ1141G（EQ153）车型时，采用的营销策略就属此类。

快速渗透策略。此策略以低价格和高促销费用推出新产品。目的在于先发制人，以最快的速度打入市场。该策略可以给企业带来最快的市场渗透速度和最高的市场占有率。日本、韩国的汽车公司在刚进入北美市场时，便大量采用此种营销策略。

缓慢渗透策略。此策略以低价格和低促销费用推出新产品。低价是为促使市场迅速接受新产品，低促销费用则可以实现更多的利润。

（2）成长期市场特点与营销策略。

①成长期的市场特点有：消费者对新汽车产品已经熟悉，销售量增长很快；大批竞争者加入，市场竞争加剧；产品已定型，技术工艺比较成熟；建立了比较理想的营销渠道；市场价格平稳或趋于下降；为了适应竞争和满足市场扩张的需要，汽车企业的促销费用水平基本稳定或略有提高，但占销售额的比率下降；由于促销费用分摊到更多销量上，单位生产成本迅速下降，企业利润迅速上升。

②成长期的营销策略。营销策略的核心是尽可能地延长汽车产品的成长期。营销的重点应放在保持良好的汽车产品质量和售后服务质量上。具体说，可采取如下措施：根据用户需求和其他市场信息，不断提高产品质量，发展新款式、新型号，增加新功能和特色；积极开拓新的细分市场和增加新的分销渠道；广告宣传的重点，应从建立新车产品知名度转向促进用户购买并进一步创名牌上；选择适当的时机降低售价，吸引对价格敏感的用户，抑制竞争。

（3）成熟期的市场特点和营销策略。

①成熟期的市场特点。成熟期又可以分为三个时期：在成长成熟期，各销售渠道基本呈饱和状态，增长率缓慢上升；在稳定成熟期，由于市场饱和，消费平衡，产品销售稳定，销售增长率一般与购买者人数成比例；在衰退成熟期，销售水平显著下降，原有用户的兴趣已开始转

向其他车型，全行业汽车出现过剩，竞争加剧，一些缺乏竞争力的汽车企业将渐渐被取代，新加入的竞争者少。

②成熟期的营销策略。这个阶段的营销策略，应放在尽量争取稳定的市场份额、延长产品的市场寿命上。可供选择的基本策略有以下三种：市场多元化策略，即开发新市场，寻求新用户。汽车产品再推出策略，即改进车型的品质或服务后再投放市场。它又包括两方面：一是提高产品质量，如提高汽车的动力性、经济性、操纵稳定性、舒适性、制动性和可靠性等，创名牌、保名牌；二是增加汽车产品的功能，如提高轿车的美观性、舒适性、安全性和动力性等，使小型车高级化，这些措施都有利于增加产品品种，扩大用户的选择余地。营销组合改良，即通过改变定价、销售渠道及促销方式来延长产品成熟期。

（4）衰退期的市场特点与营销策略。

①衰退期的市场特点有：汽车产品的需求量和销量迅速下降，价格已下降到最低水平；多数汽车企业无利可图，被迫退出该汽车产品市场；留在市场的汽车企业逐渐减少产品附带服务，削减促销预算等，以维持最低水平的经营。

②衰退期的营销策略。此阶段的营销策略应放在有计划、有步骤地转产新车型，及时实现汽车的更新换代。并应注意处理好善后事宜，应继续安排好后期配件供应，维修技术支持，保证老用户的使用需求得到满足。否则，企业形象将会受到损害。

综上所述，产品生命周期各阶段的基本特点及营销策略可归纳为下表。

产品生命周期各阶段及营销策略

项　目	导入期	成长期	成熟期	衰退期
销售额	低	迅速上升	达到顶峰	下降
单位成本	高	平均水平	低	低
利润	无	上升	高	下降
营销策略	建立知名度	提高市场占有率	争取利润最大化	实现产品更新换代

奇瑞汽车公司推出"五娃"系列

在2008年的北京车展上，奇瑞一举推出以奥运福娃为主题的新一代小型车平台"五娃"系列，一时惊艳四座。"五娃"系列共有7款车型。外形设计参考了5个"福娃"的脸部特征，造型可爱抢眼，更兼顾了三厢车、两厢车、跑车、SUV等多种车型，力求满足新一代都市青年追求个性的时尚消费。

二、汽车价格策略

汽车产品的价格是其价值的货币表现，是由社会必要劳动时间决定的。产品的价格是价值的外在表现。价格围绕价值上下波动，这种波动是由产品供求关系引起。汽车产品在市场上的价格往往随供求关系的变化而变化。反过来，汽车价格又常常是一只调节市场供求关系的"看不见的手"，直接关系着产品受市场接受的程度，影响着市场需求量、销售量和企业利润，涉及生产者、经销者、用户等多方利益。因此，确定产品价格是市场营销过程中一个非常重要、敏感的环节。

（一）影响汽车产品价格的主要因素

价格是一个变量，它受到诸多因素的影响和制约。一般来说，我们可以把这些因素区分为企业的内部因素和外部因素。内部因素主要有定价目标、成本、产品特点、分销渠道和促销策略等；外部因素主要有市场和需求情况、货币流通情况、竞争情况、政策环境和社会心理等。给汽车产品定价时必须综合考虑这些因素的影响，并据此选择定价策略。

1. 定价目标

任何汽车企业都不能孤立地制定价格，而必须按照汽车企业的目标市场战略及市场定位战略的要求来进行。不同的汽车企业、不同的汽车产品，其市场地位不同，自然定价策略也是不一样的。企业定价目标主要有以下几种：

（1）维持生存。如果汽车企业产量过剩，销路不畅，产品滞销；或汽车企业资金面临严重不足；或企业面临激烈竞争，则需要把维持生存作为主要定价目标。此时汽车企业应该制定较低的价格，有时甚至要制定低于成本的价格以便迅速收回资金再投资。企业这种定价目标只适合企业的短期目标。

（2）当期利润最大化。即汽车企业以追求当期利润最大化作为定价目标。此时一般产品所定的价格较高，因此要求被定价的产品必须市场信誉高，在目标市场上占有优势地位。这种定价目标比较适合处于成熟期的名牌汽车产品。

（3）市场占有率最大化。一般来说，一个汽车企业赢得最高的市场占有率之后将享有最低成本和最高的成长利润。市场占有率的高低对汽车企业来说，是非常重要的，保持和提高市场占有率是汽车企业的一个十分重要的目标。由于市场对价格高度敏感，因而低价往往能刺激需求的迅速增长，低价也能吓退已有的和潜在的竞争者。这种定价目标比较适合新产品或为市场所熟悉的产品。

（4）产品质量最优化。为实现产品质量最优，汽车企业在开发、生产和市场营销过程中的成本就会相对较高，同时对售后服务的要求也高。这就要求汽车产品的价格也相应较高，以弥补高成本，即常说的"优质优价"。这种定价目标适合市场信誉度高的名牌产品。

（5）应付和防止竞争。即汽车企业有意识地通过产品定价去应付或避免竞争的定价策略。以此为目标的汽车企业制定价格时，以对市场有绝对影响的竞争者价格为基础，故意将价格定得与竞争对手有所差别。这种定价目标比较适合目标实现的可能性很大，而且实力雄厚的企业。

（6）保持良好的分销渠道。保持分销渠道畅通是保证汽车企业取得良好经营效果的重要条件之一。对那些需经中间商推销汽车产品的企业，为了在激烈的市场竞争中保住完整的销售渠道，促进销售，往往以良好的渠道为定价目标。为此，汽车企业必须研究价格对中间商的影响，让中间商有充分的积极性去推销产品。

2. 汽车产品的成本

汽车产品的成本是汽车企业为研究开发、生产和销售产品所支付的全部实际费用，以及汽车企业为产品承担风险所付出的代价的总和。如果说市场需求决定了汽车产品的最高价格，成本则决定了汽车产品的最低价格。"成本＋利润＋税金"就构成了汽车产品的出厂价。因此，成本是价格中最基本、最主要的因素，成本低则产品价格竞争力就强。降低成本已成为目前我国汽车工业的一个重要课题。

（1）汽车产品成本的分类。汽车产品成本包括科研制造成本、营销成本、储运成本等，主要包括以下几个方面：

①汽车生产经营过程中实际消耗的各种原材料、辅助材料、备品配件、外购半成品、燃料、动力、包装物、低值易耗品的原价和运输、装卸、整理费用。

②固定资产折旧、按产量提取的更新改造资金、租赁费和修理费。

③科学研究、汽车新技术开发和新产品试制所发生的不构成固定资产的费用，购置样品和一般测试仪器设备的费用。

④按国家规定列入成本的职工工资、福利费、奖金。

⑤按规定比例计算提取的工会经费和按规定列入成本的职工教育经费。

⑥产品包修、包换、包退的费用，废品修复费和报废损失，停工期间支付的工资、职工福利费，设备维护和管理费，削价损失和经批准核销的坏账损失。

⑦财产和运输保险费，契约、合同公证费，咨询费，专有技术使用费。

⑧流动资金贷款利息。

⑨办公费、差旅费、会议费、宣传费、冬季取暖费、消防费、检验费、劳保用品费、仓储费、商标注册费及专利申请费、展览费等管理费用。

⑩销售商品发生的运输费、包装费、广告费和销售机构的管理费，以及经批准列入成本的其他费用。

为了分析的方便，以上产品成本可分为固定成本和变动成本。固定成本是企业产品的投资、折旧、房地租金以及行政办公费等；变动成本是指随着产量的增减而变化的各项费用，如原材料消耗、储运费用、计件工资等。固定成本和变动成本之和就构成了总成本。

（2）影响汽车成本的主要因素。

①生产规模对成本的影响。汽车生产规模的大小在很大程度上决定了产品成本的高低。比如，CA140中型载重车的年产量由1万辆增至5万辆时，单车成本下降48%。这正是规模效益所致。

②产品品种和成本的影响。从理论上看，单一品种的大量生产，对获得较低的汽车成本来说是非常理想的，但是，为了能够在市场上具有较强的竞争能力，汽车生产企业必须能够生产较多的品种。国际上具有竞争力的汽车企业，都是采用了以若干车身、发动机、变速器、车桥、制动系统等装配成成百上千的整车品种。这些经验表明，对汽车工业来说以最少的零部件作为基础，生产尽可能多的竞争力较强的车型是获得成功的必要条件之一。

③产品质量对成本的影响。质量费用是为了保证提高产品质量而支出的一切费用，以及因未达到质量标准而产生的一切费用损失的叠加。降低质量费用是企业内部质量管理的一个重大课题，也是降低产品成本的一个重要方面。

④企业管理水平和生产经验等因素对汽车产品成本的影响。汽车工业生产的成本结构，总体上是技术比例高，外购原材料和零件比例高，占用资金数额大。对汽车生产而言，那些位居

发展中国家前列，在世界上中度发达的国家，如韩国、墨西哥、西班牙等国，由于其工业化程度、劳动生产率、人员技术素质都较高，而劳动力成本也相对较低，这些国家已经成为各大汽车公司转移汽车生产较为理想的国家。

3. 市场需求的性质和状况

市场需求是影响企业定价最重要的外部因素，它规定了产品价格的上限。因此，在定价之前，营销人员必须了解汽车产品的价格和需求之间的关系。

在一般情况下，尤其是在自由竞争市场条件下，市场价格随市场供给与需求的关系的变化而变化。供不应求时，市场表现为卖方市场，价格上涨，企业利润丰厚，市场刺激生产；当商品供过于求，进入买方市场，价格下降，利润变薄，缺乏竞争力的企业将被淘汰。汽车市场的价格形成机制虽然也遵循供求规律，但在表现形式上却有其自身特点，因而汽车企业有选择定价策略和定价方法的必要与可能。

影响产品定价的因素还有很多，如经济情况、营销组合策略、政府因素等。

（二）汽车产品的基本定价方法

汽车企业制定汽车产品价格是一项很复杂的工作。价格的高低要受市场需求、成本费用和竞争情况等多方面因素的影响和制约，汽车企业制定价格时应全盘考虑。企业常用的定价方法有三种：成本导向定价法、需求导向定价法、竞争导向定价法。

1. 成本导向定价法

成本导向定价法是一种主要以成本为依据的定价方法，包括成本加成定价法和目标定价法两种具体方法。

（1）成本加成定价法指按照单位成本加上一定百分比的加成来制定产品的销售价格。这里加成的含义就是一定比率的利润。计算公式为：

$$P = C\ (1 + R)$$

式中：P—单位产品价格；

C—单位产品成本；

R—成本加成率。

这种定价方法能保证企业产品的平均价格水平高于总成本，从而保证企业能进行有效的再生产。其优点是简单易行，将本求利，对价格竞争也有缓和作用。

（2）目标定价法是指根据估计的总销售收入（销售额）和估计的产量（销售量）来制定价格的一种方法。具体做法是，企业以预估的销售量求出应制定的价格，但价格恰恰是影响销售量的重要因素，因此这种做法有很大的缺陷。

2. 需求导向定价法

需求导向定价法是一种以市场需求强度及消费者感受为主要依据的定价方法。这种方法比较符合营销导向型企业的做法。需求导向定价法有好多种，下面主要介绍一下感受价值定价法。

所谓"感受价值"（亦称为"理解价值"）是指购买方根据自己的经验、标准或观念对产品产生的认同价值。根据这种价值制定的价格称为感受价值价格。这种定价方法的指导思想就是，销售者决定商品价格的关键因素是消费者对商品价值的感受水平，而不仅仅是汽车企业的成本。因此，在定价时首先的、也是最重要的工作是估计和测定商品在消费者心目中的价值水平，然后再依据消费者对商品所感受的价值水平，定出商品的价格。

需求导向定价法所确定的价格代表了大多数用户的感受价值。这种定价方法，关键是要找到比较准确的感受价值。因此，汽车企业在定价前必须认真做好营销调研工作，从而对感受价值作出准确的预测。需求导向定价法如果运用得当，会给汽车企业带来许多好处，可提高汽车企业或产品的身价，增加企业的收益。

3. 竞争导向定价法

竞争导向定价法是汽车企业依据竞争汽车产品的品质和价格来确定本汽车企业产品价格的一种方法。其特点是只要竞争产品的价格不变，即使本企业产品的成本或需求发生变化，价格也不变；反之亦然。这种定价方法，简便易行，所定价格竞争力强，但价格比较僵化，有时企业获利较小，且易形成价格大战。

竞争导向定价法比较适合市场竞争激烈的产品。在当代竞争激烈的国际汽车市场上，不少汽车公司便采用此法。日产汽车公司定价时，先充分研究丰田汽车公司类似产品的价格，然后再给自己的产品制定一个合适的价格；如果丰田的价格调整了，日产公司通常也要作出相应的调整。

雷克萨斯：由中低档提升到高档的典范

"用 36 000 美元就可以买到价值 73 000 美元的汽车。"日本雷克萨斯成功地挑战奔驰。20 世纪 90 年代，丰田公司发现许多想买而且有能力购买高档车的消费者都觉得奔驰的价格过于昂贵，人们希望能以更合理的价格享受奔驰的质量。善于创造并着手开发能够满足这一愿望的汽车，就是雷克萨斯。

雷克萨斯一改过去日本汽车经济实用的中低档形象，定位为豪华轿车。仅上市两年，其业绩就赶上了已苦心经营数年的宝马，给世界豪华轿车市场带来强烈的震撼。

丰田公司的石田迟三先生曾说："汽车的生命在于各种机能和耐久力，而又必须物美价廉。汽车制造商最终和最高目标就是：产品要更好，价格要更便宜。"

雷克萨斯是丰田汽车的佼佼者，客观存在线条流畅、造型完美、内饰豪华、乘坐舒适而且平稳性极佳等优点。曾经有这样的对比实验：分别放一杯水在雷克萨斯和奔驰的发动机盖上，汽车发动时奔驰车上的水晃动不已，而雷克萨斯车上的水却波澜不惊。就品质而言，雷克萨斯与它的对手奔驰、宝马相比毫不逊色，甚至略胜一筹。从雷克萨斯要求同一辆车上所有的皮革都来自于同一张小牛皮的做法可以看出，雷克萨斯将"物美"做到了极致。

价格方面，雷克萨斯又将"价廉"做到了惊人的地步：雷克萨斯的两种型号车定价分别是 36 000 美元和 21 000 美元左右，而同一定位的奔驰和宝马售价达 80 000 美元，相差两三倍。雷克萨斯以"较低的价格，较高的价值"对奔驰、宝马形成了有力的挑战。"用 36 000 美元就可以买到价值 73 000 美元的汽车。"雷克萨斯作出如此煽情的广告承诺，且配有并排而放的雷克萨斯车和奔驰车的图片对比，可以想见其果敢的决心与相当强的实力后盾。

雷克萨斯车以卓越的性价比赢得了经销商和用户的心。在美国上市的第一年,就发展到 90 个经销商,售出 16 000 辆,第二年更增加到 75 000 辆。其用户坚信自己的选择是明智的,认为没有必要为显示地位而花费无谓的钱,他们非常乐意将雷克萨斯推荐给自己的朋友。

三、汽车分销策略

(一) 分销渠道的职能和类型

所谓分销渠道,又称商品的销售渠道或分销途径,是指商品从生产领域转移到消费领域所经过的路线和途径,它是沟通生产者和消费者的纽带和桥梁。分销渠道包括商人中间商和代理中间商,以及处于渠道起点和终点的生产者和最终消费者或用户。

分销渠道的主要职能有以下九个方面:

(1) 售卖,即将汽车产品卖给终端用户。这是分销渠道最基本的职能和作用。

(2) 投放,即决定将何种汽车产品、以何种数量、在何时投放到哪个市场上去,实现企业的营销目标,并获取最佳效益的功能。

(3) 物流,也称实体储运职能。即保质保量地将汽车产品在指定时间内送达指定地点的功能。

(4) 研究,即收集市场信息,进行市场预测的功能。

(5) 促销,即进行关于所供应物品的说明性沟通的功能。

(6) 接洽,即寻找可能的购买者并与之进行沟通的功能。

(7) 融资,即为补偿渠道工作的成本费用而对资金的取得与支出的功能。

(8) 服务,即为用户提供满意的服务的功能。对汽车产品来说,售后服务是很重要的。

(9) 风险承担,即承担与渠道工作有关的全部风险的功能。

(二) 分销渠道的模式与结构

分销渠道按其中有无中间环节和中间环节的多少,即按照渠道长度的不同,可分为以下四种基本类型:

1. 直接渠道

即汽车生产企业直接把产品卖给用户。直接渠道的具体形式有:推销员上门推销;设立自销机构;通过订货会或展销会与用户直接签约供货等形式。日本汽车企业在早期所采取的策略主要就是这种分销策略,并且取得了成功。

2. 一级渠道

汽车生产企业与用户之间只通过一层中间环节,即汽车生产企业把产品销售给直接面对用户的零售商或代理商。我国许多汽车生产企业都采用这种分销形式,比如专用汽车生产企业、重型车生产企业等。

3. 二级渠道

即汽车生产企业把产品批发给批发商或交给代理商，由批发商成代理商再销售给零售商，最后销售给用户。生产企业与用户之间经过两层中间环节。这种分销渠道在我国的大、中型汽车生产企业的市场营销中比较常见，如上海大众汽车公司、东风汽车公司等都采用这种形式。

4. 三级渠道

指含有三个或三个以上中介机构的分销渠道。这种分销渠道比较适合生活用品的销售，不太适合汽车产品的销售。

（三）中间商的类型

所谓中间商是指在商品从生产者转移到消费者的过程中，参与商品流通、促进买卖行为发生和实现的个人和经济组织。汽车中间商是汽车产品销售给最终消费者和用户的中间环节。中间商一头连接着生产者，一头连接着商品的最终消费者；具有平衡市场需求、扩散商品和集中商品的功能，在商品流通中发挥着重要作用。

1. 批发商

汽车产品批发商是以批发后再销售为目的、实现汽车产品在空间和时间上的转移的中间商。根据其是否拥有汽车商品的所有权可分为三种类型：独立批发商、商品代理商、制造商的分销机构和销售办事处。

（1）独立批发商。这类批发商是指批量购进并批量销售的中间商。独立批发商拥有汽车商品的所有权并以获取批发利润为目的，其购进对象通常是生产者或其他批发商，售出对象则多数为零售商。例如，我国目前汽车分销中的汽车贸易公司、机电公司中的汽车批发部门等都属于此类。

（2）销售代理商。汽车代理商是指接受委托人的委托，替委托人推销汽车商品的中间商。销售代理商不拥有汽车商品所有权，以取得佣金为目的，促使买卖的实现。在汽车分销中销售代理商主要有三类：

①销售代理商，即委托人的独家全权销售代理商。销售代理商是汽车生产企业的全权代理，负责推销企业的全部产品，不受地区限制，并且有一定的定价权。同时生产企业有销售代理商后，不得再委托他人代销产品或自销产品。

②厂家代理商，即制造商的代理商。厂家代理商按照汽车生产企业规定的销售价格或价格幅度和其他销售条件推销产品，安排储运，并向生产企业提供市场信息、产品设计及定价建议等。这类代理商一般都与企业签订长期代理合同，并受代理销售地区的限制。目前，厂家代理商这类中间商在汽车销售中是比较常见的，如美国汽车制造商的国外汽车销售大部分都采用这种形式。

③制造商的分销机构和销售办事处。制造商的分销机构和销售办事处隶属制造商所有，是制造商专门经销其产品，进行批发销售业务的独立商业机构。如美国汽车企业国内汽车销售的地区管理分公司、韩国汽车生产厂的销售店、我国汽车制造企业自建的销售公司和各地的分销中心，以及国外汽车制造商在我国设立的销售办事处等。

2. 零售商

零售商是指将产品和服务销售给最终消费者的中间商。它一般拥有产品的所有权，具有形式多样、数量庞大、分布广泛的特征。

（1）专营零售商。即只经营单一品牌汽车产品的零售商。国外大型汽车生产企业销售系统中的零售商，大多属于此类，我国各地的汽车专卖店也是一种专营零售商。

（2）兼营零售商。即经营多家品牌汽车产品的零售商。我国汽车贸易中的中汽贸易系统以及原国有物资部门和各级机电公司等企业的整车销售和大多数汽车零部件零售企业都采用兼营零售的方式。

（3）零售代理商。即不拥有汽车产品的产权，仅从销售代理商处取得代理权，或者是销售代理商设立的零售机构，比如各地的汽车销售代理处、代理店等。

（四）我国汽车销售体制的现状和存在的问题

1. 目前我国典型的分销模式

（1）批发交易与零售交易。批发市场和零售市场，在汽车分销中属于一级分销渠道。从汽车营销分销现状来看大致有以下几种方式：一是以批发交易为主，兼营零售，主要有中国汽车贸易总公司、中国汽车工业销售总公司及其在各地区的分公司等；二是批零兼营，如航天工业总公司及其地区公司；三是以零售为主，兼营批发，如一些汽车配件公司兼营汽车销售，汽车"自选市场"等。

（2）品牌专营。所谓品牌专营，是指通过统一的汽车企业品牌形象和统一的服务质量，以达到汽车营销的统一运营和规模效应。汽车厂商作为特许人，向特许经销商输出以汽车为核心的产品与品牌商标，而特许经销商以履行合同和遵守各项制度为前提，在一定区域内销售汽车和提供服务。发达国家的汽车生产与经营早已进入品牌经营时代。品牌营销有其自身的优越性。采用"多位一体品牌专卖"营销模式的通用、本田、奥迪销售业绩的走红，标志着中国汽车进入了专卖店时代。

（3）地区性汽车交易市场。近年来，国内一些大中型城市建立了地区性汽车交易市场。一般是由地区的工商局主办，组织当地主要汽车营销单位参与，也组织外地汽车营销、集中起来经营展销造成声势，同时方便客户选车买车，搞好售后服务。

（4）汽车城。北京昌平沙河西沙屯的"亚飞汽车城"可能会成为全国性汽车连锁市场的中心枢纽。该汽车城占地100亩，内设可储车千余辆的大型彩色展棚，能提供通信、餐饮住宿、广告、保险等系列服务。

2. 国内汽车销售模式存在的问题

多渠道多网络销售是我国汽车销售模式的最大特点。随着汽车工业的发展，特别是汽车市场从卖方市场转向买方市场，购车对象从以公款车为主转向以私人车为主，这种多渠道、多网络的销售体制出现了不可避免的矛盾。最突出的矛盾是无序竞争，对畅销的汽车相互争抢货源，甚至达到不择手段的程度；对滞销的汽车则相互推诿，不是以生产压销售，就是以销售压生产。这种状况使得汽车厂家与经销商之间互不信任，未能真正建立起共命运的关系；使客户对经销商缺乏信任感，从而难以下决心购买汽车；使许多经销商存在危机感，难以发展销售业务和取得较好效益。

像卖矿泉水那样卖车：比亚迪的群狼逻辑

比亚迪股份有限公司 2009 年上半年汽车业务收入大涨 133%。按照比亚迪自己的说法，业绩猛增的原因是：2009 年以来比亚迪 A1 销量增速迅猛，9 月份共销售 29 039 辆，相较于去年同期 13 441 辆，同比大增 116%，再一次实现比亚迪一贯的翻倍增长速度。

超低成本"千店工程"的比亚迪的业绩扩张，是由着 2007 年渠道大扩张开始的。两年前，比亚迪汽车确定渠道建设工作目标，内定开始实施"千店工程"。李力估计，"千店工程"明年就会实现，全国 1 000 家，平均每家每年销售 800 台车。"就算千店工程实现了，就是 80 万。比亚迪明年就算卖了 80 万，整个全国保有量也就 150 万，平均每家店保有量也就 1 500 台，"李力不无感慨地说，"2004 年以前开的店都能支撑，2007 年以后的店都在熬，现在主要靠售后和成本控制。"李力显得有些无奈。

事实上，高速扩店的原因，一方面是比亚迪的政策支持和进入门槛较低。单店数量需要支持比亚迪明后年 80 万辆的销售目标。另一方面，由于国家一系列汽车税费优惠政策的推出，今年汽车销售井喷，比亚迪的高速扩店得以迅速推进。经销商进入成本极其低廉，比亚迪看重的是店面的地理位置，店面都不大，比亚迪为经销商办银行承兑，30 万资金就贷款 100 万，300 万可贷到 1 000 万。

在中小城市，合资品牌的 4S 店经销模式，对于比亚迪这样的低端品牌，显然是不合适的。而且低端汽车品牌的竞争形势很像饮料业，产品严重同质化，品牌缺乏忠诚度，价格雷同。唯一拼的就是看谁的网点多，单店走量大。现在许多农用车和轻型商用车企业，都是采用的这种网点制胜模式，上汽通用五菱在广大农村和城乡结合部，有上千家这样的门市店和露天卖车点。比亚迪是为数不多采用这种模式卖轿车的企业。比亚迪的路能走多远？目前比亚迪在深圳、广州这类城市有 1 500 台保有量，由于比亚迪的单车利润下滑得厉害，大城市的许多经销商日子并不好过。据记者了解，广东有些地方的经销商已经在撤退了，而二、三线城市的市场相对好些。日子相对好过的一个主要原因是，网没有那么精密，所以竞争不激烈，价格能够守得住；二是市场正在成熟起来，比亚迪的车型和价格比较适合这种市场。"还有两三年好日子，但是一定要控制好成本，快进快修、快卖快修才是销售比亚迪汽车的王道。"李力说出了自己的想法。

随着时间的推移，比亚迪的快销式卖车模式还能撑多久？其实现实已经摆在了王传福面前。因为技术成熟度不够，比亚迪的电动车还无法完全产业化。比亚迪和诸多依赖二、三线市场生存的本土品牌一样，面临的形势是：为了与长期盘踞二级以下市场的本土品牌打持久战，包括大众、通用在内的一线品牌，目前的做法是，构建更加完整的包括信贷、保险、租赁和二手车业务在内的汽车金融服务体系，来扭转价格因素的影响。如何应对中高级品牌向二、三线品牌施压，除了价格优势外，真正的核心竞争力现在还看不见。

四、汽车促销策略

（一）促销及促销组合的概念

1. 促销的含义

促销是促进产品销售的简称。从市场营销的角度看，促销是企业通过人员和非人员的方式，沟通企业与消费者之间的信息，引发、刺激消费者的消费欲望和兴趣，从而使其产生购买行为的活动。

（1）促销工作的核心是沟通信息。没有信息的沟通，企业不把汽车产品和购买途径等信息传递给目标客户，也就谈不上购买行为的发生。因此促销的一切活动都以信息传递为起点，完成销售，最后又以信息反馈为终点。

（2）促销的目的是引发、刺激消费者产生购买行为。在消费者可支配收入的既定条件下，消费者是否产生购买行为主要取决于消费者的购买欲望，而消费者购买欲望又与外界的刺激、诱导密不可分。促销就是利用这一点，激发用户的购买兴趣，强化购买欲望，甚至创造需求来实现最终目的。

（3）促销的方式有人员促销和非人员促销两类。人员促销，亦称直接促销或人员推销，是企业运用推销人员向消费者推销商品或劳务的一种促销活动，主要适用于消费者数量少、比较集中的情况。非人员促销，泛称间接促销或非人员推销，是企业通过一定的媒体传递产品或劳务的有关信息，以促使消费者产生购买欲望、发生购买行为的一系列促销活动，包括广告、公关和营业推广等。它适用于消费者数量多、比较分散的情况。通常企业在促销活动中将人员促销和非人员促销结合运用。

2. 促销的作用

（1）提供汽车信息。通过促销宣传，可以使用户知道企业生产经营什么样的汽车产品，有什么特点，到什么地方购买，购买的条件是什么等，从而引起客户的注意，激发并强化购买欲望，为实现和扩大销售做好舆论准备。

（2）突出汽车产品特点，提高竞争能力。在同类汽车产品中，有些商品差别细微，而通过促销活动能够宣传、突出企业产品的特点，从而激发潜在的需求，提高汽车企业和汽车产品的竞争力。

（3）强化汽车企业的形象，巩固市场地位。恰当的促销活动可以树立良好的汽车企业形象和商品形象，能使客户对汽车企业及其产品产生好感，从而培养和提高用户的忠诚度，形成稳定的用户群，不断巩固和扩大市场占有率。

（4）刺激需求，影响用户的购买倾向，开拓市场。这种作用在企业将新汽车产品推向市场时尤为明星。汽车企业通过促销活动诱导需求，有利于新产品打入市场和建立声誉。促销也有利于培育潜在需要，为汽车企业挖掘潜在市场提供了可能。

3. 各种促销方式的特点

促销方式，有直接促销和间接促销两种，又可分为人员推销、广告、营业推广和公共关系四种。不同的促销方式有不同的效果，概括地说，各种促销方式的主要特点如下：

（1）人员推销。即汽车企业利用推销人员推销汽车产品，也称为直接推销。对汽车企业而言，主要是派出推销人员与客户直接面谈沟通信息。人员推销方式具有直接、准确、推销过程灵活、易于与客户建立长期的友好合作关系以及双向沟通的特点，但这种方式成本较高，对促销人员的素质要求也较高。

（2）广告。广告是通过报纸、杂志、广播、电视、广告牌等广告传播媒体向目标用户传递信息。采用广告宣传可以使广大用户对企业的产品、商标、服务等加强认识，并产生好感。统计表明，在各主要的汽车生产国，汽车业是做广告最多、费用最高的行业之一。如德国，2005 年全国销售汽车 331 万辆，宣传广告费达 29 亿欧元，平均每辆车广告费为 875 欧元。

广告的特点是可以更为广泛地宣传企业及其产品，传递信息面广，不受客户分散的约束，同时广告还能起到倡导消费、引领潮流的作用。

（3）营业推广。又称销售促进，是指汽车企业运用各种短期诱因鼓励消费者和中间商购买、经销或代理汽车产品或服务的促销活动。其特点是可有效地吸引客户，刺激购买欲望，较好地促进销售，但它也有贬低产品之意，因此只能是一种辅助性促销方式。

（4）公共关系。公共关系是一种创造"人和"的艺术，它不以短期促销效果为目标，而是通过公共关系使公众对汽车企业及其产品产生好感，树立良好的企业形象，并以此来激发消费者购买欲望，是一种长期的活动，着眼于未来。

各种促销方式的优缺点见下表。

各种促销方式的优缺点

促销方式	优 点	缺 点
人员推销	推销方法灵活，针对性强，容易促成及时成交	对人员素质要求较高，费用较大
广告	信息传播面广，易引起注意，形式多样	说服力小，不能直接成交
公共关系	影响面大，令消费者印象深刻	促销效果间接，产生促销效果所需时间长，活动开展艺术性强
营业推广	吸引力大，效果明显	只能是短期使用，有贬低产品的意味

4. 促销组合及促销组合策略

四种促销方式各有优点和缺点，在促销过程中，汽车企业常常将多种促销方式组合使用。所谓促销组合，就是企业根据汽车产品的特点和营销目标，综合各种影响因素，选择、编配和运用各种促销方式。促销组合是促销策略的前提，在促销组合的基础上，才能制定相应的促销策略。因此，促销策略也称为促销组合策略。

影响促销组合策略制定的因素主要有以下四个方面：

（1）产品种类和市场类型。例如，重型汽车因使用相对集中，市场也比较集中，因而人员推销对促进重型汽车的销售效果较好；而轻型汽车、微型汽车由于市场分散，所以广告的效果就更好。

（2）促销目标。在汽车企业营销的不同阶段为适应市场活动的不断变化，要求有不同的促销目标。因此，促销组合和促销策略的制定要符合汽车企业的促销目标，根据不同的促销目标，采用不同的促销组合和促销策略。

（3）产品生命周期的阶段。当产品处于导入期时，需要进行广泛的宣传，以提高知名度，因而广告的效果最佳，营业推广也有相当作用。当产品处于成长期时，广告和公共关系仍需加强，营业推广则可相对减少。产品进入成熟期时，应增加营业推广而削弱广告，因为此时大多数用户已经了解这一产品，在此阶段应大力进行人员推销，以便与竞争对手争夺客户。产品进入衰退期时，某些营业推广措施仍可适当保持，广告则应停止。

（4）促销预算。任何汽车企业用于促销的费用总是有限的，这有限的费用自然会影响营销组合的选择。因此，汽车企业在选择促销组合时，首先要根据本企业的财力及其他情况进行促销预算；其次要对各种促销方式进行比较，以尽可能低的费用取得尽可能好的促销效果；最后还要考虑到促销费用的分摊。

（二）人员推销策略

1. 人员推销的应用条件

人员推销，具有有效发现并接近客户、推销宣传针对性强、推销策略灵活机动、信息交流双向性、便于密切汽车企业与用户关系等优点，但它也有推销成本高、对推销人员的素质要求高、管理难度大等缺点，因而人员推销并非适用于一切产品。它受到行业和市场环境的限制。对汽车产品来说，也存在根据产品种类选择人员推销对象的问题。如对于农用车、摩托车、一般的汽车配件等品种，人员推销只适用于对中间商的促销，而不适用于对消费者的推销；而对专用车辆、大型车辆、产业用户、集团消费等人员推销却可能是最好的促销方式。因此，汽车企业在决定使用人员推销时，必须考虑以下因素：

（1）市场的集中程度。人员推销对消费群体相对集中的产品市场是很有效的，而对于消费群体相对分散的市场，作用就很有限。如在东部沿海经济发达地区推销家庭用车，采用人员推销的效果就比较好；在经济比较富裕的平原农村，采用人员推销农用车就可能取得良好的效果。

（2）市场用户类型。汽车产品与配件的销售供应商，一般购买量大，并具有连续性行为，因而适用人员推销；而对于普通汽车用户，虽然整个市场对配件的需求量很大，但单位数量用户的购买量却很少，宜采用广告向普通用户宣传介绍汽车产品。

（3）产品的技术含量。产品技术含量高，客户很难全面了解产品的性能及特点，即使接收广告信息后也不易产生购买欲望，在这种情况下，采用人员推销就非常必要。

（4）产品的价格。客户购买高价格的产品时，本身就会感到有风险，利用人员推销可以及时解除客户的心理压力，坚定客户的购买决心，促进产品销售。

2. 人员推销的基本形式

（1）上门推销。上门推销是指由汽车推销人员携带汽车产品的说明书、广告传单和订单等走门串户，向客户推销产品。这种形式是一种积极主动的推销形式。

（2）柜台推销。又称门市推销，是指汽车企业在适当地点设置固定的门市、专卖店等，由营业员接待进入门市的客户，推销产品。柜台推销与上门推销正好相反，是等客上门式的推销方式。因为汽车商品是贵重、大件商品，故采用这种方式比较合适。

（3）会议行销。指的是利用各种会议向与会人员宣传和介绍产品，开展推销活动。比如，在订货会、交易会、展览会上推销产品。这种推销形式接触面广，推销集中，可以同时向多个推销对象推销产品，成交额较大，推销效果较好。近年来国内各大城市先后推出的汽车博览会就属于这种推销方式。汽车博览会现在已经不仅是推销汽车的极好形式，而且已成为各大城市提高城市知名度、带动消费和吸引商机的极好形式。

3. 人员推销的基本策略

（1）寻找新客户策略。从营销的角度看，新客户是指那些具有购买能力、能作出决策的潜在需求者。要想获得推销的成功，寻找新客户是第一步。寻找新客户时可以采用如下策略：

①"守株待兔"策略。这是一种坐等客户上门的策略，适用于处于成熟期的知名品牌。

②"主动出击"策略。这是一种以攻为守的策略。它要求推销人员采用各种方法寻找潜在的汽车用户。这种策略要求推销人员关键要掌握"主动"一词，尽一切努力，科学地使用各种方法和手段去寻找目标客户。

（2）接近客户策略。寻找到新客户以后，接下来的任务就是要接近客户，赢得客户的好感，以便进一步实施产品推销。要想接近客户，首先必须做好接近客户的准备工作，这些准备工作主要包括：调查客户情况（这是最主要的）、了解汽车企业及其产品的最新情况等，做到知己知彼。给客户留下良好印象是格外重要的，所以推销人员必须通过自己良好的衣着、言谈举止，让客户感到诚实可信、礼貌大方，并愿意继续交谈和交往。在这一过程中，推销人员一定要注意交往技巧。

（3）说服客户的策略。在买方市场下，要想说服客户，达成交易的确不是一件易事。因此，说服客户就成了推销的关键环节之一。常用的说服方法有提示说服法和演示说服法两种。

①提示说服法就是通过直接或间接、积极或消极的提示，激发客户购车的欲望，由此促使客户作出购买选择，如进行获益分析等。

②演示说服法是通过产品的文字、图片、影视、音响、证明等资料去引导客户作出购买决策，如丰田汽车公司为推销人员特制的样品目录、彩色样本以及各种文字资料等。

在说服过程中应注意：要认真听取并分析客户的意见，找出问题的关键点和客户的真实目的，作出针对性的反应。要做到事实充分、证据有力、态度诚恳、不卑不亢，切忌同客户发生冲突。

（三）营业推广策略

近10年来，营业推广在市场营销组合中越来越重要。在汽车市场中，营业推广也是一种行之有效的促销手段。针对不同的销售对象，营业推广的策略也有所不同。

1. 针对消费者的营业推广策略

（1）有奖销售。所谓有奖销售，是指通过抽奖、赠送奖品的形式销售产品。企业希望利用这种形式能有效地刺激购买欲望，提高产品的销量。如某汽车店，推出了"购车送 DVD + 抽奖"的促销方案，即每购一辆车送一台 DVD，还有机会获得彩电、手机、电烤箱等奖品，使售车数量激增。

（2）赠送消费卡、代价券。比如神龙汽车公司推出每购一辆神龙汽车，可获得一年免费保养、10 万公里内保修，并赠送 8 000 元消费卡等一系列措施。

（3）提供优质服务。这是国内外汽车公司都普遍推行的做法。尤其是汽车产品，因其产品的特殊性，客户对服务的要求也就更高。在产品同质的情况下，客户往往选择能提供优质服务的商家。

（4）分期付款和以租代销。由于汽车价格一般比较高，普通消费用户一次付款较难承受，因此，世界各国的汽车公司都有分期付款和以租代销等业务。目前美国以分期付款方式出售的汽车约占总销售量的80%。我国的汽车公司也都先后推出了各具特色的分期付款购车方式。

（5）价格折扣策略。价格折扣是指在一些特殊的时间（如淡季、重大节假日等）给购车者一定的价格优惠，或给一些特殊的客户一定的价格优惠，比如给一次性付清车款的客户更多的优惠等。价格折扣易给人以低价处理的味道，尤其是在当前我国正在打价格战的时候，一定要慎用价格折扣。

（6）以旧换新。"以旧换新"的销售方式在西方发达国家的汽车销售中非常流行。目前，在国家财政政策的支持下，我国大部分汽车公司都参与了这样的活动。

（7）使用奖励。这是指企业为了促进销售，对使用企业产品的优秀用户予以精神和物质上的奖励。比如，东风汽车公司就曾在全国范围内，对驾驶东风牌载货汽车、行驶里程达到数万公里，且从未出过事故的驾驶员给予奖励。

当然，在汽车促销活动中，营业推广的形式是非常多的，以上只是介绍其中一些。各企业可以根据不同的情况，择其良者而用之。

史无前例促销见效，丰田3月初在美销量大增近50%

丰田为挽救危机而采取的大力促销措施已初见成效。美国当地时间2010年3月11日，美国行业跟踪服务机构和多家经销商表示，包括零利率贷款在内的销售激励措施，已使3月初丰田汽车在美国市场的销量大幅增长近50%。

在遭遇到严重的召回危机后，丰田近期在美国展开了一系列被称之为"史上力度最大的促销计划"，从3月开始，购买包括凯美瑞、卡罗拉等多款丰田汽车，即可享受5年期零利率贷款、2年的免费维修服务，另外还有低廉租车服务等。

分析美国汽车销售趋势的Edmunds称，丰田的美国零售市场份额在3月初已跳增至16.8%，较一个月前的12.8%有大幅增长，当时，成为全球焦点的召回事件导致丰田销量大跌。

迈阿密大学工商管理学院教授Chester Schriesheim表示，消费者本来对购买丰田车摇摆不定，但是低廉的价格和促销计划帮他们最终作了购买的决定。

2. 针对中间商的营业推广策略

汽车中间商在汽车企业的产品销售中占有重要地位，而中间商往往是独立的法人，有独立的经营权，因此汽车企业提高他们的积极性是很重要的。汽车企业通常可以来用以下几种形式来促进销售：

（1）交易折扣。汽车企业通过价格折扣或赠品的方式，对中间商在产品的价格和支付条件等方面给予优惠，以促进双方合作。比如，一汽大众对其产品的专营店，免费提供广告宣传资料，以成本价提供捷达工作用车，优先满足紧俏产品的供应，优先培训等。

（2）销售竞赛。制造商为了刺激中间商推销企业产品的积极性而规定一个具体的销售目标，对实现销售目标的中间商给予一定的奖励，但这个目标应该是中间商有可能达到，又必须是经过努力才能达到的，否则对中间商的刺激作用不大。

（3）产品展销，订货会议。制造商通过展销、订货会议向中间商展示其生产的汽车产品的优点和特征，以引起中间商的经销兴趣，从而扩大产品的销售。

汽车营销市场策略有着非常丰富的内容，因篇幅所限，在此就不一一赘述。但要特别强调一点的是，市场策略不是一成不变的，更不是万能的，它要求营销人员在使用过程中灵活运用，切忌盲目照搬，以免贻误营销战机。从这个角度来讲，汽车市场营销是一门艺术。

复习思考题

1. 试举例说明汽车市场中企业的基本竞争战略。
2. 试举例说明汽车品牌市场细分方法中的一种，列出相关汽车品牌。
3. 汽车产品寿命周期分为哪几个阶段？各自的特征是什么？其营销策略是什么？
4. 影响汽车价格的因素有哪些？
5. 举例说明常见的分销模式有哪些？
6. 试举例说明汽车市场营销中常采用的促销策略与方法。

实训练习题

1. 选择一家汽车制造商，试分析其品牌策略。
2. 通过适当的途径收集本田汽车品牌近一年的市场营销组合策略并作分析。

第四章 汽车 4S 店销售的基本流程

学习目标

1. 掌握汽车 4S 店汽车销售及服务的基本流程。

2. 理解并学会运用汽车销售的技巧。

3. 结合案例，在汽车营销实战中不断提高营销人员的销售能力。

流程性销售技能 + 软性销售素质

这是美国中部一家比较知名的车行。车行展厅内有 6 辆不同型号的越野车。一天下午，阳光明媚，展厅看起来格外明亮，店中的 7 个销售人员都在忙着工作。

一对夫妻带着两个孩子走进了车行。凭着做了 10 年汽车销售的直觉，乔治认为这对夫妻是真实的买家。乔治热情地上前打招呼——汽车销售的第一个步骤。他用目光与包括两个孩子在内的人交流，同时作了自我介绍，并与夫妻分别握手。客户不经意地抱怨天空逐渐积累起来的云层可能带来雨雪天气，自言自语地说也许周末的郊游计划要泡汤了，这就很自然地将话题转向了引导客户需要。乔治诚恳地问："两位需要什么帮助？"——消除陌生感，拉近与陌生人之间的距离。

这对夫妇说现在开的是福特金牛，考虑再买一辆新车，客户对越野车非常感兴趣。乔治开始了汽车销售流程中的第二步骤——收集客户的需求信息。乔治耐心、友好地询问：什么时候要用车？谁开这辆新车？主要用它来解决什么困难？在彼此沟通之后，乔治开始了汽车销售的第三个步骤——满足客户需求，从而提高客户将来再回到自己车行的可能性。客户开始解释说，周末要去外地看望一个亲戚，非常希望能有一个宽敞的四轮驱动车，可以安全稳妥地到达目的地。交谈中乔治发现了这对夫妻的业余爱好是钓鱼。这条客户信息为销售人员留下了绝佳的下一次致电的由头。

销售不是一个容易学习和掌握的流程性的工作，它不像体育运动只要按照事先规定的动作执行，执行到位就可以取得比一般人好的成绩。在销售工作中有流程性的内容，也有非常灵活的并不依靠某种规则的技巧。比如，掌握客户业余爱好就被多数销售人员所忽视。在优秀的销售人员中，一直认为自然界中"变色龙"的技能对销售过程最为有用。

客户由此可以感知到一种来自销售人员的绝对真诚、个性化的投入和关切，在这种感知下，客户会非常放心地与销售人员交往。因此，乔治表示自己也对钓鱼感兴趣，至少可以获得一个与客户有共同兴趣的话题，从而与客户建立起除汽车采购以外的谈资。

乔治非常认真地倾听来自客户的所有信息，以确保自己能够完全理解客户对越野车的准确需求，之后慎重而缓慢地说："车行现在的确有几款车可以推荐给你们。"销售流程中的第四步骤：产品展示。乔治随口又问："计划月付多少车款？"此时，客户表达出先别急着讨论付款方式，先要知道所推荐的都是什么车，到底有哪些地方可以满足需要。

乔治首先推荐了"探险者"，并尝试着谈论配件选取的不同作用。乔治邀请了两个孩子到车的座位上去感觉一下，因为两个孩子好像没有什么事情干，开始调皮，这样一来，父母对乔治的安排表示赞赏。

这对夫妻看来对汽车非常内行。乔治推荐的许多新的技术、新的操控，客户都非常熟悉。由此可见，这对夫妻在来之前一定收集了汽车各方面的资讯。目前，这种客户来采购之前尽量多地收集信息的现象是越来越普遍了。40%的汽车消费者在采购汽车之前都通过互联网搜索了很多的相关信息来了解汽车。这些客户多数都是高收入、高学历，而且多数倾向购买较高档次的汽车（如越野车），这也将为车行带来更高的利润。其实，客户对汽车越是了解，对汽车的销售人员就越有帮助，但是现在有许多销售人员都认为这样的客户不好对付，太内行了，也就没有任何销售利润了。乔治却认为，越是了解汽车的客户，越不像那些一窍不通的客户那样小心、谨慎、怀疑。

这对夫妻看来对"探险者"非常感兴趣，但是乔治也展示了"远征者"，一个较大型的越野车，因为后者的利润会多一些。这对夫妻看了一眼展厅内的标有价格的招牌，叹了口气说，超过我们的预算了。这时，乔治开了一个玩笑："这样吧，我先把这个车留下来，等你们预算够了的时候再来。"客户哈哈大笑。

乔治此刻建议这对夫妇到客户办公室来详细谈谈。这也就是汽车销售流程中的第五个步骤——协商。协商通常都是价格协商。在通往办公室的路上，乔治顺手从促销广告上摘了两个气球下来，给看起来无所事事的两个孩子玩，为自己与客户能够专心协商创造了良好的条件。

汽车行销售人员的办公桌一般都是两个倒班的销售人员共同使用的，尽管如此，乔治还是在桌上放了自己以及家人的相片，这其实是另外一个与客户有可能谈到的共同话题。客户首先写下夫妻俩的名字和联系方式，通常采购汽车的潜在客户都不会是第一次来就决定购买，留下联系方式，以便在客户到其他的车行都调查过以后，还有机会再联系客户，这样成功率会高许多。

乔治再一次尝试着问客户的预算是多少，但客户非常老练地反问道："你的报价是多少？"乔治断定该客户一定已经通过多种渠道了解了该车的价格情况，因此，给了一个比市场上通常的报价要低一点的价格。但是，客户似乎更加精明，开价使乔治实际只能挣到65美元，因为这个价格仅比车行的进价高1%。乔治表示无法接受，于是乔治说，如果按照你们的开价，恐怕一些配置就没有了。于是，乔治又给了一个比进价高6%的报价。经过再次协商，乔治和客户最终达成了比进价高4%的价格。对于乔治来说，尽管这个价格利润很薄，不过还算可以了，毕竟客户第一次来就能够谈判到这个步骤已经不错了，而这个价格也意味着车行可以挣到1 000美元，乔治的提成是250美元。

乔治非常有效率地做好了相关的文件，因为需要经理签字，只好让客户稍等片刻。当乔治带回经理签了字的合同，客户却说还需要再考虑一下。此时，乔治完全可以使用另外一个销售技巧，那就是压力签约，运用压力迫使客户现在就签约，但是乔治没有这样做，宁愿让客户自由地离开。这其实也是这个车行的自我约束规则，这个规则表示，如果期望客户再回来，那么不应使用压力，应该让客户在放松的气氛下自由地选择（受过较高的教育的客户绝对不喜欢压力销售的方式）。乔治非常自信这个客户能回来，乔治给了客户名片，欢迎客户随时联系。

两天以后，客户终于打来电话，表示去看了其他的车行，但是不喜欢，决定向乔治购买喜欢的车，虽然价格还是高了一点。客户询问何时可以提车，令人高兴的是，车行里有现车，所以乔治邀请客户下午来。下午客户来了，接受了乔治推荐的延长保修期的建议，并安排了下一次维护的时间，并且介绍了售后服务的专门人员——汽车销售流程的最后一个步骤：售后服务安排。并由专门的维护人员确定了90天的日期回来更换发动机滤清器。这个介绍实际上是要确定该客户这个车以后的维护、保养都会回到车行，而不是去路边廉价的小维修店。

面对激烈的市场竞争、客户不断提升的要求，规范汽车销售流程、提高客户满意度成为当今各大汽车4S店的共识。几乎每个汽车4S店对其销售员都规定了基本流程，虽然各汽车经销店销售的标准流程有所差异，但一般都包括售前准备、销售接待、商品介绍、试乘试驾、签约成交、交车及售后回访等环节。

第一节　销售前准备

汽车是高技术含量、高价值的商品，客户在购买的过程中需要大量的信息，汽车销售员在销售前需要在各方面进行充分的准备，才能向客户提供其所需要的信息，打消客户疑虑，获取客户信任，提高销售业绩。汽车销售前的准备主要包括汽车企业知识的准备、汽车产品知识的准备、消费者信息的准备以及销售员自身的准备。

一、汽车企业知识准备

客户选择某一车型除了对汽车的性能价格认可之外，往往还出于对某汽车品牌的喜爱和对某汽车企业的信任，因此汽车销售人员应对公司的企业概况、品牌历史、品牌定位、销售政策有充分的了解，才能获取客户的信任，增强客户的购买信心，促使他们尽快作出购买决定。

（一）企业概况

企业概况主要是指企业成立的时间、规模、目前主要生产销售的车型、发展方向及目标、利润、所获得的奖项和荣誉等。一个企业的销售员对自己企业的基本状况都不了解很难获得客户的信任，销售人员可以通过对企业概况的介绍坚定客户的购买信心，提高客户对企业的认同感。

销售人员介绍企业概况

销售人员：看来，您对我们公司还有一定的疑虑，我向您介绍一下我们公司好吗？

客户：好的。

销售人员：我们公司是在2003年5月成立的，注册资本1 000万，目前已有6年的汽车销售与维修的经验了。目前的从业人员有45人，员工队伍大专以上学历占70%，大学本科生、研究生占10%。我们公司有很强的服务水平，不仅有高科技含量的现代汽车检测维修设备和纯正原厂配件，而且有一批专业素质很高的服务人员，在2006年华南区维修人员的技术比赛中，我们公司获得了一等奖。

销售人员通过对企业概况的介绍，增强了客户的购买信心。

（二）品牌历史

熟悉汽车品牌的发展历史，可以获得许多有价值的资料和信息，可以用来在客户中树立企业形象，传播企业文化。这些资料主要包括：企业的创始人、创立时间和地点，企业的车标及其来历，早期的生产规模、产品数量和销售状况，企业车型的发展历程，品牌发展过程中的重要车型等。客户对某一品牌汽车的喜爱往往和品牌历史密切相关，了解并向客户介绍品牌的历史，可以拉近销售员同客户的距离，提升品牌的溢价能力，提高客户对品牌的忠诚度。例如，丰田公司最早是生产纺织机械的，后来生产汽车，但丰田公司在生产纺织机械时就确立起的降低不良品率、注重产品质量、降低生产成本的理念一直贯穿整个丰田汽车的生产过程，也因此成就了丰田车质优价廉的品牌形象。

（三）品牌定位

建立品牌，首先要为产品定位。产品定位是指厂家在设计产品之前针对选定的客户群体所关心的一些重要的指标来对产品下定义的方式（即产品在消费者心目中相对于竞争产品的地位）。品牌定位体现特定的消费需求，即使在同一市场上，也表现出差异。同是豪华轿车，奥迪是"突出科技，远见未来，富有创新概念，充满激情"；奔驰体现"王者、尊贵、显赫"；劳斯莱斯是"皇家贵族的坐骑"；宝马则是"驾驶的乐趣"；沃尔沃定位于"安全"。

从消费者心理的角度来说，消费者购买某汽车品牌的商品，不仅仅关心汽车具有什么功能，更重要的是体验汽车个性，使其感到品牌的个性适合某一场合。了解品牌定位，能够使销售员配合厂家总体的品牌车型营销策略，在销售终端实施相应的销售方案。

（四）销售政策

市场瞬息万变，企业的销售政策也经常发生改变。在销售活动中，销售人员经常会遇到客户要求降价、修改产品、更快交货以及提供更优惠的信用条件等问题。对这些情况的处理，必须借助公司政策的指导。作为销售员必须及时熟悉公司每一款车型的销售价格、优惠促销的方式、赠送礼品的种类和截止时间等政策信息。销售人员只有深刻理解销售政策，才能进行正确销售，才能与企业的目标相一致。

二、产品知识的准备

专业的汽车销售顾问必须具备全面的知识，有自己独到的见解，能够建立客户的信任度，并帮助他们建立倾向于自己所销售汽车产品的评价体系与评价标准。销售最大的难点是每位销售人员必须对自己所销售的汽车产品有一个全面、深入的了解，对竞争品牌的产品有深入的认识，非常熟悉与汽车相关的专业知识。汽车本身是一种技术含量非常高的商品，尤其目前市场上的汽车品牌繁多，加上每个品牌有多个规格和型号，销售人员要面对的汽车产品不胜枚举。这样，销售中花在产品认识上的时间与精力就比做其他的产品要多得多。如果对自己的销售工作没有一个正确的认识，不肯花大量的时间进行这方面的研究，就会一知半解，不利于自己的销售。从客户的决策过程看，他们在决定购买前，一定会要求销售人员对他们提出的任何问题给予一个满意的答复，只要有一点不认可，就会使整个的销售前功尽弃。所以，丰富的产品专业知识是汽车销售的核心问题。汽车产品知识的准备主要包括熟记汽车产品的各项参数、分析产品的主要性能和同类产品的性能比较。

（一）熟记汽车产品的各项参数

熟记汽车产品的各项参数是介绍汽车产品的基础，只有在对商品的重要参数非常熟悉之后，才能透过这些枯燥的数字认真分析产品的性能，总结出产品的特性，并能解答客户的各种疑问，为客户提供最适合他们的商品。客户往往在购车之前就浏览了大量的车辆信息，如果销售员不能够熟练地说出汽车的参数，客户将很难对销售员产生信任，当然也就无法信任销售员为其推荐的产品。

销售员熟练掌握汽车参数

东风集团旗下的柳汽公司推出的景逸车，上市前就严格要求、强硬执行销售顾问训练政策。每一位销售顾问必须在一分钟内说出景逸的 20 个技术数据。在严格要求下，每一位销售顾问都能非常流利地讲出来。在一线实战面对客户的时候，销售顾问通常说："我向您推荐这款车也是我自己喜欢的，所以我对这辆车特别熟悉，要不，您看着表，我用一分钟时间给您说说这辆车的 20 个技术数据。"此时，提醒客户看表，然后自己开始说"长 4 320，宽 1 804，高 1 644，发动机排量 1 834，压缩比 105：1，离地间隙 15，百公里加速 15，前重 890，后重 610，钢板厚度 1.2，底漆厚度 107.8，百公里油耗 6.8，油箱容积 68，后门开启高度 172，前大灯之间距离 81，驾驶位可以操控按钮 147，全车内储物盒 38，最高时速 180，外后视镜大小 163×92。"全国 400 多名销售顾问每人在培训时都必须过关，当销售顾问流利地背出这些技术参数的时候，客户很容易就折服了。客户信服了，才有意愿购买汽车。

下表是通用汽车别克品牌的销售顾问必须牢记的 20 个数据，并且要在一分钟之内流利地说出来。

通用别克销售顾问必须牢记的汽车参数

问　题	答　案
赛威的车长	
赛威的车高	
赛威的轮距	
赛威的轮胎尺寸	
赛威车轴距	
赛威车 90km 等速油耗	
赛威车内有多少个车灯	
赛威车内储物空间有多大	
赛威车内有多少个喇叭	
赛威后视镜有多大	
赛威车百公里加速是多少	
赛威车发动机压缩比是多少	
赛威离地间隙是多少	
赛威最高时速是多少	
赛威有多少个操控按钮	

（二）分析汽车产品的性能

　　熟记汽车产品的参数仅仅是汽车产品知识准备的基础，汽车销售顾问不仅仅要熟记这些参数，同时要透过参数来向客户解释这些参数并能够分析汽车具有哪些特性、能够给客户带来哪些利益。如果汽车销售顾问只是了解参数，而不能分析产品的性能，客户或者觉得高深莫测，或者觉得销售人员故意卖弄，客户很难作出购买决定。

　　分析汽车产品的性能可以从汽车的外形、动力性与操控性、舒适实用性、安全性、先进科技这五个方面进行分析。

速腾汽车性能介绍

外形：时尚而沉稳内敛的设计风格

速腾拥有比同级车更出众的流线型设计，圆润而时尚，呈现了大众轿车的时尚而沉稳的最新设计理念。前脸采用了大众汽车最新的家族风格设计，格栅和中进气口形成一个V型前脸，颇似一张个性张扬的大嘴，简洁明快、富有动感。同时，这种设计理念不单单表现在其外形设计上，更体现在其整车的设计理念上，包括其内饰等部分。

超凡的动力性和先进的操控性

速腾采用了1.8T、2.0T两款汽油发动机。其中1.8L涡轮增压发动机的动力性能无疑是领先同级车型的，该车有着小排量、大功率、技术领先、动力强劲、经济省油的特点。其动力表现相当于2.3L/2.4L发动机，最高车速可达210km/h，在2 000~4 600转内保持最大扭矩220Nm。而2.0L发动机则能够在2 200rpm/min时就可发出超过95%的最大扭矩，加速性能表现突出。

速腾在同级车中第一款全系列装备6档手/自一体Tiptronic变速器，它将自动变速箱和手动变速箱的优点合二为一，既有自动变速箱操纵简单的优点，又有手动变速箱反应快捷的长处，动力分配更均匀，加速快、省油。

在同级车中，速腾首先全球同步采用先进的底盘技术，全新四轮独立悬架设计，后多连杆加横向稳定杆的独立悬架，这是大众车型革命性的变革。速腾极具运动感，路感清晰、厚重，操控性无与伦比。此外，速腾还首先采用了其他同级车型都不具备的机电式电动随速助力转向EPS，随车速调节助力，操控非常轻便，提供最精确的路感，使驾控更和谐，操控性能大大提高，安全性和舒适性也得到了最大的提升。

舒适性

速腾双层整体门密封，完全隔绝噪音，能时刻保证驾乘的舒适性和宁静。高质量的音响为激情释放又添一把柴。与上一代扭转梁式半独立后悬架不同，速腾采用的麦弗逊前独立悬架和四连杆式后独立悬架组合，对路面的颠簸过滤得非常彻底，乘坐舒适性有很大提高。速腾内饰精致而优雅，既有活力又不过分张扬，具有极强的亲和力。可以说，在速腾的整体设计风格中，时尚是形，沉稳是神。

卓越的安全性

速腾采用了超过60%的超高强度和高强度车身材料，具有极高的机械安全性；它全系列标配双前气囊，双侧气囊，豪华型更有全尺寸头部气帘，大大提高了驾乘的安全性；并且是同级车中第一款全系列车型标准装备最先进的安全系统ESP（电子稳定程序）的，ESP称得上是当前汽车主动安全装置的最高级形式，只在很少一部分的高档车上使用，它能够提供卓越的、无可挑剔的驾驶主动安全，并为同级车的安全性能设立了新标准；另外，速腾的底盘装甲在同级车中是最厚的，达到2mm，并且采用PVC保护，全面保护汽车的安全。

领先的科技

由于引进的是德国大众目前全球最先进的生产平台——PQ 35平台，使得一汽大众在国内竞争中拥有的技术领先优势得以保持并进一步扩大，这在新品速腾的身上体现得淋漓尽致。速腾是同级车中科技含量最高的车型：原来应用于尖端宇航及军事工业的 CAN 总线系统，在速腾上得到大量应用，5 条不同的 CAN 总线另加上 3 个 LIN 网络组成 8 个独立控制器局域网技术，在新的电子系统中多达 34 个电子控制单元，全面掌握多系统数据，驾驶者可以切身感受智能驾驶带来的先进科技体验。

（三）竞争产品的比较

在今天这个竞争日益激烈的汽车市场上，要使自己销售的汽车产品在众多车型中脱颖而出，打动客户，就必须对竞争产品的各项性能参数、技术指标非常了解，找出其优势、劣势，进行有针对性的差异化销售，才能最终说服客户。

下图为汽车品牌性能价格对比图，横轴为汽车的排量，纵轴为汽车的价格，排量相似、价格相近的汽车品牌成为主要的竞争车型。根据下图可以了解同一竞争区域的其他品牌和经销商，将其他品牌和自己经销的品牌进行对比，以了解自己经销产品的竞争力。

通常客户对竞争车型都会十分关注，如果客户在来店第一次 30 分钟左右的交谈中，客户没有提到任何竞争车型，那么多数情况是：在这一次的接触中，销售顾问没有赢得客户的信任，因而销售顾问一定要对经销品牌的竞争车型有深入的了解，并且找到说服客户、赢得信任的方法。

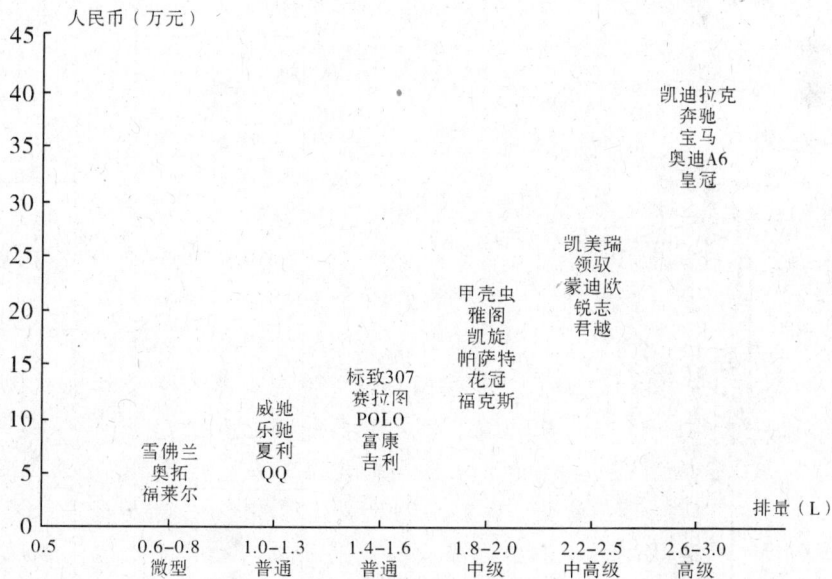

品牌性能价格比图

三、消费者信息的准备

销售顾问不仅需要对销售的汽车产品非常熟悉，同时也需要了解销售对象，即客户的各种信息，主要的购买本车型的消费者是哪些人，他们的年龄、收入、职业、性别、性格特征主要有哪些；这些消费者喜欢到什么样的地方去购车，了解车型的渠道主要是什么；他们喜欢在什么时间买车，在哪些时间段汽车的销售情况较好；消费者一般喜欢这款车型的什么特征，什么颜色，哪些性能、哪些配置最受消费者的青睐；消费者为什么要买这款车，买车的主要用途是什么，是商用还是家用，是代步还是旅游；消费者采取怎样的方式买车，是一次性付款还是贷款，这些都是销售顾问必须弄清的问题，也就是我们常说的5W1H：When 什么时候买？Where 在什么地方买？Who 谁买？What 买什么？Why 为什么买？How 怎么买？

只有搞清了这些问题，销售顾问才能有针对性地进行销售，做到"知己知彼，百战不殆"。

四、销售员自身的准备

销售员自身的准备主要包括销售员仪表仪容的准备和销售夹的准备。

（一）仪表准备

男女销售员的仪表仪容要求分别见下图。

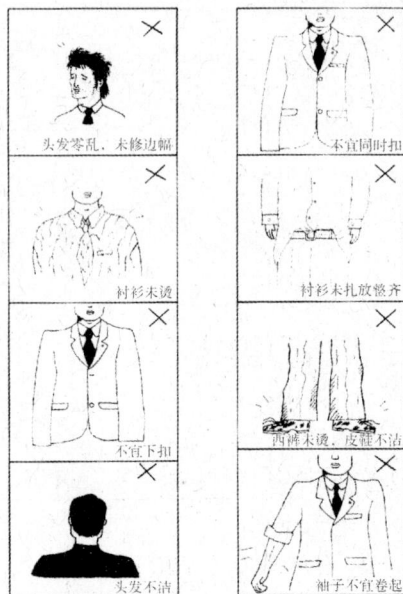

发型文雅、庄重、梳理齐整、长发可用发卡等梳好

化淡妆、面带微笑

正规服装，要大方、得体

指甲不宜过长，并保持清洁，涂指甲油时须自然色

裙子长度适宜

肤色丝袜，无洞

鞋子光亮、清洁

不宜太露

开叉过高

袜子太短

不宜散发

指甲太长

化妆太浓

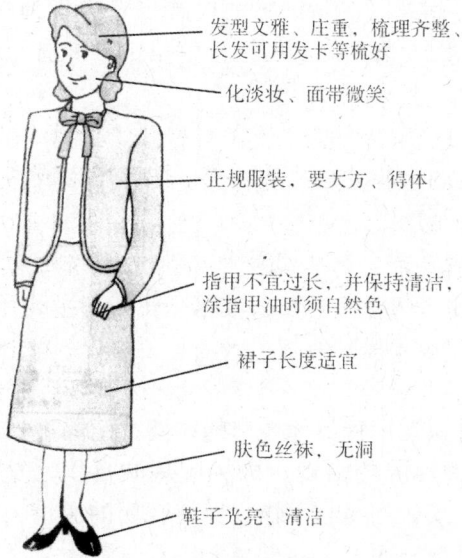

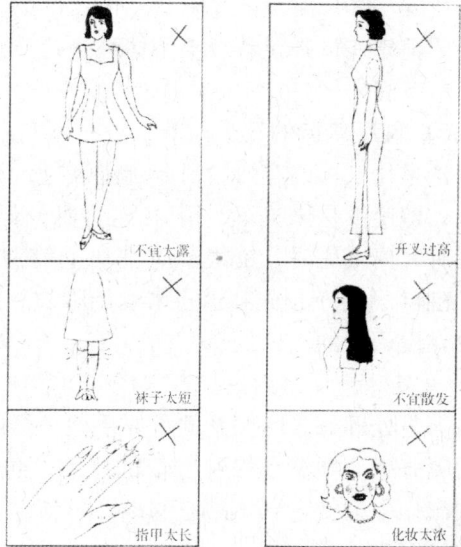

（二）销售工具夹的准备

销售工具夹是汽车销售人员必备的销售工具，工具夹的主要内容包括公司介绍、汽车目录、车型技术参数和配置表、各种车型的试驾报告、竞争车型的对比资料、最新价格表、保险报价表、保险的理赔程序、按揭审批条件及还款计算表、上牌的程序、名片夹、通信录、计算器、笔记用具、空白"合同申请表"、"订单"、"拜访记录表"等专业销售表格。

好的销售工具夹容易引起客户的注意和兴趣，使销售说明更直观、简洁和专业，并且能预防介绍时的遗漏；缩短拜访时间，提高效率。在销售前应注意检查销售夹，以保证销售夹中的内容完整、信息更新及时。

第二节　销售过程管理

一、销售接待

销售接待是整个销售过程的第一阶段，它对整个销售过程起着至关重要的作用。如果这一阶段做得好，就可以给客户留下好印象，并为下一步的销售过程打下坚实的基础；反之，则会影响整个销售过程。

（一）客户来展厅的心理

初次来展厅的客户有的对汽车较为陌生，有的对汽车较为熟悉，但他们一般都会对展厅、对销售员感到陌生。初到一个陌生的环境，客户往往会有一种紧张怀疑的心理，他们不知道在这个展厅中会不会有他们喜爱的车型，会不会得到专业周到的服务。客户常见的担忧主要有：销售人员是否很热情；他们是否值得信任；他们是否很懂行；他们是否会听我说话；他们是否

能理解我等。客户希望的是在自己需要的时候能够得到及时的帮助，他们既不希望受到冷落，也不希望销售人员强拉着喋喋不休地进行产品介绍，因而恰到好处的接待就是销售人员应该具备的基本技能。

（二）展厅接待的三个环节

无论是什么样的客户，只要走进展厅，销售人员的天职就是主动迎接，把客户当成需要帮助的人，即使不是来买车，销售人员同样有义务给予帮助。

当有客户来店时，销售员应主动上前迎接，目视客户，握手或鞠躬、面带微笑亲切地说"欢迎光临"，对于预先知道将来店的客户，要把写有"欢迎××先生（或小姐、女士）"的欢迎牌放在展示厅的入口处。

1. 微笑

微笑是处理好人际关系的重要手段，微笑很容易拉近销售员和客户的距离，消除客户初进展厅的紧张感。微笑是愉快心情的反映，也是礼貌和涵养的表现。微笑应真诚自然，发自内心。在工作中即使遇到不顺心的事，也应学会化解和淡化烦恼与不快，保持轻松的心情，将欢乐传递给客户。

2. 握手

握手是一种礼仪，一般来说，握手往往表示友好，是一种交流，可以沟通原本隔膜的情感，可以加深双方的理解与信任。握手的伸手顺序一般是男女之间，女士先；长幼之间，长者先；上下级之间，上级先，下级屈前迎握；迎接客户，主人先；送走客户，客户先。握手位置一般女士握在食指位，男士握整个手掌。握手时，不宜左手拿着东西或插在兜里；不宜不按顺序，争先恐后；不宜用左手或用双手与异性握手；不宜交叉握手（与西方人握手视为十字架，不敬）；不宜拉来推去、上下抖动、用力过度；不宜不看对方；不宜戴手套或手不清洁。

3. 鞠躬

鞠躬是表达敬意、尊重的常用礼节，鞠躬应从心底发出表示感谢、尊重对方的意念，从而体现于行动，给对方留下真心诚意的印象。鞠躬时先说问候语再鞠躬（说话和鞠躬不可同时进行），身体自腰以上向下前倾，抬起慢于下弯；脱帽，脸带笑容，保持正确的站立姿势，两腿并拢，脖子不可伸得太长，上半身和头部呈一直线，目视受礼者。男士双手自然下垂，贴放于身体两侧裤线处，女士的双手下垂搭放在腹前。下弯的幅度可根据施礼对象和场合决定鞠躬的度数。一般 30 度，而 90 度大鞠躬常用于特殊情况。

4. 打招呼

销售人员应和每一个来访者打招呼，不能只顾一人，而忽略他人。打招呼时，销售人员应该目光真诚，招呼客户时声音响亮、吐字清晰、热情诚恳，带着愉悦的语调对着客户说："早上好"，"您好"，"欢迎光临"等，让客户感到受到尊重。

（三）自我介绍

1. 自我介绍

自我介绍是向别人展示自己的一个重要手段，自我介绍好不好，甚至直接关系到给别人的第一印象的好坏以及以后交往的顺利与否。汽车销售人员在自我介绍时一般会同时递上名片，自我介绍时应简洁，注意强调自己的姓名，加强对方的记忆。如可以说："我叫张鹏辉，您可以叫我小张"；或者说："我叫林小英，您可以叫我小英"等。

试比较下列两种自我介绍：

（1）我是××公司的，长安铃木4S店，是销售长安铃木汽车的张××。

（2）我是××公司长安铃木的销售员张××，您可以叫我小张。

2. 名片礼仪

名片用作自我介绍，是汽车销售员最常用的销售工具，它是建立今后联系所必需的信息，也可以使人们在初识时就能充分利用时间交流思想感情，无须忙于记忆，还可以使人们在初识时言行举止更得体，不会因为要了解对方情况又顾忌触犯别人的隐私而左右为难，也不会因为要介绍自己的身份和职位而引起别人不快。

名片不要和钱包、笔记本等放在一起，原则上应该使用名片夹。名片可放在上衣口袋（但不可放在裤兜里），要注意保持名片或名片夹的清洁、平整。递名片时应双手递送，名字正面朝向对方。接受名片应起身用双手或右手接收名片；接收名片时，要认真地看一遍，有疑问时应及时请教；接收的名片不可来回摆弄，不要在上面作标记或写字；不要将对方的名片遗忘在座位上，或存放时不小心落在地上。

销售人员自我介绍后，也可礼貌地询问一下客户如何称呼，这样有助于后面的销售。

（四）询问客户需要什么帮助

一般客户第一次走进汽车展厅有三种表现：

（1）对汽车产品陌生，没有购车的经验，进来后的第一个动作是寻找销售人员的协助。

（2）熟悉汽车购买的过程，但是对其所进入车行较为陌生，进来的第一个动作是直接看车，等待销售顾问主动接近。

（3）第一次到展厅，但表现得较为熟悉，表现为不直接看车，先找资料，看招贴。

无论是哪种情况，销售人员都应该主动热情地迎接，主动询问客户需要什么帮助，也可给客户几个选择，看看客户需要什么帮助。

销售接待举例

您好，我是别克4S店的销售顾问张××，您可以叫我小张，这是我的名片。您看是需要我帮您介绍一下车型呢？还是自己先看一下？或者我们有休息区，您可以先喝口茶。我随时为您服务，您看是否可以？

销售人员可根据客户的要求为客户进行服务，可以直接向客户介绍车型，也可为客户提供有关的车型资料。当客户提出要随便看看的时候，销售人员应尊重客户的要求，不应强行进行汽车的介绍。销售人员此时应让客户自己随意浏览参观，并在旁边静候，随时准备服务。当销售人员发现客户对车型表现出比较浓厚的兴趣时，如客户有动手开启车门、贴近观察车内、专注车型配置表等动作或者客户希望得到帮助，如客户回头四处找人时，销售人员应立即迎上前去，主动进行询问。

销售接待是销售人员和客户初步相识、建立信任的第一步。销售人员如果在这一环节中给客户留下了良好的印象，就有助于顺利地进行到汽车销售的下一个流程——产品介绍。

一次出色的接待

张洁是一位经验丰富的汽车推销员，在她看到一男一女两位客户走进展厅的瞬间，她就一眼辨识出这是两位潜在客户。于是，她主动迎上前去。

张洁："二位好，欢迎光临，我叫张洁，是这里的销售人员，你们叫我小张好了。"

方先生："你好。"

张洁："这是我的名片，请问您贵姓？"

方先生接过名片："免贵姓方，这是我夫人，姓王。"

张洁："方先生、王女士好，认识二位很高兴，这里奥迪车的款式有好几种，需要我帮忙介绍一下吗？"

王女士："谢谢你，说实在的，我们想买一部比较时尚、安全性能好的车。"

张洁凭着自己多年的经验，注意到了王女士举足轻重的作用。

张洁："王女士一定也是一位开车的高手吧，听您讲出的话来就比较专业。"

方先生："是啊，她开车比我还早两年呢。"

张洁："怪不得呢！王女士以前驾驶的是什么车呀？"

王女士："代步车型——夏利。"

张洁："那车不错，结实耐用，您当时的眼光真不错啊！"

王女士："那部车性能还能说得过去，可是现在生意像点样子了，见的客户也都是有头有脸的人，再开着夏利与人会面，面子上过不去了，因此想换一部。"

张洁："应该应该，从生意方面来考虑，您也该换一部了，不知您看中了哪种款式的车？"

方先生："我们是相中了奥迪，但型号太多，我们也不清楚究竟对我们有什么好处，而且我们要花不少钱呢！"

张洁："您的想法，我完全能够理解，许多客户都有这样的问题……"

张洁开始介绍起产品的技术指标，然后将车门打开。

张洁："王女士，您不妨进去坐坐。"

王女士："的确够舒服的。"

方先生："舒服当然好，只是价格有些偏高了。"

张洁："我们也向厂家反映了，厂家说，这是进口原装，价格降不下来，如果你们能耐心等一段时间的话，明年这个时候，等这款车国产化了，价格可能会降下来。"

王女士："哪里能等呀！"

张洁："不瞒二位，这款车昨天已卖了 5 台，估计明天可能就没货了，这两天来看这款车的人特别多。"

方先生看了王女士一眼，若有所思。

方先生："你喜欢什么颜色的车?"

王女士："我喜欢蓝色的,这个颜色较中性。"

张洁："您可真有眼光,这几天来看车的人都极喜欢这个颜色,您要真相中了这款蓝色的车,可得早作打算呀!"

方先生："我们商量一下,回头再联系。"

张洁："请二位留步,能给我一张名片吗?"

方先生："好的,我下午就给你来电话确定,那款车请帮我留下。"

张洁："放心吧,没问题。"

二、汽车产品介绍

(一) 汽车产品的介绍方法

1. FAB 产品介绍法

所谓"FAB",是三个英文单词的缩写:F(Feature)是指特征、特色、卖点,指所销售车辆的独特设计、配置、性能特征,也可以指材料、颜色、规格等用眼睛可以观察到的事实状况;A(Advantage)是指好处、优势;B(Benefit)是指利益,就是产品的特性和好处能带给客户哪些方面的利益。

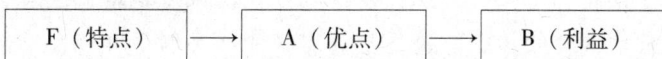

F(特点)	→	A(优点)	→	B(利益)

倒车雷达的 FAB 介绍法

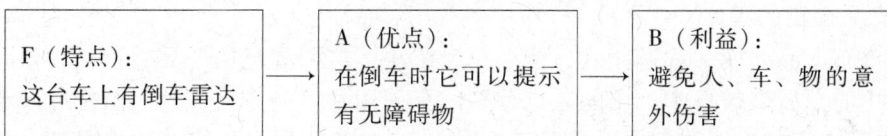

F(特点): 这台车上有倒车雷达	→	A(优点): 在倒车时它可以提示有无障碍物	→	B(利益): 避免人、车、物的意外伤害

羚羊 OK 轿车的 FAB 介绍法

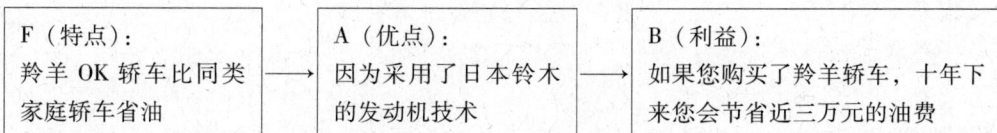

F(特点): 羚羊 OK 轿车比同类家庭轿车省油	→	A(优点): 因为采用了日本铃木的发动机技术	→	B(利益): 如果您购买了羚羊轿车,十年下来您会节省近三万元的油费

每一款汽车,无论其如何设计、如何制造,都有其对应的消费群体。但在客户购买使用之前,他们并不清楚该车会给他们带来什么样的利益,因此销售人员不应该仅仅只关注汽车产品

的特点，而更应关注汽车产品给客户带来的利益。此时，汽车销售人员应该结合客户关注的问题，充分展示汽车产品的特点，并用（FAB）技巧将这些特点转化为他们所关心的利益。只有让客户真正了解产品所带来的利益，才能真正打动客户。应牢记，汽车销售人员销售的并非产品本身，而是产品给客户所带来的利益。

2. 构图法

人的记忆中最有影响力的部分是形象，只有客户对销售人员介绍的产品要点留下了深刻的印象（指形象方面的内容），才能建立影响客户决策的基础。

（1）采用构图讲解法的好处：构图讲解法能给客户留下深刻的印象；能增加客户的参与感，引起客户的共鸣；让客户容易明白；吸引客户注意力，激发客户的购买欲望。

（2）构图讲解法的要点：销售人员在用构图讲解法时一定要注意设计这个画面的场景、人物和过程。在这三个内容中一定要充分描述细节。用细节打动客户去设想、畅想、联想，为客户营造出一幅幸福美满的图画，让客户觉得这个画面非常美丽诱人，从而使客户对这幅美丽图画充满向往，自愿接受产品介绍，并最终购买产品。

奔驰 SLK350 构图介绍法

当一位年轻的女士经过销售人员的介绍，对 SLK350 这款车有了深刻的印象，并表现了足够的购买欲望，即将签合同时，她突然犹豫了："我是不是太冲动了，才来一次就决定购买了！"销售人员说："当然是冲动了！哪个买奔驰车的人不是冲动呢？奔驰就是这点打动人的。拥有这个小型跑车是一种豪华的冲动，喜欢才是真的。您设想一下，现在是三月，阳光明媚，宽敞的长安街，早晨九、十点钟，您开着这辆红色的敞篷跑车，迎着朝阳，带着墨镜，长发飘飘，那是一种什么样的场景？接着，边上就会有车闯了红灯，您知道是为什么吗？因为他们正关注着您……"销售人员还没说完，客户就说："您说得太对了，我就签了。这个合同在哪里签？"

（二）汽车产品介绍的程序

目前一般的汽车产品的展示都遵循六方位绕车介绍法。这种规范的产品展示流程最早是由奔驰公司首先启用的，后来被日本丰田的雷克萨斯汽车采用并发扬光大。这六个标准步骤大约需要 40 分钟的时间来完成，平均每个步骤约 7 分钟，其中有的步骤长，有的步骤短，视客户情况而定。如下图所示。

1号位：车头45度角
　　　　外观与造型、腰线伸展、品牌价值
2号位：驾驶座
　　　　乘坐的舒适性、驾驶的操控性
3号位：后排座
　　　　乘坐的空间及其舒适性
4号位：车尾部
　　　　尾部特色、后备箱等
5号位：侧车身
　　　　安全性、测试效果等
6号位：发动机舱
　　　　发动机特点、动力性等

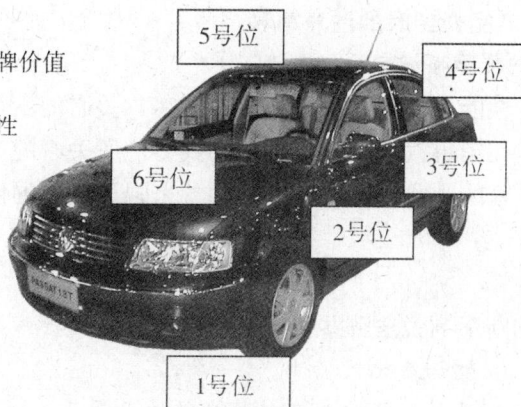

1. 1 号位：车头 45 度角

这个位置是看清车辆特征最有利的角度，通常可以在这个位置向客户做产品概述。例如车头造型设计、车标、品牌、前脸、前大灯组合、保险杠设计、散热器格栅、车身尺寸等。

2. 2 号位：驾驶座

这个位置是汽车介绍的重点，应鼓励客户进入驾驶室，引导客户体验一下感觉。如果本人是驾驶员，那么邀请他到驾驶座上，如果不是驾驶员则可邀请他到座位上体验车辆的豪华、设计的造诣等。这一方位主要的介绍内容为：门锁系统、车门大角度开启、座椅、方向盘、溃缩吸能方向柱、安全气囊、安全带、仪表板、音响、空调、天窗、前窗雨刮等。

3. 3 号位：后排座

这一位置主要介绍后排座椅，头、肩、腿部空间，后排安全带，安全气囊，儿童安全门锁，脚垫，内饰，储物室等。

4. 4 号位：车尾部

这一位置是个过渡位，车的许多附加功能可以在这里介绍。如车尾设计、后窗雨刮及加热、高位刹车灯、尾灯、倒车雷达、后行李箱、同色后保险杠、轮胎存放位置、随车工具、离去角等。

5. 5 号位：侧车身

这一位置主要介绍车门防撞钢梁、车身线条、车门把手、车窗、悬挂系统、轮胎、ABC柱等。

6. 6 号位：发动机舱

这是介绍发动机的位置。介绍一部车的时候，发动机的动力表现是非常重要的一个方面。在这个位置时，销售人员可将前盖打开，可根据客户的情况调整介绍的内容。这一位置可以介绍高效高性能发动机、低噪环保、变速箱、发动机盖隔热、隔音材料等。

六方位绕车介绍法是一种比较全面、标准规范的展示方式。其每一方位介绍的零件也并非是固定的。主要的介绍原则是：在某一方位客户视线可以接触到的零件都可进行介绍。另外不同的车型有不同的亮点，在介绍车型时，应该结合具体的特点来介绍。

（三）产品介绍时的注意事项

1. 介绍时要强调客户的利益

汽车的性能不是自动销售出去的。客户关心的不是产品本身，而是产品所带来的利益。因此销售人员在销售汽车时应该牢记寻找客户所关心的产品性能，及时、准确地将产品性能转化为产品所带来的利益，并用客户的利益来强调产品的价值。

请判断下列说法哪些代表产品特点，哪些代表产品利益？

（1）大切诺基比较省油。

（2）省油的性能完全可以节省您的日常开支。

（3）如果你经常长途驾驶，你会有省油的需求，因此，大切诺基长途路程的省油特性完全满足您的需求。

（4）如果您的孩子喜欢帕杰罗的天窗，您会发现天窗自动防夹手的功能一定有用。

（5）帕杰罗天窗关闭有自动防夹手的功能。

（6）乘坐大捷龙全家外出，您最担心自动门会意外夹到孩子。因此，您一定需要有防夹功能的车，大捷龙的自动门的这个功能能满足您的需求。

2. 介绍产品时要充满信心

介绍产品时，销售人员应该充满热情、充满信心地介绍产品。如果一个销售人员对自己的产品都缺乏足够的信心和热情，客户就会对销售人员介绍的汽车感到怀疑。所以销售人员应该对自己销售的汽车充满热爱，并把这份热爱和感情传递给客户，感染客户，让他们也一样喜爱这款车型，从而作出购买决定。

缺乏信心的介绍

客户：这台车真的像你说的那样省油吗？

销售人员：差不多吧。

客户：你们的服务怎么样？

销售人员：还可以吧。

充满信心的介绍

客户：这台车真的像你说的那样省油吗？

销售人员：肯定没有问题。这款车是国内最省油的轿车之一，60km/h的等速油耗是4.8L，基本接近实际行驶的条件，即使是现在这样堵车比较严重的情况，最高也不超过6.5L。

客户：你们的服务怎么样？

销售人员：那就更没有问题了。许多接受过我们服务的客户都说这是他们接触过的最好的服务。

3. 介绍产品时态度要不亢不卑

销售人员向客户销售产品，诱导客户购买自己品牌的车型，是销售人员的工作。一次生意的达成，是销售人员和客户的双赢，销售人员通过销售汽车使得企业获得利益，销售人员获得提成和业绩。而对于客户，买到自己所喜爱的汽车，使自己生活质量得到了提高，工作提高了效率，对双方来说都是十分有利的事情。所以在销售的过程中，销售人员和客户之间的关系是平等的，销售人员既不要傲慢无礼，也不必低声下气，这两种态度很容易引起客户的反感，平等真诚地对待客户，以朋友的身份真心为客户着想，就会赢得客户的信任。

对待客户的不同语气

（1）销售员："您看，购车的事情，就全看您了，拜托了。"

（2）销售员："买车的决定权在您，不过在您确定买什么样的车之前，作为一个对汽车产品了解多年的朋友，我给您一个建议。"

---

4. 介绍产品时不要太积极

有些销售人员在介绍产品时为了表明自己对车型的熟悉，会把自己所知道的知识信息全部介绍给客户。每个车型都会有其优点和缺点，如果不加以思考，选择性地进行介绍，客户往往会从销售人员的口中了解到起初并未发现的汽车的弱点或者其他竞争车型的优点，从而错失了客户购买汽车的机会。

销售人员介绍产品太积极

客户：除了刚才您介绍的情况，我想问一下，这款车的后备箱有多大？

销售人员：您真是慧眼，这款车最值得炫耀的就是500L的行李箱，除了菲亚特的西耶那的行李箱有525L以外，家用轿车的行李箱没有超过这一款车的，就连广汽本田号称空间设计最合理的三厢飞度，也只有500L。

客户：您刚才说西耶那的行李箱有多少L？

销售人员：525L。

客户：这不错，本田三厢飞度也有500L。

销售人员：您是否现在就确定买这款车呢？

客户：既然西耶那大了25L，三厢飞度也达到了500L，我还是考虑一下这三款车哪一款最适合我。

第三节　试乘试驾

汽车主要是在行驶的过程中体现其性能和价值的，因此仅仅静态介绍汽车产品是不够的，还需要通过在行驶过程中的介绍使客户更深入地了解汽车的性能，这就需要进行试乘试驾。

一、试乘试驾前准备

（一）试乘试驾的路程及时间的安排

试乘试驾的路线应该选择不同的路段进行，路段可以测试加速性能、刹车性能、转向性能，试车路段应该避免建筑工地和交通拥挤的地区，在半途中保证有一地点可以安全地更换驾驶员。一般试乘试驾的时间为 10～20 分钟左右，既能满足试车的需求，也不必浪费过多时间。应将试乘试驾路线制作成路线图，并摆放在展厅，便于销售人员在试乘前向客户进行路线的说明。

（二）试乘试驾的车辆准备

管理员每天上班首先要检查车辆的行驶性能，包括发动机、变速箱、刹车系统、音响、空调、座椅调节、雨刮器、轮胎等系统是否正常，如发现问题要及时进行调整和维修，确保车辆处于最佳状态。每天检查油量，确保油箱内至少有 1/2 箱燃油。应保持车内外清洁，车辆加贴试乘试驾标志，CD 碟中有 CD，车内有脚垫。

（三）试乘试驾车辆证件的准备

试乘车的证照要齐全，必须是上好车牌的车辆，行驶证、保险卡、车船税等一应俱全，严禁用商品车进行试驾。客户必须持有国家规定的 C 级或 C 级以上的机动车驾驶证，才能亲自驾驶相应的试驾车辆。

（四）试乘试驾前销售人员的准备

进行试乘试驾的销售人员应具有合法的驾驶执照，在试驾前应熟悉试驾路线，至少在试车路段驾驶过两次以上，并经过系统的培训，知道在试乘过程中的注意事项。销售人员应熟悉试乘试驾中产品介绍的要点和时机，能够处理突发事件以及交通事故。

（五）试乘试驾前相关表格的准备

试乘试驾前应根据试车要求登记"试乘试驾登记表"，依次安排试乘试驾。准备并签订"试乘试驾同意书"，明确界定双方的权利和义务，以规避不应承担的经济、法律责任。还应准备"试乘试驾评估表"，以征询客户对试乘试驾的感受。

二、试乘试驾时

销售人员首先请客户先试乘，由销售人员驾驶，在这一阶段的主要任务是：让客户熟悉路况，为接下来的顺利试驾做好准备；销售人员在驾驶的过程中要向客户讲解此次试驾的主要内容，让客户了解在什么地方试加速性能、什么地方试刹车性能、什么地方试转向、什么地方体验悬架系统、什么地方感受静谧性等，这样在接下来客户自己试驾的过程中，客户就知道应该试什么内容、在什么时候试，一方面提高了试驾的效果，另一方面也提高了试驾的安全性。

在试驾开始前，当客户已经落座在车内的时候，如果试乘试驾人员还有其他一起来的朋友，也可以将地图分发给他们。引发他们的好奇心，并可基本掌握试乘试驾的话语主动权。

试乘试驾在发动车之前应注意调整座椅、内外后视镜、方向盘的位置，注意指示转向灯开关的位置、指示雨刷器开关的位置、换挡的位置、大灯开关的位置；可以让客户在落座时注意驾驶座空间、前方视野等，并告知客户百公里加速、紧急制动、安全气囊、ABS 等都不是试乘试驾的内容。

在试乘试驾过程中，指路是销售人员的重要职责。在行驶的过程中注意给客户指路，可以保证客户在驾驶过程中的安全性，从而使客户在试乘试驾过程中保持愉悦的心情。指路的过程中可提示客户感受操控的感觉、行驶中的力量、发动机的声音，并提示客户在安全行驶的情况下，注意操作音响、空调并观察速度表、发动机转速表等。在试乘试驾过程中一切应以感受为主。

在试乘试驾返程的过程中可以播放一些轻松舒缓的音乐，并主动征求客户对这款车的意见，如对这款车的动力性、舒适性、操控性的评价以及和一些其他车型的驾车感受的对比。

三、客户试驾后

在客户试车完毕后，引导客户回到展厅，让其坐下来好好休息一下，可为客户倒上一杯茶水，舒缓一下客户刚才驾车时的紧张情绪，并适当地称赞客户的驾驶技术，请客户填写"试乘试驾意见表"。

试乘试驾后，应针对客户特别感兴趣的地方再次强调说明、突出重点，并结合试乘试驾中的体验加以确认。如果客户试驾后对车型产生疑虑，应该立即向客户进行合理和客观的说明。在客户试驾后对车辆的热度尚未退却之际，趁热打铁与客户签约成交；对暂时不能成交的客户，要留下客户的相关信息，并及时与客户保持联系。最后与客户道别，并感谢客户参与试乘试驾活动。

一名客户在悉尼的试乘试驾经历

我按照与销售顾问的约定，准时在下午两点到达了悉尼的一家宝马车行。他们邀请我参与试驾宝马 320i。当我进入展厅时，接待我的销售顾问复印了我的驾驶执照。销售顾问征求我的意见，是不是有经常行驶的路线。当我告知没有特别的行驶路线后，他邀请我到车中驾驶位落座。

坐好后，销售顾问提示我调整车内外后视镜、座椅位置、方向盘位置，并提示加油踏板、刹车踏板的位置，并询问我最熟悉什么车型。我说，比较熟悉福特飞鹰。他就提示我比较这两种车的不同，如方向操作杆、雨刷操作杆等位置不同。然后，销售顾问拿出一张纸，告知要行驶的路线。总行程共 40 公里，其中高速公路路段有 25 公里，其他的是城市路段。这条行驶路线中主要强调三个转弯：一个转弯的角度是160°；一个是145°；最后一个角度比较急，是105°。我们行驶到这三个位置时，会再次提示我。这时，销售顾问问我，现在的座位舒服吗？方向盘操作感觉合适吗？然后他向我介绍了试车路线及关键要点，强调了驾乘的感受、对抓地性的体会，以及转弯时的速度，之后我们启程。

点燃发动机后，销售顾问提示我仔细听声音，感受挂挡以及方向盘的力度。速度此时逐渐提升到40km，我们行驶在城市路段上。大约不到10分钟，我们就驶入了一条高速公路。他提示我加速。此时，车速已经达到每小时130km了，他提示我还可以再多给一点油。我顿时体会到在这个速度上继续加速的感受，来自座椅的推背感觉非常明显。接着，他提示我下一个出口，我们要出去，并提示我注意出口的速度。车在出口时的速度大约为每小时80km，没有特别减速，顺利驶出高速公路进入城市路段。速度降下来之后，他提示我刚才那个出口的转弯角度就是160°，并询问我是否体会到4个轮子的位置。我诚恳地告知，的确感觉不错，没有任何飘逸和甩尾，而且抓地性非常好。接着他提示我下一个转弯，要小心速度，下一个是145°的弯。我特意在这个弯的前方稍微提速，从60km提到75km，更加明显地感受到车辆的稳定性。此时，我们交谈的主题是宝马车驾乘的各种感受。他分享了其他试乘试驾客户的转弯体验和感受。几分钟后，他提示我，下一个弯比较急，让我小心。果真，下一个弯比较急，我仍然将车速维持在65km，这次的体验更加明显。车辆稳定，按照我的方向盘的控制顺利通过弯道。在销售顾问的指示下，我们顺利返回车行。一路上，我们讨论了宝马的动力加速、操控稳定性以及车内音响等。

车辆停好后，销售顾问征求了我的整体感受，我说了一些体会。他有一个夹子，上面有一张纸，他边听边在纸上写着什么。他征求我的意见：喜欢什么颜色？是否还有兴趣体验520？或者可以安排730给我试驾。而且，他还征求我的意见，是否可以邀请家人一起来试乘试驾。我说，暂时不用安排，我要同家人商量一下，下周再通知他。然后，我表示要离开。临走，销售员给了我一张纸，上面都是在试乘试驾期间我对车辆表达的肯定的话。原来他有一份一式三联的试乘试驾的记录表，最上面的一张给了我，他留了一张，我看到他将另外一张粘贴到展厅的一个白板上。我才发现，那个白板上有许多试乘试驾者的感受体验，都是各种肯定、积极、惊奇的感受。此时，我不急着离开了，而是走到白板前认真阅读。

第四节　签约与成交

一、主动提出交易的重要性

销售人员所做的一切都是为了最后的步骤——签约。但是他们又往往在将要达成协议的紧要关头，由于缺乏相应的技巧，导致不能最终达成协议，造成自己此前的努力都付诸东流。因此，销售人员掌握一些达成协议的技巧非常重要。其中最重要的一个技巧是销售人员要在合适的时机主动地提出交易。

无论与客户的关系多么密切，销售人员如果没有询问过潜在客户是否考虑签约，潜在客户也不主动提出签约，那么销售人员的一切工作仍然没有最后的结果。相关的调查证明，在即将达成交易的谈判中，如果双方都没有主动地提出交易，结局往往是 60% 的谈判将最终以没有达成交易而告终，因此，如果不适时地主动提出交易，将会失去很多成交的宝贵机会。如下图所示。

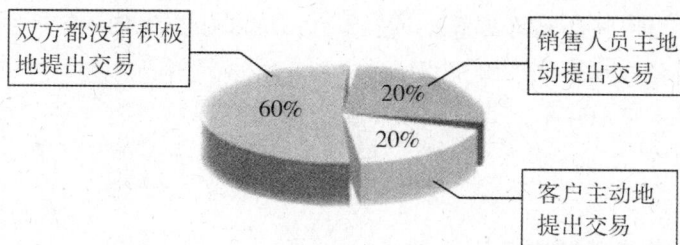

（一）发现客户的成交信号

成交信号是指客户在接受推销的过程中有意无意地流露出来的各种成交意向。对于销售人员来说，应观察客户的言行，捕捉各种成交信号，适时把握机会，准备引导客户，及时促成交易。

（二）语言信号

1. 反复询问有关产品的细节

如果客户对某款车没有兴趣，他们只会随便了解一下，问一下价格等简单的情况。如果对这款车产生兴趣，会表现出对细节的特别关注。

客户反复询问产品细节

销售人员：这款车配备的是 Tritec 的发动机，直列四缸，顶置凸轮，16 气门，SFI 多点顺序燃油喷射，虽然发动机排量才 1.6L，却达到了 2.0L 排量的动力特性，所以该发动机装备在宝马 Mini Cooper 上，该车价值 36 万元呢！

客户：你们配的是原装发动机还是组装的？

销售人员：是原装的，巴西生产的。

客户：巴西生产的发动机好吗？

销售人员：您也知道，宝马公司非常注重产品质量，质量不好的发动机怎么敢用在自己品牌的汽车上呢？

客户：你说这是原装进口的发动机，如果今后坏了不是维修费用很高吗？

销售人员：我理解您的担心，只是该发动机性能非常稳定，质量非常好，我们卖了

那么多年，没有一个客户反映发动机有问题。即使今后使用过程中发动机真的出现了故障，我们也有充足的配件，这一点您不用担心。

客户：既然这款发动机那么好，为什么你们的车比宝马的车要便宜那么多？

销售人员：看来您对我们的汽车非常有兴趣，说明您真有眼光。我们公司生产汽车的目标是以最高的性价比为客户提供优质的汽车。虽然发动机和变速器等重要的部件采用原装进口部件，但因为我们是零部件进口，所以在成本上比整车进口要低，因而能够大大降低制造成本。再者，现在汽车制造商的利润比较高，特别是进口汽车，因而我们严格控制自己的利润空间，力图将最大的实惠让利于客户，所以对成本有一套严格控制的标准。目的只有一个，就是让用户花的钱值。

客户：如果买了你们的车，售后服务方面怎么做？

销售人员：……

2. 反复压价，提出假设性的问题

讨价还价是客户准备购买的一个征兆。对于准备花钱的客户，目的只有一个，就是物超所值，而压价是一个最有效的途径。当客户没有较为明确的购车意愿时，因为没有初步确定的目标，他们一般不会对销售人员提出假设性的问题，他们更多情况下只是作听众。但只要选车的范围确定下来，他们会更多地用询问的方式了解他们关心的问题，一般假设性的问句较多。

客户反复压价，提出假设性问题

客户：这款车价格是多少？

销售人员：107 800 元。

客户：如果一次性付款，能优惠多少？

销售人员：这个价已经是最低价了，您也知道，原来这款车的价格是 143 800 元，配置没有变，但已经降了近 4 万元。

客户：如果我今天就定下来，那能够再送我一些装饰吗？

销售人员：这已经是成本价了，我们公司已经亏本在卖，如果您今天能定下来，我只能以个人的身份送您一副脚垫。

客户：假设我今天就付款，什么时候能够交车？

销售人员：……

3. 主动表示对目前车型的好感

不同的竞争车型进行相互比较是客户在买车的过程中经常做的一项工作。当客户把竞争产品的情况直接告诉销售人员，并提出异议时，这是一个很好的信号，表明这位客户已经把你的车型列入了他的选择范围。此时，销售人员应找出他们对这个车型的好感，进一步把这种好感扩大直至成交。

客户将目前产品与竞争对手产品相比较

客户：我挺中意这款车的，虽然车价都在14万左右，但这款车的座椅是真皮的，而且驾驶员座椅还有六方向电动调节功能和顶腰装置，像我这样经常跑长途的就不容易疲劳。而昨天看的那款车，车价虽然比这款便宜500元，但配置太差，座椅是织绒的不说，轮圈也是钢的。

销售员：看来这款车是您的首选了？

客户：可以这么说。

（三）行为信号

除了语言这样较为明显的成交信号以外，销售人员还应注意客户的身体语言和情绪等隐性信号，当客户的行为有所变化，显示成交的时机已经到来时，销售人员应熟练地运用交易技巧主动要求与客户成交，否则机会稍纵即逝。

1. 表情

面部表情从冷漠、怀疑、深沉变为自然大方、随和、亲切；眼神表现出满意或接受；和同来的伙伴使眼色，彼此征询对方意见；嘴唇开始抿紧，似乎在品味、权衡什么；当汽车销售人员说明有关付款方法细节时，客户显出专注的神情。

2. 动作

对销售员的说明不住点头；拿汽车样本资料做笔记，拿出计算器做笔记；转身靠近销售人员，掏出香烟给对方以示友好；认真地实地查看汽车有无瑕疵；突然用手轻声敲桌子或身体某部分，以帮助自己集中思路，最后定夺。

请说出客户的购买信号

场景：销售人员向客户推介汽车。

客户：（翻看资料露出微笑的表情）好极了，看起来正是我们想要的汽车。

销售人员：的确是非常适合你们。

客户：如果一旦发生了问题，随时都有人维修？

销售人员：是啊，只要打一个电话。

客户：以前我们总是担心销售商的服务，但现在放心了。

销售人员：我们的服务堪称一流，拥有业内最大的售后服务队伍。

客户：这个我也知道了，而且价格也很合理。

销售人员：您放心吧，我们已经给出了最低的价格，还是找总经理特批的呢！

客户：（抬头笑着看着销售员）

销售人员：（抬头笑着看着客户）

客户：我们能签合同吗？

销售人员：（松了一口气）太好了，我早准备好了。

二、促进成交的方法

(一) 请求成交法

请求成交法是指销售人员发现客户的购买信号后，直接提出建议购买的方法。销售人员使用请求成交法，可以大大缩短达成交易的时间，从而尽快签约。

请求成交法看似简单，实际应用上也有一定的难度。许多销售失败的原因在于销售人员没有开口请求客户填写销售订单。这是因为销售人员有成交心理障碍，他们不敢提出成交，怕客户回绝他们的建议，于是错失良机。在实际销售中，客户通常不愿首先提出购买，一方面为争取主动，以便提出各种条件；另一方面，是为维护自己的尊严。所以，销售人员应该战胜自己，克服心理障碍、把握时机，主动提出成交请求。可以说，请求成交法是销售人员应该掌握的最基本的成交技术。

请求成交法（一）

销售人员："宋先生，是否能把您的身份证给我，让我帮您办理购车手续。"

客户："好的。在这里。"

销售人员："手续办完了，这边请，我们去挑辆全新的车。"

请求成交法（二）

销售人员："这部车是上好牌交给您，还是不上牌?"

客户："上好牌吧。"

销售人员："那我现在就在这部车上挂上'此车已售给张先生'的牌子，好吗?"

客户："好的。"

(二) 假定成交法

假定成交法是指销售人员假定客户已经接受销售建议，在同意购买的基础上，通过提出一些具体的成交问题，需要客户对某一具体问题作出答复，从而要求客户购买的一种成交方法。

假定成交法最大的优点是节省销售时间，从而提高销售效率；又因为它是暗示成交，可以把销售提示转化为购买提示，适当减轻客户的成交压力；还可以把客户的成交意向直接转化为成交行动，促成交易。但这种方法使用不当，会使客户形成心理压力，破坏成交气氛，而且这种方法以销售人员的主观假定为基础，客户会认为销售人员自以为是，有时会适得其反。

假定成交法

销售人员："看得出来您对这台车的各项性能都比较了解，也比较喜欢。您若购买，是喜欢金色的还是银色的？"

客户："我喜欢银色的。"

销售人员："您真有眼光，这款车就银色好卖，差不多就快脱销了。要不我星期五就给您安排交车，好让您在周末可以带着家人一起出门游玩。您看，最近的天气多适合郊游啊！"

客户："好啊，那我们就尽快签合同吧。"

（三）选择成交法

选择成交法是指汽车销售人员通过提出选择性问句，让客户在提供的选择范围之内作出回应。这是常用的、非常受欢迎的方法，是汽车销售人员为客户提供的一种购买选择方案，并要求客户立即作出购买决策。选择成交法适用的前提是：客户不是在买与不买之间作出选择，而是在产品属性方面作出选择，诸如产品价格、规格、性能、服务要求、订货数量、送货方式、时间、地点等都可作为选择成交的提示内容。

选择成交法

销售人员："张小姐，您是喜欢自动挡的还是手动挡的？"

客户："我想还是自动挡的吧。"

销售人员："那好，对于颜色您是喜欢珍珠白还是喜欢水晶银呢？"

客户："我比较喜欢这种珍珠白。"

（四）诱导成交法

诱导成交法，是通过提问、答疑、算账等方式，向客户提示购买所能带给他们的好处，如折扣、抽奖、送礼物等，从而打动客户的心，刺激他们的购买欲望，营造成交气氛。

诱导成交法举例

"王小姐，今天是这款车促销期的最后一天，如果您还不定的话，1 500元的高级真皮座椅只有您自己买单了。"

"许小姐，如果现在购买，优惠甚至可以达到8 000元，还有送汽油活动，同时还可以参加我们车行的购物抽奖活动，特等奖是欧洲风情十日游哦。"

"现在买这款车，我公司赠送倒车雷达，数量有限哦。"

（五）压力成交法

压力成交法是以该车型颜色、数量等供应紧缺为由，给客户造成一定的压力，促使客户作出购买决策。

压力成交法举例

"您喜欢的这种车型可供选择的颜色不多了，最近卖得挺好的，先给您留一个吧。"

"张先生，这款车除了您现在看到的这台外，库存就只有一台了，如果下午下班前您不定下来的话，我就不敢保证明天您来的时候，是否已经被其他客户买走了。"

（六）利益汇总成交法

利益汇总成交法是销售人员把以前向客户介绍的各项产品利益和特别获得客户认同的地方一起汇总，扼要地再次提醒客户，加强客户对利益的感受，同时要求达成协议。它是销售人员经常用到的技巧，特别是在做完产品介绍后，可运用利益汇总法向客户提出成交的要求。

利益汇总成交法

销售人员：张先生，如果您选的是这款蒙迪欧旗舰型，我们来看一下您会得到哪些利益？（此时，销售员拿出一张纸，开始写下所描述的每一个要点）第一，该车配备了Duartec 2.5 V6发动机，最大功率为127kw，最大扭矩为225Nm，在行驶中不论高速还是低速，由于发动机的卓越性能，都可以得到淋漓尽致地表现。您看，这是您买车首先要考虑的。我说的对吗？

客户：对！

销售人员：第二，方向盘上可以实现档位的控制，让您在驾驶中轻松进行档位切换，有更多驾驶的乐趣。这也是您在选这款车时最看重的。我说的对吗？

客户：对！

销售人员：第三，高强度吸能车身、全新C3P强化底盘、可溃缩式方向盘和脚踏板、四门侧面防撞杆、高度可调预紧式安全带和前排安全气囊，这会体贴地保护您的安全。这也是您买车时必须要考虑的。

客户：没错！

销售人员：第四，16:9宽屏幕的高画质DVD影音娱乐系统，可同时播放VCD、CD、MP3，对于您这样经常随车出行，奔波于各地的成功人士来说，在行车的过程中能够得到有效的放松与享受，这也是您买车时要考虑的。

客户：对！

销售人员：第五，由于该车配备了P.A.T.S电子防盗系统，对于您这样经常需要交际应酬的人士来讲，停车时根本不用再担心车的安全性问题，这也是您需要的。

客户：对！

销售人员：您看，除了刚才我们分析的这款蒙迪欧旗舰型将会给您带来的好处外，同时还有其他的利益，所以说蒙迪欧是一款最适合您的车。

客户：是的！

销售人员：既然这是一款非常适合您商务用途的车，让我们来讨论交车的有关问题吧！

客户：好的！

（七）本杰明·富兰克林成交法

这是美国著名政治家富兰克林发明的，其核心内容是：销售人员把客户购买产品所能得到的好处和不购买产品的不利之处一条一条地列出，用列举事实的方法增强说服力。使用这种方法时销售人员可用纸张列出汽车的不利点和有利点（如下表所示），然后同客户一起进行比较，得出该辆车的有利点远远多于不利点，达到使客户接受的目的。

不利点	有利点
动力稍差 工艺粗糙 两厢式、不气派	油耗低 价格合理 维修方便 后续费用低 储物空间大 生活、休闲两用

三、成交签约时的注意事项

（一）注意签好书面合同，并让客户确认

一般汽车销售店的合同都是打印好的格式文本，销售人员在填写的时候一定要认真，特别是在车型、车辆识别代码、颜色、规格、客户资料等内容的填写上不能出现错误，并要求客户进行最后的确认。

（二）签约后及时告辞

与客户成交签约后，应尽快告辞并提供下一阶段的服务。过多的闲谈，既浪费自己的时间和精力，有时也会导致客户后悔。

（三）签约后应控制自己的情绪

签约后，销售人员通常会感到比较高兴，甚至兴奋，但不宜过多地向客户流露感情。否则客户会以为销售人员因此次交易而获得了额外的收益，有一种"输了"的感觉。

（四）简要介绍交车事宜

销售人员要根据实际情况与客户约定交车时间，特别是订货周期比较长的用户，更要明确

交货时间，避免因无法交车而给客户的工作和生活带来不便，并将交货期写入合同中。简要介绍交车的流程和时间，告知交款月及所需资料。

（五）帮助客户确认他的选择是正确的

签约成交后，双方一般都会有兴奋的心情，但许多客户对洽谈的内容还会存在一些担心，所以此时应适时赞美客户的决定，让客户觉得自己做了一项正确的决策，买的汽车物有所值。

（六）向客户致谢

无论最后交易是否达成，都应尊重客户，向客户表示感谢。真诚地向客户表示感谢，会进一步加深销售人员和客户之间的感情，会给客户留下良好、深刻的印象。

四、交车

（一）客户提车时的心理与期望

（1）希望在约定的时间内顺利提车。交车过程中最重要的一环就是要准时交车，如果不能做到准时，应在知道不能准时的第一时间通知客户，并给出让客户满意的解释。

（2）希望所提到的新车内外是干干净净的。

（3）希望销售人员在交车时对所购买的车辆作一个使用方面的详细介绍。

（4）希望了解新车的保养知识。

（5）希望了解厂家对新车的保修政策。

（6）希望认识维修服务站的技术人员。

（7）希望销售人员帮助办理新车的车辆管理登记和上牌手续。

（二）交车流程

1. 交车准备

（1）检查汽车。在新车交车前，要委托售后服务部门对新车的各项性能进行检查，确保车辆性能优异，各种开关操作正常，还需校正时钟、调节收音机频道。检查车内配置与客户签订的合同是否一致，内部、外部的颜色是否一致。必须确保车内外整洁干净。须对新车进行清洁，要做到一尘不染，在车内地板上铺上保护纸垫，车内的工具、备胎摆放整齐。在交车前车辆检查重点应为：漆面是否有刮伤、剥落、凹痕、锈点的痕迹；饰条是否松脱；缝隙的大小和均匀度等；电线束的束紧和吊挂；车窗和车厢、引擎及行李箱等是否污脏；有没有不必要的标签或会扎人的物品；汽油箱内至少有 1/4 箱汽油；注意车辆的整洁，尤其应注意天窗和车顶等边角以及不容易注意到的地方，注意不要有遗漏的抹布、工具、纸张等。检查门的开启、车的驾驶和操控的符合程度。销售人员应亲自检查一下每个门的开启，以及车辆的驾驶和操控是否符合车辆的要求。

（2）联系客户，通知交车。销售人员应确定客户来店交车的具体时间，暗示客户遵守约定的时间。确认客户的付款方式，以提高付款效率。销售人员应告知客户交车所需时间及主要内容，并说明客户提车时须携带的证件及材料，如订单、收据、身份证、驾驶证等。

（3）销售人员应准备好的交车资料主要包括：随车资料、合格证、交接单、订单等。客户提车时，要向客户解释提车手续及其重要性，确认费用并付款，根据新车订购单上所填内容，再次说明各项购车费用和其他相关手续费用。计算购车余款，经客户确认后，引领客户到财务部门办理交款手续，并由财务部门开具发票。

2. 车辆验收

（1）销售人员陪同客户对车辆进行检查，确认车辆外观和性能良好。

①向客户详细演示加油、加水等环节。

②向客户详细展示备胎、工具箱、手套、电筒等位置。

③详细展示车内各电器开关，做到熟练精确。

④详细展示并演示座椅的调节使用方式，并让客户自己亲自动手调节。

⑤详细讲解门的开启以及关闭、中央锁的用途、儿童安全锁功能的使用，并要求客户仔细阅读说明书。

（2）客户确认车辆的型号、规格、颜色与所订车型一致。

（3）销售人员陪同客户试乘试驾，以确认车辆性能完好。

（4）向客户解释车辆上牌登记的程序。

（5）向客户解释磨合期的注意事项。

3. 文件交接

向客户展示详细的交车清单，并按照清单项目进行确认，双方确认后签字，一式两份，分别留公司及客户存档。

销售人员应向客户重点解释"使用说明及保修手册"，向客户解释保修条件和保修范围，重点是保修条件和保修项目，特别要向客户说明强制保养的规定以及重要性；和客户确定首次保养日期，并记入"客户管理卡"；向客户介绍服务电话及 24 小时救援服务说明等。

带客户参观维修部门，向客户介绍维修人员和维修程序。这样既可以让客户了解销售商所提供的售后服务，也可同时展示经销商的维修实力，增强客户对经销商的信心。

五、售后回访

（一）售后回访的意义

售后回访是提高客户满意度、维持长久的客户关系、促使客户推荐其他客户的重要营销手段。

售后回访主要具有以下意义：

1. 了解产品质量信息，消除用户担心

购买刚刚结束时，客户对自己的购买决策是否正确常常心存疑虑。及时的售后回访可以了解产品的质量，遇到问题及时解决；对不清楚、有分歧的问题及时沟通，既避免客户将不满意的体验告诉他人，同时也维护了品牌和销售人员的信誉。

2. 提高客户满意度，强化客户忠诚度

绝大多数客户担心他们在购买车辆之后就不再受到重视，售后回访使得客户感到经销商和销售人员不仅仅只是关注销售利润，还对客户的使用情况十分关心，加深了客户同销售人员之间的感情，有助于提高品牌形象，增强客户对品牌的忠实度。

3. 发现自身存在的不足，及时改进提高

车辆性能是否优异，销售人员的服务是否周到都需要由客户来进行评判。因而，通过对客户的售后回访，可以发现产品和企业以及销售人员的不足，及时改进，提高企业和产品的竞争力。对于产品在设计、制造等方面的缺陷，还需及时通知全体用户，以消除事故隐患，必要时采取车辆"召回"措施，避免造成更大损失和更坏影响。

4. 为客户提供更多、更优质的增值服务

在售后回访中可向客户介绍产品的新动态，并在回访中发现客户新的需求，在为客户解决新问题的过程中可以进行汽车附件的销售、汽车服务的推荐，实现更多有价值的增值服务。同时可以了解现有用户及其亲朋的消费偏好和购买动向，通过为现有用户提供完善服务，树立良好的口碑，开发潜在客户。

（二）售后回访的主要内容

1. 交车 24 小时之内发出第一封感谢信

这样做的好处是：有可能在客户及新车尚未到家（单位）的时候，其家人（单位的同事）就已经通过这封精美的感谢信知道了。因为这封感谢信使大家知道了客户购车的消息，大家会恭喜他，更重要的是，向大家传递了汽车销售公司或者专营店做事规范、令人满意、值得依赖的良好信息。而这个重要信息，说不定就能影响这群人当中的某一个成为潜在购车客户，及时地扩大了企业的知名度。

汽车售后感谢信

尊敬的××先生/女士：

您好！

感谢您选择明锐，成为我们至高无上的"明锐实力人士"！荣耀，属于明锐！荣耀，更属于您！

我们将继续为您提供更加优质的服务！明锐前行的路更长，我们的服务更宽，更远……

为了向广大斯柯达用户提供更完善更优质的售后服务，在您提取新车后，您将接到上海大众汽车斯柯达客户关爱专线021－59579929的电话，与您核实购车相关信息以及经销商服务质量评分，并将您所反馈的信息录入建档。

请您将开心的事或是不开心的事都告诉我们，我们将秉承可信、公正、积极、体贴、乐于助人、特别、果断的服务理念关爱我们每一位明锐车主，再次感谢您选择上海安达汽车，选择上海大众斯柯达明锐！

此致

敬礼！

上海大众斯柯达安达汽车销售服务有限公司

总经理携全体员工敬上

2. 在交车后的24小时内第一个回访电话

电话内容：

（1）感谢客户选择了我们专营店并购买了汽车。

（2）询问客户对新车的感受，有无不明白、不会用的地方。

（3）询问客户对专营店、对销售人员的服务感受。

（4）了解员工的工作情况和客户对专营店的看法及好的建议，以便及时发现问题加以改进。

（5）及时处理客户的不满和投诉。

（6）询问新车上牌情况和是否需要协助。

（7）将该结果记录到"调查表"里，以便跟踪。

3. 在交车后的 7 天内第二个回访电话

主要内容包括：

（1）询问客户对新车的感受。

（2）新车首次保养的提醒。

（3）新车上牌情况，是否需要帮助。

（4）如实记录客户的投诉并及时解决，如解决不了，则及时上报，并给客户反馈。

（5）将该结果记录到"调查表"里。

4. 在交车后每两个月回访一次

（1）询问客户汽车使用情况。

（2）询问客户行驶公里数，提醒客户及时进行汽车保养。

（3）及时处理客户的不满和投诉。

（4）询问客户新的需求，适时推介新的产品和介绍新的活动。

（5）将该结果记录到"调查表"里。

5. 不要忽略平常的关怀

要经常同客户保持联络，专营店经常举办免费保养活动，经常举办汽车文化讲座和相关的活动，邀请客户参加；新车、新品上市应及时通知客户；天气冷热等突发事件的短信关怀；遇客户的生日或客户家人的生日及时发出祝贺；客户的买车周年也不要忘记有创意地给予祝贺；遇到好玩的"短句"、"笑话"用 e-mail 或手机短信发送一下与客户分享；年终的客户联谊会别忘了邀请客户一起热闹一番等。

（三）售后回访中应注意的一些问题

回访时间应注意避开用户休息和忙碌时间，询问的问题尽可能简单、扼要、具体和便于回答，向用户提问时应注意用户的情绪，在回访结束时，向用户表示感谢。

应严格控制回访次数和时间间隔，一般是购买后 24 小时内回访一次，一周回访一次，以及两个月一次（以首保时间为准）。

销售经理和展厅经理必须严格控制回访结果，对重要用户可进行抽查。

复习思考题

1. 4S 店的汽车销售流程是怎样的？

2. 汽车销售员在销售前应做哪些准备？

3. 展厅接待的三个环节是什么？

4. 简述 FAB 介绍法。

5. 简述六方位绕车介绍法。

6. 介绍汽车产品时应注意什么？

7. 试乘试驾前应做好哪些准备？

8. 成交信号有哪些？

9. 交车流程是怎样的？

10. 售后回访的主要内容有哪些？

实训练习题

选择一款车型，用六方位介绍法介绍汽车，注意运用所学的销售技巧。

第五章　客户行为分析

学习目标

1. 掌握客户让渡价值的内容；了解消费者需要的概念和特征；了解消费者需要的意义；掌握消费者需要的内容；了解消费者购买动机和购买行为的概念与特征；了解消费者购买行为过程和影响购买行为的因素。

2. 基本能够运用客户让渡价值理论、消费者需要理论、购买动机和行为理论进行营销决策，制定相关的营销策略。

购车问题小调查

小张大学毕业工作八年了，有了一定的经济基础，小孩在读幼儿园。现在小张考虑到底要不要买辆车？买什么样的车？请你替小张选择一下：

1. 你想买什么价位的小车？

A. 限于 10 万元以下的车　　　　　B. 限于 10 万 ~ 15 万元的车

C. 限于 15 万 ~ 20 万元的车　　　　D. 限于 20 万 ~ 30 万元的车

E. 30 万元以上的车

2. 什么是你迟迟没有买车的原因？（单选）

A. 汽车价格太高，还没到合适心理价位

B. 养车的费用太高，感觉自己的收入难以支撑

C. 自己还是喜欢公共交通工具

D. 汽车价格不断下跌，再等等看

3. 你认为每月多少钱的养车费用（包含保险、油费、停车费等）合适？（单选）

A. 1 000 元以下　　　　　　　　　B. 1 500 元左右

C. 2 000 元左右　　　　　　　　　D. 2 500 元左右

E. 无所谓

4. 如果买车，你喜欢那个车系的车？（单选）

A. 美欧系车   B. 日系车

C. 韩系车   D. 国产自主品牌的车

5. 你购车的主要用途是什么？

A. 工作需要   B. 出行代步

C. 周末旅游   D. 接送小孩

E. 有面子   F. 其他用途

6. 影响你买车的因素有哪些？

A. 车价   B. 品牌

C. 技术、质量   D. 外观

E. 内饰   F. 空间

G. 油耗水平   H. 售后服务

I. 用车环境   J. 用途

K. 别人推荐   L. 促销优惠

M. 其他因素

7. 请你按以上各因素对你的影响程度进行排序（由大到小）：

8. 你买车喜欢去哪里？（单选）

A. 4S专卖店，因为一切都比较正规

B. 大卖场内的二级或三级市场，因为价格特别优惠

C. 大型车展

通过统计以上的小调查资料，每个人的选择方式呈现多样化的结果，因为每个人对购车的用途、对车的认识、对未来经济收入状况以及每个人的消费观念等都不同，所以作出的购买决策也不同。这个小调查是假设某特定消费者的，比较单一；但现实中，营销者面临的消费者要复杂得多，他们的经济状况、家庭状况、购车用途、消费观念等的差异更是巨大，要真正了解他们内心的真实想法、需求更是困难。但即便是这样，营销者也必须了解消费者的需求，从消费者需求出发，研究消费者的购买动机和行为，才能有针对性地制定有效的营销策略，满足消费者的真正需要，使消费者满意，从而实现营销目标。

第一节 客户价值理论

一、客户让渡价值

客户价值理论是研究构成客户价值的基本内涵和评价客户价值基本标准的理论。一般来

说，客户不会买自己不需要的东西。消费者购买某一产品或服务，总是要塑造出一个价值的期望值并实践它。购买者将从能给他们提供最高让渡价值的企业购买产品。

所谓客户让渡价值是指整体客户价值和整体客户成本之差额部分。客户价值是指购买某产品或服务中所获得的一组利益，包括产品价值、服务价值、人员价值和形象价值；客户成本是指客户在评估、获得和使用该产品或服务时付出的全部代价，包括货币成本、时间成本、体力成本和精力成本（见下图）。

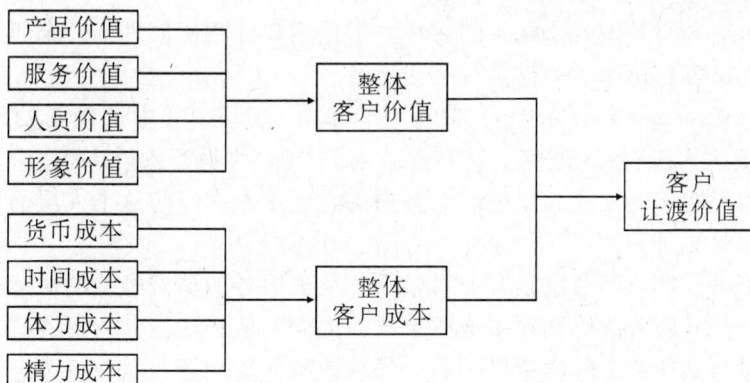

整体客户价值概念的理解

在本章开始的案例中，小张打算购买一台 10 万元左右的小汽车，经过慎重考虑他选中了福特的福克斯两厢小车，但在选择销售商方面他却犹豫不定：一家是小销售公司，价格为 10.2 万元，另一家是福特的 4S 专营店，价格为 10.28 万元，有趣的是这两家经销商距离才 100 米左右，最后他选择哪家呢？

客户在购买产品时，很自然地将价值与成本进行比较，当价值大于成本，即客户让渡价值为正数时，有可能进行购买决策，实现购买行为；如果成本大于价值，即客户让渡价值为负数，则会放弃购买决策，很难发生购买行为。

了解客户让渡价值理论，主要是要明白两点：一是客户在信息基本透明的情况下，会以客户让渡价值最大化作为购买决策的主要依据；二是整体客户价值和整体客户成本都是包含有多种因素的综合体，而不仅仅是产品效用和产品价格之间的简单比较。企业的营销者必须在整体客户价值和整体客户成本之间进行估算并考虑它们与竞争者的差别，以明确自己所提供的产品或服务如何推向市场销售。如果营销者通过估算认为所售产品或服务在让渡价值上缺乏优势，则应该在努力增加整体客户价值的同时降低整体客户成本。前者要求强化或扩大所提供的产品的服务价值、人员价值和形象价值；后者要求减少客户的货币成本、时间成本、体力成本和精力成本，如降低价格，简化订货和送货程序，提供上牌、保险服务，提供汽车信贷担保等。广州某福特 4S 店为客户提供 VIP 会员服务，在日常保养上免费提供一些服务，如四轮定位和每月 4 次的免费洗车。

二、客户满意度（CS 理论）

（一）客户满意度的内涵

按照传统的观点，一家汽车经销企业的资产主要是看其拥有的汽车值多少钱，而美国著名的管理专家简·卡尔森却认为这是企业在自己欺骗自己。在资产科目上，我们应该填上的内容是，去年我们的企业共有多少愉悦的消费者。因为这才是我们的资产——对于我们的服务感到高兴并会再来买车或介绍其他人来购买的客户。根据客户让渡价值理论，企业营销者应着力创造客户价值，而创造客户价值的关键是使客户满意。

客户满意度（Customer Satisfaction，简称 CS）这一在营销学中比较新的概念，源自于日本，1982 年，企业大力推行 CS 战略，旨在建立客户至上的服务系统。客户满意度一经提出，就引起了世界营销界的普遍关注和重视。对客户满意度基本内涵应从个人层面和企业层面两个方面来理解。

从个人层面上讲，客户满意度是客户对某项产品或服务的消费经验的情感体验，或者说是客户通过对某项产品或服务的感知效果或结果与他的期望值相比较后所形成的感觉状态。满意程度是可感知效果与期望值之间的差异函数。如果效果低于期望，客户就不会满意。如果可感知效果与期望值匹配，客户就满意。如果感知效果超过期望，客户就会高度满意或欣喜。应该明确，客户的满意不仅仅体现在对一件产品、一项服务、一种思想、一次机会上，还体现在对一种系统、一种体系的满意。在整个消费过程中，客户不仅追求对经济收益的满意，而且追求对社会性和精神性的满意。

从企业层面讲，客户满意度是企业用以评价和增强企业业绩，以客户为导向的一整套指标。它代表了企业在其所服务的市场中的所有购买和消费经验的实际和预期的总体评价。它是企业经营"质量"的衡量方式。企业营销管理层面上的客户满意度研究，实际上是对其服务的市场中所有客户个人满意度的研究和群体行为满意过程研究的结合。

（二）客户满意度的作用

客户满意是企业战胜对手的最佳手段，是企业取得长期成功的必要条件。如本田公司在美国的成功经验充分说明了 CS 战略对提升企业营销管理和竞争优势的实效。1986 年，本田公司针对一年前购入新车的客户，就营业员的服务态度、售后服务等方面每月进行一次 CS 问卷调查，并对其结果进行迅速反应，对营业员进行有力的指导，从而彻底改善客户的不满之处，结果此后 5 年本田汽车的销量由 69 万辆大幅度增长到 85 万辆。该公司的汽车获得全美最受欢迎的汽车项目第一位。随后，CS 战略在日本国内全面推广。

客户满意战略之所以行之有效，是因为满意的客户往往也是忠诚的客户，从而给企业带来有形和无形的好处：

（1）客户满意使企业获得长期的赢利能力。为了使客户满意，必然采取各种措施，提高自身的竞争力。而客户满意又必然对企业忠诚，进而更多、更经常地选购令其满意的产品，减少企业经费，获得价格优势，降低交易成本和沟通成本，增加企业效益。客户满意使企业在竞争中得到更好的保护。满意的客户不但对企业及其产品忠诚，而且这种忠诚能够保持，他们不大可能立即转向其他产品或选择新产品，也不会为了更低的价格而抛弃原来的供应商。即使在企业出现困难时，这些客户也会在一定范围和一定时间内对企业保持忠诚，从而给企业喘息的机会，缓冲困难的时间，能够保护企业，最大限度降低困难对企业产生的影响。

（2）客户满意使企业足以应付客户需求变化。客户的需求随着时代的发展在不断变化。如何抓住这一变化并满足不断产生的新需求是许多企业在发展中遇到的新问题。客户满意最大化对解决这一问题具有现实意义。因为以令客户满意为目的的企业平时所做的工作能够预测到客户需求的变化，而满意的客户一般也会给企业改变做法的时间。瑞士航空公司一直以来都具有较高的客户满意度，但在适应客户新需求，如介绍售票分级情况、制订常客计划、加宽头等舱座位等方面都落后于竞争对手，但客户们仍乘坐它的航班，同时在这些方面提供了大量的反馈信息，使得航空公司有机会依据需求改进服务。

既然客户满意与企业生存密切相关，企业必须千方百计提高客户满意程度。为此，企业一要了解客户个性化需求，及时向客户提供优质的产品和良好的服务，这是赢得客户满意的基本条件；二要及时提供客户需要的各种附加利益，包括为赢得客户好感而使客户利益实现最大化，在产品或服务的特征相近的情况下使企业形成差别化优势，进一步加深客户的信任；三要建立企业与客户之间双向的、畅通的、有效的信息交流通道，使企业能够随时与客户和潜在客户取得联系，并为客户提供信息反馈渠道，倾听来自客户的意见和建议，使客户随时能够得到企业的帮助。只要客户需求得到满足，客户的满意度必然得到相应的提高。

宝马公司是如何在中国推行客户满意度建设的？

作为世界顶级汽车制造商，宝马公司希望成为客户心目中的第一选择；同时，客户也成了宝马公司的第一要素。因此宝马十分重视客户满意度及其售后服务的发展与维护。长期以来，宝马本着一切均以客户为导向、稳步完善售后服务的原则，不断建设和完善售后服务基础设施，积极实施一系列卓有成效的售后服务计划来提高客户满意度，其中包括：完善销售和服务网络、建立宝马培训中心、设立宝马零部件配送中心、成立宝马客户服务中心、启动宝马和Mini道路救援服务、标准化保养服务等措施。

（1）销售和服务网络迅速拓展。

2003年，在全国范围内，华晨宝马仅有18家授权经销商，今年年底将增至120家。目前全国范围内的BMW经销商服务网点，覆盖了大部分省会，并进入二、三级城市，为广大客户提供与宝马产品同样高品质的服务。

（2）专业的技术培训。

在不断推出新品的同时，宝马把稳步推进售后服务，提高客户满意度列为一项重要的长期战略。在建厂之初就在北京设立了宝马中国培训学院。上海培训中心建立了更为完善的全国培训体系，完善的培训将为我们全面打造高素质团队，成为向客户提供符合宝马全球标准的高品质产品和服务的强大后盾。

（3）全国配送中心。

目前，宝马已在北京、上海和佛山分别设立零部件配送中心，能够在24小时内为中国内地经销商的紧急订单提供配送服务。配送中心采用国际先进的仓储管理系统，针对特别紧急订单所需配件，在一家或者两家中心缺货的情况下，有库存的配送中心将自动发货，配件将于24小时内送达经销商处。这一高效灵活的配送网络让宝马能够在全国范围内提供最迅速的零部件供应服务。

（4）标准化保养服务。

宝马中国宣布推出标准化保养服务，在中国所有的BMW授权经销商实行统一的保养服务指导工时价和透明、统一的配件价格。这标志着BMW成为中国汽车市场上第一个提供标准化保养服务的高档品牌。截至2007年底，BMW在中国的汽车保有量已经超过了16万辆。随着汽车保有量的不断增加，零部件的供应规模也得到了相应的扩大。即使在通货膨胀的大环境下，通过标准化保养服务的推出，BMW降低了在中国市场保养零部件的供应价格。这也再次证明了BMW在中国市场不断完善售后服务、提高客户满意度的坚定信心。

（5）客户呼叫中心。

BMW始终乐于并鼓励客户与我们保持紧密的联系，客户的反馈是激励我们创新与改进的动力。因此，客户在购买产品或接受服务之后，呼叫中心会调查客户的满意度。

（6）道路救援。

从2006年7月1日起，BMW道路救援计划开始实施。即日起，所有在中国内地登记的BMW品牌的汽车，于24个月的新车保修期内，有权免费获得距BMW授权经销商所在地150公里半径范围内的道路救援和机动服务。在此之前登记且仍然处于新车保修期内的所有车辆同样有权免费获得此项道路救援服务。

BMW为客户提供全天候服务。即使出现少有的汽车抛锚现象，客户也完全不必担心，BMW道路救援将为您提供最无微不至的关怀，确保您能够继续前行，并尽可能减少您的不便。为了最有效地满足客户的要求，BMW与最好的服务供应商合作，建立了授权服务网络，利用广泛的资源与公认的技术专长，能够随时为客户提供专业的救援服务，每天24小时，每年365天，年中无休。

（7）客服大厅。

想客户所想，在展厅内备有手机充电站、擦鞋机和伞架，方便客户。

为客户准备"电脑、无线网络、电视、杂志、茶水、咖啡、水果、糕点"等娱乐休闲和餐饮服务。

在车辆交付给客户时可赠送饮用水、平安符等精美礼品，以此表达对客户的一份心意。

随新车赠送客户关怀手册和车辆保养贴士，并人性化地夹在新车遮阳板里。

建立快修通道和绿色预约通道，减少客户等候时间。

2008 年 10 月 J. D. Power 发布汽车消费满意度调查报告

汽车销售满意指数排名（满分 1000 分）

品牌	分数
奥迪	847
	841
一汽轿车	841
	840
一汽大众	839
	838
长安马自达	837
	835
斯柯达	834
	834
东风本田	834
	833
上海大众	831
	831
别克	830
	829
五菱	828
	828
中华	826
	826
行业总体得分	826

810　820　830　840　850

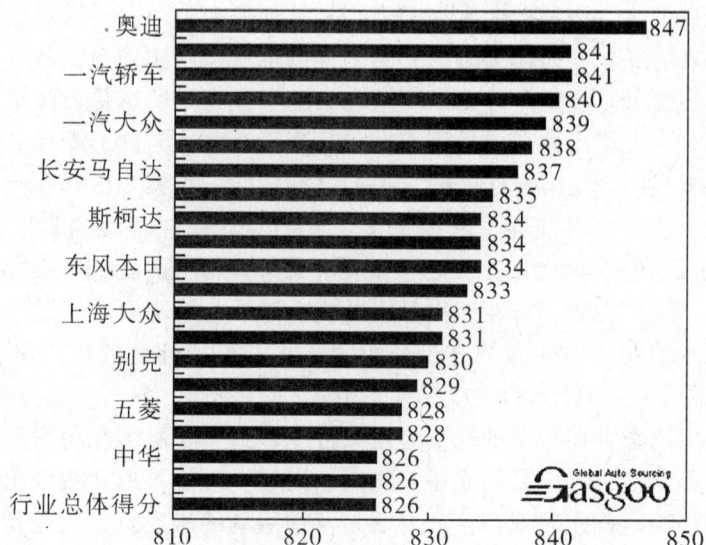

总体满意度因子构成

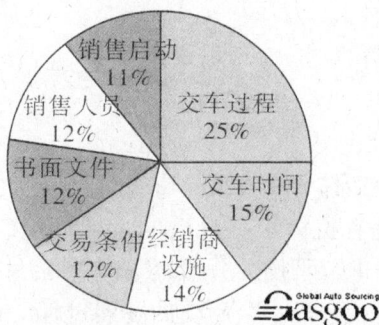

销售启动 11%
交车过程 25%
销售人员 12%
书面文件 12%
交车时间 15%
交易条件 12%
经销商设施 14%

第二节　消费者需要

　　行为科学认为，人的行为都有一定动机，而动机又产生于人类自身的内在需要，消费者行为也不例外。产生消费者行为的最基本的内在原因是消费者需要，正因为如此，市场营销活动以消费者需要为出发点。只有在对消费者需要有充分认识的基础上，才有可能制定出与消费者需要相一致的营销策略，使企业的营销活动满足消费者需要，并在其满足的过程中取得良好的营销绩效。

一、消费者需要的概念

需要是指人们在个体生活和社会生活中感到某种欠缺而力求获得满足的一种心理状态。

需要是现实要求的反映。人作为生物，为了维持生命，延续种系，就有补充养料、求得安全和进行繁殖的客观要求。这些生理要求反映在头脑中，为人所感受，就形成了求食、防御和性的基本需要。同时，人作为社会成员而存在，又离不开群体与社会而孤立地生活。群体和社会的生活、生产要求人们分工与合作，要求人们掌握技能、积累知识和不断改进技术，要求人们有秩序而和谐地生活，要求社会不断地进步与发展等。这些客观的要求一旦为人们所接受（不管是否清晰地意识到），就会使个人在实现这种要求的活动中逐步形成劳动、工作、交往、学习、钻研、创造、维护美德、奋斗、贡献以及娱乐等社会性需要。正是人们的生理性、社会性需要，推动着生产的发展和社会的进步，而生产的发展和社会的进步又会使人们产生新的需要。

消费者需要是指消费者在一定的社会经济条件下，为了自身生存与发展而对商品产生需求和渴望。消费者需要通常以对商品的愿望、意向、兴趣、理想等形式表现出来。企业的营销活动对消费者个体的影响，首先表现在：需要既是营销活动的出发点，又是营销活动转化为购买活动的中介。当某种主观需要形成后，在其他相关因素的刺激下，就会激起购买动机，从而产生购买行为。所以，需要在营销活动转化为行为动机的过程中起了基础和中介的作用，没有消费者，营销活动与消费者购买的内在动机之间就没有必然的直接联系。

二、消费者需要的特征

（一）需要的层次性

需要产生于人类有机体（生活体）的缺乏状态。在一定时间内，人的缺乏状态是多种多样的，很难全部得到满足，于是有机体根据自己的生活环境、经济收入、兴趣爱好、社会地位、职业等条件，对其缺乏状态进行平衡，分清轻重缓急，决定需要的先后次序，于是产生了需要的层次性。同时，由于人类社会是一个历史的发展过程，这种发展是由低级向高级发展的过程，当人的低层次需要得到满足之后，必然会产生较高层次的需要，以致形成一个由低级到高级逐级发展的层次。

（二）伸缩性

消费者需要的伸缩性，集中表现为消费者对其需要所追求的高低、多寡和强弱程度。消费者的消费需要受到消费者自身条件和外部环境的制约。自身条件主要是指消费者对需求欲望的程度和货币支付能力；外部环境包括企业所提供的商品、广告宣传、销售服务等。两者都会促进或抑制消费者的需要。一位需满足展示自己的能力、成就等心理需要的消费者购买高档服装，即使当地市场不能提供，他也可以通过其他途径从外地市场获得；同样，本来暂时没有打算购车的消费者，在广告宣传的刺激下，也有可能迅速作出购买决策。同时，不同的商品对消费者生活的影响程度不同，消费需要的伸缩性也不一样。消费者日常生活不可缺少的生活必需品，如粮食、食盐、燃料、肥皂等基本生活用品，消费需要的伸缩性就小；而属于满足享受需要的用品，如高档时装、高档化妆品、汽车等，其消费需要的伸缩性就大。

（三）复杂性

消费者处在一定的社会经济与社会文化环境中，其民族传统、宗教信仰、生活方式、文化素质、经济条件、社会地位、兴趣爱好、情感意志、个性特征各不相同，因此每个消费者消费需求的对象、结构和方式也千差万别、纷繁复杂，从而导致对其主导需要的选择各异。

（四）发展的无限性

社会经济文化的发展不断创造新的消费对象，新的、更高层次的消费又反过来促进社会经济文化的发展，如此循环往复没有穷尽。消费者某一项需要得到满足之后，虽然解除了该项需要对消费者的刺激，但是又会产生其他更高一级的需要，而这更高级的需要也会在进一步发展中扬弃自身。消费者需要的发展性在市场上主要表现为消费数量的增多和消费质量的提高。

（五）可诱导性

消费者消费需要的产生和发展，与客观现实的刺激有着很大的关联。社会政治经济的变革、生产部门和流通部门的广告宣传、经营战略的调整、道德风尚的倡导、生活和工作环境的变迁等，都有可能诱发消费者的需要发生变化和转移，使潜在的欲望和需要转变为明显的行为，使未来的消费需要变成现实的消费需要，使微弱的需要变成强烈的要求。正因为消费者需要具有可诱导性，企业或营销者不仅能够充分发挥自身的优势，组织开发适销对路、价质相宜的商品来满足消费者的需要，而且还能通过组织一定的商品和采取适当的营销组合策略来引导和调节消费者的需要，指导人们的消费朝着健康的方向发展，进而促进市场经济的发展和社会精神文明的提高。

三、消费者需要的分类

消费者需要是多种多样的，按不同的标志进行分类：

（一）按照需要的产生和起源，可以把需要分为生理性需要和社会性需要

生理性需要是人们为了维持和发展个体生命而产生的对客观事物的需求和欲望，如饮食、睡眠、休息、运动、御寒、避痛等。按其起源来说，这类需要是同种系的、生理的需要直接相联系的。从这个意义上说，它们是人类所共有的，甚至动物也有的。但人的生理需要与动物的生理需要又有本质的区别。人是在劳动中不断产生和满足需要，而动物只是依靠现成的天然物来满足需要，一旦周围赖以生存的天然物消失，动物也就陷入灭亡的绝境。

社会性需要是与人的社会生活紧密相连的。例如，人们对劳动资料以及生产知识和技能的需要，是由社会生产引起的；人们对于政治地位、威望和文化娱乐等方面的需要，是由社会生活引起的；人们对于友谊、爱情和归属的需要，是由社会交际引起的。人们的社会性需要是在人类社会历史发展过程中形成和发展的，它受到政治、经济、文化、地域和民族等因素的制约。一个社会的历史发展阶段不同，经济和社会制度不同，民族的风俗习惯和行为方式不同等，都有可能引起社会性需要的差别。人的社会性需要也是极为复杂的，复杂多样的社会性需要是人们的社会生活所必须满足的。如果人的这类需要得不到满足，就会使人产生痛苦和忧虑等情绪，压制人的积极性。有效地引导和升华人的社会性需要，发挥这类需要的作用，可以指

导人们的行为目标，从而获得自身在社会中应有的地位和作用，借以提高自我、发展自我。

（二）按照需要对象的性质，可以把需要分为物质需要和精神需要

人的物质需要是指人们对物质对象的欲望和要求，如人对衣食住行等有关物品的需要，人参加社会劳动对劳动工具、劳动对象的需要等。在人的物质需要中，既包括生理性需要，也包括社会性需要，而且社会性需要的比重在不断提高。随着社会生产力的发展和科学技术的进步，人的物质性需要也在不断地丰富与发展。

人的精神需要是指人们对社会精神生活和精神产品的需要，如对知识、艺术、道德、宗教以及美的需要等。精神需要是人的高层次需要，它是人们学习科学知识、追求真理、探索自然和社会发展规律的动力。学习科学文化知识的需要推动人们去从事科学研究，对美的需要使人努力美化自己的生活，甚至去创造文学艺术，使人类的生活丰富多彩。

（三）按照需要的层次划分，可以分为生存需要、享受需要和发展需要

人的生存需要是指人们为维持有机体生存而产生的对基本生活用品的欲望和要求，如对粮食、服装、住房等的需要。生存需要是人类最基本的需要。只有这类需要得到了基本的满足，人类才能生存下去，才能进行社会生活，从事社会生产，否则会产生严重的社会问题。

人的享受需要是指人们为增添生活情趣，实现感官和精神愉悦而产生的各种欲望和要求，如对音响、彩电、VCD、录像机、冰箱、高档衣料、装饰品等供娱乐、休息用的各种消费品的需要。享受需要不是人类生存所必需的基本生活需要，但是随着生产力水平的提高和科学技术的进步，其在人类各种需要中所占的地位变得越来越重要。

人的发展需要是指人们对能发展智力和体力、提高个人才能、实现人生价值所必需的消费品的欲望和要求，如对书籍、学习机、电脑打字机、滋补品等的需要。当人们生存需要、享受需要得到基本的满足之后，发展需要就显得突出了。

（四）按需要的社会属性划分，可分为权力需要、交际需要和成就需要

人的权力需要是指人们支配他人与各种物品的欲望和要求，如取得某种服务，对他人的指挥，对某种物品的支配控制等的需要。权力需要与人的个体素质和所处的环境密切相关。当一个人对物品或他人行使权力时，他会体验到自己的力量在增长，于是产生一种满足感、愉悦感。许多企业在推销产品时，往往考虑到这种需要，而对商品使用人作出权力或优势的许诺。一条汽车广告可以强调高速的性能，尽管由于交通和实际的限制，很少有可能实际发挥这种高速的性能。而且，对权力的含蓄许诺将会吸引具有强烈权力欲望的人。

人的交际需要是指人们对爱情、友谊、归属的欲望和要求。交际需要的表现是多种多样的，例如：愿意参加社会交往；寻找温暖或与他人保持良好关系；希望得到爱情；希望为某个团体所接纳，成为其中一员，以便相互关心、相互照顾等。具有较高社交需要的人对别人有一种强烈的社交依赖性。他们常常选择会得到朋友称赞的物品，愿意和朋友一道去商店购买商品，容易接受友好的推销人员的帮助和意见，常常采取符合于其参照团体规范和标准的购买行为。

人的成就需要是指人们为了发挥自己的潜力，干一番事业，取得相应绩效的欲望和要求。成就需要是一种高层次的需要。人们接受的教育层次越高，成就需要就越强烈。具有成就需要的人把个人的成功视为目的，他们接受每一项任务，干任何一种工作都努力干好，并从中得到满足感，增强自尊心。在商品购买上，他们乐于接受标新立异的革新产品，容易接受广告商的此类宣传。

当然，消费者的需要还可依照其他标准进行分类。但应该指出，消费者需要的划分是相对的，各种需要之间存在着相互影响、相互渗透、密切联系的关系。有些需要既是生理性的，又是社会性的；既是物质的需要，又是精神的需要；既是生存的需要，又是享受和发展的需要，如此等等。此外，人们对商品的需要，往往不仅要求适用，而且要求具有一定的艺术性，能给人以美的享受。因此，企业营销商品，要考虑到消费者需要的多样性和关联性，有针对性地予以满足。

四、马斯洛的需要层次理论

马斯洛认为，任何人在一定时间内想要满足自身的全部需要是不可能的，只能按其对个体的重要性，排列出满足需要的先后次序。人的基本需要可以分为生理需要、安全需要、社交需要、尊重需要和自我实现需要，这些需要相互联系、由低级到高级依次发展。

（一）生理需要

生理需要是指人类维持和延续个体生命所必需的一种最基本的需要，诸如满足解饥、御寒和睡眠等所需的吃、穿、住等方面的需要；维持生命所需的对水、阳光、空气的需要；与延续种族相关的对性的需要等。生理需要是人类最低层次的需要，也是最基本、最原始的需要。

（二）安全需要

安全需要是指人类在社会生活中，希望自己的肉体和精神没有危险、不受威胁、确保其平安的需要。安全需要是比生理需要高一级的需要，它包括安全操作，劳动保护，有秩序的环境，有稳定的职业，财产受到保护，失业保险，免受战争动乱、社会解体的危害，摆脱瘟疫和病痛等需要。马斯洛还把储蓄和各种形式的保险也列入此类。安全需要是人类较低层次的基本需要之一。当人的生理需要得到相对满足时，安全需要就成了个人行为的第二推动力。

（三）社交需要

社交需要是指人们希望给予或接受爱的情感，得到某些社会团体的重视和接纳的需要。社交需要包括：愿意参加社会交往，寻找温暖或与他人保持良好关系，彼此之间得到友谊、关怀与爱护；希望得到爱情，即异性之间相互倾慕，亲密交往，坚贞相爱，满意结合；希望自己有所归属，即成为某个团体的被人承认的成员，参与其中活动，相互关心，互相照顾。社交需要是人们在生理需要、安全需要得到基本满足以后所产生和追求的第三层次的需要，也是更精致、更难捉摸、对大多数人来讲是很强烈的需要，它同样是十分重要的推动力。

（四）尊重需要

尊重需要是指人类在社会生活中希望有一定的社会地位和自我表现的机会，获得相应的荣誉，受到别人的尊重，享有较高的威望等。尊重需要主要表现为两个方面：第一，希望有实力、有成就、有自信心，胜任本职工作，要求独立和自由；第二，要求有名誉、有威望，受人赏识、关心、重视和被人高度评价。一般来说尊重需要是与人们接受教育程度和社会地位及其经济、社会地位密切相连的，人们接受的教育程度和社会地位越高，尊重需要就越强烈；反之就相对较弱。尊重需要是人的高层次的发展需要。尊重需要得到满足，可以增强人的自尊、自信，否则，便会产生自卑感，失去基本的信心。当然，对于任何一名社会成员来说，尊重需要都是难以得到完全满足的，因为它是无止境的。

（五）自我实现需要

自我实现需要是指人们希望充分发挥自己的才能、干一番事业、获得相应成就、实现理想目标、成为自己所期望的人的需要。马斯洛指出，如果一个人要从根本上愉快的话，音乐家必须搞音乐，艺术家必须画画，诗人必须做诗，以便发挥他最大的潜力。可见，希望自己成为所期望的人，能够完成与自己能力相应的一切事情，追求他所能达到的目标就是人的自我实现的需要。此种需要是人们在以上四种需要得到一定程度满足之后所追求的最高层次的需要。

马斯洛认为，人类的上述五种需要是相互联系的。前两种需要是低层次的基本需要，后三种需要是较高层次的发展需要。人类的需要是由低级向高级发展的，只有当低层次需要得到基本满足之后，才会产生并开始追求新的、高一层次的需要。一个人生理上的迫切需要一旦得到满足，就会去寻找其他的安全保障，而当基本的安全需要得到满足之后，社交需要又会成为主要推动力，以此类推。

第三节 消费者购买动机与购买行为分析

一、消费者的购买动机

（一）消费者购买动机的形成

所谓购买动机，是指消费者为了满足自己一定的需要而引起购买愿望或意念，它是能够引起消费者购买某一商品或劳务的内在动力。消费者购买动机由需要驱使、刺激强化和目标诱导三个要素组成。

1. 需要驱使

心理学认为：人的行为都有一定的动机，而动机又产生于人类本身的内在需要。人们的行为一般来说都是有目的的，都是在某种动机的驱动下达到某个目标的过程。需要、动机、行为、目标这四者之间的关系可以用下图来表示。

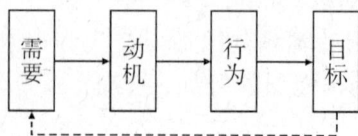

需要 → 动机 → 行为 → 目标

同样，消费者的购买动机与消费者需要的关系也是极为密切的，两者不仅是购买行为的内在因素，而且消费者的购买动机也是建立在消费者需要的基础上，它受到消费者需要的制约和支配。只有当消费者有了某种需要，并期望得到时，才会成为一种内在推动力（即动机）。消费者有了购买动机，就要寻找满足需要的目标，并且在目标找到之后进行满足需要的活动或行为（即购买行为和消费行为）。当行为产生之后，需要或动机得到满足，生理的或心理的紧张状态得以解除，消费者个体重新恢复平衡（或均衡），新的需要又会产生。这个过程中各环节的关系如下图所示。

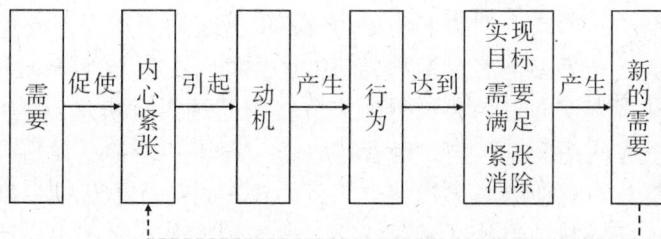

需要	促使	内心紧张	引起	动机	产生	行为	达到	实现目标需要满足紧张消除	产生	新的需要

因此，消费者内在需要是产生购买动机的根本原因和动力，从整体上来说，没有消费者的需要，就没有相应的购买动机。当然，强调消费者的需要与购买动机的紧密联系，并不是说需要与动机可以直接等同。它们之间的区别也是客观存在的。消费者有时即使有某种需要，也未必能激发出动机。例如，某一消费者需要解决出行困难，但看到养车成本昂贵、缺乏停车位，就打消买车的念头了。也就是说，买车的需要遇到这样的用车环境就不能激起购车的动机。

2. 刺激强化

消费者购买动机的形成，从根本上来说源于对消费者的人体刺激，但并不是说所有的动机都一定是由这种外部刺激产生的。比如，美味佳肴可能引起人的食欲，但当这个人并不饿时就不然。只有当刺激和消费者个体需要相结合的时候，才能产生消费者的购买动机。因此，需要和刺激是动机产生的两个必要条件，一个起"推"的作用，一个起"拉"的作用，"推"与"拉"两种作用相结合就成为实际活动的动机。如果有"推"无"拉"，即没有刺激，那么需要可能保持原状，而不会形成购买动机。

由于外部环境的刺激可以引起消费者需要和购买动机，企业在市场营销活动中如何不失时机地给消费者更多的刺激，就成为企业营销人员的重要课题。一般来说，刺激越多，诱因越强，消费者便越有可能购买商品。

3. 目标诱导

目标诱导是指消费者在接受众多的刺激时，能够引起消费者注意、促成购买行为的目标商品的诱发作用。心理学研究表明，人的感觉取决于外界环境刺激的变化。在一个充满各种强烈刺激的环境中，人的感觉会变得呆滞。相反，在一个只有微弱刺激的环境中，人的感觉则会变得灵敏。例如，身居闹市中心的人对街上的汽车喇叭声、人群嘈杂声几乎没有什么感觉，因为这种噪声对他们来说已经司空见惯、习以为常了。然而，在万籁俱寂的深夜，手表的滴答声却会显得格外的清晰响亮。根据心理学原理，企业在对消费者实施营销策略时，要注意在刺激的系统环境中设置明确的目标，增强对消费者购买动机形成的诱导作用。比如，运用商品展示刺激，如果把许多外形相似、价格相近甚至包装雷同的商品放在同一个柜台或橱窗里，消费者就很难判断出究竟哪一个商品好一些，以致形不成购买目标，因为这些刺激物相同。但是，若在商品陈列上，若干个商品形成一组，在一组中有一个新颖别致的商品，必然会产生一个鹤立鸡群的效果，立即引起消费者的注意，这个商品所起的作用我们称之为目标诱导。企业市场营销的各个因素都可以通过设置一定的目标来诱导消费者，形成和强化消费者的购买动机，促进购买行为的产生。

综上所述，消费者购买动机实质上是需要驱使、刺激强化、目标诱导三个要素相互作用的一种合力。它表明：第一，消费者购买动机与其购买实践活动有着密切的联系，消费者的购买行为是由购买动机支配的；第二，消费者购买动机不但激起购买行为，而且能使行为朝着特定的方向、预期的目标前进；第三，消费者购买动机是一种内在的心理倾向力，其变化过程是看不见的，通常只能从动机表现出来的购买行为来分析判断购买动机本身的内涵和特征；第四，购买动机与购买目的既有联系又有区别，两者有时是一致的，有时也有差别。在简单的购买行为中两者常常直接相符。在复杂的购买行为中，目的并不同时就是动机。目的是消费者采取行为要达到的结果，购买动机则是为什么要达到这一结果的主观原因。在几个消费者共同购买的行为中，有时目的相同，动机不一定相同；有时动机相同，目的又不一定一致。因此，要了解一个消费者为什么追求这个目的而不追求其他目的，要判断一个消费者购买行为的实质，首先要揭示其追求这种目的的主要购买动机。

（二）购买动机的特征

消费者购买动机是一个复杂的体系。尽管这一体系随着消费者需要的变化和外部环境的刺激而不断变化，却有以下共同的特征：

1. 复杂性

消费者购买动机是很复杂的。一种购买行为往往包含着若干个购买动机，不同的购买动机可能表现出同样的购买行为，相同的购买动机也可能表现出不同的购买行为。消费者复杂而多样的购买动机往往以其特定的相互联系构成动机体系。在消费者的购买动机体系中，各种动机所占的地位和所起的作用是不同的。较强烈而稳定的动机称为优势动机，其余的则称为劣势动机。一般说来，优势动机具有较大的激活作用，在其他因素相同的情况下，消费者个人的行为是与优势动机相符合的。

2. 转化性

消费者的优势动机和劣势动机不仅相互联系，而且可以相互转化。一个消费者的购买行为在多种购买动机形成的过程中，优势动机往往起关键作用。但是，如果在决策或选购商品的过程中，出现了较强的外部刺激，如购买现场的广告宣传，或发现钱不够，或近期某种商品的价格调整，或售货员态度恶劣使人难以忍受等，迫使消费者购买的优势动机被压抑，而优势动机就可能向劣势动机转化。

3. 公开与内隐的并存性

在消费者多种多样的购买动机中，有些是有意识的公开的动机，即完全知道行为背后的动机，而有些则是无意识的、内在隐藏着的动机。消费者的购买行为来源于有目的的决策。其中，购买动机十分明确，并可公开表达的，是有意识的公开的动机；当一个消费者无论如何也不能说清楚某一特定行为的真正动机，或者出于某种原因，以劣势（或次要）动机或其他动机掩盖其优势动机或真正动机的，就是内隐性动机。消费者的有些购买行为是在潜意识的支配下进行的，或是许多动机交织在一起。因此，优势动机与劣势动机往往不易辨认，有时连消费者本人也说不清楚。

4. 冲突性

消费者多种多样的购买动机相互联系、相互影响，形成动机体系。在各种动机之间，有时也出现相互冲突或抵触，使消费者在购买商品时内心出现矛盾。当消费者的购买动机发生冲突和斗争时，消费者应该理智地对待。要在内心的矛盾冲突中作出购买决策，可以采用的办法有：在双趋式（即正正）冲突的情况下，采取趋大利的选择，即"两利相权取其重"；在双避式（即负负）冲突的情况下，采取避大害的选择，即"两害相权取其轻"；在趋避式（即正负）冲突的情况下，可采取趋利避害式选择；在难辨利弊的情况下，可采取随机选择的方法，即依据自己的喜好程度、经济能力而定。应该指出，在消费者动机互相冲突的情况下，企业营销人员应该抓住这种机会及时指导和引导，促使消费者作出购买决策。

5. 指向性

消费者购买动机具有指向性，即方向性和目的性，它能使购买行为保持一定的方向和目的。因此，动机从总体上来说是自觉的。同时，由于动机是一个内在的心理过程，属于主观范畴，这种心理过程本身是看不见、摸不着的，只能从动机所推动的行为来分析它的内容和特征。因此，动机与实践有着密切的联系。消费者的任何行为或活动总是由动机所支配的，研究消费者动机，就是要把握消费者购买动机发展变化的规律，根据其指向性的特征，组织企业营销活动。

（三）消费者购买动机的分类

消费者需要与刺激因素的多样性，决定了消费者购买动机的复杂性。据心理学家分析，驱使人们行为的动机约有 600 种之多，这些动机按照不同的方式组合和交织在一起，相互影响、相互制约，推动着人们沿着一定的方向行动，演奏出丰富多彩的人类社会生活的交响曲。尽管如此，我们仍然可以把消费者的购买动机分为生理性购买动机、心理性购买动机和社会性购买动机。

1. 生理性购买动机

生理因素是引起消费者生理性购买动机的根源。由消费者生理本能引起，旨在购买满足其生理需要的商品而形成的动机，称之为生理性动机。生理性动机又可分为维持生命的动机、保护生命的动机、延续生命的动机、发展生命的动机等种类。

由生理性因素引起的购买动机，是消费者本能的、最能促成购买的内在驱动力，其购买的商品也是生活必需品，需求弹性比较小，一般比较明显稳定，具有经常性、普遍性、重复性、习惯性和主导性等特点。随着生产力的提高和广大消费者物质生活、精神生活条件的改善，消费者的购买行为单纯受生理性动机驱使的情况已经不多，即使是购买食物充饥往往也混合着非生理性动机，如对食物的色、香、味、形的要求，就体现了消费者的表现欲、享受欲和审美欲等。因此，企业的营销人员在组织满足消费者生理性需要的商品或提供劳务时，要注重商品和劳务的实用价值，强调商品的内在质量，力求物美价廉；同时，也要考虑消费者在满足生理性需要的购买行为中所渗透的非生理性动机，使消费者在一次性购买行为中，其需要得到更多、更好的满足，从而在消费者中建立良好的企业信誉。

2. 心理性购买动机

消费者个体心理因素是引起其心理性购买动机的根源。消费者由于认识、情感和意志活动过程而引起的行为动机，称为心理性动机。心理性动机比生理性动机更为复杂多样。特别是当经济发展到一定水平，社会信息传播技术越现代化，消费者与社会的联系越紧密，激起人们购买行为的心理性动机就占有越重要的地位。从引起消费者心理性购买动机的主要因素来分析，心理性购买动机又可分为感情动机、理智动机和惠顾动机等。

（1）感情动机。感情动机是由消费者的情绪和情感两个方面所引起的购买动机。消费者的需要是否得到满足，会引起其对事物的好恶态度，从而产生其肯定或否定的感情体验，如求新求美、好胜求名的动机等。

（2）理智动机。消费者在对商品的分析、比较基础上所产生的购买动机称为理智动机，如求实求廉动机等。在消费者队伍中，有相当一部分消费者的购买行为是以理智为主、感情为辅的。这类消费者在采取购买行为之前，喜欢根据自己的经验和对商品的认识，收集商品的有关信息，了解市场行情，经过周密的分析和思考，做到对商品的特性心中有数。其选择商品时，比较注重商品的品质，讲究实用、持久、可靠、使用方便、价质相宜、设计科学、有效率和辅助服务等。正是理智的本质规定，决定了有理智的消费者常常具有客观性、周密性和控制性的特点。

（3）惠顾动机。惠顾动机是消费者根据感情和理智上的经验，对特定的商品或商店产生特殊的信任和偏好，形成习惯、重复光顾的购买动机。产生惠顾动机的原因很多，如商店地点便利、售货迅速、服务周到、秩序良好、陈设美观、品种齐全、质量可靠、价格适宜和环境优美等。由于惠顾动机是以信任为基础的，因而其具有经常性和习惯性的特点。

3. 社会性购买动机

社会性购买动机是指由社会性因素引起的消费者购买商品的动机。众所周知，每一个消费者都在一定的社会环境中生活，并在社会教育和影响下成长，其购买和消费商品必然受到所处地理环境、风俗习惯、科学文化、经济状况、阶层群体的影响和制约，都会产生激励其购买满足社会性需要的商品的动机。

消费者的社会性购买动机是在后天社会因素的影响下形成的，一般可分为基本的社会性动机和高级的社会性动机。由社会交往、归属、自主等意念引起的购买动机，属于基本的社会性购买动机；由成就、威望等意念引起的购买动机，属于高级的社会性购买动机。随着社会经济的不断发展、消费者经济收入和支付能力的逐步提高，社会性购买动机对消费者购买行为的支配也逐渐明显，成为对某些消费者起主导作用的购买动机。企业重视和研究消费者社会性购买动机，采取适当的营销策略，对于满足消费者需要、提高经济效益是十分重要的。

发现客户真实动机的有效方法

作为潜在消费者，他们通常会意识到自己对某种产品有需求。但是，他们并不一定清楚这个需求背后最根本的原因是什么。作为销售人员，需要挖掘这个隐藏得很深的原因：首先要了解，客户表达出来的一个需求的背后可能有一系列的原因，而且本质原因可能不止一个。所以，成功的销售人员必须有一种特别的销售能力，这个销售能力体现在准确地判断潜在客户的真实动机，学会发现真实动机的探询方法，并掌握满足这些深层次动机所需要的表达技巧。

1. 从客户走进展厅开始

当看到客户走进展厅的时候，就应该开始判断这个客户，通过任何可以观察到的细节来推测这个客户的购买动机。真实的购买者会先观察展厅，观察这个经销商现存的车以及周围的环境等，他们利用这个时间思考应该如何与销售人员开始对话，先问什么，以及什么才是购车环节中最重要的部分等。

如果销售人员可以准确地在他们准备好的时候主动打招呼，并自我介绍，也许就成功地迈出了销售的第一步。有些客户属于例外，就是那些文化水平比较高的客户，他们有能力接触互联网，经常阅读报纸杂志，而且在来访前做了充分的准备工作，非常了解要购买的产品，所以他们会直接找销售人员。但是，对于这些客户是容易判断的，他们会就一些他们最关心的问题开门见山，直接问一些核心要害的问题，只要销售人员是有经验的、有准备的，应该完全可以应付这些问题。

2. 客户的自信程度

在观察客户的行为中试图寻找揭示客户自信程度的细节。比如，有这样一些客户，他们期望得到尊重，希望销售人员在了解他们的身份之后再来介绍汽车，其实这类客户就是认真的买家。他们有充分的自信，知道销售人员会用良好的态度接待他们，因此，他们有思想准备让销售人员提供足够优质的服务，有时他们也会对销售人员的说法不屑一顾，或者表现他们的知识和学识丰富，这也是他们因在生活和事业中取得了成功而受到了人们的尊敬的一种表现。切记：这样的客户一般不允许销售人员控制销售过程，他们会以审问的形式来发问。他们要表现的就是他知道很多，甚至比你懂的知识还要多。这种情况下，就做一个好的倾听者，耐心、认真地倾听他的教诲，最后会得到他的订单。销售人员不能表现出要夺取对方的发言权，而是应该通过倾听来获得控制权。

3. 引导话题

销售人员常感到有些客户比较沉默，而这个时候，不知道自己应该说什么才恰当，其实提问不是唯一的一种手段。在有效提问前，应该善于引导客户的话题，从引导的话题中得到销售的线索，也就是我们花费了大量的时间来详细介绍的客户采购的内在动机。

比如，当客户问到某款汽车的动力性能如何？销售人员在试图解答客户的困惑时，不仅要从非常专业的角度来展示自己的产品，而且在陈述结束时，还要引导客户思考对汽车动力性能的关心应该从什么方面考虑，以及客户过去对汽车动力性能的体会都有哪些等，这就是一种有效的引导方式。

销售人员的讲解不是为了刻意表现自己推销产品的特殊技术，而是针对在客户可以感知的、深层次的、过去的经验的基础上提示的那些模糊的需求，这些模糊的需求被销售人员有计划地通过提问的方式组织出来的时候，客户会清晰地意识到产品的这些技术性能是如何与他深层次的使用需要挂钩的，从而加深他对产品的了解和印象。

在汽车销售实践中，会遇到形形色色的客户，也会体察各种各样的购买动机，其关键就是：作为销售人员应该训练这种本能，那就是注意客户的反应，当无法把握客户心理活动的时候，可以非常直接地询问有关客户购买动机的问题。比如：您是不是对我介绍的车都不感兴趣？或者是：您在来之前是不是非常熟悉这些车了？在销售行为中，养成一种习惯，就是随时总结客户的疑问；回答后，随时探询客户没有表达出来的那些真正决定购买行动的深层次动机。

二、消费者的购买行为

(一) 消费者购买行为的概念

所谓行为，就是有机体在外界环境的影响和刺激下，所发生的内在生理和心理变化的外在反应。消费者的购买行为，就是指消费者个人或家庭为了满足自己物质和精神生活的需要，在某种动机的驱使和支配下，用货币换取商品或劳务的实际活动。消费者的购买行为，总是以购买动机为先导，没有动机，就不会产生行为。研究消费者动机，主要是解决消费者为何购买的问题；而研究消费者的购买行为，则是明确消费者的分类、购买习惯和购买过程，目的在于揭示消费者购买行为的规律。

消费者购买行为的形成过程是十分复杂的。一方面，人们的行为都有"饥思食、渴思饮、寒思衣"的基本相似之处，都有一些共同的需求动机，特别是生理性需求动机；另一方面，由于消费者处于极其复杂的社会环境之中，其经济条件、生活水平、社会地位、地理环境、文化程度、消费习惯以及个性心理特征等方面又存在着诸多差异，因而不同消费者的购买行为间存在着很大的差异。虽然影响和决定消费者购买行为的因素对企业来说无法控制，但企业可以通过对这些因素的分析，了解购买行为发生的各种原因，借以掌握消费者将来可能发生的购买意向和购买行为，从而使企业通过营销因素组合，制定适当的符合实际的营销策略，影响和控制消费者的购买行为，使其向有利于企业的方向发展。

由于消费者的购买行为是多种因素综合作用的结果，因此，长期以来，人们从不同的角度和方向分析研究消费者的购买行为，对消费者购买行为作出不同的解释和说明。这些分析概括起来有以下三种：

1. 从经济学的角度分析

经济学家把人的需求同效用联系起来，提出了有效行为论，认为消费者购买商品，遵循"最大效用"原则，即设法从有限的收入中谋求最大效用，获得最大满足。经济学家认为，消费者由于受边际效用递减规律的影响，不愿把过多的收入花费在一种商品的购买上，不管这种商品对他有多大的吸引力。这是因为，一种商品的购买量越多，其边际效用递减，而任何消费者的收入都是有限的，在无法做到广购博采的情况下，又想谋求最大效用和最大满足，因此，价格对消费者购买行为的影响举足轻重，从而形成以下的购买行为规律：价格越低，购买者越多；代用品价格低，原产品购买就少；互补品价格越低，原产品购买越多；工资收入水平越高，价格作用就越小；经济收入越多，经济因素对购买行为的影响作用就越小。

2. 从社会学的角度分析

在社会学家看来，经济学遵循"最大效用"原则，把影响和决定消费者购买行为的因素归结为收入与价格两个变量，没有考虑到其他因素，显然与客观事实不符，存在着简单化的倾向，因而无法揭示消费者的购买行为规律。社会学家据此认为：人们的购买行为，除了受经济因素的影响和制约外，还在很大程度上受社会群体、社会环境、社会地位的影响，即消费者所处的社会地位、文化修养、相关群体都决定着他们的欲望和要求，支配着他们的购买行为。因此，研究消费者的购买行为，重要的是确定影响购买行为的各种社会因素，准确地分析购买行为与各种社会因素之间的必然联系。

3. 从心理学的角度分析

在心理学家看来，消费者购买行为不仅仅是经济因素和社会因素的产物，而且是生理需要和后天经验相互作用的结果。其中，消费者个性心理和社会心理因素是购买行为过程的不可缺少的重要环节和内在动力。研究消费者购买行为，就要研究消费者的个性、态度、兴趣、感觉、知觉、理智、后天经验等心理因素及其相互作用，运用心理学的理论和方法揭示购买行为发生的奥秘，指导企业的市场营销行为。

综上所述，尽管不同的学科对消费者购买行为作出了各不相同的解释，但是他们的解释说明了一个问题，即消费者购买行为的产生与发展，不是一个简单的、孤立的过程，而是受到经济、政治、社会、心理等各种因素的影响和制约，并具有一定的规律性。企业在现代市场营销条件下研究购买行为，只有运用系统论的观点，遵循客户让渡价值和客户满意度理论，从经济学、社会学、心理学、行为学等学科进行多角度透视，立体性观察，全方位分析，才能真正掌握消费者的购买行为的规律。

（二）消费者购买行为的类型

研究消费者购买行为，需要按照不同的特征，将消费者购买行为划分为一定的类型，归类进行研究，揭示不同类型的消费者购买行为的特点，从而有针对性地开展市场营销活动。

1. 按消费者购买目的的选定程度划分

（1）全确定型购买行为。此类消费者在购买商品之前，已经将要购买商品相关的信息进行了比较系统的收集，对各种牌号的商品和商店作了比较分析，确定了明确的购买目标，包括商品名称、商标、型号、规格、样式、颜色、质量、价格等都有明确的要求，在哪家商店购买也胸有成竹。这类消费者进入商店后，一般都是有目标的购买，对购买商品的要求明确、态度积极，只要营销人员服务热情，提供的商品符合消费者意愿，就能迅速成交。

（2）半确定型购买行为。此类消费者在购买商品之前，已有大致的购买目的，但具体要求不明确，最后的购买决定是在购买现场经过选择后作出的。比如购买彩电，消费者在事前已经打算购买，但购买什么品牌的，在哪家商店购买，都未拿定主意，需要在购买过程中作出最后决定。这类消费者进入商店后，往往首先对商店陈设的同类商品细心观察，再向营销人员询问不同品种、规格、型号商品的质量、性能、价格等，经过分析比较后付款购买。营销人员对半确定型消费者，不仅要热情周到地接待，而且要耐心细致，熟悉所经销商品的性能特点，及时准确地回答消费者提出的各种问题，消除消费者的疑虑，促使消费者购买行为由半确定型向确定型转化。

（3）不确定型购买行为。此类消费者在进入商店前没有明确和坚定的购买目标，甚至进入商店只是为了参观游逛和消遣而已。他们之所以会在事先没有购买目标的前提下产生购买欲望，作出购买决策，完全取决于商店购货环境的刺激。在商店的消费者流量当中，不确定型消费者约占80%，能否吸引住这类消费者，使其产生现实的或潜在的购买行为，是企业营销能否成功的关键所在。因此，企业要着力优化营销环境，使消费者在优雅舒适的环境中，接受营销人员主动、热情、周到、优质的服务。只要不确定型消费者对企业的产品产生了好感，就会激起其购买欲望，在漫无目的的参观、游逛中产生购买行为。

2. 按照消费者购买态度和要求划分

（1）习惯型购买行为。此类消费者是根据过去的购买经验和使用习惯从事购买活动。习惯型购买行为是建立在消费者对商品认识或信任的基础上。由于这类消费者对商品的性能比较了解、型号比较熟悉、体会比较深，且所购商品多为日常生活用品，因此，他们在购买时一般不假思索，不经过挑选，购买决策快、时间短，购买行为比较容易实现。对于这类购买者，营销人员应尽量简化购买手续，缩短消费者的购买时间。

（2）斟酌型购买行为。此类消费者对购买行为的选择比较慎重，实现购买行为往往要经过一段时间的仔细斟酌、考虑和分析比较，特别是对高档消费品的购买，更是慎之又慎。他们往往需要对所购商品进行反复比较、挑选，权衡利弊后再做最后决策，因而，其购买决策速度慢、时间长，购买行为的实现也比较困难。对这类购买者，企业营销人员要以耐心的态度积极配合，协助和促进消费者完成购买行为。

（3）冲动型购买行为。此类消费者的个性心理反应敏捷，容易冲动，易受商品外观质量、广告宣传和营业推广的影响，新产品、时尚品对其吸引力较大。在购买商品时，他们很少认真考虑商品的性能和质量，也不愿做反复的选择比较，只要接受了外界刺激物的刺激，引起了心理指向，就会毫不迟疑地作出购买决定。针对这类消费者，企业在组织市场营销时，要注意不断推出新产品，讲究商品的造型和款式，强化广告宣传等促销措施，充分发挥环境的刺激作用，促使消费者作出购买决策。

（4）情感型购买行为。此类消费者具有个性心理特征，兴奋性比较强，情感体验深刻，想象力与理解力丰富，审美感较强，因而在购买行为上容易受感情影响，也容易受广告宣传及其他促销手段的诱导。企业在组织商品时，应根据这类消费者购买行为的特点，注意外表造型、色彩和命名，所采取的各种营销策略都要有利于激发消费者的想象。对情感型购买者来说，只要商品的品质符合其感情需要，就会作出购买决策。

（5）疑虑型购买行为。此类消费者的个性心理特征具有内倾性，表现在购买行为上善于观察细小事物，行动谨慎、迟缓，体验深而疑虑大。他们选购商品从不冒失仓促地作出决定，在听取营销人员介绍和检查商品时往往小心谨慎，疑虑重重；挑选商品动作迟缓、费时较多，还可能因犹豫不决而中断；实行购买需"三思而后行"，购后还会疑心受骗上当。企业营销人员接待这类购买者时，要实事求是地宣传介绍商品，主动热情地解答疑问和提供服务，及时解除购买者后顾之忧，使其放心购买。

3. 按消费者在购买现场的情感反应划分

（1）沉实型购买行为。此类消费者由于神经活动平衡而灵活性低，反应比较缓慢而沉着，外界环境刺激对其影响不大，对所选购商品的性能、价格心中有数，购买时往往不动声色，态度持重，交际适度，不愿和营销人员多谈与商品有关的问题，只要营销人员介绍的商品符合自己的购买意向，就会当即买下；反之，也不作争论，便悄然离去。

（2）温顺型购买行为。此类消费者由于神经活动比较薄弱，在生理上不能忍受神经紧张，对外界的刺激很少在外表上表现出来，但内心体验较持久。这种心理特征表现在购买行为上，一般称之为温顺型或谦顺型。此类消费者购买商品时往往缺乏主见，愿意遵从营销人员对商品的推荐和介绍，比较注重服务态度和质量，易受广告宣传的影响。只要营销人员热情接待，实事求是地说明商品性能特点，一般都能促使这类消费者实现购买行为。

（3）健谈型购买行为。此类消费者由于神经活动平衡而灵活性高，能很快接受新事物，适应新的环境，但情感易变，兴趣广泛，活泼好动。这种心理特征表现在购买行为上，就是健谈型或活泼型。这类消费者在购买商品时，愿意与营销人员侃侃而谈，开开玩笑，甚至海阔天空，忘乎所以。营销人员接待这类消费者时，要注意抓住促销机会，在融洽的气氛中提醒消费者的购买目的，推销相应的商品。

（4）反抗型购买行为。此类消费者在个性心理特征上具有高度的情绪易感性，对于外界环境的细小变化都能有所察觉，表现为性格怪僻、多愁善感。这种心理特征表现在购买行为上，就是反抗型或反感型。此类消费者在购买商品时，对营销人员的介绍和推荐特别小心或警觉，以怀疑的态度去对待营销人员，并且反复检查商品的各个方面，想方设法挑毛病，寻找一些与营销人员介绍不相符的地方，不容易接受他人和广告宣传的介绍。因此，营销人员对待这类消费者要热情接待而且言语要恰如其分，让消费者自主选购。

（5）激动型购买行为。此类消费者由于具有强烈的兴奋过程和比较弱的抑制过程，因而情绪易于激动、暴躁而有力，在言谈举止上和表情神态上都有狂热的表现。这种心理特征表现在购买行为上，就是激动型和傲慢型。此类消费者在购买商品时傲气十足，财大气粗，对商品品质认识深刻，掌握知识全面，于是选购商品时对营销人员的服务态度和服务质量要求极高，容不得营销人员的不同观点和意见，甚至说话都是命令式的，稍有不合意，就与营销人员发生争吵，暴躁冲动而不能自制，这类消费者虽然为数不多，但接待不好，若发生冲突，影响极大。因此，营销人员遇上这类消费者一定要耐心、细致、热情，集中精力接待，切勿与其发生冲突。

（三）消费者购买行为的实现

1. 消费者的购买决策

消费者在占有一定市场信息的基础上，从实现购买目的的若干购买方案中选择一种最优的方案，据此作出的决定就是消费者的购买决策。购买决策是消费者心理变化的最高阶段，它表现为权衡购买动机、确定购买目的、选择购买方式方法、制订购买计划等，是消费者在购买前的准备阶段。消费者购买决策包括的内容很多，但概括起来，主要有如下六个方面的问题：

（1）为什么买，即权衡购买动机和原因。任何一个消费者在一定时期内的消费需要都是多种多样的，驱动满足需要，购买动机和原因同样存在多样性。在诸多的甚至彼此间存在矛盾的购买动机和原因中，消费者首先要进行权衡，作出选择。比如某一消费者既想买电冰箱，又想买洗衣机，而实际货币支付能力只能选择其中一种。在这样的情况下，消费者就需要对购买两者的各种动机进行比较选择，然后决定购买。即使消费者购买同一种商品，也存在着动机权衡的问题。当购买动机经过权衡之后，优势动机便得以确定，并直接影响购买决策。

（2）买什么，即确定购买对象。这是购买决策的核心和首要问题。由于消费者所消费的商品是具体品牌的商品，因此，购买目标的选择也不能停留在一般的商品上，必须要确定具体的对象及具体的内容，包括商品的名称、厂牌、商标、规格和价格等。

（3）买多少，即确定购买数量。消费者购买商品，总存在一个购买数量的问题。消费者购买商品取决于实际需要、支付能力、市场需求状况及其心理因素。消费者如果需要迫切，不购买就会影响到自己的生活和工作，即使支付能力不足，也有可能借钱购买；对消费者实际需要、市场供应紧张、涨价趋势明显的商品，消费者有可能多买，但一次买的数量也不会太多。

（4）在哪里买，即确定购买地点。消费者对购买地点的选择，取决于消费者对商品经销单位的信誉、路途的远近、购买商品的数量以及价格等因素。随着商品流通体制改革的深化，多种经济成分、多条流通渠道、多种经营方式并存的流通体制格局已经形成，市场上出现了激烈竞争的局面，商品营销企业的生存与发展取决于消费者的惠顾。于是，企业都以各种方式争取消费者。商品营销企业要吸引更多的消费者，必须清楚地认识到消费者选择购买地点，是与其惠顾动机、求廉动机、求速动机、信任动机等直接相关的，必须根据消费者选择购买地点的动机，改善经营管理，满足消费者需要。

（5）何时买，即确定购买时间。何时购买商品，是消费者购买决策的重要内容。购买时间的选择，取决于消费者对某种商品需要的迫切性、存货情况、营业时间、交通情况和消费者自己可控制的空闲时间等因素。其中，消费者对某种商品需要的迫切性是对其购买时间起决定性作用的因素。

（6）如何买，即确定购买方式。以什么方式购买商品，也是消费者购买决策的重要内容，是消费者取得商品的途径。购买方式包括直接到商店选购、邮购、函购、预购、代购、分期付款等。选择何种购买方式，取决于购买目的、购买对象、购买时间、购买地点等因素。企业要根据自身经营商品的范围和特点，以多种多样的销售方式和服务项目去适应消费者的多种购买方式。

从以上对消费者决策一般内容的分析中可以看出，购买决策具有如下特点：①购买决策是购买行为不可缺少的准备阶段；②这个阶段是一个脑力活动的过程，因而是一个心理活动的过程，也是一个思维过程；③这个心理过程是在一定思想指导下进行的，目的在于实现购买行为。因此，购买决策是一个自觉的心理过程，它属于消费者心理活动的意志范畴。

2. 消费者的购买行为过程

消费者的购买行为过程，是指消费者为实现购买行为所进行的一系列心理活动和购买活动。消费心理学在对消费者进行研究的过程中发现，广大消费者在购买过程中的心理变化，一般遵循着五个阶段的模式，即唤起需要、寻找信息、比较评价、购买决定和买后感受，如下图所示。这个模式强调了消费者购买决策在实际购买行动之前，就已经作出，而且在商品购买中乃至购买以后，消费者的购买心理变化仍未中止。

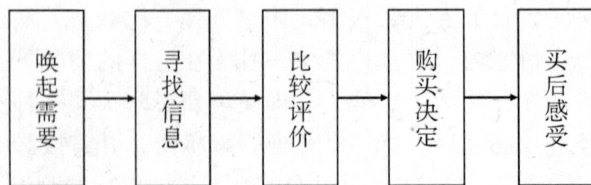

唤起需要 → 寻找信息 → 比较评价 → 购买决定 → 买后感受

（1）唤起需要阶段。消费者购买行为过程的起点是消费者的需要。只有当消费者发现和意识到自己的某种需要，才有可能产生相应的购买动机和购买行为。消费者需要源于内部刺激或外部刺激：纯生理需要，主要来自于有机体本身的运作；社会性需要，主要由外界刺激的触发性因素引起。消费者的需要是多种多样的，但多种多样的需要不一定形成购买需要和购买行为。消费者心理学所研究的消费者购买行为过程中的唤起需要，是指具备主、客观条件（购买方与货源）的需要，因为只有这样的需要才能形成购买需要，才对企业市场的营销活动有实际意义。

（2）寻找信息阶段。消费者为了满足消费需要，就要寻找信息。因为消费者购买行为既受到购买对象的制约，又自觉与不自觉地受到经济核算、效益等原则的支配。一个消费者产生了某种需要，但并不一定能够转化为购买动机，进而实现购买。没有购买对象，需要只能停留在欲望阶段。要找到购买对象，必须先寻找、收集信息。同时，要实现购买行为效益最大化，也必须寻找、收集相关信息。

消费者寻找信息的来源一般来自于三个方面，即市场来源、社会来源和经济来源。市场来源包括：营销广告、工商企业、营销人员、市场商品、营业推广措施、企业公关活动等信息源；社会来源包括：消费者的家庭、亲友、邻居、同事的介绍，社会群体影响以及大众传播媒介、其他传播媒介等信息源；经验来源是指消费者自身通过参购、试用、实际使用、联想、推论等方式所获得的信息源。企业利用各种传播媒介传递市场营销信息，既能唤起消费者的购买需要，又能满足消费者寻找信息的需要。

（3）比较评价阶段。消费者在广泛收集信息之后，必须对相对杂乱无章的信息加以筛选，进行"去粗取精、去伪存真、由此及彼、由表及里"的分析比较，权衡各自的长短优劣，确定对某商品应持的态度和购买意向，以便作出最佳选择。一般来说，消费者对商品信息比较评价的标准，主要集中在商品的属性、质量、价格三个方面，但有时也因人而异。不同的消费者，其消费需要结构不同，对商品信息的比较和所得出的结果必然不同。同时，消费者对商品信息比较评价所用的时间也有长有短，一般对于紧俏、名牌、低档商品、日常生活用品等，消费者在比较评价时所花时间较短；而对高档商品，如彩色电视、全自动洗衣机等高技术耐用消费品，在比较评价时所花的时间较长。

（4）购买决定阶段。消费者在广泛收集商品信息并对其比较评价的基础上，形成了对某种商品的肯定或否定态度。肯定态度一旦形成，就会作出购买决定。这是消费者购买行为心理变化的最高阶段。消费者购买决定的内容是多方面的，除了包括对购买商品品牌的决定之外，还包括对购买地点、购买时间、购买数量、购买方式等的决定。不管各个消费者由于个性因素和社会因素的如何不同，以及在作出购买决定时所遵循的准则如何不同，只要企业有适销对路的商品和优质的服务，能在消费者心目中树立起良好的形象和较高的信誉，就能招徕更多的客户。

（5）买后感受阶段。消费者购买了某一品牌的商品后，必然对商品进行观察、使用，产生相应的感受。这种感受大致有三种：一是很满意，即所购商品满足了自己的消费需求，这样会加强消费者对该品牌商品的爱好，坚定今后继续消费该商品的信心；二是基本满意，即所购商品不能给买主带来预期的满足，这样会使消费者重新修正对该品牌商品的认识，甚至会动摇消费者今后继续消费该商品的信念；三是不满意，即所购商品没有达到买主的预期目的，使消费者产生严重的内心不协调状况。在后一情况下，其不协调状况主要有三种表现形式：第一，进行合理化解释；第二，营销人员成了商品的替罪羊；第三，产生遗憾与后悔情绪，形成失望感。消费者一旦对所购商品不满意，今后有可能会中断对该品牌的购买和消费。可见，买后感受对购买行为有重要的反作用，甚至是唤起需要的重要因素。

综上所述，消费者购买行为过程是唤起需要、寻找信息、比较评价、购买决定、买后感受五个阶段的统一。当然，在现实的购买活动中，并非所有的购买行为都依次经过上述五个阶段。事实上，有时消费者购买行为很简单，从唤起需要到决定购买，几乎同时进行；有时候，消费者购买过程又比较复杂，不仅要经过每个阶段，而且会出现反复。不论购买行为过程简单还是复杂，其目的都是为了选到满意商品，即选到与自己需要相一致的质高价廉、符合个人爱好的商品。

三、影响消费者购买行为的主要因素

影响消费者购买行为的因素有很多，但主要有经济的、社会文化的、心理的几个方面。这些方面的各种相关因素共同作用于不同的消费者，从而产生了多种多样的购买行为。对于从事市场营销的企业来说，这些因素是无法控制的，然而它们确确实实地影响着消费者的购买行为。因此，企业必须通过对这些因素的分析，把握其购买行为的规律性，为营销决策提供依据。

（一）经济因素

从经济因素分析，影响消费者购买行为的，主要是两个方面的问题，一是商品功能与价格的统一；二是商品的价格与消费者收入的关系，即商品价格能否为目标市场的客户所接受。

（二）社会因素

社会因素主要指文化、社会阶层、相关群体等方面的因素。

1. 文化

主要包括受教育程度、生活方式或共同遵守的信仰、行为规范、风俗习惯等。任何人都在一定的社会文化环境中生活，不同社会文化环境中的人们，认识事物的方式、行为准则和价值观念是不同的。例如，西方人认为美的东西，东方人不一定认为是美的。中国人认为很平常的手工艺品，而工业发达国家的人则认为是十分珍奇的工艺品。因为各国的审美观、价值观是不同的。

2. 社会阶层

主要是指不同收入水平的人群，不同社会阶层的人生活方式、消费特征和价值观念都有很大差别。因此，他们的购买行为也就不同。

3. 相关群体

主要是指购买者的社会联系。一个人的消费习惯和爱好，并不是天生的，往往是在社会和他人的影响中逐渐形成的。这种影响他人消费行为的个人或集团，就是这个人的相关群体。人们在生活中，无时无刻不受到各种相关群体的影响。只不过由于关系不同，受到影响的程度不同而已。比较密切的相关群体包括家庭成员、邻居、同事等；关系一般的有各种相关的社会团体；虽无直接关系但影响很大的有电影、电视、体育明星等相关因素和群体。

相关群体影响消费者的购买行为，一般表现为：①相关群体为每个人提供各种可供选择的消费行为或生活方式的模式；②相关群体引起的仿效欲望，从而影响人们对某种商品选择的"一致化"，进而影响人们对某种商品花色的选择。

4. 家庭状况

在消费者购买行为中，家庭的影响是至关重要的。因为消费者的许多购买活动都是以家庭为单位进行的。家庭是对人影响最深的小团体，所以研究影响消费者购买行为的因素时，应把它看成一个特殊的"相关群体"。不同的家庭状况有不同的消费行为。比如，家庭规模的大小，就决定其购买行为的特点。家庭人口多，商品购买数量就大；三世同堂，自然饭桌也要大；三口之家，厨房用具和餐具自然小巧。

（三）心理因素

影响消费者购买行为的心理因素很多，概括起来，主要有以下几个方面：

1. 个性

个性即个人性格，是一个人身上表现出的经常性的、稳定的、实质性的心理特征。个性的差别也将导致购买行为的不同。

2. 态度

态度是指消费者对某个客体的见解和倾向。这种见解和倾向表现为对人、对事所持有的偏爱或厌恶的特殊感觉。态度对消费者的购买行为有很大的影响。

态度是学习而来的，文化、社会阶层、相关群体、后天经验等因素都对态度产生影响。一般说来，消费者态度的形成，主要有三方面依据：一是消费者本身对某商品和劳务的感觉；二是相关群体的影响；三是自己的经验及学习的知识。态度能够帮助消费者选择目标，影响购买决定。因此，企业应根据消费者的态度设计和改进产品，使产品很好地符合消费者的要求，或者利用促销手段不断改变消费者的态度，以利于产品的销售。

3. 感觉

感觉是指人利用眼、耳、鼻、舌等感觉器官，接受物体色、香、味、形等刺激而引起的内在反应。任何消费者在购买商品时，都要通过自己的感觉器官，对商品和劳务形成一定的印象，在对其进行综合分析后，才能作出是否购买的决定。所以一切产品的宣传，只有通过消费者的感觉，才能影响消费者的购买行为。

因此，企业为了使消费者形成对产品和劳务的最佳感觉，从而更好地刺激需求，就必须采取多种营销手段，把商品的外观、色泽、功能、特性等充分展现给消费者，引起消费者的注意，加强其感觉，以激发购买行为。

4. 自我概念

自我概念是指一个人对自己的看法和估计他人对自己的看法。一个人对自己的看法和评价往往是很复杂的。自我概念的类型不一致，而且也没有一定的标准。但无论如何，人总是力求保持一个较好的形象，不断改善自我形象，并通过自己的言行，向人们表达这种形象。自我形象在帮助企业了解消费者的购买行为方面是很有用的，因为表达自我形象的重要途径之一就是消费。人们往往通过自己购买的商品，来反映自己希望表现出的形象。因此，消费者的自我概念帮助其选择商品，影响其购买决策。由于消费者总是购买与自我概念一致的商品，在企业营销中，就应使产品形象与人们追求的自我形象达成一致，从而使消费者倾向于购买。为达到这一目的，必须分析研究不同产品在不同消费者中的印象，通过价格、包装、商标、广告等促销策略来创造并完善产品形象。

北京人购车心理倾向 TOP 8

TOP 1：最具人气的品牌——合资品牌

中国经济的高歌猛进让国际、国内的众多商家越来越深刻地意识到了中国汽车消费市场所蕴涵的巨大潜能。国际汽车巨头与国内汽车企业纷纷联手开发国际品牌的国内产品，奥迪、现代、丰田等为数众多的国际性品牌都陆续实现了本地化。洋品牌在过去几十年甚至上百年所积累下的国际美誉度、鲜明的风格特色再加上诸多中国特色元素的注入，无疑让新生的合资品牌的人气倍增。在此次接受调查的 2 054 个消费者中有 66.1% 的人对合资品牌的汽车投了赞成票，为合资品牌的人气之旺提供了证明。

TOP 2：最有希望的品牌——自主品牌

品种繁多、款式各异的合资品牌汽车的大量涌现让原本就实力相对薄弱的自主汽车品牌更感到四面楚歌。如何让自主品牌谋得一席之地，怎样让"自主产权"或"自主品牌"撑起半边天是我国汽车业无可回避的一个重要问题。在此次消费者调查中，红旗、奇瑞、中华、吉利等国内汽车企业的自主品牌以及夏利、雅酷、威姿、菱帅等引进技术的"自主品牌"获得了 22.1% 的支持率。

TOP 3：最可信赖的车系——德国车系

在我国的汽车市场上，抛开奔驰这种世界名车谱上的"常驻代表"不说，单单是上海大众从经济型的高尔到中高档的帕萨特的系列车型，一汽大众所推出的以奥迪、捷达等为代表的高端和中低端车型就已经能保障德国车系对国内各个收入层次的准车主的全面覆盖了。

德国车系正是凭借着这种全方位的销售以及较高的整体用户评价争取到了 50.3% 的北京购车人的坚决拥护。

TOP 4：最实惠的排量——1.3L 至 1.8L

人们都知道大排气量的汽车开起来的确是感觉"够威够力"，但是，在这种马力强劲的美好感觉的背后却是大把大把掏钱买油时的心酸。尤其是在油价不断走高后，准车主们在自己挑选私家车时大多会秉承实用主义的路线。1.3L 至 1.8L 之间的车是不错的选择。

TOP 5：最实用的车型——手动挡

北京道路上的堵车问题着实叫人头疼，一脚一脚地踩刹车不说，一次一次地换挡，就让体会驾驶乐趣的闲情雅致变成了枯燥的机械运动。相对而言，驾驶自动挡的车就显得轻松多了。然而，自动挡这种自动变来变去的轻松毕竟是用最初购车时与手动挡的差价以及行驶时相对较高的油耗换来的。调查显示：53.1% 的人选择购买手动挡汽车。

TOP 6：最期待的时刻——春节大降价

2009 年的五一、十一黄金周接连失利之后，持观望态度的人们都在暗自庆幸自己的英明决策。眼见着车价全盘跳水，盘算着厂家、商家巨大的库存压力，很多人似乎闻到了甩货降价的味道。春节越来越近了，商家盘点结账的日子快到了。因此，在 12 月中旬接受调查的 945 名消费者中有 54.3% 的人肯定地相信，春节前后车价还会有较大幅度的下调。

TOP 7：最无奈的共识——油价会继续上涨

2009 年，买了车的人们都恨不得再修个地窖来储存点油，因为隔两三个月就进行一次的油价上调让养车的成本上涨了不少。虽然，每次油价的上涨都不太高，但是，累计一年算下来也着实不是个小数目。但是，油价的上涨似乎并没有因为人们的不情愿而停止。或许是因为看到了伊拉克战后国际原油的价格节节攀升等不利因素，73.2% 的消费者相信与国际油价一脉相承的国内油价还将继续上涨。

TOP 8：最不合理的条款——保险

购买保险原本是车主们为自己的人身、财产安全上的一把锁。但是，2009 年这把锁好像反倒成了东家们的烦恼。保险费用的上涨、保险条款的繁多乃至小额免赔的出台让众多车主们大感不公甚至失望。最新调查显示，90.2% 的人认为现行的保险制度，尤其是 500 元绝对免赔制度不合理。

复习思考题

1. 什么是客户让渡价值？以自己购买商品的亲身感受谈谈对客户让渡价值的理解。
2. 什么是客户满意度？
3. 消费者需要有哪些特征？
4. 简述马斯洛的需要层次理论。
5. 消费者购买动机由哪几种要素组成？
6. 为什么要研究消费者购买动机？
7. 简述消费者购买动机的分类。
8. 简述影响消费者购买行为的主要因素。

实训练习题

(一) 客户满意度调查表核心问题的设计。

要求：

1. 假设为某汽车销售公司设计客户满意度问卷调查表。
2. 调查表要围绕三个核心问题来设计，即对该公司销售的汽车您的满意度如何？您需要该公司销售的汽车类其他产品吗？您会把该公司销售的汽车推荐给您的生意伙伴吗？
3. 至少设计 15 个题目。
4. 所有问题设计非常不满意、不满意、既无不满意也无满意、满意、非常满意 5 个等级。
5. 说明设计问卷的思路。

(二) 反思自己的一次购买消费活动 (如购买手机)。

要求：为什么要购买某一品牌的手机？如何选中这个品牌的？如何选择这个价位的？在哪里购买的？在购买过程中家人、朋友、销售人员等对你的影响如何？购买后有什么感受？从中找出决定购买最关键的因素。

第六章　汽车营销管理

学习目标

1. 熟知客户的分类标准和细分方式，了解客户流转模式。

2. 认识我国汽车行业的 CRM 现状，熟悉客户满意度的衡量指标。

3. 结合调查分析汽车销售员的实际工作，掌握汽车销售员自我激励的方式。

上海大众客户关系管理理念

上海大众认为，2001 年全体员工的首要任务是进一步转变观念，树立起"以市场为中心，以用户为上帝"的观念。所谓"以客户为中心"的管理模式，是将客户资源作为企业最重要的核心资源。客户关系管理的核心是客户价值管理。通过满足客户个性化需求，提高客户忠诚度和保有率，实现销售周期缩短、销售成本降低、收入增加和市场扩展，从而全面提升企业的赢利能力和竞争力。在提供从市场管理到客户服务与关怀的全程业务管理的同时，对客户购买行为和价值取向进行深入分析，为企业挖掘新的销售机会，并对未来产品发展方向提供科学、量化的指导依据，使企业在快速变化的市场环境中保持发展能力。

第一节　客户分类与管理

我国汽车行业前端管理体现为：整合现有的销售渠道，更为精细地管理销售成本和提高规模销售的成功率；能够细分客户群，满足多种客户不同的需要，"一对一营销"成为汽车销售的发展趋势；形成销售、服务、维修、信息反馈"四位一体"的围绕客户进行的营销服务体系，尽快与国际通行的销售和服务模式接轨；增强售后服务的客户满意度将成为汽车经销商扩大竞争力的重要方面。

　　一般来说，企业的客户有各自的特点和消费特征，在进行客户价值分析时有必要对客户群体进行细分。对客户进行合理的分类是实现差异化客户关系管理的基本前提。从客户的角度来看，不同的客户能为企业提供的价值是不同的。因此，企业在注重客户数量的同时，也必须关注客户的"质量"。客户细分能有效地分析各类客户的价值特征。如何针对不同的客户进行有限资源的优化应用是每个企业都必须考虑的，所以在发展客户管理时非常有必要对客户细分。只有这样，企业才能够进行有针对性的运营。

一、客户的分类

　　如下表所示，对客户进行分类的标准很多，实际应用时需要根据具体的要求来制定。

按照不同的标准进行的客户分类

分类标准	划分的客户类型
客户来源的部门	终端客户（企业产品或服务的直接消费者，包括个人消费者和企业客户） 中间客户（购买企业产品或服务，但并不是直接的消费者，如销售商） 公利客户（代表公众的利益，向企业提供资源，然后直接或者间接从企业获利中收取一定比例费用的客户，如政府机构、行业协会或新闻媒体等）
客户所处的地域	国内客户、国外客户、本区域客户、外区域客户
与客户的结算方式	现金客户、预付款客户、赊销客户等
所欠应收款情况	无欠款客户、短期欠款客户、长期欠款客户、呆坏账客户等
对企业赢利的贡献	赢利性客户和非赢利性客户；一般客户、核心客户与VIP客户

　　下面重点介绍第一种分类标准，也就是按照客户与企业之间的关系对客户分类。按照这种方法，可以将客户再细分为五类：非客户、潜在客户、目标客户、现实客户和流失客户。

　　（1）非客户。与企业的产品或服务无关或不可能购买企业产品或服务的人群。

　　（2）潜在客户。它是指对企业的产品或服务有需求和欲望，并有购买动机和购买能力，但还没产生购买行为的人群。例如，已怀孕的妇女很可能就是婴幼儿产品的潜在客户。

　　（3）目标客户。目标客户是企业经过挑选后确定的力图开发为现实客户的人群。例如，劳斯莱斯就把具有很高地位的社会名流或取得巨大成就的人士作为其的目标客户。

　　潜在客户与目标客户的区别在于，潜在客户是指主动"瞄上"企业、有可能购买但还没有采取购买行动的客户，目标客户则是企业主动"瞄上"的具有一定购买能力、但是尚未有购买行动的客户。当然，客户与企业可以同时相互欣赏，也就是说，潜在客户和目标客户是可以重叠或者部分重叠的。

　　（4）现实客户。企业产品或服务的现实购买者，具体又可以分为以下三种类型：

　　①初次购买客户（新客户）：是对企业的产品或服务进行第一次尝试性购买的客户。

　　②重复购买客户：是对企业的产品或服务进行两次及以上购买的客户。

　　③忠诚客户：是对企业的产品或服务连续不断地、有指向性地重复购买的客户。

（5）流失客户。曾为企业的客户，但由于种种原因，现在不再购买企业产品或服务的客户。

（6）大客户。大客户又可分为传统大客户（TKA）和利润大客户（PKA）。传统大客户（TKA）通常用客户采购量和采购频率来衡量；利润大客户（PKA）是指企业定义自己的客户账号时，以对企业贡献的利润量大小作为衡量标准。汽车行业的大客户以集团、政府及其他组织机构为主。组织机构是市场购买的主力军，是每个汽车经销商需要努力争取并保留住的大客户。大客户更注意汽车公司的形象、信誉、品牌、服务以及各种保障措施等。

以上六类客户之间是可以相互转化的。例如，潜在客户或目标客户一旦采取购买行为，就变成企业的初次购买客户，初次购买客户如果经常购买同一企业的产品或者服务，就可能发展成为企业的重复购买客户，甚至成为忠诚客户。但是，初次购买客户、重复购买客户、忠诚客户也会因其他企业更有诱惑力的条件或因为对企业不满而成为流失客户；而流失客户如果被成功挽回，就可以直接成为重复购买客户或忠诚客户，如果无法挽回，他们就将永远流失，成为企业的"非客户"。客户流转模式如下图所示。

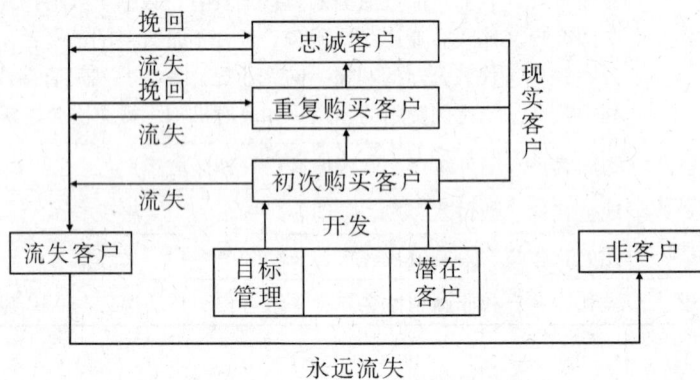

二、客户的管理

（一）我国汽车企业现有客户的特点

（1）客户分类复杂。从销售上说可分为经销商和零售用户，从服务上说可分为经销商和最终用户；而经销商又根据合同的不同而形成不同的类别。

（2）销售和客户服务部门难以获得所需的客户互动信息。

（3）来自销售、客户服务、市场和库存等部门的信息分散在企业内。这些零散的信息使管理决策层及各部门无法对客户有全面的了解，各部门难以在统一的信息基础上面对客户。

（4）数据吞吐量大，最终用户数量庞大，经销商变动较大。

国内汽车行业的 CRM 应用现状

在我国，由于汽车销售行业紊乱，异地销售弊端严重，生产企业也缺乏广泛建设汽配与维修店的实力，造成售前、售中和售后的关系割裂，影响了营销整体效益，降低了用户的满意度。但这一现状正在改变。

最先引进外国技术和管理的上汽集团，在全国设立了 400 多家服务站。配件供应量足，价格低。他们还最先作出承诺：新车在 6 个月或 7 000 公里内，实行免费维护。神龙公司则作出了更周到的服务承诺：一是提供 1 年或 10 万公里免费保养，包括工时费和必须更换的零件的材料费；二是接到用户要求后 24 小时内到达现场，给予满意答复；三是对用户进行免费培训。此举一出，武汉及广东等地，富康销量超过了桑塔纳。天津汽车公司也针锋相对地推出"金牌服务工程"：金夏利保修期限 2 年或 10 万公里，其他车型 1 年或 2 万公里；所有车型首次免费强制保养，保修期内多次优惠定期保养；保养 IC 卡全国通用；用户享受会员制待遇；免费提供技术咨询；专业化汽车医院，定点定期服务。一汽大众宣传捷达车创下 60 万公里无大修的记录，但是捷达并未忽视售后服务，同样也承诺"为期 1 年或 10 万公里的质量担保"。可以看出，打"服务牌"、重视售后服务满意度正在成为汽车销售的一大特色。要服务好客户，必须能够将信息整合在客户的档案中，能够迅速地查询到客户的购车情况、购车型号、保养情况等，这正是客户关系管理的关键。

（二）客户的管理

1. 客户关系管理概述

汽车行业经过近十几年的快速发展，从"小而全"走向规模经济，汽车销售的主要目标市场也正在转向私人汽车市场。就汽车市场营销环境而言，受到汽车产销数量逐步趋于平衡、新车大量上市等因素的影响，汽车市场的价格竞争日益激烈，汽车市场正在从"卖方市场"向"买方市场"过渡，汽车销售企业将面临严峻的市场挑战。"买方市场"的典型特点是：一方面，市场竞争日趋激烈，销售和市场成本越来越高；另一方面，客户被作为一种宝贵的资源纳入到企业的经营发展中，企业必须把注意力集中于客户的需求，也即汽车行业的竞争正在逐步从"以产品为中心"的模式向"以客户为中心"的模式转移。

然而，对于习惯了坐店经营、加价销售畅销汽车的销售商来说，在展厅日趋豪华、企业高速成长、市场营销活动"一掷千金"的背后，面对诸如客户购买汽车时最担心什么、哪些车型最受欢迎、目前有多少回头客、客户属于哪些类型、巨额的广告投入效果如何等问题，大都还只能凭经验推测，没有确切的数据来证实，缺乏针对性和准确性。

大量实践证明，是否建立客户关系管理系统以及是否实施以客户为中心的营销战略，已经成为企业成功和失败的分水岭。如何帮助汽车销售企业采用先进的信息技术，更灵活地适应外部市场环境、提升内部的管理水平、留住客户、赢得商机、保持自己的竞争力呢？对于今天的汽车企业来说，除了在技术上不断推陈出新、制造出更好的产品以外，改善管理、改善与客户的互动关系更是今天的企业亟待解决的重要问题。所以，以高质量的产品和完善的服务满足广大客户的需求、在他们的心目中树立良好的形象已不仅仅是为了获得高额利润，更是为了让企业在市场竞争中站稳脚跟。

近年来，客户关系管理成为汽车营销人员的重要职责之一。通过对客户科学而有效的分析与管理，营销人员可以从中了解客户整体的销售状况及其发展动态，以此对市场需求状况作出正确的判断，并采取相应的对策，真正实现以客户为中心的经营理念，提高企业销售业绩。

客户关系管理，即 CRM（Customer Relationship Management），是指通过培养企业的最终客户、分销商和合作伙伴对本企业及其产品产生更积极的偏爱或偏好，留住他们并以此提升企业业绩的一种营销策略。CRM 的营销目的已经从以一定的成本取得新客户转向想方设法地留住现有客户，从取得市场份额转向取得客户份额，从发展一种短期的交易转向开发客户的终生价值。总之，CRM 的目的是从客户利益和公司利润两方面实现客户关系的价值最大化。

2. 客户关系管理系统设计的内容

CRM 的基本内容主要包括客户信息管理、联系人管理、时间管理、潜在客户管理、销售管理、电话销售、客户服务、呼叫中心、电子商务等。企业的客户关系管理主要是围绕着上述几个方面来展开的。

（1）客户信息管理。包括客户基本信息；与此客户相关的基本活动；联系人的选择；订单的输入和跟踪；建议书和销售合同的生成；客户的分类；客户信息限度的分析与确定等。

（2）联系人管理。包括联系人概况的记录、存储和检索；跟踪与客户的关系，如时间、类型、简单的描述、任务等，并可以把相关的文件作为附件；客户的内部机构的设置概况等。

（3）时间管理。包括制订约见、活动计划；进行事件安排，如会议、电话、传真、备忘录；进行团队事件安排；查看团队中其他人的安排，以免发生冲突；把事件的安排通知相关的人；任务表；预告/提示；记事本；电子邮件等。

（4）潜在客户管理。包括业务线索的记录、升级和分配；销售机会的升级和分配；潜在客户的跟踪。

（5）销售管理。包括组织和浏览销售信息，如客户、业务描述、联系人、时间、销售阶段、业务额、可能结束的时间等；给出各销售业务的阶段报告，并给出业务所处阶段、成功的可能性、历史销售状况评价等信息；对销售业务给出战术、策略上的支持；对地域（省市、邮政编码、地区、行业、相关客户、联系人等）进行维护，把销售人员归入某一地域并授权；地域的重新设置；根据利润、领域、优先级、时间、状态等标准。用户可以预先提交关于将要进行的活动、业务、客户、联系人、约见等方面的报告；销售费用管理；销售佣金管理；应收账款管理。

（6）电话销售。包括电话本；电话列表，并把它们与客户、联系人和业务建立关联；把电话号码分配到销售人员；记录电话细节，并安排回电；电话内容草稿；电话录音、电话统计和报告；自动拨号等。

（7）客户服务。包括服务项目的安排、调度和重新分配；事件的升级；跟踪与某一业务相关的事件；事件报告；服务协议和合同；订单管理和跟踪；问题及其解决方法的数据库。

（8）呼叫中心。包括呼入呼出电话处理；互联网回呼；呼叫中心运行管理；电话转移；路由选择；报表统计分析；通过传真、电话、电子邮件、打印机等自动进行资料发送；呼入呼出调度管理；客户投诉管理。

（9）电子商务。包括个性化界面、服务；网站内容管理；店面；订单和业务处理；销售空间拓展；客户自助服务；网站运行情况的分析和报告。

3. 客户关系管理的内涵

CRM 的内涵可以从理念、技术、实施三层面理解。其中，理念是 CRM 成功的关键，它是 CRM 实施应用的基础和"土壤"；信息系统、IT 技术是 CRM 成功实施的手段和方法；实施是决定 CRM 成功与否、效果如何的直接因素。下面就从理念、技术、实施三个层面对 CRM 内涵进行分析。

（1）第一个层面：CRM 是一种现代经营管理理念。

作为一种管理理念，CRM 起源于西方的"以客户为中心"的市场营销理论，是一种旨在改善企业与客户之间关系的管理机制。它主要吸收了"数据库营销"、"关系营销"、"一对一营销"等最新管理思想的精华，通过满足客户的特殊需求，特别是满足最有价值客户的特殊需求，来建立和保持长期稳定的客户关系。近年来，IT 技术的长足发展为市场营销管理理念的普及和应用开辟了广阔的空间。以客户为中心、视客户为资源、通过客户关怀实现客户满意度等是这些理念的核心所在。

CRM 的核心思想是将企业的客户（包括最终客户、分销商和合作伙伴）视为最重要的企业资产，通过完善的客户服务和深入的客户分析来满足客户的个性化需求，提高客户满意度和忠诚度，进而保证客户终生价值和企业利润增长的实现。CRM 的宗旨是通过与客户的个性化交流来掌握其个性需求，并在此基础上为其提供个性化的产品和服务，不断增加企业给客户的交付价值，提高客户的满意度和忠诚度，最终实现企业和客户的双赢。

（2）第二个层面：CRM 集合了当今最新的信息技术。

CRM 作为一整套解决方案，它集成了当今最新的信息技术，包括 Internet 和电子商务、多媒体技术、数据仓库和数据挖掘、专家系统和人工智能、呼叫中心以及相应的硬件环境，同时还包括与 CRM 相关的专业咨询等。CRM 实现的主要手段是融合了各种 IT 技术的 CRM 软件。CRM 软件是一种旨在改善企业与客户之间关系的应用信息系统，它可以应用于企业的市场营销、销售、服务与技术支持等与客户相关的领域。作为一个应用信息系统，CRM 软件凝聚了市场营销等管理科学的核心理念。市场营销、销售管理、客户关怀、服务和支持等构成了 CRM 软件模块的基石。但是，CRM 软件不等于 CRM 理念，它只是先进理念的反映与体现，它吸纳了当今先进的软件开发技术、企业经营管理模式、营销理论与技巧。CRM 软件通过向从事企业销售、市场和客户服务的专业人员提供全面的、个性化的客户资料，强化他们跟踪服务、信息分析的能力，帮助他们与客户和生意伙伴建立和维护一种亲密信任的关系，为客户提供更快捷和周到的优质服务，提高客户满意度和忠诚度。

（3）第三个层面：CRM 的实施是一套完整的业务解决方案。

CRM 的实施是一套完整的业务解决方案，它要结合 CRM 软件与组织的管理状况，在调研分析的基础上最终作出决策。成功的 CRM 软件可以帮助企业建立一套完整的业务解决方案，在提高服务质量的同时，还通过信息共享和商业流程优化，有效地降低企业经营成本，随时发现和捕捉客户的异常行为，并及时启动适当的营销活动。这些营销活动流程千变万化，但其基本指导思想是不变的，即利用各种计算，在提高服务质量和节约成本之间取得平衡：把低利润的业务导向低成本的流程，如自动柜员机（ATM）和呼叫中心（Call Center）；把高利润的业务导向高服务质量的流程，如柜台服务。

CRM 将最佳的商业实践与数据挖掘、工作流、呼叫中心、企业应用集成等信息技术紧密结合在一起，为企业的销售、客户服务和决策支持提供了一套智能化的解决方案，使企业能够顺利地实现由传统企业模式到以电子商务为基础的现代企业模式的转化。

CRM 实施是一个艰苦而漫长的过程，揠苗助长、一蹴而就的做法都是危险和错误的。

这里需要注意两个问题：建立适合本企业的 CRM，不求大而全；利用适用技术，不求顶尖技术。如下表所示。

大型企业与小型企业在 CRM 应用方面的区别

内容 ＼ 类别	大型企业	小型企业
规模特征	纵横交错、复杂庞大	简洁、轻型
业务流程	严格、冗长	简洁
业务规模	巨大	小
信息量	巨大	小
数据同步	困难	容易
CRM 复杂性	庞大、复杂	简洁、适用

全套的 CRM 系统一般由 Data Warehouse，Analysis，Bridge，Service，Sales，Channel，Support，Marketing，Consulting 等 9 部分模块组件组成；在 CRM 应用方面，大型企业与小型企业相比有很大的区别，如上表所示。

大型企业在业务方面有明显的分工，各业务系统有自己跨地区的垂直机构，形成了企业纵横交错的庞大而复杂的组织体系，不同业务、不同部门、不同地区间实现信息的交流与共享极其困难；同时，大型企业在业务运作上很强调严格的流程管理。而中小企业在组织机构方面要精简很多，业务分工不一定明确，运作上更具有弹性。因此，大型企业所采用的 CRM 软件比中小企业的软件要复杂、庞大得多。根据企业特殊情况，制定特殊需求，可以选择先使用一两个模块，比如：eSales，eMarketing 模块，然后根据使用情况以及企业业务的扩展再考虑增加其他模块。因此，企业在开始使用 CRM 系统时一定要预留供将来发展用的可扩展的接口。

IT 技术日新月异，无论是硬件还是软件都在飞速地发展，不同技术的软件、硬件价格千差万别。不同企业的具体情况不同，对 CRM 的要求也会截然不同，比如有的企业只需要一个简单的电话呼叫中心，不同品牌的路由器和服务器价格差别也很大。实现同样的功能，不同的路由器的速度可能会有一些差别，如果企业对速度的要求不高，则没有必要追求高尖产品。一切应从实际出发。

4. 客户关系管理的主要作用

（1）防止客源流失。在客户关系管理系统中，汽车销售人员只能看见自己的或允许查看的有限的客户资料与业务数据，汽车销售人员的流动也无法带走其他汽车销售人员的客户数据，同时原来的客户数据也完好地保存在数据库内，继续为公司所用。

（2）便于业绩考核。系统自动通过客户名称、联系电话、手机等信息判断提示记录的相同性，有效杜绝汽车销售人员间相互争抢客户、争夺销售业绩的现象。

（3）有效监督指导汽车销售人员工作。汽车销售人员与客户的所有联系活动都有记录，这一方面能有效监督汽车销售人员的工作情况，另一方面能根据汽车销售人员联系客户的进展情况予以工作指导。

（4）提高服务质量。通过对车辆档案跟踪、记录特殊日期等资料为客户提供体贴的保养、保险、年检提醒及温馨的节日、生日关怀，从而提高服务质量，提高客户满意度与忠诚度。

（5）为营销策划提供准确数据。通过记录分析客户特征、购车意向、意见反馈等数据，为营销策划提供准确的决策数据，比如根据客户来源、客户区域、年龄段、意向价位、关注内容等分情况制定广告、促销策略等。

第二节　客户服务管理

一、评价与监控服务质量

服务质量是衡量企业出售产品或提供劳务时，对客户服务程度和服务水平进行考核的标准。它是一个主观范畴，取决于客户对服务质量的预期与其实际感知的服务水平的对比。

质量的概念应该包含两大方面的内容：一是技术质量；二是功能质量。前者指产品或服务的技术性能，后者指产品或服务的消费感受。这两方面的内容结合在一起，才能构成产品或服务的总体质量。客户也主要是从技术和功能两方面来感知服务质量，对于技术质量，客户易于感知，也便于评价。但客户对服务质量的感知不仅包括他们在服务过程中所得到的东西，而且还要考虑他们是如何得到的。例如，在客户和服务人员打交道的过程中，服务人员的行为、态度、穿着等直接影响到客户对服务质量的感知。显然，客户难以对服务质量进行客观的评价，它更多地取决于客户的主观感受。

（一）评价服务质量

客户对服务的满意度受到各种有形和无形因素的制约，企业难以把握客户对服务质量的感知。所以服务的质量不像有形产品的质量那样容易测定，很难用固定的标准衡量服务质量的高低。尽管客户对不同服务类型的服务质量进行评价时所依据的标准会有所不同，并且不同客户对评价标准的侧重点也会有所不同，但有些因素却是服务质量评价时最基本的依据。

1. 有形因素

有形因素是指那些客户可以看见、听到或感受到的因素，包括物理环境、设施设备、服务员工的仪表等。客户往往在真正接受服务之前会通过有形因素对服务质量进行预知评价。比如，一名客户进入一个饭店之后，往往先根据卫生条件、周围环境、服务人员的礼仪、大厅的装饰等对饭店服务质量进行预先的猜测和评价。

2. 反应

反应是指服务人员对客户需要的感受程度，热情服务和反应对于那些有困难的客户或者对服务的需求超出一般标准的客户来说尤其重要。比如，银行一名业务水平很高的员工却可能会因为疏忽或怠慢而给客户留下极差的印象。

3. 服务人员的投入

服务人员的投入是指服务人员对本职工作的热情和投入情况。这可以通过客户同服务人员之间的直接接触情况来描述。客户会对服务人员是否将全部注意力集中在客户和所提供的服务上进行评价。评价服务人员投入的一种方法是想办法了解员工是否乐于为客户提供超出服务最低标准的服务。

4. 服务保证

服务保证描述的是客户接受服务时对服务人员的信任情况和服务人员的自信，以及他们提供服务时的礼貌和能力。客户如果对保证因素评价较高，意味着客户对服务人员能够理解并满足他们的需求表示满意。比如，客户如果对旅馆保安人员的保卫能力比较信任，那他在暂时外出时候会对放在旅馆的财物比较放心；反之，如果保安人员比较大意或无礼，客户就会对这个旅馆的安全情况产生顾虑。

5. 可靠度

可靠度是指客户对所接受的服务的好坏及可靠程度的反应，客户会对服务承诺作出反应并确认企业当初的承诺是否会兑现。仍以旅馆为例，一个旅馆当初向客户承诺，除每日住房费外，客户使用旅馆内任何设施均不用再另付钱，如果最后这一承诺不能百分之百地兑现，客户就会认为这个旅馆的可靠度不高。许多客户将可靠度看成是这五个因素中最重要的一个。

（二）有效监控服务质量

此后，又有学者提出用绩效（Performance）来代替"感受—期望"来测试服务质量，即SERVPERF（绩效感受服务质量度量模型）。较之 SERVQUAL，SERVPERF 有很好的适用性。他们指出："客户对服务质量的感受是评价过程的结果，它的直接测量更能产生有效可靠的结果。SERVPERF 已广泛应用在信息系统服务测量上。"因为互联网是个新生事物，客户在购买之前很难形成新的期望。现代市场经济条件下，商品种类繁多、千差万别，客户在购买使用商品之前形成的期望对于评价服务质量越来越缺乏适用性。所以用感受而不是用感受与期望的差值来测量服务质量正受到越来越多的重视。

无论如何，对服务质量的监控总是一件让管理者头疼的事情。在实践中，有一些方法的运用能够有效监控服务质量，使其达到较为理想的效果。

1. 让员工参与服务质量监测

服务质量监测结果往往牵涉到员工的很多利益，如工资、培训、人事变动等，因此员工一般很看重这一结果。然而在很多企业中，往往由消费者单方面撰写绩效考核意见，这可能引起很多不良后果。例如，服务人员只请感觉比较好的消费者填写调查表，只上交意见较好的调查表等，此外员工对单方面的评定可能也不服气。

要消除这些负面影响，最好的办法就是让员工参与绩效评定。企业可以在一段时间的服务活动结束后，向员工发放绩效评价问卷，让其对自身的绩效进行评估。这种问卷通常包括：对自己进行整体评价；需要哪些方面的支持；目标是什么，怎样达成自己的目标等。如果采取这种措施，会极大地改善员工对绩效考核的态度，减少不信任感。另外，这种交流还有可能使上司发现员工真实的一面，有助于对员工作出更加准确、公正、全面的评价，从而得出比较准确的绩效考核结论。

2. 利用统计过程进行监测

服务绩效的监测一般需通过关键指标来判断，通常需要展开调查以识别问题的原因并采取纠正措施。但是，有时极小的变化是由随机事件引起的或没有明确的原因，企业领导者一方面需要探明服务质量下降的根本原因，并避免与不良服务相关的成本损失；另一方面，应尽量用控制图来监测服务质量。

二、客户满意度分析

在汽车市场上，品牌、价格等几乎已经不是秘密。汽车经销的主要竞争优势转向营销服务体系的建立。单纯的降价，或买车送电脑、送装饰等属于低级的销售手段，只是在短期内保持市场份额的方法，建立成熟、完善、可靠的营销网络才是应对市场竞争的关键。企业提升市场份额的重心就是稳定现有客户群和开发新客户，即企业营销网络的核心是客户资料。保持现有客户群的关键是提高客户满意度，同时，这也是企业生命力的显性指标。

（一）客户满意度的衡量指标

1. 对产品的美誉度

美誉度是指客户对企业或者品牌的褒扬程度。一般来说，持褒扬态度、愿意向他人推荐企业及其产品或者服务的，肯定对企业提供的产品或服务是非常满意或者满意的。

2. 对品牌的指名度

指名度是指客户指名购买某品牌的产品或服务的程度。如果客户在修复或者购买过程中放弃其他选择而指名购买、非此不买，表明客户对这种品牌的产品或服务是非常满意的。

3. 消费后的回头率

回头率是指客户消费了某企业或某品牌的产品或服务之后，愿意再次消费的次数。客户是否继续购买产品或者服务，是衡量客户满意度的主要指标。该数值越大，满意度越高。

4. 消费后投诉率

投诉率是指客户在购买某企业的产品或服务之后所产生投诉的比例，投诉率越高，表明客户越不满意。这里的投诉率不仅指客户表现出的显性投诉，还包括倾诉式的隐性投诉。

5. 单次交易的购买额

购买额是指客户购买某产品或服务的金额多少。一般而言，客户对某产品的购买额越大，表明客户对该产品的满意度越高；反之，则表明客户对该产品的满意度越低。

6. 对价格变化的敏感度

客户对产品或服务的价格敏感度，也可以反映客户对某产品的满意度。当产品或服务价格上调时，客户如表现出很强的承受能力，则表明客户对该产品的满意度很高。

7. 向其他人的推荐率

客户愿不愿意主动推荐和介绍他人购买或者消费，也可以反映客户的满意度高低。一般来说，客户如果主动介绍他人购买，则表明客户对产品的满意度是比较高的。

客户满意度是一种很难测量的、暂时的、不稳定的心理状态。为此，汽车企业应该经常性地测试客户的满意程度。例如，可经常性地在现有客户中随机抽样，向其发送客户满意度调查表，或者通过打电话、网络调研等方式，及时向客户询问有关客户满意度的信息。

三、让客户满意的技巧和原则

（一）让客户满意的技巧

确保客户满意有三方面的技巧：

（1）说到做到。只要销售人员说过的话，客户就会记得，销售人员就应该做到。

（2）没有说的也可以做。要有计划地做一些没有说过的事情，为客户服务。

（3）不断地监控和测量。要有一个客户信息平台来确保一线的销售让客户满意，并经常有阶段地公开发布客户满意度调研的结果，评选优秀的售后服务人员，从而将售后服务意识提升为厂商、经销商、销售人员、售后服务人员一致追求的目标。

（二）构建客户满意度指标的原则

汽车客户满意度是一种多目标和多层次的满意度体系，如企业综合满意度、经营环节满意度、产品和服务项目满意度及质量特性满意度等。由于汽车客户满意度本身的潜在性、复杂性，以及客户群体的动态性、广泛性，满意度的测量不能简单地通过一种方式来完全掌握。要准确、客观地了解客户的真实态度，需要运用科学的方法，如通过问卷调查、客户访谈、社会舆论行业管理部门、客户接触点和企业运作业绩等多种渠道来获得信息以综合评测满意度。与其他行业满意度研究的方法类似，汽车行业的满意度研究也大致包括确定测量指标体系、抽样设计、收集数据、统计分析和改进策略等几个部分。在构建满意度指标体系的过程中，通常需要遵循以下几个原则：

（1）全面性。满意度指标体系要尽可能全面、系统地评价与汽车相关各界的消费者满意度。因此，需要对消费者满意项目进行层层提取或分解。

（2）代表性。能够影响消费者满意度的指标有很多，但是不可能把所有的指标都纳入评价指标体系。全面性要求各项满意度指标不能有遗漏，而代表性则要求在每一方面都要选择最有代表性的指标。

（3）可区分性。每一个指标必须具备其他指标不能代替的特性。如果某一指标与其他指标没有区分，那么它就不能被用作测量指标。

（4）可操作性。主要是指各测量指标要明白易懂，并且可以获取各指标的测量数据。

（5）相对稳定性。测量指标体系一旦建立，应该基本保持其基本指标项目和内容的相对稳定，这样才有利于消费者满意度评价指标体系的完善和发展。

奇瑞三大举措提高客户的满意度

奇瑞推出"纵横中国"服务战略的出发点是想加强自身服务系统的能力，从整体规划、技术、硬件、管理等方面保证客户满意度的稳定提升。"纵横中国"服务战略下的技术服务中心定位于两条主线，一是着力于直接客户关系管理，直接服务客户，使客户能够享受更高标准的服务；二是着眼于间接客户服务，通过对同区域的服务网络技术支持，拉升区域整体服务能力，从而提高全区域的客户满意度。

直接客户关系管理主线具备三大功能：区域救援中心、区域客户管理示范中心、区域快乐体验示范中心；区域技术支持管理主线具备五大功能：区域检测鉴定中心、区域技术资讯中心、区域培训中心、区域新产品新技术管理中心、区域备件中心。这种设计更利于区域客户享受快速高效的厂商联动服务。

另外，为了提升客户满意度，奇瑞还推出了以下三大举措：

第一，延长整车免费服务周期和降低用户单次服务支出。具体包括：整车提供 A1 级别的 4 年或 12 万公里质保期限，这给消费者带来了很大实惠；8 608 种备件价格全线下调 30.1%，降低了客户客观的维修费用；另外，全部原厂配件、先进技术与设备、全球知名供应商还提供了更多的备件服务保障。

第二，便捷方面，奇瑞着手于网点布局，救援保障、备件储备：近 600 家服务网点大大缩小了服务半径；耗资 1.14 亿元向全国服务站投放了 1 000 辆带有 GPS 全球卫星定位系统和车载电话功能的服务救援车，实现 24 小时全天候救援；"1＋15"全国备件库分布，将备件配送距离半径缩短至 500 公里范围内。

第三，在提升客户满意度方面，奇瑞从服务标准提高、技术支持、服务站升级三个方面着手，发布了八步服务流程和 99 项保养标准，使服务的每个环节都有章可循。

第三节　汽车销售人员管理

如果说客户关系管理是汽车营销的对外管理，那么汽车销售人员管理就是汽车营销的对内管理。要组建一支高效率的销售队伍，关键在于选择有能力的、优秀的销售代表。一般的营销代表与优秀的营销代表相比，业务水平有很大的差异。在美国，一项对 500 多家企业调查的结果表明，27% 的营销人员创造了 52% 的营销额。除了销售效率上的差别外，选用不当的销售代表还会造成巨大的浪费。在这些企业任职的 16 000 名销售代表中，只有 68% 的人表示坚持工作到当年的年底，而留下来的人中 50% 的销售代表是企业希望在下一年继续聘用的。

一、招聘与甄选

有优秀的汽车销售人员才能有好的汽车销售业绩，所以作为一名汽车销售经理，首先就要与人力资源部门协调配合，做好汽车销售人员的招聘和甄选工作。

1. 汽车销售人员的招聘步骤

招聘汽车销售人员的具体步骤如下：

(1) 确定空缺人员。

(2) 拟订招聘计划。

(3) 组织实施汽车销售员招聘工作。

(4) 初步筛选应聘材料。

（5）确立应聘面试名单。

（6）进行初步面试（笔试、口试）。

（7）面试小组进行第二次面试。

（8）如果面试合格，就录用（试用期）。

（9）岗位培训。

（10）试用期任职考察。

（11）试用期满任职考核。

（12）使用合格，正式录用。

2. 汽车销售员的甄选

（1）通过简历甄选。简历通常能反映出本人的一些能力和素质，所以汽车销售经理首先可以通过应聘者的简历来对应聘者进行初步的筛选。

（2）通过面试甄选。面试是最常用来筛选汽车销售员的一种方法。面试可采取若干形式，最常用的形式有：

①非正式面试。非正式面试是在事前毫无计划及准备的情况下进行的，实际上是一种临时讨论。这种方法一般效果不好，特别是面试人多的时候会出现混乱，甚至会毫无收获，所以一般正式的甄选工作不采用这种方式。

②标准式面试。标准式面试是与非正式面试相对的另一种极端，也叫记分面试或组织面试，即事先安排一整套结构严格的面试问题，并配有记分标准，视申请人的不同回答来记分。这种方法太死板，缺乏弹性，适应性不强，不利于发挥面试的作用。

③导向式面试。导向式面试是上述两种形式的折中方案。即只规定提问若干典型问题，由主持人灵活掌握，引导应聘者回答各种与工作有关的问题，根据需要，深浅适度，从而获知其一切情况。这种方法又叫典型面试或引导面试。目前很多企业都采用这种面试方式。

④流水式面试。流水式面试是指每一个应聘者按次序分别与几个面试人面试。面试结束后，各面试主持人聚集在一起，汇合并比较各面试人的观察与判断。这种方法能对应聘人所具有的各种特殊兴趣予以全面考验，经过几道关口，一般不会有所遗漏。此法具有较大的优越性，近年来为许多企业所采用。

二、业务培训

（一）培训内容

汽车销售负责人对汽车销售人员的培训主要有以下方面：

1. 工作态度

汽车销售人员要热爱自己所从事的工作。由于汽车价格昂贵，而且牵涉到税金缴纳问题，所以当客户对车型或行情不清楚时，往往会百般挑剔价格；同时又由于有售后服务的制度，汽车销售人员便要应客户要求，随时待命效劳，整个销售过程颇为烦琐，所以对汽车销售人员进行培训时要强调必须有强烈的敬业精神。

2. 公司状况

关于公司状况的培训多是针对新汽车销售人员的培训。可向其介绍公司各方面的情况，包括公司的企业文化、价值观、经营理念、管理制度、营销目标、组织机构、财务情况、主要产品及销量等，以加强汽车销售人员对企业的忠诚度。

3. 专业问题

关于汽车内部机械的结构与保养方法，以及新旧汽车的行情，均包括在其训练范围之内。还包括企业的汽车产品情况介绍，比如汽车制造过程、各种车型的特征及其用途等。

4. 市场知识

包括目标市场中各类客户和竞争对手的特点等有关内容。

5. 经营知识与技巧

在销售工作过程中，针对销售专业领域的技能要求，汽车销售经理应设置一系列专业课程，如销售技巧、演讲技巧、促销会议组织技巧等，对汽车销售人员演示有效推销的基本方法和技巧，以及企业为各种车型所概括的推销要点及推销说明；讲授汽车销售人员实际工作的程序和责任。

6. 销售礼仪

买得起几十万汽车的客户，绝不在乎多付一两万，但他们却很在乎汽车销售人员是否礼貌周到，所以要求汽车销售人员具备这种服务态度，也是训练汽车销售人员的一个项目。

7. 敏锐的观察力

汽车交易的金额都很庞大，成交过程又很费时，所以如何培养正确认识客户的眼光，以便全力追踪有购买能力与兴趣的客户，便成为公司的训练项目之一。

8. 专门培训

当有某种新型汽车产品投放市场时，还可以针对这种新型汽车对汽车销售人员进行专门的培训，作为新车型的专职汽车销售人员，这种培训主要讲授该车型的特点、结构、技术水平、维修保养、销售中要注意的事项以及将产品推向市场、打开销路的方式方法等。

（二）培训时机

一般来说，在下列情况下，汽车销售经理会对汽车销售人员进行培训：

（1）现有的汽车销售人员工作效率比较低的时候。

（2）一个新品牌汽车的销售工作刚刚开始时。

（3）需要改进汽车销售人员的工作状况时。

（4）当汽车销售人员需要一种现有工作中并未具备的特殊技能时。

（5）新来的汽车销售人员刚刚开始工作时。

（6）汽车销售人员现有的能力不足以完成工作时。

在培训开始时就需要让汽车销售人员了解培训目标，诸如学习价格谈判或签订合同技巧、了解汽车知识和竞争信息等，以便使每位汽车销售人员明确从该培训中学会了什么，并且要跟踪培训效果以确认受训人员是否确有收获。

（三）培训方法

1. 角色演练培训方法

所谓的角色演练，是指在每授完一单元课程后，即召开讨论会，由受训人员提出问题讨论，并实施角色演练，模拟实际交易的情形，以实践理论、加深印象。

2. 教导培训法

教导培训法是指销售经理要求具有丰富经验的汽车销售人员充当导师去培训新进人员。这有助于培训汽车销售人员，并能使销售经理更有效地利用自己的时间。

这种培训方法培训通常是现场指导的方式，并且由导师回答有关的产品、客户、竞争与销售技巧等方面的问题。

培训项目的种类与方式有很多，在有些项目中，是一名导师指导一名受训人员，而另一些项目则是导师与受训人员之间进行群体互动。要采取这种培训方式必须要确保导师们具有丰富的经验、高超的培训技巧和乐于助人的精神。

3. 个别培训法

销售经理切记要对手下最成功的汽车销售人员进行量身定做的、不间断的培训，因为是他们创造了公司的主要利润。销售经理应当为他们的超级汽车销售人员安排单独的培训项目，这些培训项目相互关联，又颇具实战性，可以让超级汽车销售人员互相分享他们的成功经验。因为这些培训项目很少在课堂中出现，所以被汽车销售人员们认为是对他们突出业绩的一种奖励。

（四）培训效果的检测与评估

在每一天的培训结束时，应当安排一个与当天培训目标相关的测试，比如让汽车销售人员就签约进行角色扮演，回答有关产品知识的系列问题或者构建一幅竞争方格图等。如果受训的汽车销售人员知道将有测验，他们在培训时会更加用心，并且用问题回答表来给自己打分。这种问题回答表可用作一种长久的培训工具，有时甚至是销售的辅助工具。

有些销售经理会为分数最高或达到一定成绩的汽车销售人员发一小笔奖金。

进行测试能找出汽车销售人员需要更进一步培训的领域。许多公司将这种测试作为汽车销售人员晋升、加薪或承担更多责任的基础。

每一期培训结束时，还应当让受训人员对培训师进行评估，找出卓越的地方和不足之处，以及确定下一期培训将如何改进。

（五）工作评估

显然，工作评估不同于培训效果的评估，工作评估是一段时间内（年、月、季）或者一个销售任务完成后进行的评估。工作评估使得汽车销售人员能够按照既定的工作目标和具体要求去努力工作，也能够使汽车销售人员依据工作评估的结果去改进他们工作中的不足之处，提高效率，更好地为客户和会员服务。销售经理对汽车销售人员进行评估的时候，评估的内容应尽量简单。如果评估的内容太多、太复杂，可能会使得汽车销售人员无所适从。具体评估内容如下：

1. 销售业绩

它主要是指汽车销售人员的销售量或销售金额。评估的标准可以是本年度销售金额与上一年度销售金额增长数量的比较、实际销售金额占销售指标的完成率；也可以是新客户增加的数目或者是现有客户的流失数目，以及付诸行动的客户总数等；还可以是市场份额、总销售量、总销售额和客户总数量。如果汽车销售人员有收集整理责任的话，销售结果还应包括销售业绩突出的天数等。

2. 销售技巧

评估汽车销售人员对销售技巧的掌握和运用水平，主要依靠销售经理等管理层，在与汽车销售人员共同拜访客户的时候，对汽车销售人员的表现以及运用各项销售技巧处理客户问题的能力进行观察。为使评估工作公平，也为了能够通过共同拜访为汽车销售人员提供示范，销售经理应该尽可能地安排时间，分别与每一位汽车销售人员共同进行客户拜访工作。

具体来说，销售技巧的评估应当包括以下方面：发现商机；利益定量化；开发潜在客户；答复客户反对；请教产品服务的参考证明人；缩短销售周期；能在同一公司将产品分层次地销售给不同部门；能区分决策人员与影响决策的人员；拜访不活跃的客户；能处理涨价问题；使客户升级；解决争端；因地制宜；应对客户的抱怨；站在客户角度看问题；计划每一次拜访；利用探索性问题确定客户需求及问题；成交；展示产品特征、优点及出具证明；利用销售辅助工具；书面和口头观察报告技巧。

3. 工作知识

它包括汽车销售人员对企业、产品性能、竞争性价格、行业销售趋势或产品新用途等方面的认识，对客户需求的认识和判断能力，对决策人及决策过程的了解，对客户业务主要影响者的了解，以及对公司和客户合作历史的了解等。在电子邮件、拜访报告、电话报告、销售预测计划、销售会议和个人会面中的信息交流和现场观测会影响评估结果。

4. 汽车销售人员的自我管理

这包括汽车销售人员工作时对时间的有效利用，在不同的销售活动、销售功能、客户类型和不同的销售区域间对时间的恰当分配，保持对客户的准确记录和描述，对目标客户或客户进行拜访之前是否做好准备工作，客户约会的计划性，是否每次拜访都有明确的目标并且能在拜访中达成，对每一天和每一周进行计划，保持销售样品和销售记录的整洁。

5. 文件及报告质量

这包括汽车销售人员是否能够及时提交客户拜访报告、客户订单和销售合同、出差费用报告及其他与销售业务工作有关的报告。汽车销售人员必须准时提交各项文件报告。报告应该精简清晰而又能抓住要点。汽车销售人员应该对客户档案资料进行系统的管理，及时地更新客户档案资料。销售经理也需要观察汽车销售人员所签回的订单或销售合同是否符合公司的要求，是否会出现因各种问题而使订单或合同需要修改或者取消的情况。

6. 客户服务和客户关系

这包括汽车销售人员解决客户问题、满足客户需要的能力、及时回应客户的抱怨与要求服务的电话的能力、解决争端的能力，以及提供技术支持、广告推销、迅速处理订单、售后跟踪服务等项目的能力。汽车销售人员是否经常性地拜访不同类型的客户，他们是否为客户提供了必需的服务和帮助并与客户的主要人员建立了积极的关系，汽车销售人员想要避免同要求解决问题的目标客户产生冲突，就需要在这一方面提高能力。除此以外，对客户关系的评价，还需要考虑是否接到客户对汽车销售人员的工作、服务态度等方面的投诉。

7. 个性特性

对汽车销售人员的个性特征评估包括如下内容：热情、自信、果断、有进取心、随和、坚持不懈、驱动能力、灵活性、判断能力、稳定性、可靠性、紧迫感、想象力、创造力、主动力、责任心、团队合作能力、协调性、个人道德、忠实性、解决问题的能力和仪表等。

三、激励销售人员

激励在管理学中被解释为一种精神力量或状态，起加强、激发和推动作用，并指导和引导行为指向目标。激励一般来说包括三个维度：强度、持久度和方向性。强度是指销售人员在某一指定任务上的努力程度；持久度是指销售人员持续努力的时间；方向性是指销售人员为完成与工作相关任务所选择的特定行动。例如，某一推销员可以决定集中精力于某一种特殊的客户（选择方向），他可以提高拜访该客户的次数（强度）直到他得到第一份订单。

销售工作包含着大量复杂多变的任务，因此将销售人员的努力引导到公司战略规划的方向上是非常重要的，销售人员的努力方向与这种努力的强度和持久度同等重要。例如，当公司的战略规划要求改变客户组合时，就必须激励销售人员改变拜访的分配方式从而与公司战略保持一致。

销售工作的特点、销售代表的个性、公司目标的多重性，以及不断变化的市场使对销售人员的激励成为一项非常困难却又很重要的工作。一般来说，组织中的任何成员都需要激励，销售人员更是如此。

销售人员需要更多的激励是由其工作性质决定的。销售是一项很辛苦的工作，需要不停地耕耘才有收获。销售人员大多单独工作，工作时间长短不定，并经常遇到挫折。他们经常远离亲人，会有更多的个人烦恼；他们面临着咄咄逼人的竞争对手；相对于客户而言，他们处于低人一等的地位；他们常常缺乏足够的赢得客户所必需的权力，有时还会失去投入大量心血、即将获得的订单，所以如果没有特别的激励，如物质的奖励、精神的安慰和社会的承认等，他们是不会全力以赴地努力工作的。

每一个销售人员都有自己的目标、难题以及长处和短处。每个销售人员对同一激励可能有不同的反应。理想情况下，公司应该为每一个销售人员制定单独的激励组合，但完全"量体裁衣"会导致很大的操作困难。实际上，管理层必须制定一个既符合整体需要又适应于不同的个体需要的、具有弹性的激励组合。

公司通常有不同的销售目标，这些目标有时可能是互相冲突的。一个目标可能是清理积压的存货，而另一目标则可能是希望销售队伍开展宣传性销售以强化同客户的长期关系。这两个目标在某种程度上互相冲突，并且需要不同的激励。

市场环境的变化使管理层选择正确的销售队伍激励方法组合变得困难起来。由于市场条件的变化，今天可以激励销售人员的因素也许下个月就不再有效。相反，当市场条件长期稳定时，销售经理也会面临激励难题，因为这种情况下，同样的激励因素可能会失效。

对于汽车销售人员，自我管理、自我激励很重要。管理自我应该从自己的内心开始，当内心得到不断的激励，行动一定会改变，而行动的改变也会促进习惯的改变，习惯的改变会促进性格的改变，而性格的改变会引导销售人员实现目标。

对于汽车销售人员来说，自我激励的方式很多，主要如下：

（一）让自己自信起来

在汽车销售的领域中，自信是一个相当重要的信念，只有相信自己可以达到先前预设的目标，完成业绩的可能性才会提升。因此，建立自信是从事推销工作之前必需的准备工作之一。

1. 掌握更深入的专业技巧

缺乏汽车的专业素养是成功销售汽车的一大障碍，汽车销售人员若无法深入到专业领域，在销售说明时欠缺专业说服力，无法令客户了解到有关汽车的资讯，自然会使销售的业绩大受影响。尤其是当客户问到汽车销售人员所不知道的专业知识时，必定会令其手足无措，忙着寻找借口或是打退堂鼓。所以，具备更专业的知识就如同吃了一颗定心丸，说话的流畅度以及胸有成竹的自信心表露无遗，可以提高销售的成功率。

2. 自信心也会被传染

听意志力坚定的人说话，自信心会随之提升，反之则会下降。在面对不同的客户时，汽车销售人员坚定的自信心会成为有效的说服力，尤其是面对那些犹豫不决的客户时，效果会更大。

3. 从内心深处相信自己

这是激发自己潜意识的方法，从心里相信自己，可以潜移默化地改变外在的信心影响力，使自信心成为无坚不摧的工具。有一句销售术语："销售技术里最高的境界是要达到连自己都深信自己说的谎话是真的。"这种功夫就是要从内心世界培养起自信，达到说服自己进而说服他人的目的。

（二）目标激励

目标激励是一种有效的自我激励方式，每当自己在失意和困惑时，都可以将自己的工作目标或人生目标写在一张白纸上，然后一遍遍地朗读，在心里对自己说，无论发生什么事，我也要实现自己的目标；告诫自己，所有的困难和挫折都是一种人生的体验，都是在积累获得成功的经验。通过目标激励能使销售人员正确认识失败、面对失败，并将失败转化为成功的动力。

最好的激励就是目标激励。销售人员如果能够按照自己的计划达到目标，就能够充分体会到工作的成就感和满足感，从而激发更大的热情投入到下一个目标和计划当中去。如果销售人员不能达到目标则容易产生挫折感，对自己的能力产生怀疑，甚至心灰意冷。因此，销售人员在制订了工作计划和目标后，一定要全力以赴，力求达到目标，以计划的圆满完成来增强自己的自信心。

（三）平和心态，减缓压力

销售人员在工作中要保持胜不骄、败不馁。取得好的业绩，不要沾沾自喜，要问自己是如何成功的；遇到挫折和失败，不要灰心，要告诉自己如果能在某个方面做得更好，就一定会成功。销售人员不要为失败找借口，找借口是心理脆弱的表现。平和、负责的心态，有助于销售人员正确认识问题，并找到解决的办法，从而避免出现消极的情绪。

减压首先要知道压力的来源，明白压力是来源于自身还是来源于外部环境，然后才能够有计划地采取一定的措施来减轻压力。

减缓压力可以采用以下方法：培养豁达的心胸；保证充足的睡眠；早睡早起；同家人、同事、朋友共同分享工作的快乐；锻炼身体；对自己说，成功必须假以时日，不可能一蹴而就；对自己说，不可能所有的事情都是尽善尽美的；学会对客户说"不"；不要总是一副顾虑重重的样子，必须让自己乐观起来；听音乐、看电影可以帮助放松心情；尽量放松。

（四）应对挫折

每个汽车销售人员都不可避免地会遭遇一些挫折，优秀的汽车销售人员要学会应对挫折，化挫折为动力。

1. 遭受挫折的原因

根据经验得知，销售人员的挫折主要来自四个方面：

（1）封闭的个性，性格内向。

（2）客户不同程度的拒绝，会带给汽车销售人员不同程度的挫折感。

（3）人际关系不佳。万一个性与人格格不入，不良的人际关系会成为挫折的来源。

（4）消极的心态。一般的汽车销售人员会有消极的想法，通常是由于缺乏自信心、专业能力不足或习惯懒散，甚至产生逃避的心态。

2. 化挫折为动力

挫折是一把非常锋利的刀，它会破坏心情，打击信念，瓦解想法，使反应变得迟钝，所以一定要想办法抚平心中的挫折。若要解决挫折所带来的伤害，化挫折为动力，可以使用以下方法：

（1）先从心理建设开始。由内心出发，改变内在的观念，并修正外在的行为，使心理有所准备，才能化解冲击。

（2）分析挫折形成的原因。汽车销售人员必须将每次挫折的经验当成是考验自己意志力的机会，忍受冲击之后，接下来要认真地分析挫折发生的原因，并针对原因进行改进与提高。

（3）减少挫折出现的机会。改善销售技巧，具备更高超的销售技巧才能应对不同类型的客户群。只要具备高超的销售技巧，心里自然就十分踏实而无所畏惧，如能运用自如，挫折与失败当然越来越少。

（4）加强意志控制能力。控制情绪，锻炼坚韧不拔的意志力，将使任何不良的情绪都无法影响内心的思维。运用自我激励与发挥自我潜能的心理暗示作用，相信自己一定可以达到目标，挫折感自然会远离。

（5）宣泄得宜。当挫折感出现时，马上要寻找适当的发泄方法，设法降低挫折感产生初期导致的情绪失控。

（6）遗忘也是好办法。善用遗忘的方法，不但不容易被客户击垮，还能加强自己的意念，销售能力自然会有一定的提高。

（五）做好明天的计划

人们总说"一日之计在于晨"，其实对于销售人员来说，一日之计在于昨夜。每天晚上临睡前，销售人员要对当天的工作进行反思，同时，还要将次日的工作进行规划，写下明天所要做的最重要的几件事。这样每天早上一起床，打开窗帘迎接新的一天时，心中已经有了一个清晰的工作规划和一种工作的热情，对新的一天充满了期待。

销售人员的自我管理能力非常重要，这也是销售人员成长的动力。销售人员处于企业竞争的最前沿，不断提升自身素质是时代赋予销售人员的使命。要在激烈的竞争中展现自己的优势，迈向成功的彼岸，就必须培养过硬的专业素质和业务技能，以适应社会发展的需要，而这一切都取决于销售人员自我管理和学习的能力。销售人员只有善于自我管理，才能得到快速的成长，才能让社会认可，为自己创造一片展翅翱翔的蓝天。

复习思考题

1. 客户分类的一般标准是什么？目标客户和潜在客户有何区别？
2. 客户关系管理的主要作用有哪些？
3. 客户满意度的衡量指标是什么？
4. 汽车销售人员的培训时机定何时为好？

5. 汽车销售人员的自我激励有哪些方式？

实训练习题

寻找已经毕业的同学，做一份汽车销售人员自我激励的问卷。

第七章 汽车营销技巧

学习目标

1. 掌握汽车营销中沟通的技巧；客户异议处理技巧；客户需求分析的技巧；客户维系的技巧。

2. 理解营销的实质——满足客户的需求和欲望，在掌握各种技巧的基础上理解营销的深刻内涵。

3. 结合案例，在汽车营销实战中不断提高营销人员的销售能力。

发掘客户的真实购买动机

一名资深汽车销售人员在澳洲卖车时碰到一位客户，说是要买福特车。福特车全部是自动挡的，但这位客户却点名要手动挡的。销售人员当时询问要手动挡的车是不是因为价格比自动挡的车便宜，他却说钱不是问题，只要把手动挡的车找来，他按自动挡车的价格付款。销售人员很奇怪，不明白这是为什么，难道这位客户喜欢加速性能？销售人员知道，如果他不能搞清楚这位客户为什么必须要手动挡的车，那么他注定会失去这位客户。通常客户真实的购买动机需要销售人员主动问出来，而客户一般是不大可能主动说出来的。于是销售人员问道："您是专业司机？所以您要手动挡？要加速感觉？还是要动力性？"这位客户在回答销售人员的问题时就把真正的目的说出来了。他为什么会说出真正的目的呢？因为销售人员问他是不是专业的司机。这一句话很重要，它是让客户向销售人员敞开心怀的一句很关键的话。如果销售人员仅仅问他是否注重动力性，还不足以让他打开自己的内心和销售人员说实话，只有当销售人员说他很专业，是一个专业司机时，他才会感到很受用。销售人员对客户很尊重，而且表明一个态度：想向他学东西。于是，他对销售人员这样解释："我不要加速性，那都是年轻小伙子追求的。最近一段时间我工作变了，要用车跑很多路，而且都是盘山公路。"销售人员就马上问在盘山公路上，手动挡的车可以怎么帮他，是不是上坡有用。"上坡是一个方面，但是我更看重的是在下坡的时候，万一刹车系统失灵了，我还可以用手动挡把速度降下来，"他更强调说，"对，强制往下降速，就是用手动挡降速，刹车失灵时手动挡可以帮助降速"。这名销售人员当时才恍然大悟，一般人可能也不会想到，一位客户要买手动挡的车就是因为这个原因。

第一节 沟通技巧

汽车作为一种高档消费品，购买者在没有弄明白产品能满足何种需求之前是很难下决心购买的。销售人员只有与购买者进行有效的沟通，才能了解购买者的真正需要。掌握与购买者的沟通技巧对销售人员来说是十分重要的。

一、购买的真实动机

购车动机是引导客户购车活动指向一定目标以满足需要的购买意愿和冲动。这种购买意愿和冲动是一种十分复杂、难以捉摸的心理活动，因此，潜在消费者在购买产品时的动机不是单一的，这样才会给销售人员机会来发现哪些客户自己都没有完全意识到的深层次需要，从而体现高超的销售技能。

购买汽车的内在动机都有哪些呢？如下图所示。

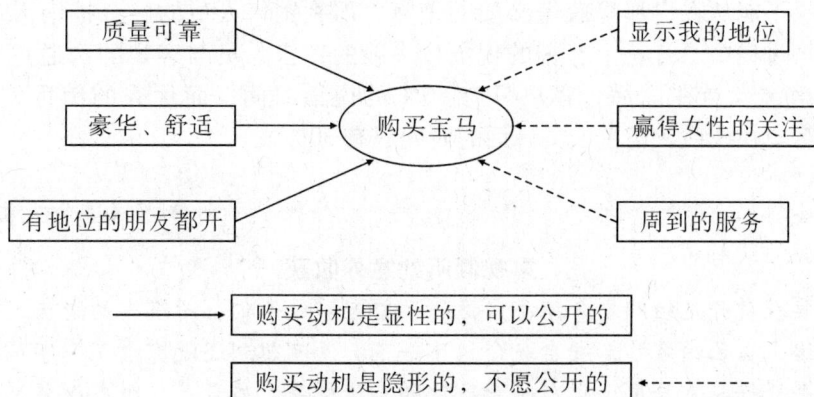

质量可靠 → 购买宝马 ⇠ 显示我的地位

豪华、舒适 → 购买宝马 ⇠ 赢得女性的关注

有地位的朋友都开 → 购买宝马 ⇠ 周到的服务

→ 购买动机是显性的，可以公开的

购买动机是隐形的，不愿公开的 ⇠

有的是为了圆梦而购买汽车；也有的是挣钱太容易了，所以买车；有的是为了与身份地位相匹配；有的是为了赠送他人；有给孩子作礼物的，也有自己用的商业动机；有为了节省上下班时间的，也有要跟朋友攀比的；有因为周围亲朋好友都有车而产生压力的，也有的是为了显示自己取得了事业或者生活的成功。总之，以上的理由都或多或少地可以应用在购买汽车的动机分析中。作为销售人员必须清楚地了解到，一个走进车行的潜在客户决定购车的动机购买是复杂的、不易的。能否理解客户的真实动机，很大程度上决定了一单生意的成败。

二、洽谈的技巧

（一）恰当的寒暄和有效的陈述

洽谈是汽车销售人员在销售汽车过程中必然要经历的一个阶段，在这一个阶段内汽车销售人员要利用陈述、倾听、提问、答疑等手段与客户沟通汽车的各种信息，以进一步激起客户的购买欲望。

（1）恰到好处的寒暄。汽车销售人员同客户坐下来交谈时，应该果断地充分利用时间，立即发言寒暄，把握交谈的主动权，自然地将寒暄转入正题，并防止客户考虑其他问题。开始的几句话要生动有力，不要拖泥带水。只有这样，交谈才能有效地开展，同时也为最后的成交打下坚实的基础。

（2）有效的陈述。陈述是汽车销售人员正面介绍汽车、说明交易条件或回答客户提问的过程，是销售语言最基本的使用方式。陈述的主要目的是把有效的信息传递给客户，以引起客户的反应。对陈述语言的要求是：①简洁：陈述语言应简洁明了、干脆利落，把重要的信息在尽可能短的时间内传达给客户。②流畅：口齿清晰、语言流利、内容连贯、逻辑性强，上下文衔接合理，原因结果叙述清楚。③准确：陈述的内容准确，语言语调恰当，抑扬顿挫合理。④生动：语言新颖别致，易于使人产生联想，易于被人记住。为了提高陈述的效力，应该注意陈述与倾听的协调配合，不应过多地单独陈述。

（二）倾听的技巧

与客户沟通的过程是一个双向的互动的过程。销售人员需要通过倾听和提问来获取来自客户的信息。如果不能从客户那里获得必要的信息，那么销售人员的整个推销活动就将事倍功半。在汽车销售过程中，有一个有趣的现象：一般的销售人员与客户的沟通过程中，往往有70%的时间是销售人员在说话，客户只有30%的说话时间；而优秀的销售人员正好相反，70%的时间是客户在说话，销售人员说话的时间只有30%。

重视倾听的意外收获

汽车销售人员丹尼经朋友介绍去拜访一位曾经买过他们公司汽车的老板。一见面，丹尼便照例先递上自己的名片，并自我介绍了一下。没有想到还没有说几个字，就被这位老板打断了，并开始指责丹尼，说当时卖给他的车价格高、质量差、服务也差……讲了一大堆，丹尼只是静静地在一旁听他抱怨，并没有反驳他。这位老板发完了脾气，才突然发现自己好像搞错了，眼前的这位销售人员并不是他说的那位销售人员，于是便有点不好意思地对丹尼说："年轻人，现在有没有好一点的车介绍给我，拿份资料来看看吧！"不一会儿，丹尼就高兴地离开了，他的手上如愿地拿到了一辆新车的订单。

在这次销售中，丹尼从头到尾恐怕都没有说上几句话，但却成功地完成了交易。

不重视倾听的后果

小陈向一位客户销售汽车，沟通过程十分顺利。当客户正要掏钱付款时，另一位销售人员与小陈谈起了昨天的足球赛，小陈一边津津有味地说笑，一边伸手去接车款，不料客户突然调头而去，连车也不买了。小陈苦思冥想，不明白客户为何对已经挑选好的汽车突然放弃了。当天夜里，他终于忍不住打了一个电话给客户，询问客户改变主意的原因，客户不高兴地说："当时我与您也讲到了一些事，可您根本没在意，只顾与您的同伴谈足球。"小陈明白了，这次生意失败的根本原因是因为自己没有认真倾听客户谈论的事。

倾听是有技巧的，日本销售大王原一平说："对销售而言，善听比善辩更重要。"

1. 要虚心地倾听、尊重客户

销售的一个主要环节是沟通信息、联络感情，而不是智力测验或辩论比赛，销售人员在听客户说话时，应该有虚心聆听的态度。专心地听别人讲话是我们给别人最大的赞美。许多优秀的销售人员之所以业绩卓著，就是在于他们懂得倾听。作为销售人员，能够耐心倾听客户的说话，无形中等于告诉客户"你是一个值得我倾听你讲话的人"，当销售人员聚精会神地听客户兴高采烈地谈论的时候，客户会有一种被尊重的感觉，这样在无形之中就能提高客户的自尊心，加深彼此的感情，为销售成功创造和谐的环境气氛。相反，有些销售人员觉得自己对汽车某个问题知道很多，在客户说话时就中途抢过话题，不顾客户的想法而自己发挥一通，这是不尊重客户的表现。或者是在客户说话的过程中急于发言，经常打断客户的讲话，迫不及待地发表自己的意见，而实际上往往没有把客户的意思听懂、听完。这样做，也同样是不尊重客户的表现。在沟通洽谈中遇到下列情况时，汽车销售人员应该特别注意为客户提供讲话的机会：客户表现出迷惑不解的神情时；客户表现出不耐烦或不高兴的表情时；客户表示不同意汽车销售人员的观点时；客户表示同意汽车销售人员的观点时；客户精力不够集中时。

2. 倾听要注意思考、积极回应

心理学家的统计表明，人说话的速度是每分钟 120~180 个字，而听话及思维的速度比讲话的速度大约快 4 倍。鉴于这种差距，销售人员聆听时，应充分利用这个速度差来用心思考，琢磨客户说话的内容；反之，如果对客户的话听而不闻，而在听的时候想别的事情，那就会错失销售机会。

有一位销售人员因为喉咙疼痛，在一个星期的时间里不得不少讲话。奇怪的是他在这一星期的销售业绩却比任何时候都要出色。他对这一现象感到非常奇怪，于是他继续试验，一个星期多讲少听，又一个星期多听少讲，结果总是"多听少讲"的日子比"多讲少听"的日子销售业绩更好，最后这位销售人员明白了其中的道理。原来，多听少讲的时候，自己获得更多客户的信息，同时也有更多的思考时间。这样就可以向客户提出问题，发现他的顾虑，然后针对他的需求去帮助他，成功率就提高了。由此可见，要使自己的倾听获得良好的效果，不仅要细心倾听，而且要有反馈的表示和情绪的调动，鼓励对方说下去。在倾听的过程中，销售人员要随对方表情的变化而调整自己的表情，并用简单的肯定或赞赏的词语适当地表达自己的认可等。这样，客户会认为销售人员在认真地倾听，从而愿意更多、更深入地讲述自己的想法和观念。

3. 运用非语言表达的形式

按照表达媒介的不同，非语言沟通可以分为身体语言、音量语言、空间语言、时间语言四大类。

（1）身体语言。身体语言又称肢体语言，是指借用人体的动作、姿态、表情、着装等形式表达特定的感想、态度。研究发现，人们在沟通时，产生的效果中有7%来自说话的内容，有38%取决于声音（音量、音调、韵脚等），而有55%取决于肢体语言（面部表情、身体姿势等）。身体语言是所有非语言沟通形式中内容最丰富、最复杂、使用最频繁的形式，包括表情、手势、方位、眼神、动作、接触、仪表等多种形式。

（2）音调语言。音调语言又称辅助语言，是指以音调、语气的高低、强弱变化来表示一定的含义。音调语言在口语表达中具有非常重要的作用，有时甚至是决定性的作用。人的注意力是非常有限的，很容易产生疲劳感，如果一个人持续以相同的语音语调讲话，听众很容易厌倦。音调语言研究声调的高低、强弱、快慢、停顿等。语调适当、语速适中，可以表现出说话者诚心，使对方感到温暖，缩短双方的心理差距。

（3）空间语言。个人空间实际上是一种心理空间，它代表人与人之间的亲密程度。按照亲密程度的不同，个人心理空间可以分为亲密距离、私人距离、社会距离和公共距离四种类型。汽车销售人员要正确把握与客户之间的空间距离。如面对面的方位会使人产生比较强的距离感和戒备心，不利于展开轻松、愉快的谈话。沟通较好的方式是在一张矮桌或茶几的旁边，两个人之间的角度呈略小于90°分别坐在沙发或椅子上交流。

（4）时间语言。时间作为一种客观现象，在沟通活动中成为一个重要的因素，它是由于人们对使用时间的方法和态度不同，即时间观念不同而产生的。我们通常把做事很快、遵守时间的人称为时间观念强的人。时间观念强是作为一名专业汽车销售人员应具备的基本素质。

三、提问和应答

在交谈中，提问是一种非常有效的交谈方式，汽车销售人员运用合乎逻辑和有效的发问方式，可以引起客户的注意，使客户对这些问题予以重视，引导客户的思路，并获得所需要的各种信息。同时，恰如其分、肯定、灵活地回答客户在购车时的各类问题，最大限度地满足客户的要求，激发客户的购车欲望。

（一）提问的基本原则

（1）提问应具有鼓励性。好的问题应该能够引发客户较深入、较详尽的回答，能够从中获得较多的信息。

（2）提问应具有阶段性。销售人员应把要问的问题分布在不同的时间段上，避免连续提问。即使连续发问也不要超过三个问题，并掌握好时间节奏，否则会引起客户的反感，让客户感觉到有压力和受到控制，出现逆反心理，最终可能导致客户拒绝回答，甚至一走了之。

提问要明确。应使所提问题容易被客户理解和回答，避免提出过于复杂与冗长的问题。例如"请问你们是希望购买现车还是可以等一段时间才提车？如果等三个月你们还会考虑购买吗？"这个问题就令客户在回答时觉得很混乱，不知如何回答才好。

（3）提问应具有客观性。汽车销售人员不要产生诱发客户作出某种承诺或强迫客户接受的想法。例如"为什么你认为这个车的质量不错?"或者"你认为我们的产品在哪些方面胜过其他的产品?"这样的问题鼓励肯定回答,没有否定答案,且有明显的主观倾向,很容易引起客户的反感。

(4)提问不要过早地涉及价格。汽车会占用客户大量资金,绝大多数人都对价格敏感,汽车销售人员应把汽车的价格问题放在适当的时候商谈,否则极易造成洽谈障碍,导致过早结束谈判,失去成交机会。

(二)提问的方式

1. 直接式提问

通常以谁、什么、何处、为什么等为疑问词,主要用来向客户了解一些基本事实,为后面的说服工作找到突破口。例如"你们之前都在哪里看过车?""谁来用车?""你们主要注重哪些方面?"等。直接性问题的提问目的十分清楚,也比较容易回答。

2. 选择性提问

这种提问方式允许客户在一定范围内作出选择,实际上是迫使客户至少接受一种方案。例如:"这两种颜色您更喜欢哪种?"这种提问具有一定的诱惑性,可以诱惑客户在汽车销售人员所限定的范围内加以选择。

3. 评价性提问

评价性问题是询问客户对某一问题的看法,一般没有固定的答案。例如"您觉得我们这款紧凑型轿车怎么样?""您认为租赁与购买、融资哪个更合算?""要是增加一些安全配置怎么样?"等。评价性问题通常用于直接性提问之后,用来进一步挖掘信息。

4. 损害性提问

这种问题要求客户说出目前使用的产品存在哪些问题或缺陷,其目的是说服客户使用新产品。例如,一位福克斯轿车销售人员问潜在客户:"听说现在开的桑塔纳隔音不太好,车况不怎么样,是吗?"显然,这类问题极具攻击性,如果使用不当,也会引起客户反感。

(三)应答的技巧

1. 保持冷静,简明扼要

面谈中不论客户是有意的提问还是无端的发难,汽车销售人员都要保持沉着冷静,认真对待。在答复之前应使自己有充分的思考时间。答复客户提问时,应在搞清楚问题的真正含义后才给予回答,要根据客户能否理解观点以及对谈话中重要问题的理解程度,来调整说话内容的简繁。答复应有条有理、通俗易懂、简明扼要,切忌随便回答。

2. 避免争论,切忌反驳

汽车销售人员在面谈中要处处尊重客户,不要图一时的口舌之快而与客户争论,双方在面谈中出现分歧时,汽车销售人员要避免直接反驳客户,否则很可能挫伤客户的自尊,使面谈的气氛紧张,甚至难以继续交谈。

3. 要同时站在客户的立场回答问题

许多销售人员在与客户沟通的过程中,不懂得换位思考,不会站在客户的立场考虑问题。约有80%的销售人员属于这类,脑子里只想着怎么搞定客户,如何才能成交。成交是结果,但绝不是与客户沟通的目的;如果把成交当作目的,销售人员就无法站在客户的立场考虑问题。

4. 不宜总想改变别人

在汽车销售过程中，很多的客户是第一次购车，对汽车不了解，销售人员在专业方面比客户更精通，因此，很多的销售人员总想利用自己的专业知识来改变客户，希望通过自己的介绍来改变客户的想法，最终购买产品。但是，客观地想一想，我们是很难改变别人的，只能加以引导和影响，设法让客户自己去感受和改变。只有这样，客户才会心甘情愿地购买产品。

四、既讲道理也讲效果

面对产品，销售人员讲得很有道理，但是客户听不懂。听不懂就没有任何效果，而有效果比有道理重要得多。由于很多客户对汽车并不了解，因此，在与销售人员沟通的过程中会说一些错误的观点。销售人员往往会抓住这样的机会教育客户，最终让客户意识到自己的错误。这时销售人员自我感觉非常好，认为是自己改变了客户的认识，客户就会接受自己，但是恰恰忘记了客户需要尊严和面子，如果让客户没有面子，就没有效果。沟通的目的是要让客户接受自己，而不是说服客户。

一次失败的等待

一个秋高气爽的午后，某经销商的展厅内来访的客户络绎不绝，有的在看车，有的围着销售人员津津有味地商谈着什么，还有的围在前台，仔细地阅读着一份份有关车款、车型和某些新特征的产品介绍书。

汽车销售人员小王紧盯着门口，等待可能出现的新客户。小王来到这个展厅工作已经两个多月，但业绩一直平平，毫无起色，作为一名营销专业的本科生，销售业绩一直处在初级的水平上，这让小王颇为着急。

这时，一位先生和一位女士走了进来，尽管这两位人士衣着休闲，却异常考究，明眼人一眼就能看得出来，这两位客户颇有些来头。小王紧紧盯着这一男一女，心中暗自判断着：从衣着和气质上看，这两位绝不是一般的看车主；从神情上看，显然是一对夫妻。想到这里小王来了精神，看来这两位潜在客户很有希望啊！正暗自高兴的他，突然眼前一亮，他看见他们停在了一款新车前面，这款新车刚刚推向市场，集现代、流行、高档于一身，颇受客户青睐。机会难得，他赶紧走了过去。

"两位好，今天天气不错，看看车啊！"小王热情地打着招呼。

男士点点头应声："看看这款新到的车。"

小王："感觉如何？这是新上市最流行的流线型轿车，德国原装。"

男士没有回应，仍在专注地看着车，小王饶有兴致地介绍起来："该车采用的是全时四驱的技术，这是国内轿车所不具备的，变速器是手自一体的，还有……"

男士突然摆摆手，打断了正介绍在兴头上的小王，很客气地说："谢谢你热情的介绍，我们只是来看看。"

"先生，你们现在开的是什么车呀？"小王见客户有抵触情绪，赶忙转换话题。

"是代步用的捷达。"女士开口了，但眼睛仍然没有离开车。

"啊，那款车是有些过时了，看两位现在的身份，再开那辆车与现在的身份不相配呀！"小王恭维道。但没有想到小王话音刚落，那位男士突然变了脸色，和女士不约而同地对视了一眼，女士说："咱们走吧，改日再来。"说着两个人向门口走去，小王怔怔地站在那里，不知如何是好。他困惑不解，不知道自己做错了什么。

要获得一个陌生人的喜欢不是一件容易的事情，销售人员能否给客户留下良好的印象是十分关键的因素，而且喜恶一旦形成后就很难改变。因此销售人员在与客户交流的过程中，应该对客户表示尊重，对客户的选择要表示理解和欣赏，充分把握客户的心理。以上案例中的小王之所以失败，就在于缺乏对客户的尊重。在了解到客户现在使用的车辆是捷达时，表现出不屑的语言和举止，这一点让客户感到不快。

第二节　客户需求分析技巧

一、客户需求分析概念、内容、目的

（一）客户需求分析的概念

汽车销售人员要使自己的销售能力得到快速提升，应该弄清楚下面的问题：

（1）汽车销售的起点——客户的需求与愿望。

（2）汽车销售的终点——最大限度地满足客户的这种需求与愿望。

（3）汽车销售的基础——汽车产品的品牌、效用与价格。

无论在汽车产品的广告宣传、促销活动中，还是在产品销售与售后服务阶段，都不能忽视这三个基本点。成功的销售不是如何去说服客户，而是对客户的需求进行最全面的了解，根据客户的真实需求和潜在需求有针对性地介绍产品。一般情况下，产品销售成功的几率取决于消费者的需求和产品的结合程度，所以成功的关键是把握消费者的真实需求或潜在的需求，按照消费者的需求来对产品的款式、颜色、功能进行组合设计，提供最适合客户的产品。但是，了解客户的需求是一项深入细致的工作，它需要销售人员一步步地去挖掘和把握。

客户的需求往往是多方面的、不确定的，需要销售人员去分析和引导。很少有客户，尤其是购买消费品的客户，能对自己要购买的消费品进行非常精确地描述，除非他是购买某一消费品的行家里手。当一位客户站在销售人员面前时，虽然他对某一产品有了极大的兴趣但仍然不知道自己将要买回去的产品将会对自己和家庭有多大作用。在这种情况下，销售人员需要增强与客户的沟通。

客户需求分析就是指通过买卖双方的持续沟通，对客户购买产品的愿望、用途、功能、款式进行逐渐发掘，将客户心里模糊的认识以精确的方式描述并展现出来的过程。

（二）客户需求分析的内容

客户购车愿望的实现过程是一个渐进的过程。绝大多数客户尤其是家庭购车的客户，他们还达不到随便大把花钱的条件，买车的资金需要经过相当长时间的积累，因而在购买需求形成过程中，始终都会对自己的投资行为进行全面的审视，并不断地问自己这项投资是否值得，这项投资的风险有多大。此时，销售人员如果能把握该过程中的一切细微变化和机会，将客户潜在的需求转变成现实的需求，就能够赢得客户的青睐，最终达成交易。对客户需求进行分析，主要有以下三个方面的内容。

1. 了解客户的背景情况

客户未来的购买决策目标与方向都和他们的背景情况相关，销售人员要对那些将会影响他们购车行为的因素进行全面的调查、核实。客户的背景情况从以下几个方面进行分析：

（1）从事行业。可以与以往该行业客户购车的情况相联系。

（2）购车主体。是单位购车还是个人购车，资金来源如何。

（3）客户的决策地位。在洽谈过程中，判断客户是决策人还是决策影响人。

（4）收入状况。收入高的客户在确定品牌时比较容易接受知名品牌，而相对收入较低的客户会接受一些经济型的品牌。

（5）年龄、性别。通过年龄、性别判断客户对品牌与车型的选择倾向。

（6）个人喜好。喜欢轿车还是越野车，这方面的选择因客户的个性不同而有很大的差异。

（7）用车的经历。客户以前接触过的品牌和车型会影响到客户是接受还是排斥现在交谈中的经销商。

（8）对经销商的了解。对经销商了解的多少也会影响到客户是接受还是排斥现在接触中的经销商。

了解客户的背景情况

销售人员：您好，看您的情况是第一次买车吧？

客户：是的，刚拿到驾照。

销售人员：以前开过车吗？

客户：还没有。

销售人员：有没有自己比较中意的品牌与车型？

客户：想过，但因为对车不了解，还没定下来。

销售人员：如果您要买车的话，会考虑那些因素呢？

客户：价格要适中，品牌要有一定的知名度，性能要好。

以上案例中，销售人员的关注重点是与客户未来购买决策相关的背景情况。通过询问，销售人员了解到客户是第一次购车，缺乏汽车专业方面的知识，需要建立一个品牌和车型的选择目标。

2. 了解客户当前面临的问题

不论客户是否有购买汽车的经历，也无论客户是否使用过汽车，他们每次的购买行为一定是建立在解决某个问题的基础上的。这是汽车销售人员应该记住的。从汽车销售的专业角度看，这是销售人员与客户达成交易前必须认真把握的一个重要的问题。

了解客户当前面临的问题

销售人员：我想请教一下，今天上午您到过××汽车市场和××汽车市场，也看中了××品 2.5V6 旗舰型，什么原因让您还定不下来呢？

客户：我对那家销售商的服务有些担心。

销售人员：您说的那家销售商也是 4S 店，您怎么会对他们的服务产生怀疑呢？

客户：因为他们的销售人员见到我的时候不够热情。

通过以上案例，销售人员了解到客户对销售商的服务能力产生了怀疑，原因是该销售商的销售人员对该客户不够热情。既然买车时都如此，那么当客户成为车主后其对服务的需求必将更高。这时，客户关注的问题是售后的服务保障。

值得注意的是：如果一位客户从其他车行出来，因为不满意该车行的服务态度而向销售人员倾诉时，销售人员千万不要攻击对手，这不仅会影响自己的声誉，而且客户也不会对这个销售人员产生好感。如果把露骨的攻击加以隐藏，并以询问客户问题的方式，帮助他下结论，就会收到良好的效果。销售人员可以这样发问："先生，您讲得很好，这对我们提高服务质量很有帮助，如果我们在服务方面有让您不满意的地方，请您提出来，以便我们加以改进。"

3. 解决客户购车时面临的问题

当客户面临的难题已经展示在销售人员面前时，当然并不意味着客户与销售人员心灵相通、配合默契。针对客户存在的问题，应使其意识到如果问题得不到有效的解决，将会给他带来麻烦。

让客户意识到解决当前面临问题的重要性

销售人员：请问您现在开什么样的车？

客户：××牌的越野车。

销售人员：这部车现在还好用吗？有没有让您烦心的地方？

客户：用起来还没什么问题，就是档次太低了。

销售人员：那您做什么工作？

客户：承接工程施工的。

销售人员：那甲方对承包商的实力要求很高吧！

客户：这是必备的条件。

销售人员：如果您开这样的车去洽谈工程项目，甲方会不会怀疑您的实力？

客户：会的，曾经有过。

销售人员：那是否需要考虑一下车的档次？

> 客户：……
>
> 销售人员：如果当时您开的是一部丰田霸道4000VX，那肯定不会有这样的问题吧？
>
> 客户：甲方肯定相信我有实力承接这个工作。
>
> 销售人员发现，销售步骤进行到此。客户已经建立了对丰田霸道4000VX的认同，接下去就是进一步让客户了解这款车的特征和这部车将会给他带来什么样的好处，为后面的成交奠定良好的基础。

（二）客户需求分析的目的

人总是讨厌他人向自己推销物品，同时又总是喜欢购买物品。当客户察觉到销售人员在向他们进行推销时，他就会怀疑销售人员的真实意图，并且自然产生一种拒绝受人支配的心理。但是，如果客户自愿购买，他的心情则会是愉快的、有兴趣的，尤其是经过一番艰苦的讨价还价而购得所需物品时，其愉悦的心情是不言而喻的。

通过分析客户的需求，销售人员可以帮助客户有目的地了解自身的需求。这种有目的的分析会提高客户解决问题的迫切程度。当客户自己想解决问题而进行购买时，这种行为是客户的自愿行为而不带有强迫性。这就是需求分析的真实目的。

二、客户需求的类型和特征

（一）客户需求的类型

从汽车销售的实践可以看出，客户已经明确了的需求是构成销售的基础，那么客户需求的形式是什么样的？什么才是他们真正的需求呢？无论客户自己是否意识到，无论客户购买什么品质、什么价位、什么品牌、什么功能、什么配置的汽车，认真分析后会发现，从需求的表象到实质，存在下面所述的五类需求：

1. 客户自己说出来的需求

通过客户的表达，销售人员可以清楚地知道他们需要买什么样的汽车，但符合这个条件的汽车并不一定能完全解决客户的问题。例如"我买的这辆车品质要好、性价比较高"，表明的是客户对汽车的品质和价格两方面的要求。

2. 客户真实的需求

真正满足客户要求的汽车产品或服务解决方案，与汽车的性能、价格、装备等方面有密切的关系。例如"这辆车性能要稳定，不容易出故障，最好是50万公里无大修；这辆车采用的技术应该是最新而且是成熟的；品牌知名度高，价格合理，配置齐全，按照人性化的要求设计与制造；发动机应是高性能的发动机，必须是世界领先技术制造……"

3. 客户没有说出来的需求

一般是指售后服务方面能够给客户提供什么样的保障，这是客户作出购车决定前必须解决的问题。例如："这辆车还必须有高品质的服务，必须为客户提供全方位的照顾。"因为销售市场的竞争，让更多的客户在买车前对售后服务给予更多的关注，这也是各制造商积极发展4S店的一个重要原因。

4. 达成后心情愉悦、兴奋或感到意外的需求

一般是指客户没有要求，但销售商作为一种对客户成交后的回报给予他们的利益，这有助于让客户感到意外，会进一步提升他们的满意度。只是在实际的销售中，较多的汽车销售人员不懂得如何利用客户的这类需求进行销售，不懂得有效使用公司给予的特殊政策，往往在客户还没有成交欲望前甚至是他们刚进入展厅时就一股脑地告诉了客户，这样只会增大销售的难度。比较专业的销售人员往往是把销售政策用在最后，这是专业推销的一个重要技巧。

5. 隐含的需求

汽车产品除了代步功能外，还与乘车人或驾车人的财富、地位相联系。对他们而言，当购买了某款汽车后，希望能够得到陌生人或熟人对汽车的品质、主人的品位和财富的认同。

在汽车销售中，销售人员应清楚客户的这五类需求分别是什么，而且哪一类需求是客户要求必须重点满足的。例如，购买宝马760i轿车的客户，他们最希望满足的需求是当其开车出行时，能够有人投来羡慕的眼光，同时，也希望周围的人群特别是与他们自己同类型的人群能够对其身价和事业有良好的确认。

（二）客户需求的特征

汽车客户的需求除了这五类以外，还具有六个重要特征，即需求的对象性、选择性、连续性、相对满足性、发展性和弹性。如果汽车销售与售后能对这六大心理特征进一步加以利用，对提升汽车销售的业绩将会有极大的帮助。

1. 需求的对象性

客户在寻找购买目标的过程中，会有明确的调查对象。调查时，他们只想弄清一个问题：我买的车是否存在风险？规避风险是每一个人的天性，汽车消费不像买萝卜、青菜，即使买到不如意的也没有关系，损失不大。实际的销售中，销售人员要做的工作就是帮助客户将调查对象锁定在自己销售的产品上，排除其他产品对客户决策的干扰。

2. 需求的选择性

除了有明确的对象外，在同一个品牌或不同品牌同一个档次的汽车产品间，客户必须作出自己的选择。正因为有了选择的权力，也让他们更难下决心。销售人员的作用就是因势利导，让客户的选择有利于自己的产品和销售目标。

3. 需求的连续性

在客户购买了汽车后，销售人员可以向其推荐与汽车相关联的产品，如汽车装饰、饰品、CD等，此时他们更容易接受。如果掌握了客户需求的这种心理特征，就可以将客户的单一购买需求最大化。比如，当客户来提车时，销售人员可以提醒客户每天出门前检查一下灯光，教会他们换保险的常识，并顺便让他们购买汽车上装备的5A、10A、15A、20A、30A保险，此时客户一般不会拒绝，反而会对销售人员的专业性表示认可。当客户来做例行保养时，销售人员也可以教会他们一些基本的保养知识，并让他们顺便买一些机油、滤芯、刹车油等易损的备件。这样可以减少由于客户不专业而对汽车产品的错误理解，也能够让客户自己解决使用中发生的问题。

4. 需求的相对满足性

在刚买新车的一段时间内，客户一般不会再考虑买同样功能的汽车产品，与之相关联的消费也会受到抑制。销售人员如果能够有效利用这段时间，增加与客户的接触，并在他们允许的情况下，提供一些与汽车使用和维护相关的专业知识或培训，将会增强客户对汽车销售商和销售人员的认同感，这最直接的收益就是获得由这些客户带来的潜在客户。

5. 需求的发展性

客户的需求永无止境。虽然此次的购买已经让他们相对满意，但经过一段时间的使用后，他们就会发现这辆汽车的不足之处，又会产生新的购车需求。如果这段时间客户对正在使用的汽车产品好感加深的话，那么在未来的购买中再选同样品牌和销售商的可能性就较大。基于这样的情况，销售人员就应该服务好每一个客户，提升他们的满意度和忠诚度。要做好这方面的工作，可以在客户新车使用一段时间后，询问一下他们对汽车的音响系统、内外装饰等方面的需求，适时争取客户在这些方面的投资。

6. 需求的弹性

当客户确定了目标品牌与车型后，只要还没有购买，这个需求都有可能发生变化，前提条件是他们必须发现性价比更高、性能更卓越的替代品牌与产品。根据客户这一心理特征，销售人员只要让客户了解已经确定的品牌和车型的缺点，就有可能改变客户购买的决策方向，战胜竞争对手。例如，当发现客户已经初步确定选择某个品牌的车后，经过跟踪发现该车除装备ABS外，没有安装EBD，而自己销售的车正好配备了EBD。此时，在两辆车价格差异不是太大的情况下，只要能够让客户认识到一部只装备了ABS的汽车还不足全面保护其安全，如果选择了装备ABS＋EBD的汽车，更适合其在山多的地区驾驶，这将改变客户的最初购买目标。

个人爱好与实际需求

有一天，一位客户到某汽车销售店来买车，他在展厅里仔细地看了一款多功能的SUV车，销售店位的销售人员热情地接待了他，并且对这位客户所感兴趣的问题做了详细的说明，之后，这位客户很爽快地说马上就买。他接着还说，之所以看中这台SUV车，是因为他特别喜欢郊游，喜欢出去钓鱼。这是他的一个爱好，很早以前就想这么做，但是工作忙，没时间，现在自己开了一家公司，有了一点积累，也有了一些时间，所以就想买一辆车经常出去玩玩。

当时客户和销售人员谈话气氛比较融洽，要是按照以前的做法，这个销售人员不用多说，直接与客户签合同，并让客户交定金，销售活动就结束了。但是这个销售人员没有这么做。他继续跟客户聊，通过了解客户的行业，他发现了一个问题：

这位客户是做工程的，其业务的主要来源是他的一个朋友A，只要朋友A一到他公司所在的这个城市来，他都要去接他，但是跟他一块去接朋友A的还有其他竞争对手，也就是说，朋友A来了之后，可能会把工程分给这位客户一点，给客户的竞争对手也分一点，大家来共同完成一个工程。由于客户过去没车，而他的一个竞争对手有一辆北京切诺基，人家开着车去接，他只能找一辆干净一点的出租车去接，他的想法是不管接到还是没接到，反正我的诚意已经表达了。但结果每次去接的时候，这位朋友都上了他的出租车，而没有去坐那辆切诺基。这位购车客户并不知道其中的原因，但销售人员感觉到这里面肯定有问题，于是帮助客户分析他的朋友为什么总是上他的出租车，而不上竞争对手的切诺基。

销售人员问："是因为您的朋友对你们两个人厚此薄彼吗？"

客户："不是的，有的时候他给我的竞争对手的工程比给我的大，很多时候他给竞争对手的是肉，给我的是骨头。"

销售人员分析道："您的朋友尽管对你们俩是一视同仁，但实际上他有一种虚荣心，不喜欢坐吉普车而喜欢坐轿车。出租车毕竟也是轿车嘛。"

销售人员说："我认为，您现在买这个SUV车不适合。当您的朋友来了，去接的车一个是切诺基，一个是SUV，两个车基本一样，他上其中一个人的车，另外一个人的脸肯定挂不住。以前一个是吉普，一个是出租，总还有所区别，出租车好歹是个轿车。到那个时候万一您的朋友自己坐出租车走了，怎么办？"

客户想了想，认为有道理。然后销售人员又分析说："我的想法是，根据您的这种情况，您现在不要买这台SUV，我认为您纯粹只是用于个人消费，因为您买这台车只满足了您的个人爱好，对您工作却没有什么帮助。我建议您现在还是'投资'比较好，这个SUV的价格在18万到20万元之间，如果您用这笔钱去买一辆轿车，用来接您的朋友，接您的客户，那不是更好吗？"

客户越听越有道理，最后他下了决心："好吧，我听你的。"他之所以听销售人员的，是因为销售人员站在客户的角度看问题，从客户的角度来看，他认为销售人员的眼睛不是光盯着他口袋里的钱，而是在为他着想。他说："我做了这么多年的生意，都是人家骗我的钱，我还没碰到过像这次一样，我想买车而卖车的还不愿卖给我，却给我分析利弊，跟我说买这款车是投资，买那款车是消费，把利害关系分析得这么清楚。虽然买车的决定权在我，但我觉得你分析得有道理。确实是这个情况，按照现在公司的状况我还没达到个人潇洒的那种水平。"于是他接受了销售人员的建议，买了一款与SUV同等价位的轿车，很开心地把这辆车开走了。

临走时，客户对销售人员说："非常感谢你，我差点就买了一辆对我工作没有帮助的车，差一点没有把钱用在刀刃上。"他一口一个谢谢。

销售人员很会说话："先生，您不用对我客气，您要是谢我的话，就多介绍几个朋友来我这儿买车，这就是对我最大的感谢。"

客户说："你放心，我一定会帮你介绍的。"果然，没过多长时间，他亲自开车带了一个朋友来找销售人员。一介绍，大家一聊，谈得很好，最后新客户也在这儿买了一辆车。

销售人员还是用同样的方法跟他说："您买了这台车以后，您觉得好就给我在外边多宣传，多美言两句。"新客户说："好，当然没问题，我们这个王兄，他在你这儿买的车，我就是他介绍来的，现在我也很满意，我也会给你介绍的。"接下来肯定会有上述的事情继续发生，因为新客户同样有他的社交圈。

半年以后，最先买轿车的客户又来找销售人员。他说："我找你是来圆我的那个'梦'的。"

这个销售人员一听就乐了：客户赚到钱了，来买那台SUV了。

以客户为中心的顾问式销售，让这名销售人员在半年之内至少多卖了三辆车。

三、不同消费心理的客户的销售应对

（一）五种常见销售心理

社会阶层是指社会上的个体和家庭，因经济条件、社会地位不同以及与之相应的生活方式和价值观念的差异而区分出不同层次。处于同一社会阶层的人，在生活方式、价值观念、社会地位等方面比较接近。相反，处于不同的社会阶层的人，其生活方式、价值观念、社会地位等方面则存在着较大的差异。社会阶层不只是受单一因素的影响，而是同时受到职业、收入、教育、财富等多重因素的影响。由于多重因素的影响因而使客户产生不同的购车消费心理。

1. 品牌心理

品牌心理是消费的一种表现。品牌心理除了与消费者自身有关外，与行业发展是否成熟也有关。不可否认，现今的中国汽车行业，国产汽车与国际知名品牌汽车还有一定差距，国际品牌汽车尽管有的也在国内生产，但是在技术、质量要求、质量监控、产品规模、市场服务能力等方面还是有优势的。除了产品质量外，汽车文化也影响了客户的品牌心理。例如，日本品牌汽车重视外观的精美，做工精细、内饰考究，成为一些客户的首选品牌；而欧美等国家的汽车注重安全和舒适，也拥有相当的客户群。各品牌汽车在中国市场的占有率以及售后服务网络的发达程度都成为影响客户选择品牌的因素。各个地方的消费文化也是影响客户品牌心理的一个重要因素。在珠三角地区，人们钟爱丰田、本田等品牌的车；在长三角地区，人们喜欢上海大众品牌的车。

2. 炫耀心理

在中国，汽车进入百姓家庭的时间很短。拥有一辆高档汽车是非常荣耀的事情，是一种身份和地位的象征。不能认为带着炫耀心理购车的客户就一定是很有钱的人，他们在实际交易的时候肯定也会考虑价格问题，但是价格的影响程度已经大大降低，更多的关注点是如何体现他所追求的"分量"。因此，在销售过程中销售人员要充分掌握这一特点，不妨为客户推介档次高一点的车型，满足他们的心理要求。

3. 价值心理

具有价值心理的客户，影响他的购车因素主要是产品的性价比，也就是说他会比较理智地去想花这笔钱买这样一辆车值不值得。有些客户在经济上不存在问题，花二十几万元买车不在话下，但是如果他觉得某款十几万的车性价比非常高的话，也许会降低档次选择购买。相反，有的客户经济实力并不很强，本来准备买辆十几万元的车，也可能会考虑物超所值的高档次的车，当然，其前提是不会产生较重的经济负担。

4. 从众心理

这类客户不希望与别人有太多的不同，朋友买什么车，他也会买相同层次的车，标新立异的事他是不会考虑的。

5. 实用心理

这类客户是实用主义者。由于工作或上班的需要而购车，完全以实用为主，不会过多地考虑性价比和其他因素，购车预设的价位也偏低。

成都的私家车世界

成都是个生活质量较高的省会城市，近年来经济发展很快，很多家庭都已迈入小康行列。成都私人轿车的保有量已经超过百万辆，仅次于北京和广州。每4个成都人就拥有一辆私家车，在全国大城市中名列前茅。

成都人的收入水平，比北京、广州这些大城市和沿海地区低很多，消费水平总体也比较低。但在汽车消费上，成都人的观念却很超前。国内许多地方还把私人汽车看作身份和地位的象征，大多数成都人则仅仅把它看做是代步的工具。他们买车不是为了炫耀，而是提高生活质量。相当数量的居民有些积蓄后，首先考虑买车。成都的私家车，三分之二是5~10万元的经济型轿车。成都人十分钟爱自己的车，并不在乎它价格不高，排量不大。长安奥拓在成都的保有量达10万辆，是各大城市中保有量最多的，很多家庭看中的是这款车的实用性和价廉物美。微型轿车确实带给了成都人更便捷、更高质量的生活。

（二）不同心理、性格客户的销售应对

消费者由于在个人收入和文化观念上的差别，以及在年龄、性别、职业、兴趣、爱好等方面的差异，会形成不同的消费心理需求，从而导致购车客户种类不同。针对客户不同的心理和性格销售汽车，会取得良好的销售业绩。

1. 内向型

内向型客户生活比较封闭，对外界事物表现冷漠，与陌生人接触时，他们一般会保持一定的距离。在与销售人员的沟通过程中，他们的反应比较迟钝。

销售应对：给予他们良好的第一印象。另外，对这一类客户如注意投其所好则容易谈得投机，否则会难以接近。对于内向型客户，应做好必要的辅助工作，给其更多的"自由"，不需要太多的语言解释。注意倾听，通过周到细心的服务打动他的心。

2. 沉默型

沉默型客户在整个销售沟通中表现极其消极，甚至一言不发，显得非常冷漠。

销售应对：对于这类客户，打破沉默的僵局是首要的。这要求销售人员采取主动的策略，尝试用一些简单轻松的话题来刺激客户的谈话欲望。聊聊时装、美容、小孩的学习（包括教育和成长），或许可以缓解沉闷的气氛。

3. 随和型

随和型客户性格开朗，容易相处，内心防线较弱，对陌生人的戒备心理不是很强。他们容易被销售人员说服，通常不会出现令销售人员难堪的行为或言语。

销售应对：对于性格随和型客户，可以找一些轻松的话题，如幽默故事、趣闻，有时会收到意想不到的效果。如果他们赏识一位销售人员，甚至会反过来主动帮助他去劝说其他客户、帮他销售。值得注意的是，这类人容易受人影响，容易忘记自己的承诺，因而需要及时跟进。

4. 虚荣型

这一类型的客户爱表现、喜欢突出自己。他们一般不喜欢听别人的建议，总是要表述自己的观点，自我表现的欲望很强，妒忌心较重。

销售应对：不要随便反驳或者打断他们的语言；在与他们进行沟通时不要炫耀自己，宜用随和的方式来表述自己的观点，避免刺激客户，以防止其产生心理负担和压力。

5. 敏感型

这一类型的客户对周围发生的事情、销售人员的言语和行为反应敏感，而且容易激动。情绪不稳定，而且容易反悔。

销售应对：耐心是对待这类客户最有效的方法，切忌急躁和激动，避免言语方面对客户的刺激，顺其自然；把握好客户的情绪变动，在恰当的时机提出自己的观点和建议。

6. 刚强型

这一类型的客户性格坚毅、正直严肃、对待工作认真、决策谨慎、思维缜密，这一类型不容易对付，也能考验销售人员的实力。

销售应对：销售人员在礼仪、礼节和言语方面不要太过随意，要表现出专业的素质，时间观念要强。在没有充分沟通之前不要轻易下结论，不要使客户产生"销售"的感觉。

7. 怀疑型

这一类客户因受到工作或生活中的欺骗经历的影响，对销售人员的言语、举止，甚至对产品的相关资料总是持一种怀疑的态度。

销售应对：面对怀疑型的客户，不要受其影响，要有自信的心态，相信自己所经销的产品、企业实力和服务水平，适当地借助专家或权威媒体的观点来引导销售。端庄严肃的外表与谨慎的态度有助于建立客户对自己的信任，从而顺利完成交易。

8. 好斗型

这一类型的客户争强、好胜、顽固。对事物的评判比较主观和专横，喜欢把自己的意见强加于人，具有很强的征服欲望。

销售应对：面对这一类型的客户，很有必要把握好自己的心态，千万不要意气用事，被对方搞乱了阵脚，因为争论常常是无益的。必要的时候在言语上作一些有理、有利、有节的让步，也可能令事情朝好的方向发展。

四、客户需求分析方法与技巧

在客户需求分析中，观察客户的言行举止是了解客户需求的第一步，要想确定客户的真正需求，还需要和客户进行深入的交谈和沟通。但是，要使客户说出他心中的想法并不容易，需要采用一定的方式方法。为此，汽车销售人员需要掌握一些基本的技巧。

（一）观察

观察不同人群的购买风格，就能大致地把握客户的购买心理。当然，这都是共性。需要进一步观察客户，并根据观察结果来决定销售行为。

1. 观察谁是决策者

真正的决策者并不一定是看车最仔细或需要买车的人。当客户走近展厅时，销售人员要及时判断谁是真正决定购买的人。最好判断谁是决策者的情况是客户独自前来。可是，当客户结伴前来，要弄清谁是决策者就需要一定的技巧。

（1）朋友或同事。一看亲密程度。亲密的好友拥有决策权。如果陪伴而来的人不是亲密的朋友，则可能只是一个意见参考者，那么直接购买者会拥有更多的决策权。判断亲密程度，可以根据两人的距离、说话的亲密程度以及肢体语言进行判断。二看中心位置。两人行，左边为尊；三人行或三人以上平行，注意中间。如果一时很难判亲密程度的话，就观察中心位置。如果三人不平行走，那么走在前面的一般都是中心人物。只要注意到这些细节，就可以很快找到真正的决策者。

（2）情侣。大件及耐用消费品的购买常常以男性为主导，但女性在销售过程中依然发挥着重要的作用。销售人员一方面要说服男性客户，但同时还要注意观察女性一方的感受，避免出现顾此失彼的情况。

（3）家庭。一个家庭来购物时，如果当中有年长者，那么这位年长者会有一定的决策权；如果是一家人带着一个小孩子来购物，那么我们首先要注意观察和判断小孩的年龄，特别是孩子在 15~20 岁之间时，会根据自己的喜好来决定购买。虽然买车的是孩子的父母，但销售人员不能忽视孩子的影响力。

2. 观察客户的年龄

客户的年龄是影响汽车消费的一个重要因素，它在一定程度上反映了客户的工作成就、社会经验、经济实力、购买倾向、决策能力等重要问题。

（1）青年消费者的购车行为表现。青年消费者人数众多，具有独立的购买能力和较大的购买潜力。但由于汽车的价值较高，有能力购买中高档汽车的青年只占很少的一部分。现在的青年进入中老年后，又将成为购买中高档汽车的生力军。

青年购车者的特点具体表现在以下方面：

①追求时尚。青年人思想活跃，富于幻想，勇于创新，追求新潮，积极向上。这些心理特征反映在对商品的需求上就是追求新颖、时尚和美的享受，敢于引领消费潮流，体现时代特征。

②突出个性。青年消费者处于由青年不成熟阶段向中年成熟阶段的过渡时期。他们追求个性独立，希望形成完整的个性形象，自我意识迅速增强。

③肯用高价购买新产品。青年消费者所具有的追求时尚与新颖、表现时代、追求个性的消费心理，决定了他们在选购商品时，对新品种、新花色、新样式情有独钟，以引领时代新潮流为荣。

④有明显的冲动性、变化性。青年人购车首先讲究车辆美观、新奇，其次才注意质量、价格，难以冷静地分析车辆的各种利弊因素，许多人凭对车辆的感情来判断车辆的好坏、优劣，形成对车辆的好恶倾向。因此，购车动机的随机性、波动性较大。

（2）中年消费者的购车行为表现。

①理智性强、冲动性小。中年人阅历广，生活经验丰富，情绪反应一般比较平稳，多以理智支配自己的行为。

②计划性强、盲目性小。中年消费者处于向老年过渡的阶段，大多是家庭经济的主要承担者。尽管他们的收入不低，但肩负着赡养老人、抚育孩子的重任。

③注重传统、创新性小。中年希望以稳重、老练、自尊和富有涵养的风度有别于青年。反映在消费方面就是不再完全按照自己的兴趣爱好选择商品或消费方式。购买汽车时，他们有时

宁可压抑个人的爱好而随俗也不愿意让别人感到自己不稳重。

（3）老年消费者的购车行为表现。怀旧心理强烈，品牌忠诚度高；注重实际，要求得到良好服务；较强的补偿性消费心理。

（二）诱导

在汽车销售中诱导策略就是对不同心理模式的客户，有针对性地采取不同的方式进行诱导，让客户开口说话，确定或引出客户的真正需求进而促成购买。这里介绍两种简单有效的方法。

1. 赞美诱导

在赞美客户的时候，要恰当地选择赞美的内容。不同的客户喜欢被赞美的内容是不一样的，也就是说客户的得意之处并不一样。比如，爱炫耀的客户喜欢被人夸事业有成；爱美的女士喜欢别人说她的衣服好看；老年人喜欢人家赞美他的身体健康；而如果客户带着小孩来购车，一般可以选择赞美客户的小孩长得漂亮、可爱等。也就是说，赞美要根据对象的喜好而行之。

另外，在赞美过程中要注意具体明确地赞美客户。所谓具体明确地赞美，就是在赞美客户时，有意识地说出一些具体而明确的事情，而不是空泛、含混地赞美。比如，与其说"小姐，您长得好漂亮喔"，不如说"小姐，您长得好漂亮，尤其这对眼睛乌黑明亮、大而有神，真令人羡慕"。前者因没有明确而具体的评价缘由，令人觉得不易接受，而后者让人感到真诚，有可信度。

在赞美过程中，还要运用观察异点赞美的方法。爱因斯坦曾说过，如果有人赞美他思维能力强、有创新精神，他一点都不激动，因为作为科学家，这类话他听腻了；但如果谁赞美他小提琴拉得棒，他一定会兴高采烈。人都有一种希望别人注意到他不同凡响之处的心理。赞美客户时，如果能适应这种心理，去观察发现对方异于别人的不同之处来进行赞美，一定会取得出乎意料的效果。

人的素质有高低之分，年龄有长幼之别。因人而异、突出个性、有特点的赞美比一般化的赞美能收到更好的效果。老年人总希望别人不忘记他"想当年"的业绩与雄风，同其交谈时，可多称赞他引以自傲的过去；对年轻人不妨语气稍微夸张地赞美他的创造才能和开拓精神，并举出几点实例证明他的确前程似锦；对于经商的人，可称赞他头脑灵活，生财有道；对于有地位的干部，可称赞他为国为民，廉洁清正；对于知识分子，可称赞他知识渊博、宁静淡泊。当然这一切要依据事实，切不可虚夸。

2. 优惠诱导

当人发现自己的某项行为将会给自己带来好处时，那么这种好处将会成为其行为的推动力，客户在购买商品时同样抱着这样的心理。如果买了某件商品可以获得某项利益，那么他的购买欲望将会大大提高。这种优惠包括了赠品、折扣等。其中尤以价格优惠对客户的吸引力最大，因为在通常情况下，客户在购买商品时首先会考虑商品的价格。例如，他会翻看价格牌，这个时候，如果他所关注的商品打了折，那么这件商品对他的诱惑力就会相应地增加。

所以要打开客户的话匣子，可以使用利益诱导法，如告诉他他所浏览的车型现在是特价；如果他正在看的汽车没有打折，那么可以提醒他，让他知道有什么品牌在做特价酬宾，并强调特价带来的好处。

（三）探询

许多汽车销售人员抱怨自己的探询非常困难，"客户老是答非所问"，"客户任我怎么说就是不理我"，"客户总是说价位太高"。出现这些情况，其主要问题是销售人员探询的技巧不够。如果问一位销售新手，销售技巧的关键是什么，他会说是成交签订购车合同；如果问一位销售老手，他会说销售技巧的关键是探询技巧。

探询是商谈过程中的方向灯，可以指引销售大步前进；探询可以使销售人员达成理想的商谈局面；探询可以确认需求，帮销售人员锁定焦点。一个关键性的探询可以让销售工作循序渐进、水到渠成。

探询分为三个阶段。第一阶段是开始商谈，这一阶段主要是了解客户购买的动机与需求，即了解需求车型、购买用途、价格期望等。第二阶段是商品介绍，这个阶段主要是介绍一款车适合客户之处、其性能和特征的与众不同之处。注意，销售人员切莫主观行事，要根据第一轮探询的结果有的放矢地介绍。第三阶段是处理异议和成交阶段，这个阶段主要是处理客户最在意什么、为什么拒绝签约、还有什么异议等问题。在成交的过程中，主要处理有关车身颜色、交车时间、付款方式，还有其他售后服务等问题。

以下介绍六类探询客户的方式：

1. 诱导客户反询问

客户不会听凭销售人员的摆布，更不会其你的听众，如果汽车销售人员总是把客户当作"小学生"，客户很可能产生抵触情绪。因此，最好的方式是让客户也当一回"老师"，使其增加一点自豪感。可以这样向客户探询："我是一个新手，很想请教您，您认为什么品牌的汽车更适合您？"大部分的人都喜欢让别人听到自己的声音。只要肯去请教客户，就可以消除很多障碍。当然，销售人员运用反询问这一柔性销售技巧，还应注意下边几点：

（1）是否准备了能引起对方注意的反询问话题？如果没有，就应当立即准备，准备好了再使用这一技巧。

（2）是否知道哪一个销售要点最能打动客户的心？如果不知道，应该立即准备能够寻找相关信息的一连串反询问话题。

（3）能否利用柔性销售的反探询，以在激烈的竞争中使自己站在有利的位置上？如果不能，就要多学多练。

（4）得体的探询由开放式问题开始，了解需求方向后，再缩小范围，也就是先从大方面入手，然后再将目标缩小。所谓大方面就是先从日常生活的一些话题开始，直到把客户引向产品本身，然后再开始聚焦话题。

2. 承诺式探询

这是成交前对客户的一种承诺。例如，销售人员可以说："我们还给您准备了一些额外的小礼品，不知道您是否喜欢。希望您能给我们提一些建议。"

3. 反问式探询

利用向客户澄清问题的机会发问。例如，销售人员可以说："您说便宜一万，是不是指一万元的礼品啊？"

4. 推测式探询

进一步缩小范围探询需求目标。例如，销售人员可以说："您如此重视家人安全，可以看出来您是一位非常有责任心的人，这款车配备了双安全气囊，您觉得怎么样？"

5. 选择式探询

这是接近成交时的决定性探询。例如，销售人员可以说："先生，您要的是黑色还是灰色？您是付全款还是分期付款？"

6. 摸底式探询

这种询问的目的是了解客户的某些事实情况。销售人员提出事实状况询问的主题当然是和销售的商品有关的。例如，"您开车多少年了？""上班的路程远吗？"等。

第三节　客户异议处理技巧

任何产品与服务的销售都会存在客户异议，汽车销售更不例外。从汽车销售的角度看，有两类客户的销售较为容易：一类是对汽车根本不了解的客户，但他们自始至终相信销售人员的专业性和服务能力；另一类是对汽车产品相当了解的客户，他们有自己的选择目标，除了价格以外，其他的因素在来展厅之前已经明确。最难处理的是第三类，这类客户在消费人群中占的比例最大，他们对汽车知之甚少，但又对销售人员抱有不同程度的怀疑，在相互接触的过程中，较难完全认同销售人员的推介。他们认为只有自己认可的事情才最可信，因而什么事情都要自己求证。销售人员经常会遇到这样的客户，他们把从互联网上下载的汽车销售价格拿到销售人员面前，要求按这个价格成交，他们不清楚全国各地的情况不可能相同，价格难免有差异，但正是这样的情况，造成他们对销售商的不信任。作为汽车销售人员只有正确地认识和把握客户异议，适时采用恰当的方法、策略与技巧进行处理，才能最终说服客户，促成交易。因此，正确对待和妥善处理客户异议是销售人员必备的基本功。

一、正确对待客户的异议

客户异议是客户对销售人员或其销售活动所作出的一种在形式上表现为怀疑或反面意见的反应。简单地说，被客户用来作为拒绝购买理由的就是客户异议。从广义上看，客户异议不仅指客户的意见、提出的各种各样的问题，还指在销售过程中客户对销售人员任何一个语言或举动的不赞同、质疑的行为。

客户异议处理贯穿于销售过程的始终。销售人员在寻找、分析、洽谈、达成交易过程中，不可避免地会遇到客户的各种异议。销售过程大部分时间就是异议处理的过程。只有妥善处理了客户的异议，销售才能得以继续。从另一方面说，异议并不都是消极的，有时它不但不会阻碍销售，反而可以使销售人员找到成交的捷径。因此，通过各种异议的处理，销售人员才有了丰富、娴熟的异议处理技巧。

（一）销售从客户的异议开始

从接近客户、调查、产品介绍、示范操作、提出建议到签约的每一个销售步骤，客户都有可能提出异议。越是懂得异议处理的技巧，销售人员越能冷静、坦然地化解客户的异议。每化解一个异议，就摒除与客户的一道障碍，就会进一步接近客户。

如果客户对某一商品无动于衷、毫无兴趣，他是不会提出任何异议的。客户每次提出异议，都是有的放矢的，这表明他对销售品产生了兴趣。客户真诚地提出异议，实际上也是在帮助销售人员，暗示销售人员是否有成交的可能。而销售人员则可以通过异议了解到客户的想法，知道客户对哪些满意、哪些不满意，以便采取对策。如果客户什么也不说，或者不说"不"字，销售人员的销售技巧再高也无处可用。因此，销售人员应该欢迎客户提出异议，主动询问客户的异议，并尊重客户的异议。如果销售人员拒绝接受异议，或者对异议一概加以反驳，会使客户产生反感，这种强行销售的行为会使整个销售工作毁于一旦。在实际销售中，有些销售人员害怕客户提出异议，一碰到异议就灰心丧气，认为生意做不成了，该画句号了，这就是患了"异议恐惧症"。销售人员必须克服这种心理障碍。

（二）客户异议既是销售的障碍，也是成交的前奏与信号

客户对销售人员与汽车产品等提出异议，确实为进一步销售设立了障碍。但是，障碍的出现使销售人员有了与客户进行沟通的机会，使成交出现了希望。客户一旦提出了异议，销售便进入了双向沟通阶段。因为客户提出的异议可能是在告诉销售人员：我对产品或服务已经发生了兴趣，但我还需要更进一步地了解商品的功能与价值，才能作出最后的决定。销售人员可以抓住这个机会，作更详细的说明，把产品的功能、特征及商品的使用价值解释得更清楚。所以说，客户提出异议是表明销售已向成交迈近了一步，使销售有了进一步发展的基础。因此销售人员既要看到客户的异议为销售工作设立了障碍的事实，亦应看到解决客户异议就可成交的前景。

销售人员面对客户的异议，应持的态度是：异议是体现客户真实需求的最好标志；异议经妥善处理后能缩短取得订单的时间；没有异议的客户才是最难处理的客户；异议表示销售人员给客户的利益目前仍不能满足他的需求；注意聆听客户的话，从而辨别属于真正的异议、假的异议还是隐藏的异议；不用华而不实的回答来处理异议，当不知道问题的症结所在时，坦诚地告诉客户自己不知道，并尽快找到解决问题的方法；异议说明客户希望获得更多的信息；异议表示客户仍有求于销售人员。

二、客户异议的类型和表现

汽车销售中客户最常提出的异议是对汽车产品的某些功能和特点的异议，这说明客户愿意与销售人员探讨他们在购买中的有关问题，这是一个好的征兆，对今后的成交有极其重要的作用。只是，在处理这类问题时，要分清属于哪一类的客户异议，然后采取相应的策略，最终达到化解异议的目的。

（一）异议的种类

1. 真实的异议

经常会听到客户说："这款车价格都超过14万了，但怎么只配织绒的座椅。"如果这位客户已经对大众品牌建立了信心，并且已经看中了车价14.23万元的宝来1.6L/5V5—GB基本型的话，此时客户的异议就是一种真实的异议。对于客户而言，他们也许对比过车价为14.18万元的北京现代伊兰特1.8手动豪华型，该车配有高档真皮座椅。客户提出这样的异议是为了解决异议，从而购买。

2. 虚假的异议

同样的情况，如果客户说："大众品牌就是不怎么样，宝来 1.6L/5V5—GB 基本型的车价都已经达到了 14.23 万元，配置还不如北京现代伊兰特 1.8 手动豪华型，该车车价才 14.18 万元，比宝来便宜了 500 元，不仅配有高档真皮座椅，而且带座椅腰垫，全车座椅加热等功能。"如果客户在讲这番话的时候身体的姿势并没有变动，眼光还透出一种期待的话，则是一种找借口的虚假异议，目的是要让销售人员在价格上做些优惠；即使得不到价格优惠，也希望得到一些让步。相反，如果客户讲完这段话后就离开了现场，那么只能表明客户比较关注这两款车型，但还处在了解情况的阶段。因为客观来讲，选择大众品牌的客户，看中的并非其配置的齐全性。

3. 隐含的异议

隐含的异议指客户并不提出真正的异议，而是提出各种真的异议或假的异议。目的是借此假象隐含异议解决的有利环境，例如客户希望降价，但却提出其他如品质、外观、颜色等方面的异议，以达到降价的目的。如销售人员说："经过刚才的介绍，您认为这部车是否满足您的需求？"客户回答："我的预算没有那么多。"其实，客户是向销售人员表达了两层意思：一层意思是报价太高了，另一层意思销售人员介绍的这款车不适合他的。

（二）客观异议的表现

客户异议是多种多样的，不同的客户会有不同的异议，内容统一的异议有相同的异议根据。销售人员要善于观察客户的言谈举止和动作表情，把握客户的心理活动。正确理解客户异议的内容，区别不同的异议根源才能有的放矢地处理客户异议。客户异议的主要表现类型有：

1. 沉默型

这是最常见的异议表现形式。当客户沉默不语时，销售人员关键要根据他们的面部表情来判断他们是在思考问题还是产生了异议。此时，如果客户的面部表情比较放松，头部仰起，眼睛望着某一方向，表明客户在沉思。如果客户面部表情紧张，眼睛平视着销售人员，此时较多情况下是客户有了异议，表示销售人员的解决方案并没有满足他们的要求。沉默类客户是比较难应付的，对待这种类型的客户异议，销售人员只能从产品所能提供给绝大多数客户的优点着手，耐心地讲解直到客户最终说话为止。

2. 借口型

这种异议是客户对销售人员的方案不认同的一种常见表现形式，销售人员应该慎重地表达自己的意图，不要给客户有可乘之机。如客户说"这款车就没有其他颜色了吗？你们现有的这几种颜色我都不太喜欢"，"这车不能加长吗？我需要的是那种加长型的"，"现在买车有没有优惠呀，去找找你们经理，看看可不可以打折，不能打折我就不要了"等。这种表现形式的异议，对于有经验的销售人员来说，可能一听就能听出其中的意思，就不会再做太多的无用功，或朝着错误的方向走下去。

3. 批评型

这种情况一般发生在客户对汽车产品和销售企业比较了解的情况下，他们会针对所看到的产品、服务以及销售商做得不够的地方进行批评。如客户说："你们这种东西，我不看不知道，看了才发现，车身这么薄，隔音太差了；起步加速太慢了，油耗又大；这车仪表板布道有问题，看起来不舒服。"

4. 问题型

在洽谈中，当客户提出的某一问题被解决后，他又提出一些离谱的问题，让销售人员说不出让他购买的理由。如客户说："这种车有没有八缸的发动机？这车的保修期才2年或4万公里呀！这么贵的车，怎么连后排的安全气囊都没有啊，能选装吗？"

5. 兜圈子型

销售人员经常会遇到有的客户似乎对产品非常了解，不管说什么他们都懂，一旦销售人员要他们作成交决定时，他们则迟迟不肯表态。客户或者说考虑考虑，或顾左右而言他，其实就是在跟销售人员兜圈子而已。

6. 主观型

客户只凭自己过去的经验或朋友的建议下结论，对销售人员所说的话总是心不在焉或疑惑重重。这种客户一般都比较顽固，即使销售人员说的都是为他好，他也会认为销售人员的话有虚假的成分。

7. 怀疑型

当客户对汽车销售人员和销售商不了解或对汽车产品不熟悉时，往往会提出自己的疑问。这种异议与客户的性格及处事方式有很大关系，他们往往是属于忧郁型的性格，追求完美，即使是事实也会用怀疑的心态去对待。遇到这种客户，销售人员可以尽量少说空话多举实际例子，用客观事实来说服客户，或者让其他客户现身说法以打动他。

8. 其他类型

（1）需求异议。客户主观上认为自己不需要所销售商品的一种异议。

（2）财力异议。客户以支付能力不足或没有支付能力为由而提出的一种购买异议。

（3）权力异议。客户以自己无权决定购买产品为由而提出的异议。

（4）产品异议。客户对产品的内在素质、外观形态等方面提出不同看法和意见而形成的异议。

（5）价格异议。客户认为产品的价格与自己的估价不一致而提出的异议。

（6）购买时间异议。客户认为自己购买商品的时机还未成熟而提出的异议。

（7）政策异议。客户对自己的购买行为是否符合有关政策的规定而有所担忧，进而提出的一种异议，如小排量的车是否会受到限制。

（8）心理原因。大多数人对生活中的某些改变会产生抵触情绪，对新事物的接受需要过程，让客户从原来用的品牌转到另一个品牌更是难上加难。

（9）情绪原因。如果碰上客户的情绪正处于低潮，没有心情进行商谈，客户容易提出异议。假如客户股票暴跌，可想而知，他暂时是没有心情再看车了。

从以上分类上看，客户异议的根源既有必然因素又有偶然因素；既有可控因素也有不可控因素；既有主观因素也有客观因素；既有客户愿意说明的原因，也有客户不愿说的原因，还有连客户本身也说不清、道不明的原因。

从客户的异议中，销售人员能获得更多的信息，判断客户是否有需求，了解客户接受建议的程度，并迅速调整销售策略。

三、专业是处理客户异议的基础

大家普遍都有这样的经验：如果生病了，看病时最想见的不是刚刚大学毕业的实习医生，而是有学术成就和实践经验的专家。买车也是如此，客户手里拿着钱，但又不知道什么样的车最适合，此时，他们最希望找到的是懂车的人，也就是专家，所以专家的形象和地位在汽车销售中显得尤为重要。要指出的是，专家并不是指评了职称，如高级工程师或高级营销师，而是懂汽车技术、懂汽车销售和营销手段，又明白客户的心理需求，掌握灵活处理客户异议艺术的汽车销售的行家里手。

（一）应对客户异议的心态

销售人员要从心理上做好应对客户异议的准备，如果一位销售人员在销售过程中遇到客户对汽车产品倍加赞赏，千万别沾沾自喜，这样的客户绝对不是一个真正的买家；如果遇到一位对这抱怨，对那批评的客户，千万别忽视他，这样的客户才是真正可能的投资人，所以才有"嫌货的是买家，喝彩的是闲人"这样的至理名言。专业的汽车销售人员别的都不怕，怕的是没有一位客户对他们发生抱怨和提出异议。如果一位客户再次走进汽车展厅时，对产品充满了意见，说明他们在这些方面有问题，只要帮助他们重新认识或解决这些问题，成交就是顺理成章的事情了。

（二）导致客户异议产生的主要原因是没有真正弄清楚客户需求

专业的体现是多方面的，但只要一个小的方面没有注意到，客户不会再给销售人员第二次机会，如有的男性销售人员，出于自己个性追求的需要，头发留得超过耳根，到了可以扎辫子的长度，还有的将头发染成了不同的颜色，这都与汽车销售所需要的形象不相称，容易引起客户的不快。因为在汽车销售中，汽车销售人员需要的是共性的协调一致，从而满足客户心理需求，而不是销售人员个性的张扬。还有的销售人员自以为自己有一副好口才，但好口才并不一定会有好的销售效果。客户买车不是没事找事，也不是有钱没地方花，而是要解决他们关注的问题，即满足他们的需求。面对客户时，如果汽车销售人员把许多相关的汽车产品推介给客户，但最后客户问一句："你说的跟我有什么关系？"这时，结果会是怎么样？只有失落感以及客户的抱怨。因此，好口才一定要用到客户最关注的问题上。只有在真正对客户的问题、解决问题的思路、最终要达到的目标等方面的情况全面了解后，才可以将自己的汽车产品与客户对号入座，进行强力推荐。此时，只要让客户认识到这样的配对能够达成他们的目标，并对最终结果进行确认的话，汽车的销售也就完成了。

（三）提升汽车产品方面的专业能力是解决客户异议的有效手段

很多汽车销售人员只知道ABS是刹车防抱死装置，但他们知道的只是一个名词，而对这个名词的含义不甚清晰，所以当客户问到更细节的情况时，只能说"ABS就是ABS，反正装了ABS的车安全性好。"ABS分为机械式和电子式，两者的工作原理、使用效果以及成本都不一样。如果客户不深究就没有什么问题，但万一客户深究怎么办？销售人员只好说"我不知道"，从此再也没有成交的机会，还落得个实在不专业的"美名"。因此，提升专业能力在汽车营销中不是一句空话，而是要脚踏实地地付出。轿车除配有ABS（刹车防抱死装置）外，还配有EBD（制动力分配系统），此外，蓝牙技术、吸能式安全车身、TCS（牵引力控制系统）、GPS卫星定位系统等新技术不断应用到汽车产品中，并随着技术的成熟，逐步向低端汽车产品延伸。汽车销售人员必须逐渐掌握这些技术和功能，以提升自身的汽车专业能力。但汽车销售人员如果不分对象地滥用这些术语，也会造成客户的困惑，给后续的销售带来障碍。

因此，作为一名专业的汽车销售人员，在汽车产品的展示与介绍中，如果涉及一些专门的术语和概念，要在介绍的同时将这些概念作一个详细的说明，特别是当发现客户的眼中流露出迷惑的眼神时，更应该先问一句："先生，想请教一下，之前有没有接触过这样的概念？"如果客户表示接触过，应再询问："您对这项功能的理解是……"如果客户能够准确地回答这样的问题，不仅可以加强相互间的互动交流，还可以判断客户是否对此感兴趣，这也是寻找汽车产品卖点的一个有效方法。如果客户的表达不准确或他们根本就不知道这个概念，可以这样说："您看，对于这个问题我是这样理解的……"最后别忘了说一句："以上说的内容仅供参考，更准确的细节请参照产品样本或说明书上的详细介绍。"

（四）永不争论

销售洽谈过程也是人际交往的过程，销售人员与客户保持融洽的关系是一个永恒的原则。销售人员在对客户异议作出反应时，应注意避免与客户发生争论。因为与客户争论，即使是销售人员在争论中获胜，也可能会失去客户，并且还可能给该客户留下不良印象以至影响企业的形象和声誉。即使在客户完全错误的情况下，销售人员也应注意措辞，尽量避免争论。

有一位卡车销售人员，过去是司机，他对自己销售的卡车非常熟悉。在销售中，只要有人挑剔他的时候，他就与之争论。因为经验丰富，他经常是争论的胜者，每当他走出客户办公室的时候，他总是自豪地说："我又教训了他一次。"事实上，虽然他确实以其丰富的知识和经验教训了许多客户，可是最终他也没有卖出几辆车。这个事例说明，销售人员赢得争论，就会失去客户，因为你伤害了客户的感情和自尊。销售人员必须时刻牢记，销售人员的工作是销售，最终的目的是达成交易。当然，不与客户争论并不是不能否定客户的异议。在某些情况下，直接地否定客户异议，可以有效地吸引客户倾听销售人员的意见，收到良好效果；对于一时难以处理的异议，也可以适当转移话题，避免过于集中讨论某一方面的异议，以分散客户对该异议的注意力。

要适度把握永不争辩的原则，既要使客户意识到销售人员的意见正确，又不会使客户难堪或产生对立情绪。

灵活应对需求异议

场景：国产宝马的展厅里，范小姐和她的家人正在销售人员的引导下了解3系宝马。他们半年前就有买车的打算，价格控制在45万元左右。今天是第二次来这里，第一次来的时候，通过交流，销售人员得知他们买车主要是为了谈生意。

销售人员：范小姐，您好，考虑了几天，您决定了吗？

范小姐：上次我忘记问您了，这款车的市场定位是怎样的？

销售人员：面向家庭的高档用车。

范小姐：如果是家里人开，的确很舒服，但我们买车主要是为了谈生意，那就不太合适了。

销售人员：范小姐，有一点我要向您澄清，虽然这款车是面向家庭，但在同价位的车里，宝马车的知名度和豪华程度不亚于任何一款车。您说要用来谈生意，这绝对是佳选中的佳选，开宝马车一定有助于您打动客户的心，将每一单生意做成、做好。

范小姐：哦，是这样！

四、客户异议的处理技巧

汽车销售中客户异议的处理是一项技术性很强的工作，不仅需要专业能力的积累，而且需要相应的客户销售经验的积累。客户异议的处理，需要做好两个方面的工作：一是客户需求的开发。客户需求开发越透彻，越容易诱导客户按销售人员的思路去确定目标车型。二是学会"多听"。在整个汽车销售过程中，销售人员说的越少，越能够最大限度地减少客户的异议，因为其实有些异议是销售人员自己造成的。如果各方面的工作都完成后，客户还有异议，销售人员首先就要建立解决客户异议的信心，相信任何异议都不过是客户决定买车的信号；然后提醒自己此时要重视客户购车的细节。下面介绍处理客户异议的技巧。

1. 劣势转换法

在很多情况下，客户会将自己不满意的某些方面看做是汽车产品的缺点、缺陷或问题。此时，销售人员可以用比较直观的方法对客户的异议进行处理。具体做法是：先拿出一张白纸，在纸上画十字交叉线，并做相应的标注，即将客户眼中的产品缺陷和不足先列在左边，再将这缺陷和不足进行转化，使其成为优点、优势或客户可以获得的利益。

劣势转换法示例表

购买这款车的不利点	购买这款车的有利点
动力稍差 工艺粗糙 两厢式，不气派	适合城市用车、油耗低 价格便宜、适合家庭用车 后门可以打开，只要后排放倒，可以运载很多家庭用物品，而且国外家庭用车也主要以两厢车为主。

2. 客户异议忽视法

有时，客户会提出一些意见和要求，但并不表示他们要在这样的问题真正解决后才与销售人员成交。这些异议最显著的特点就是其与眼前的交易没有直接的关系。此时，销售人员可以不当真，只需要面带微笑地同意就行了。

> 客户：为什么这款车不用原装本田的发动机?
>
> 销售人员：我已经记下来了，并会把您的意见告诉厂家。

3. 反问法

当客户提出某种异议时，销售人员不应针锋相对地反驳，而应用委婉的询问或反问，指出如果采纳了客户的异议可能会带来什么样的不良后果。

> 客户：这款车别的销售商的售价比你们低 2 000 元。
>
> 销售人员：我们为您提供了百分之百的服务承诺和满意保证，并有完善的监督机制和系统作保障。只是我想知道，您希望我们的服务也打折吗?

4. 表明态度法

在汽车销售中，常遇到有的客户对销售人员本身及其所供职的企业的服务、诚信提出怀疑，或者客户提供的信息和意见与事实严重不符。此时，如果对客户的意见表示默许，将会损害销售人员和企业在客户本人及与其有关联的其他客户心目中的形象。在销售中，这样的情况是不允许发生的。此时如果用比较生硬的态度去表明立场的话，容易与客户形成直接的对立，反而更不利于赢得客户的认同。

> 客户：你们公司的服务肯定有问题，电话老是没人接，我还以为你们公司关门了。
>
> 销售人员：有这种情况发生? 我们一定会从严查处。但我相信、也请您相信这肯定是个别现象，我们公司的经营管理理念就是服务第一、客户至上。在实际工作中要求所有工作人员，包括后勤人员的手机全天24小时开机，为了与客户保持联系畅通，同时每一个号码只能有一条线，没有通过分机转接。

5. "缓兵之计" 法

"缓兵之计"法是指在客户对某一品牌车型还没有全面了解之前，最好先别急于与其讨论价格，而要引导客户，向其全面地介绍该车型及价值，让客户先喜欢上该车型，认识到它的优点和价值。

用"缓兵之计"法处理客户异议

客户：这种款式的车卖多少钱？

销售人员：您先别急着讨论价钱，先看看它符不符合您的要求再说，关键是要您喜欢。您说呢？

客户：这辆车看起来不错，要多少钱呢？

销售人员：有道是一分钱一分货，您先了解一下它的性能，看看是否能满足您的要求？

客户：那你先给我介绍一下吧。

销售人员：好的。

价格是销售的最后一关，支付能力与支付意愿之间是有差距的。在购买意愿没有形成之前，谈论价格是没有意义的。也就是说，没有购买欲望，就没有价格谈判的必要。

6. 转移比较法

转移比较法是指在客户身上找出一件价格很贵的产品，反衬出销售人员现在所推荐的产品并不昂贵。

用转移比较法处理客户异议

客户：这车好贵，能不能少点？

销售人员：您想想，当初买一辆进口皇冠车需要 60 万元，现在国产后才 30 万元，您还会觉得贵吗？

7. "逼"购法

有时候，客户会说"今天我没带那么多钱，以后再来买吧"，这并不代表客户一定会再来买，他很可能因为看到别的产品而放弃购买念头。为此，最好是让客户在有购买欲望的时候就促使他购买，这才是最好稳妥的办法。

"逼"购法适合于客户谈好价钱却又不能马上购买的情况，这样可以促使客户迅速作出购买决定。

用"逼"购法处理客户异议

客户：好吧，那就这么定了，25.8万元。我下周过来签合同。

销售人员：肖先生，我们这款车销量很好，如果您下周再来，恐怕会被别的客户先买了。

客户：可是我今天取不出那么多钱啊！

销售人员：那这样吧，您先下个定金，我们为您保留着。您觉得可以吗？

客户：好的，那我就先下5 000元定金吧。

还有些客户可能是以"今天我没带那么多钱，以后再来买吧"为借口，让销售人员降价，这时候尽量不要妥协，而应采取一些方法为他解决眼前困难，使他放弃降价的念头。

8. 攻心法

攻心法是指让客户感到销售人员确实是在为他着想，为他争取最大的利益，这样他是不会让销售人员为难的。比如经过洽谈，销售人员同意给予客户9.8折的优惠，可是客户还不满意，那销售人员就可以告诉客户："这可是我为您拉到的内部价。我们的价格是实在的，即使老板的亲戚，也只能享受到9.8折的优惠。所以，您可是享受到了和我们领导的亲戚一样的待遇。"

9. 隔离法

隔离法，就是当客户对这个价格不能接受或者不愿意支付的时候，销售人员要学会让客户明白产品的价值要远远超越价格，让他了解到价格与价值之间还有一定的差异。

用隔离法处理客户异议

客户：你所说的这个价格我无法接受。

销售人员：我知道这辆车的价格比较贵，但它的性能真的很不错。根据我们的调查，这款车的车主都反馈说很满意，也很少需要去修理厂维修，相对其他品牌的汽车来说，这可以为您省下不少维修费用。与其说买一辆经常需要"治疗"的汽车，还不如买一辆不怎么"生病"的汽车，事实上它们本身的价格也相差不了多少，不用多久，您就会把这差价赚回来的。总的来说，这价格还是很划算的。

客户：你说得也对。

在汽车销售的过程中，每个环节都有可能碰到客户提出的各式各样的异议。当销售人员遇到这些异议的时候，不要消极地认为这就是销售工作的障碍；相反，销售人员要积极地把异议变成其销售成功的起点。首先分析客户异议产生的根源，找到根源后将其分类，接下来想办法解决客户异议，最后总结各种方法技巧，积累工作经验。工作中讲究战术和战略，就一定可以取得辉煌的业绩。

第四节　客户维系技巧

一、准客户留下资料

如果汽车销售人员与客户的洽谈只是刚刚开始，还没有成交，此时，要想尽一切办法让客户留下自己的联系方式，包括客户的姓名、工作单位、通信地址、家庭地址、单位电话、住宅电话和手机等。如何让准客户留下自己的资料，这是汽车销售中比较难处理的一个问题。当汽车销售人员在客户离开前要求留下联系方式时，不是遭拒绝就是客户留下的是无法联系的电话号码，的确让汽车销售人员大伤脑筋，要解决这样的问题，销售人员可以从以下两方面入手：

（一）建立客户对销售人员的信任

建立信任、获得认同是汽车产品销售的基础。从客户走进汽车展厅或销售人员进入客户办公室的那一刻起，客户已经对销售人员进行了心理的定位。这个"定位的瞬间"的好与坏，在销售人员要求客户留电话时就能够看出。当然，不排除经过销售人员的努力，客户建立起对销售人员的信任的可能性。但是仍要注意汽车销售人员与客户见面的一瞬间、开口的那一刹那，这两者都能够为今后的销售奠定一个良好的基础。除此之外，销售人员要讲真话、实话，不要为了达成销售目标而隐瞒某些事实，让客户有被欺骗的感觉。只有在言谈举止中表达出对客户的信任，只有拥有充满信任的交流与沟通，才能促进进一步合作。

（二）开发客户需求，埋下销售的种子

客户的需求目标是汽车产品实现销售的前提。为什么很多汽车销售最终败下阵来，原因就是不能满足客户的要求。一位东风卡车的销售人员，面对客户时进行了较好的销售游说，但最终没有能够与这位客户成交，却促使其在另外一家销售商购买了同样车型的东风车。原因很简单，就是客户想买装备大同变速箱的车，而销售人员所在的销售商又刚好没货，而配备的襄樊变速箱客户又不认同。其实这位客户并没有用过东风车，也不知道大同变速箱是否真的好用，只是周边的朋友告诉他说在几款变速箱中大同变速箱最好，所以他宁愿多花这几千元，从而使这位销售人员失去了一个成交的机会，这是客户需求没有开发好的一个例子。如果这位销售人员让客户充分相信襄樊变速箱的性能达到或超过大同箱的性能，或性能相同但会省好几千块钱的话，这次销售就能成功。这个例子说明，一旦客户接受了销售人员的产品，即使客户还未最终确定购买这款车，让他们留下自己的联系方式就易如反掌。

要想让客户的后续跟踪达到预期的目标，在客户离开前必须做的事情就是预先埋下销售的种子，这颗种子埋得好不好，最终能否生根发芽，直接关系到客户是否会再度回到展厅，接受销售人员的汽车产品。

销售人员：对于刚才的介绍，您看还有什么需要补充的？

客户：没有了。

销售人员：如果这款车符合您的要求的话，您会考虑什么时候确定呢？

客户：还没有考虑好，不过还要看一下其他几家才能定。

销售人员：对，买车是一项很慎重的投资，除了这个车型外，最好多看几个车型。只是在选择的时候，建议您把发动机作为选择的第一个条件，因为如果发动机出问题的话，维修成本是最高的，周期也是最长的。

客户：我也是这么想的。

这里，因为销售人员所销售的这款车发动机的性能相当优异，所以他建议把发动机作为选择汽车时应该考虑的第一个条件，这样一个结论留在客户的大脑中，埋下了一颗销售的种子。几天后，如果他打电话给客户的话，可以这么说："客户先生，您好，我是某某公司的小王，通过几天的考察，您是否找到了一款发动机的性能大大超过上周五下午给您介绍的那个款式的汽车？"这是能够引起客户关注的话题，如果该话题对客户的关注点影响较大的话，销售人员的跟踪电话也就不会再次遭到客户的拒绝。

要强调的是，销售人员应该根据自己销售的汽车产品的特点，设计能够作为销售种子的销售要点，在客户临走之前或销售人员拜访客户结束前置入客户的大脑，给他们留下深刻的印象。从销售心理学的角度讲，客户能够记住的也是销售人员刚开始和结束前的这两句话。

二、初次会见准客户的技巧

（一）何时给客户打电话

汽车销售人员在进行客户跟踪时，最难处理的是打电话的时间。很多客户接起销售人员的电话后，不是说在开会，就是在路上，或者说正忙着，总之一句话："没有时间。"此时，销售人员会怎么办，只能说"等您有空的时候我再打电话给您"，但结束电话后，销售人员真不知接下来该怎么打电话，因为较多的汽车销售人员没有养成征询客户什么时间打电话更适合的习惯。要解决这个问题，需要把握好两个环节：一是在客户留电话的时候必须要问一句："那我什么时候给您打电话比较方便？"一般情况下，客户会告诉销售人员一个他们认为不忙的时间，如果在这样的时间打电话过去，被客户拒绝的可能就不大；其次是当客户告知没有空时，在挂断电话之前应该向客户询问什么时间再打过去会比较方便一些，此时可以用二选一的方式与客户进行约定。

（二）选择恰当的时间

由于不同客户的职业不同，在工作时间的安排上差异很大。如果要登门造访，应该选择合适的时间，否则即使不吃闭门羹，也会引起客户的不愉快，使推销工作难以完成。

（三）充分准备

在与客户预约好会见时间后，就应该为初次会见做好充分的准备。

（1）明确会见的主题，并准备好相应的材料。

（2）了解客户的详细情况，以便更好地沟通。

（3）考虑客户可能出现的反应，做好应对之策。

（四）准时守约

在与客户约好拜访时间后，一定要遵守约定，准时到达。应该将前往客户约定地点的行程中可能出现的意外情况考虑在内，提前出发，不要以任何借口推脱迟到的责任。拜访不同职业者最合适的时间如下表所示。

拜访不同职业者最合适的时间

职　业	最佳时间
会计师	切勿在月头和月尾，最好是月中
医生	上午11时至下午2时，最好在雨天
汽车销售经理	上午10时前或下午4时后，最热、最冷或雨天会更好
导游	避免在周末拜访
行政人员	上午10时前后至下午3时
股票行业	避免股市开市时间，最好收市后
银行家	上午10时前或下午4时后
公务员	避免在工作时间内，切勿在午饭前或下班后
艺术家	早上或中午前
药房工作者	下午1时至3时，避免在天气转变的日子
饮食行业	避免在用餐时间，最好是下午3时至4时
建筑业	清晨或收工时
律师	上午10时前或下午4时后
教师	大约在下午4时接近放学的时候
零售商	避免周末或周一，最好是下午2时至3时
工薪人士	最好在早上8时至9时
主妇	最好在早上10时至11时
报馆或印刷业	最好在下午3时以后
商人	最好在下午1时至3时
忙碌的高层人士	最好是上午8时前，即秘书上班之前。成功人士多数是提早上班，晚上也比较晚下班

三、售后维系

售后维系是现代销售理论的一个新概念，是指成交签约后销售人员继续与客户交往，并完成与成交相关的一系列售后跟踪服务，从而更好地实现销售目标的行为过程。售后维系是整个销售过程中一项重要工作，具有重大意义，具体表现在：

1. 提高企业销售

随着现场汽车销售的利润不断下降，在市场竞争日益激烈的情况下，应尽量提高客户对企业的忠诚度，使客户在汽车使用期间重复惠顾，接受维修、保养、保险、精品加装、美容等后续服务，增加购买次数与购买金额，从而创造更大的利润和业绩。按照常规，一位老客户比一位新客户可为企业多带来20%以上的利润。业绩优异的汽车经销店，40%以上的新客户是通过老客户推荐赢得的。多次光顾的客户比初次登门者，可为企业多带来20%～35%的利润，固定客户数目总增长5%，企业的利润可相应增加25%。一家汽车销售店的销售业绩是其他经销店的2倍，取得这样的业绩主要得益于他们将客户的流失率始终控制在5%以下，而同行业的客户流失率是30%。

2. 降低营销成本

据美国管理学会估计，开发一个新客户的费用是保持现有客户的6倍。新客户不仅开发费用高，而且成交机会也少得可怜。一般而言，将产品或服务向一位曾经成交的老客户推销的成交机会高达50%。因此企业必须采取措施，尽最大努力维系客户，防止客户流失。若是流失一位最好的客户，企业要多花7～10倍的力气去寻找一位替代者，或找更多的普通客户来弥补业绩及利润的损失。某公司最好的客户月平均消费为3 500元，而普通客户平均消费为275元。该公司每次只要损失1名最好的客户，就要找到13名普通客户才能弥补该客户带来的3 500元的业绩。想想看，这需要耗费多少成本。

主动关心，积极维系

销售人员：王先生您好，8月份欧蓝德促销时您买了一部两驱手动挡的车，开了一段时间，感觉怎么样？

客户：已经跑了11 000公里了，总体感觉还不错，特别是在高速公路上，跑180公里很轻松，和路虎、宝马都飚过，不次于它们；高速平均时速150公里的话，每100公里12升油，市内10升油，刚开始时我曾经市内跑过8.5升油，并且开空调，当然是严格按照节油方法开。我还是很喜欢现在的车，最近听说行李架的价格降了很多，我考虑安一个，不过总觉得还会再便宜，正在等时机。

销售人员：根据我掌握的资料来看，这段时间的行李架是比较便宜，过些日子不但不会降反而会涨。您看看吧，如果需要的话就去装一个，现在装还是比较划算的。

客户：谢谢你给我提供的消息。你的服务很周到，我的几个同事也想买车，改天介绍他们到你的店里去看看。

销售人员：非常感谢您。

四、售后维系的要求和主要工作

（一）对待客户要有耐心

目前中国的汽车客户大部分都是第一次购车，在购车后的试用过程中会向销售人员提出各种各样的问题，有的客户甚至会在深更半夜给销售人员打电话询问有关车辆的问题。作为销售人员一定要有耐心，将客户的问题当成是自己的问题，要认真倾听并积极地寻找解决的办法，全力以赴为客户排忧解难。

（二）保持热情，保持联系

为了达成交易，销售人员会通过各种各样的服务和技巧，让客户体验到优质的服务。如果在交易之后，销售人员并没有"人走茶凉"，而是继续让客户享受上帝般的待遇，客户就会对自己受到的周到的跟踪服务心存感激，这时客户就会对销售人员及销售店产生信赖感，客户可能会为其产品说好话、做宣传，产生口碑效应。

（三）网络沟通

网络沟通是目前售后维系的主要沟通方式之一，网络沟通包括电子邮件、网络聊天。由于网络沟通更私密、更自由，因而广受欢迎。销售人员可以利用 E-mail 给客户发送邮件，与客户进行讨论和交流，也可以利用网络聊天与客户进行对话沟通。网络沟通不受时间的限制，不影响客户的工作和生活，利用网络沟通往往能取得意想不到的效果。

网络沟通取得意想不到的效果

销售人员李强业余时间喜欢玩网络游戏，特别擅长玩"传奇"游戏，是公认的高手。有一次，李强在销售的过程中，了解到客户张先生也喜欢玩网络游戏，接触"传奇"有一个多月了，非常着迷，但苦于没有高手指导。于是李强找到了话题，从此李强与张先生每天在网上约定时间，由李强给张先生进行游戏指导。有了高手的指导，一个月后张先生的游戏水平突飞猛进。他非常高兴，不久他就给李强介绍了两个朋友来买车。李强也没想到，网络游戏居然也能成为销售的一种手段。

销售人员要通过售后的维系，让客户有这样的感觉：只有在这样的经销店购买和享受服务，才能得到额外的价值，这是别的品牌办不到的。下表是某汽车品牌经销商售后维系的责任人和工作内容。

某汽车品牌经销商售后维系的责任人和工作内容

事由及时间	联络方式	责任人	主要传达信息
交车之后立即	信函	总经理	表达恭贺和感谢支持，请客户推荐自己经销的汽车产品
交车后一天	电话	销售经理	是否一切正常
交车后三天	电话	销售人员	确认一切正常，请客户推荐自己经销的汽车产品
交车后三周	电话	销售人员	确认一切正常，有无需求，提醒首保
交车后每六个月	电话、信函	销售人员或客户服务中心人员	询问是否一切正常，表示关心，请客户推荐自己经销的汽车产品
特殊促销，新车销售	电话或邮件	销售人员或客户服务中心人员	主要诉求及优惠促销内容，新车型介绍
周年庆或生日等特殊事宜	电话或邮件	客户服务中心人员	视事而定
即将达到保修期、年检期等	电话或邮件	销售人员或客户服务中心人员	是否需要协助，保险续保，请客户推荐自己经销的汽车产品
贷款即将到期	电话	销售人员	换车计划，新产品介绍，请客户推荐自己经销的汽车产品

复习思考题

1. 倾听的技巧有哪些？
2. 客户需求分析的主要内容是什么？
3. 客户需求分析的方法与技巧是什么？
4. 客户异议的类型和表现有哪几种？
5. 初次会见准客户的技巧是什么？

实训练习题

设计一套汽车销售中客户需求分析的调查问卷，并进行实践调查，最后写出调查报告。

第八章　汽车售后服务

学习目标

1. 掌握汽车售后服务的基本流程、售后服务对销售的重要性、二手车交易的流程以及汽车俱乐部组织的作用等基本知识。

2. 理解汽车售后服务的本质内涵及其在汽车营销中的重要地位，在掌握各种技巧的基础上提高汽车售后服务的质量。

3. 结合案例，在汽车营销实战中不断提高服务的能力。

遭遇保险真空出险不赔

2009年国庆前夕，小吴看中了朋友一辆二手车，私下达成协议后就成交了，到车管所办理了车辆过户手续后，就到国庆长假了。刚成为有车一族的小吴兴冲冲地开着私家车带着家人在国庆期间自由行，没想到在途中意外与一辆小货车相撞，双方各负一半负责。

小吴在向保险公司报案后却遭到了拒赔，原来小吴买车时只想着把车赶紧过户到自己名下，压根忘了保险这回事，他以为保险随车走，自己已成为了车辆的主人，理所当然能享受保险保障。最后，小吴无奈自己负担维修、拖车等费用，加起来花了将近5 000元。

无独有偶，之前徐先生以20多万元的价格从车主王先生手中购买了一辆本田轿车，但也没办理保险合同变更手续，随后发生了保险事故，遭到保险公司的拒赔。徐先生联合王先生和保险公司打起了官司，最后，法院依法裁定驳回了徐先生和王先生的诉讼请求。

第一节　售后服务的基本流程

一、汽车售后服务

售后服务是汽车流通领域的一个重要环节，是一项非常繁杂的工程，它涵盖了汽车销售以后有关汽车的质量保障、索赔、维修保养服务、汽车零部件供应、维修技术培训、技术咨询及指导、市场信息反馈等与产品和市场有关的一系列内容。

作为汽车销售经营的重要组成部分，售后服务不仅是一种经营手段，更是一种企业文化和理念，体现了企业对客户的人文关怀与情感，是生产商与客户沟通、联系的一个纽带。生产商可以通过它与客户建立更加紧密的关系，树立企业的形象，提高产品的信誉，扩大产品的影响，培养客户的忠诚度。它就像一把双刃剑，既可以对产品销售、市场推广、品牌影响及信誉起到有力的支持和促进作用；却也可以使产品滞销、品牌信誉度下降，甚至可以使品牌的威信扫地。

汽车售后服务主要包括六大部分：技术咨询；维修养护、故障救援；保险理赔；保修；服务质量跟踪、信息反馈；服务质量投诉、纠纷处理。

二、汽车售后服务流程

（一）售后服务核心流程的价值

汽车售后服务流程的设计一定要体现出其核心价值，主要包括：

（1）体现出的"以客户为中心"的服务理念。

（2）展现品牌服务特色与战略。

（3）让客户充分体验有形化服务的特色，以提升客户的忠诚度。

（4）以标准化、统一化的作业标准规范所有服务网点对客户的服务行为。

（5）透过核心流程的优化作业，提升客户满意度，并提升服务效益。

（二）汽车售后服务流程

汽车售后服务流程如下图所示。

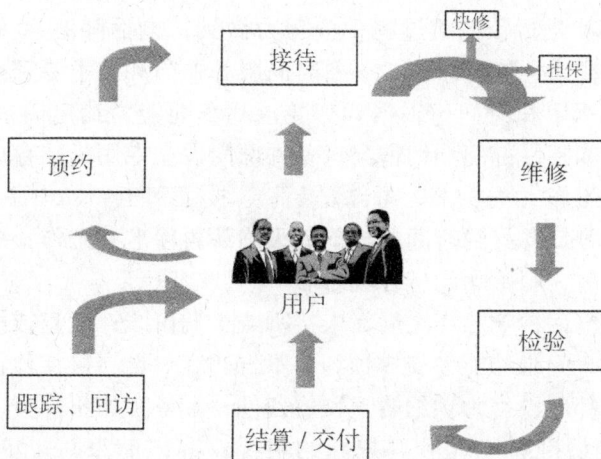

1. 预约

通过服务商提供的预约维修服务，在客户到来之前对车辆进行诊断，约定维修时间并对预约进行充分的准备，从而减少客户在维修过程中的非维修等待时间和避免缺少备件的情况发生，使客户的车辆得到迅速、优质的维修，提高客户满意度和忠诚度。如下图所示。

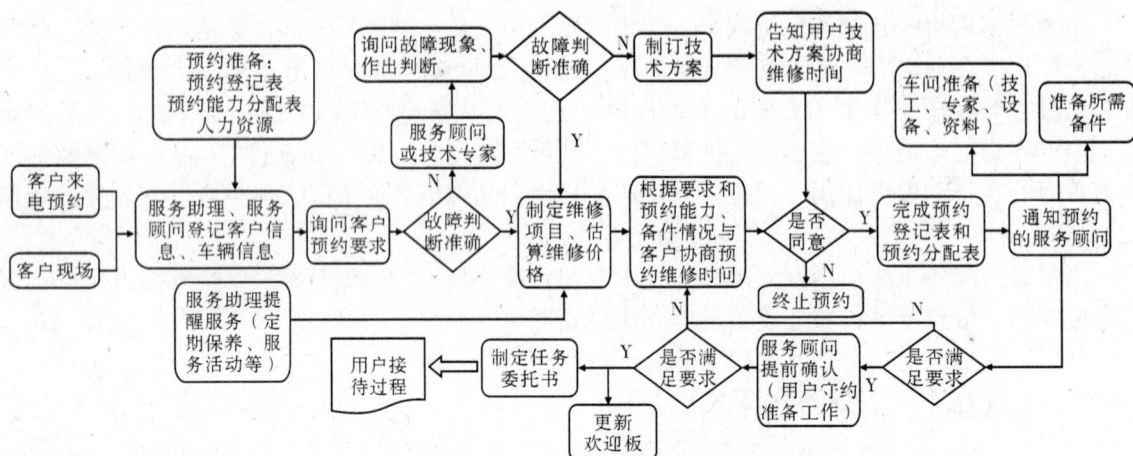

（1）主要业务。预约的主要业务有：①接听客户预约电话并详细记录相关信息；②通过电话进行诊断或制订解决方案；③和客户约定维修的时间；④按照预约要求进行准备工作（委托书、备件、专家、技工和工位、设备和工具、资料等）；⑤确保预约的正常开展。其目的是通过服务顾问来欢迎客户，听取客户需求诊断故障，制定维修项目，提供建议，制定委托书，估算维修价格，根据车间设备和人力资源组织和协调工作，从而使客户满意，提高客户忠诚度，并开拓车间维修业务。

（2）实施要点。在与客户进行预约的过程中，要注意：有公开的专用预约电话；接电话人员具备一定的维修常识；备件部门库设专用预约备件货架；车间预留一定的维修能力给预约客户；内部良好的沟通机制和通信设施。

（3）要求。在与客户进行预约的过程中应努力做到：电话随时有人接听；记录所有需要的信息和客户对故障的描述；进行诊断，必要时向服务顾问和技术专家求助；告知用户诊断结果、解决方法以及所需费用和时间；根据客户要求和车间能力约定时间；告知客户谁将接待他；及时告知服务顾问和备件部门预约情况；备件部门设立专用货架存放预约的备件；服务顾问负责监督预约的准备工作（委托书、备件、专家、技工和工位、设备和工具、资料）；不能履行预约时，及时通知客户并另约时间；提前一天确认各项准备工作，提前一小时确认客户履约情况；预约客户前来时，服务顾问应在场。

同时要尽量避免：电话铃响三声之后无人接听或长期占线；信息或故障描述记录不全；不对故障进行诊断；不按车间维修能力安排预约；不告知客户谁会接待他；预约情况不及时通知有关部门和人员；备件部门没有为预约客户预留备件；准备工作不充分；客户已经前来才通知不能履约；没有提前确认准备工作和客户履约情况；客户前来时，负责接待的服务顾问不在场。

2. 接待

客户接待的责任人员有：售后业务经理、机电顾问、快修顾问、车身顾问、服务助理；辅助人员有：技术专家、技术专家助理、保修鉴定人员。如下图所示。

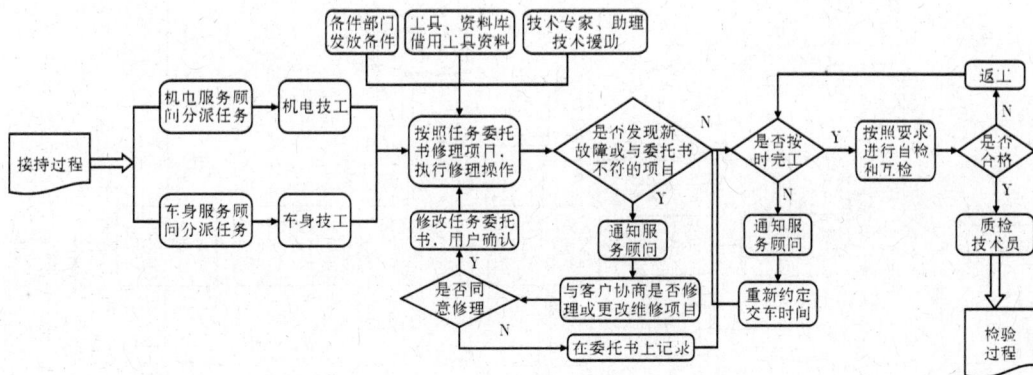

（1）主要业务。接待的主要业务有：履行约定的维修任务；以恰当的方式欢迎客户；倾听客户描述故障，系统地检查客户车辆，判断车辆故障原因；制定维修项目，估算维修价格和约定交车时间；提供维修建议来促进维修业务；达成协议，完成任务委托书，客户签字确认；安排客户休息等候或离开。

（2）实施要点。在接待客户的时候要求做到：服务顾问具有丰富的维修经验；设有诊断用的专用举升机；技术专家和质检技术员的支持；良好的接待环境和客户休息设施；同其他部门保持良好的沟通。

（3）要求。在接待客户的过程中应努力做到：确保预约准备工作符合要求；准时等候预约客户的到来；用礼貌的语言欢迎客户并自我介绍；仔细倾听客户关于车辆故障的描述；使用检查单检查客户的车辆；进行故障判断，并指出客户未发现的故障，必要时使用预检工位或向技术专家求助；记录车辆外观和车上设备、物品、油量等情况；整理客户要求并根据故障原因制定维修项目；仔细、认真、完整地填写任务委托书；向客户解释维修任务委托书的内容和所需的工作；向客户提供维修的报价和约定交车时间；请客户在委托书上签字确认，服务顾问签字后给客户一个副本；当着客户的面使用保护装置；妥善保管车辆钥匙、相关资料；安排客户休息等候或离开。

同时也应尽量避免：预约准备不充分；预约客户到来时接待人员不在场；没有仔细倾听客户的陈述；没有系统地检查客户车辆；没有进行故障诊断，简单记录故障，把诊断任务交给车间；任务委托书填写不全、字迹潦草；不向客户解释委托书内容；不提供报价或报价不准；不约定交车时间；没有要求客户在委托书上签字；不使用保护装置。

3. 维修

维修指的是车间技工根据任务委托书的要求，使用专用工具和维修资料，对所有车辆机械装置和车身各部件执行高质量的维修和保养，使车辆恢复出厂的参数，达到质量要求，并告知客户未发现的故障，确保客户满意。如下图所示。

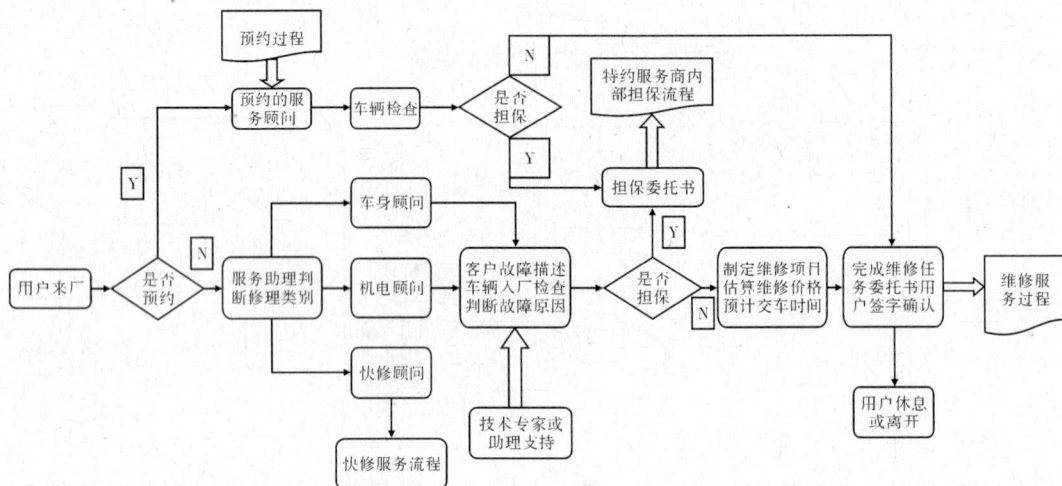

（1）主要业务。维修的主要业务有：根据任务委托书的维修项目进行维修工作；技术专家对技工遇到的技术难题给予帮助；服务顾问监控工作的进程；车间技工根据修理项目到备件部门领取备件并办理相关手续；向客户通报委托书的所有变更（项目、价格、交车时间）；完工后车间技工进行自检。

（2）实施要点。在维修的过程中要做的准备：受过培训的、技术熟练的车间技工；状态良好的设备和工具；齐全的维修资料和检测设备；充足的零备件供应；内部良好的沟通机制和通信设施。

（3）要求。在维修的过程中应努力做到：严格按照维修任务委托书的修理项目进行修理；任何对委托书的修改需经过客户的同意；若发现委托书维修项目与实际不符或发现客户没发现的问题，及时向服务顾问汇报；服务顾问对反馈的问题，重新估算维修价格和时间，及时通知客户并征求客户的意见，得到确认后，更改委托书并通知车间技工；车间技工在工作过程中按照维修手册的要求操作；按照要求使用专用工具和检测仪器；使用维修资料进行诊断和工作；维修顾问监控维修进程，将变化及时通知客户；根据维修项目领取备件；主动为客户处理一些小的故障；遵守委托书上和客户约定的内容；爱护客户的财产，工作中使用保护装置；遵守安全生产的有关规定；遇到技术难题时向技术专家求助；确认所有工作完成后，进行严格自检；完成委托书的维修报告等内容并签字。

同时应尽量避免：车间技工不按委托书内容进行工作；擅自修改委托书内容；发现问题不报告；不按照维修手册的要求进行操作；不使用专用工具和检测仪器；诊断和工作时不使用维修资料；服务顾问不了解生产进程；不爱护客户财产，不使用保护装置；遇到困难不向有关人员求助；车间技工完工后不进行自检；车间技工不写维修报告，不签字。

4. 检验

检验的目的是通过质检技术员对维修车辆的检验来保证维修质量达到客户的要求，防止将不合格的产品交付给客户，避免投诉和返工，同时增加客户的满意度，维护4S店或经销商售后服务的信誉并保证交付车辆处于良好状态。如下图所示。

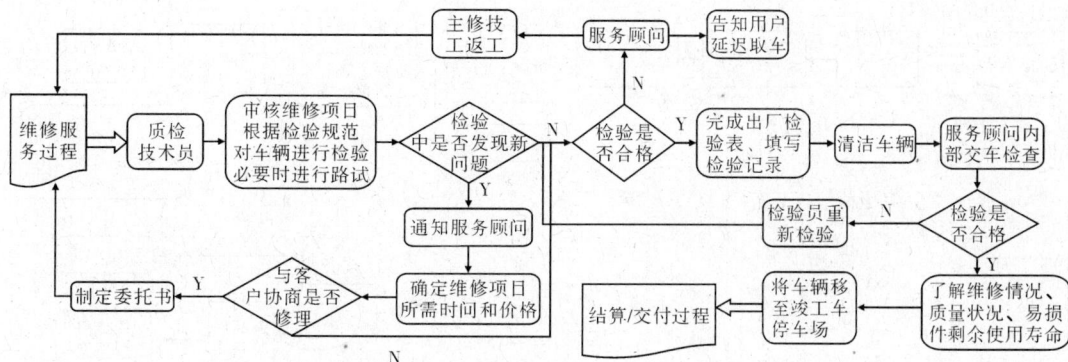

（1）主要业务。检验的主要业务有：审核维修任务委托书的工作是否全部完成；对车间技工自检完毕的车辆进行质量检验；进行必要的路试，发现静态条件下无法发现的故障；对检验不合格的维修按照要求进行处理；收集各种维修单据，传递给服务顾问；与服务顾问进行内部交车。

（2）实施要点。在检验的过程中要做到：文件的质量检验规范；有具备检验资格的质检技术员；不合格品的处理程序；使用正式表格记录检验情况；与相关人员保持良好沟通。

（3）要求。在检验的过程中应努力做到：审核维修委托书，确保所有要求的工作全部完成；按照检验规范进行检验；必要时和主修技工一同进行路试；检验不合格的车辆按照程序进行处理，并及时通知服务顾问；对检验过程中发现的问题进行评估并告知服务顾问，由服务顾问与客户协商；发现的任何问题都要记录在委托书上；使用质量保证卡；确保车辆得到彻底清洁；及时通知服务顾问进行内部交车；向服务顾问说明车辆维修情况和质量状况；告知服务顾问部分零件的剩余使用寿命；任何需维修但未执行的工作都应记录在委托书上；将车停放在竣工车停车场。

同时应尽量避免：维修委托书上有未完成的工作；不按规定进行检验；检验不合格车辆不进行处理；检验中发现的问题不向服务顾问报告；没有清洁车辆；没有及时通知服务顾问交车；不向服务顾问解释维修情况和质量状况；需维修但未执行的项目不记录；竣工车辆乱停乱放。

5. 结算/交付

结算/交付的目的是通过结算、交付活动来兑现生产商对客户关于质量、价格和时间的承诺，并向客户解释维修内容，指出车辆存在的其他问题，使客户感受到专业的服务，提高客户的满意度和忠诚度。如下图所示。

检验过程 → 服务顾问 → 审核委托书备件领料单 → 完成结算单 → 通知客户取车告知收费情况、付款方式等 → 向客户解释所做工作和发票内容，客户在结算单上签字 → 询问客户对本次维修的意见 → 服务顾问陪同交款

客户前来

与客户一道检查竣工车辆，告知用户易损件剩余使用寿命，约定修理时间

送客户离开 ← 开出门证

跟踪回访程序 ← 整理维修档案

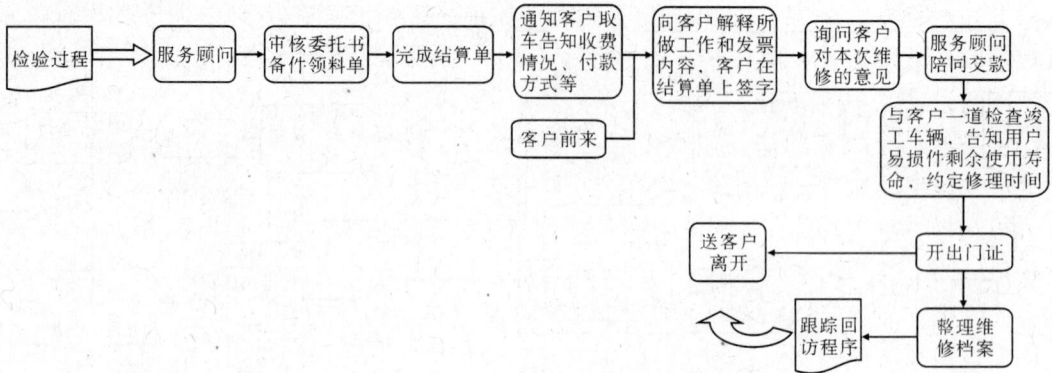

（1）主要业务。结算/交付的主要业务有：审核维修委托书和领料单，确保结算准确；准备结算的有关单据，并通知客户取车；向客户解释所做的工作及收费情况；陪同客户付款；与客户一同检查竣工车辆；交付车辆并与客户道别。

（2）实施要点。在结算/交付时要注意：公开的常用备件和共识价格；方便的停车场。

（3）要求。在结算/交付的过程中应努力做到：确保所有进行的工作和备件都列在结算单上；确保结算和给客户的报价一致；使用公布的工时和公开的备件价格进行结算；确保所有客户需要的资料都已准备好；由原来接待的服务顾问进行交付；向客户解释完成的工作和发票的内容；陪同或引导客户交款；向客户出示旧件并询问处理意见；提示下次保养的时间日程；指出需要额外进行的工作，并咨询客户意见，对于需要立即进行的工作，客户如不同意，应在委托书上注明并请客户签字；告知客户部分零件的剩余使用寿命（如轮胎、刹车片）；交给客户一份所有单据副本；取下保护用品，开出门证，送别客户。

同时应尽量避免：结算时项目不完整；结算价格与报价不一致；不按公开的价格进行结算；不由原来的服务顾问进行交付；不陪同客户检查车辆；没指出需额外进行的工作；需立即进行修理的项目特别是涉及安全的项目，不做记录且没有请客户签字；没有送别客户。

6. 跟踪回访

跟踪回访的目的是通过对客户实施有效的跟踪回访活动，收集客户意见，平息客户抱怨，提高服务质量及客户满意度。如下图所示。

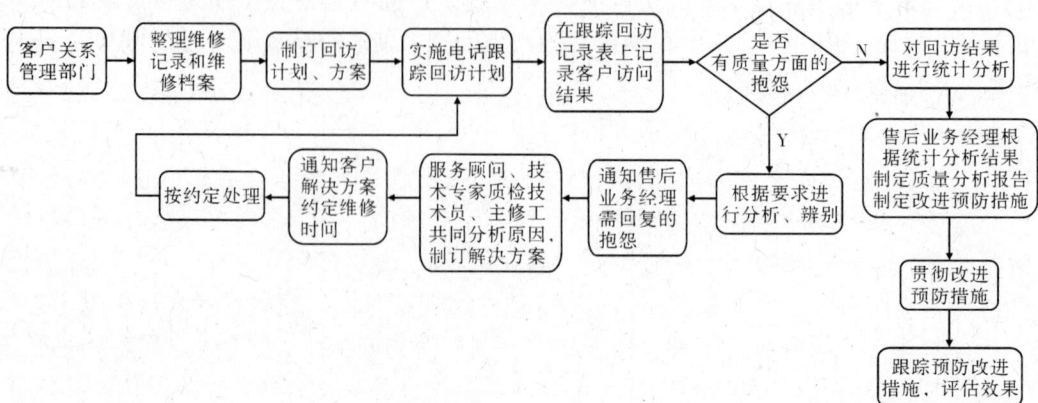

客户关系管理部门 → 整理维修记录和维修档案 → 制订回访计划、方案 → 实施电话跟踪回访计划 → 在跟踪回访记录表上记录客户访问结果 → 是否有质量方面的抱怨 →（N）对回访结果进行统计分析 → 售后业务经理根据统计分析结果制定质量分析报告制定改进预防措施 → 贯彻改进预防措施 → 跟踪预防改进措施，评估效果

（Y）根据要求进行分析、辨别 → 通知售后业务经理需回复的抱怨 → 服务顾问、技术专家质检技术员、主修工共同分析原因，制订解决方案 → 通知客户解决方案约定维修时间 → 按约定处理

（1）主要业务。跟踪回访的主要业务有：在维修车辆交付一周内对客户进行跟踪回访；记录跟踪回访结果；对跟踪回访结果进行统计分析；对回访中发现的客户抱怨进行判断并传递到相关部门；采取各种措施维护客户关系。

（2）要求。在跟踪回访的过程中应努力做到：争取对所有的客户进行跟踪回访；全面、客观地记录客户的谈话；利用接听电话技巧和沟通技巧；定期对回访的结果进行统计分析；从统计分析结果中查找问题和失误的原因；售后业务经理制定预防和纠正措施；对回访中发现的客户抱怨进行分类，交由有关人员制定处理措施并督促执行；根据回访结果完成回访分析报告并向上级汇报；运用多种手段展开客户关系管理。

同时应尽量避免：回访比例低；只记录满意的意见，不记录不满意的意见；不使用接听电话技巧和沟通技巧；不对回访结果进行分析；不制定预防和纠正措施；发现抱怨不进行处理；没有回访分析报告；缺乏客户关系管理手段等。

第二节　售后服务的重要性

汽车营销服务总是伴随着客户与汽车4S店或汽车经销商合作的过程。整个市场营销服务分为售前服务、售中服务和售后服务。汽车售前服务是指营销人员把汽车产品的相关信息发送给目标客户，包括汽车的技术指标、主要性能、配置和价位等；售中服务则是为客户提供咨询、导购、订购、结算和汽车交接等服务；汽车售后服务是为客户汽车做调试、保养、维修等，排除技术故障，提供技术支持，寄发产品改进或升级信息以及获得客户对汽车产品和服务的反馈信息。

一、汽车售后服务的作用

（一）汽车售后服务是买方市场条件下汽车4S店或汽车经销商参与市场竞争的利器

随着科学技术的飞速发展，几乎所有行业都相继出现了生产能力过剩的状况，从汽车工业到化学工业，从食品制造业到日用消费品生产业，从通信业到计算机网络行业，当然汽车4S店和汽车经销商的售后服务业也不例外，都面临强劲的竞争对手。而对于成熟的汽车产品，在功能与品质上也极为接近，汽车质量本身差异性越来越小，价格大战已使许多汽车4S店和汽车经销商精疲力竭，款式、品牌、质量以及售后服务等各个方面的差异性成为汽车4S店和汽车经销商确立市场地位和赢得市场竞争优势的利器。汽车售后服务的市场竞争不仅仅靠汽车品牌，更需要优质的品牌售后服务作为保障。

（二）汽车售后服务是汽车4S店或汽车经销商保护汽车产品消费者权益的最后一道防线

汽车4S店或汽车经销商向消费者提供经济实用、优质、安全可靠的汽车产品和售后服务，这是维护其本身的生存和发展的前提条件。虽然科技的进步与发展使得汽车的相关产品以及保养、维修等售后服务的水准越来越高，但是，要做到万无一失，目前尚无良策。由于消费者的使用不当或工作人员的疏忽，汽车电器不稳定、刹车失灵等各种状况会经常发生，越来越多的汽车4S店和汽车经销商，包括最优秀的企业也不能够保证永远不发生错误和引起客户的投诉。

因而，及时补救失误、改正错误、有效地处理客户的投诉等售后服务措施成了保证汽车消费者权益的最有效途径。因此汽车售后服务是保护汽车消费者权益与利益的最后防线，是解决汽车4S店或汽车经销商的错误和处理客户投诉的重要有效的补救措施。

（三）汽车售后服务是保持汽车 4S 店和汽车经销商的客户满意度与忠诚度的有效举措

汽车产品的消费者对汽车产品和服务的需求包括功能性和非功能性两个方面。前者更多体现了消费者在物质和服务质量方面的需要，后者则更多地体现在精神、情感等心理方面的需要，如宽松、优雅的环境，和谐完善的服务过程，及时周到的服务效果等。随着社会经济的发展和消费者自身收入水平的提高，客户对非功能性的需求越来越重视，在很多情况下甚至超越了对功能性需求的关注。在现代的社会以及市场经济环境下，企业要想长期赢利，走向强盛，就要赢得长期合作的客户，保持客户忠诚度，提高客户满意度。在实施这一举措的过程中，汽车4S店或汽车经销商提供的令客户满意的售后服务是企业长期发展、最终走向成熟的有效措施之一。

（四）汽车售后服务是汽车 4S 店或汽车经销商摆脱价格战的一剂良方

我国汽车4S店或汽车经销商高速成长期已经结束，汽车产品市场总需求较为稳定，竞争格局已进入白热化的状态。不少汽车4S店或汽车经销商为了求得市场份额的增长，不惜一切代价，连续展开价格大战，不少汽车品牌价格一再大幅度下降，同时举办各种促销活动，变相下调价格，使得汽车行业平均利润率持续下滑，汽车4S店或汽车经销商增长后劲严重不足。要彻底摆脱这一不利的局面，导入服务战略尤为重要，汽车4S店或汽车经销商可以综合运用各种方法和手段，通过差异化的服务来提高产品和服务的质量。

（五）汽车售后服务是汽车技术进步和科技发展的必然要求

随着汽车技术的进步和科学技术的飞速发展，汽车产品已走入家庭，并且作为一种代步工具，逐渐平民化。面对汽车这样的高科技产品"坏了怎么办？""我如何去使用它？"等一系列问题总是困扰着客户，这在客观上就要求汽车4S店或汽车经销商为消费者提供更多的服务支持而不仅仅局限于售后服务。比如，改售后服务为售前培训、科普引导等。汽车产品不仅仅是单纯的整车产品，也还包括配件、保养、维修等售后服务，而且还包括附加的服务，如产品的使用说明书，提供维修站的地址与联系方式等，以及收集客户的回访信息，为改进产品和服务提供借鉴，从而也为汽车的技术进步和服务质量提升奠定了夯实的基础，由此形成了"系统销售"的概念。

热情、真诚地为客户着想的汽车4S店或汽车经销商所提供的服务能使客户满意。汽车4S店或汽车经销商要以不断完善的产品及服务体系为突破口，以方便客户为原则，用产品和完善的售后服务自身的魅力以及一切为客户着想的体贴服务来感动客户。谁能够给消费者提供满意的服务，谁就会加快销售步伐。要想使客户满意，就应该做到高出竞争对手或竞争对手做不到、不愿意做、甚至没有想到的超值服务，并且及时践诺。

二、提高汽车售后服务的策略

（一）规范服务标准，提高工作人员的整体素质

随着科学技术的进步，汽车科技的发展也不断进步。顺理成章地，各汽车4S店或汽车经

销商也都配置了相应的各种先进的设备和工具,尤其针对品牌车型检验的专用电脑检测设备也都被逐步引进,而大部分汽车4S店或汽车经销商的工作人员并非从事本行业的工作,都没有受过专业、系统的培训和专业的技术理论指导。"兵马未动,粮草先行",技术支持不仅是服务的品质保证,也是客户日常作业的有力保障。

要提高汽车4S店或汽车经销商售后服务工作人员的整体素质,就要对整个售后服务部门进行全面、系统的培训。

首先,要对客户界面的所有工作人员进行培训,主要针对服务工程师和销售人员,对他们的培训是提升售后服务质量的突破口。同时,也可以在经销商的合作中起表率作用和提供指导。

其次,对汽车4S店或汽车经销商的管理人员进行提升客户满意度的培训,从提升售后服务理念和提高客户服务管理能力入手,帮助其明确提升客户满意度对提升赢利能力和竞争力具有的深远战略意义。

最后,是对汽车4S店或汽车经销商技术工程师和维修人员进行专业技能培训和提升客户满意度的培训,主要是培训处理汽车故障的技术方法以及客户服务的处理原则、程序和技巧。力争做到目标明确,顺利实施。例如,在这方面比较突出的是沃尔沃公司旗下的各汽车4S店或汽车经销商,他们聘请行业专家,定期对员工进行维修技术和提升客户满意度的培训和考核,每一位工作人员经过严格的考核后方能上岗,他们专业化的服务获得了消费者的赞誉。

重要岗位的人员要经过行业专家的系统培训指导方能上岗。此外,工作人员的整体素质也应予以提高,无论是工作服装还是服务语言,都要经过专业的统一和规范。只有这样才能在客户心目中留下深刻的印象,即企业的服务是专业化水准的。汽车4S店或汽车经销商对维修技师和工作人员经过严格的技术培训和个人素养的提高,才能保证服务质量和客户的满意度。要尽力做到统一、规范的服务标准,加深品牌在消费者心目中的印象,树立客户对品牌的信任。

(二)提供纯正配件,使服务质量和成本得到双重保证

许多配件生产厂商为了扩大生产规模和增加销售数量而不顾产品的质量,生产低质量的伪劣产品,以低价向汽车4S店或汽车经销商销售。而汽车4S店或汽车经销商因贪图利益,引进劣质配件,却以纯正配件的价格出售给客户和提供给维修车间。这样不仅降低了汽车的使用安全系数,也增加了消费者的使用成本。

"车在路上跑,毛病知多少。"再好的汽车也需要保养和维修,就像一个人难免会生病一样,车出了问题并不可怕,关键是这些问题的出现会危及人的生命和财产的安全。若向客户提供非纯正配件,汽车的维修质量就得不到保障,从而失去大量的客户。非纯正配件不仅会影响到汽车的整体工作状况和使用寿命,而且还威协到人的生命和财产的安全。日本丰田公司就向它的4S店或经销商提供纯正的机油产品和原厂的纯正配件,保证了配件的规格、材料、尺寸及容差都与其要更换的配件完全相同,才能确保新的配件与整车协同工作,消除运行干扰,避免了客户的重复维修成本,保证了汽车的正常安全运行,提高汽车的使用率,降低了汽车的使用成本,使品牌赢得了客户的信赖和多次惠顾。

汽车4S店或汽车经销商向消费者提供纯正的原厂配件,保证了产品的生产技术、产品质量,才能确保汽车的维修质量,稳定其使用安全系数,保证客户生命和财产的安全。同时也使服务质量和客户的维修成本得到了双重的保证,提高客户对产品和服务的信赖度和满意度,提升企业自身的品牌形象。

（三）提供先进的服务设施，提升和完善维修服务质量

汽车4S店或汽车经销商的售后服务行业不仅仅是为客户提供一些表面性的咨询服务和简单的故障处理，这其中也包含着高精的技术服务。汽车产品也随着科技的进步在不断发展，高科技也在不断向汽车产品领域渗入。例如，GPS卫星定位系统，ECU中央控制单元，ESP电子稳定程序等高科技的渗入，就不仅仅要求维修人员要有过硬的修理技术，还要求汽车4S店或汽车经销商引进高端的硬件维修设施，辅助维修人员对这些高科技产品进行故障排除。

现在世界上各大汽车公司，比如美国福特公司、德国大众公司都随车生产相应的检测工具，生产高精的电子设备检测仪器和精密的维修工具、维修设备，使得维修技师能够独立排除技术上的故障，及时完成维修作业。

只有企业给工作人员提供技术支持与技术指导，并且保证维修作业工具和维修检测仪器的先进性，更好地使软件技术与硬件设施相结合，才能保证维修作业的质量，给客户提供完善服务，提升客户的满意度，树立企业的品牌形象，为企业的生存与长期发展奠定坚实的物质基础和提供技术支持。

（四）定期进行客户回访，建立客户档案

客户购车对汽车4S店或汽车经销商来说并不是一次性买卖交易，而是以后长期合作的开始。客户购车后的车辆使用情况怎么样，使用性能如何，是否满意，是否有不满意的地方需要改进，是否需要为他们新的需求提供一些帮助，这就需要企业定期给客户打电话或邮寄信函，做一个简短却让人感到温馨的回访，征求一下客户的意见或建议，给每一位客户建立一个客户档案。

例如，现在不少汽车4S店或汽车经销商在回访过程征求客户的意见，定期为客户介绍一些保养方面的小知识，建立客户的会员制度或VIP制度，每月或在一定时间内给客户邮寄企业期刊或小卡片，组织一些活动，通过这些活动了解客户的心理，接受客户的要求。同时，把企业的最新动态告知客户，增加客户与企业的感情，让客户真心感受到企业的服务体贴、周到。定期给客户做回访，了解客户的心理及需求，倾听客户的意见，认真做好记录，建立客户档案，这些都可以为汽车4S店或汽车经销商带来新的商机。同时为企业服务质量的提升指明了新的发展方向，也给企业的整体发展方向及长远战略目标的制定提供了有力的依据。

（五）多设服务网点，并尽力做到精细

在我国汽车4S店或汽车经销商大部分都设在大城市，而在中小城市设立的专业网点并不多，这就给一些中小城市的消费者在保养和维修服务等方面带来诸多不便。所以汽车4S店或汽车经销商不但要把精力投放到大城市的服务当中，而且也要考虑服务网点向中小城市发展，因为这也是一块发展前景广阔的市场。另外，汽车在高速公路发生故障的情况也经常出现，也可以考虑一下将一些服务站点设在高速公路上，方便给客户进行紧急救援，彻底解除客户在汽车售后服务方面的忧虑。

汽车4S店或汽车经销商的售后服务方面存在的弊端并不是不可以避免的，汽车4S店或汽车经销商要把售后服务做精细，站在客户的角度去考虑问题，无论是在服务态度或是服务质量方面都要做到细致入微，如开通24小时服务热线，以备客户的不时之需。尽量做到一切为客户着想，一切从客户利益出发，把服务做到精品化、细致化。

（六）加强各地行业沟通，提供完善的保险和信贷业务

随着我国经济体制的发展，各行业的行业制度也在不断地调整，这也加速了汽车4S店或汽车经销商与各行业的合作。汽车行业的快速发展，使得保险公司和银行的各项业务也逐步涉足到这个领域。所谓"行有行规"，各行业有自己的行业规则与制度，这就使保险公司的保险业务和银行的信贷业务与汽车行业的规定产生了某些方面的冲突，所以要尽力制定相应的措施去完善这些不足之处。例如提供咨询服务、代办各种手续等，减少一些不必要的业务流程。在这方面做得比较好的企业是国内某汽车企业，该企业直接向客户提供贷款业务，极大地方便了客户，减少了一些不必要的手续。

另外，保险公司在处理索赔时也要做到"公平"，不损害客户的利益。总的来说，汽车4S店或汽车经销商要与保险公司和银行做好沟通，为客户提供方便、周全的服务，同时达到各合作行业的共赢，提升各行业的服务，赢得客户的忠诚度与满意度。

综上所述，提高汽车4S店或汽车经销商的售后服务，对汽车行业的发展有着很大的推动作用。汽车4S店或汽车经销商应着重建立标准的服务体系，无论是规范行业制度，提升工作人员的综合素质，还是规范汽车4S店或汽车经销商的管理体系，保证售后服务质量，都应建立一个完善、完整的业务流程和科学的管理体系。同时汽车4S店或汽车经销商也应与各行业以及其消费者做好有效的沟通，做到相互配合、相互理解，为汽车4S店或汽车经销商建立一个良好、健康的发展平台，营造一个有利的提升空间，繁荣汽车行业的市场。

售后服务作为市场营销中一个必不可少的中间环节，不但在各产品市场领域起着至关重要的作用，也对汽车产品和服务走向市场化起着过渡作用。热情、真诚地为客户着想的服务能给客户带来满意，获取客户的信赖，从而使企业能在市场竞争中占有一席之地，赢得市场。所以汽车4S店或汽车经销商要以不断完善服务为突破口，以便利客户为原则，以优质的产品与独特的服务所具有的魅力和一切为客户着想的体贴来感动客户。提升汽车4S店或汽车经销商工作人员的素质，拒绝非纯正配件，提高维修质量，做好客户回访，提供方便、完善的信贷业务，提高服务质量，提升客户的满意度与企业的知名度。

第三节　二手车交易

一、二手车交易流程

（一）检查车辆

（1）目测检查。其中包括检查车辆发动机型号和出厂编号、底盘型号是否与行车执照上的记载相吻合，是否标明厂牌、型号、发动机功率、出厂日期等。

（2）检查车辆的状况。包括检查车辆是否发生碰撞受损，车门是否平整，油漆脱落情况和车辆的金属锈蚀程度等。

（3）检查车厢内部。包括查看座位的新旧程度、座椅是否下凹；双行李箱的随车工具包是否完整；车窗玻璃升降是否灵活；仪表盘是否原装；踏板是否有弹性。

（4）检查发动机。包括观察发动机的外部状况，看气缸外有无油迹；检查发动机油量、抽出机油量度尺查看机油是否混浊不清或起泡；揭开水箱看风扇皮带是否松紧合适等。

（5）检查附属装置。主要看反光镜、收音机、CD机等。

（6）检查车辆底部。要检查车辆前后椅、车架、钢板弹簧、传动轴中间轴承等，还要注意检查车底部漏水、漏油情况。

（二）检验证件

购买二手车时，要注意检验卖方出具的有关车辆证件是否齐全、有效。这些证件包括：机动车行驶证；机动车登记证书；购置附加费凭证；车辆使用税"税讫"标志；养路费交纳凭证；车辆是否经过车检的凭证；路桥费凭证；营运车辆专用票、证。

以上有关证件由卖方办理过户手续，整体转到买方名下。

（三）委托交易公司

二手车交易时，买卖双方必须委托一家交易公司办理车辆过户或转籍手续。因此选择具备资质条件的交易公司至关重要，应注意三个方面：

（1）交易公司必须具备的证件。营业执照；税务登记证（国税、地税）；组织机构代码证；交易发票；代理人服务证；服务价格收费许可证；与市场签订的委托服务协议。

（2）公司应有固定营业场所及专业的工作人员。

（3）了解公司经营业绩及信誉。

（四）办理交易手续

（1）旧机动车交易手续由交易公司代办，买卖双方可以参与。

（2）双方应提供证件。

交易前卖主提供的证件：所卖车辆登记证书（没有登记证书的，过户时同时办理）；行车证（当年已年检）；车辆购置附加税证；有效路桥票证及保险单；卖车有效证件。

私家车：车主必须提供有效身份证；单位车：单位必须提供盖有行政公章的卖车证明、有效的组织机构代码证原件及复印件，并盖公章。

买主提供的证件：私人购车必须提供买车证明及所在地有效身份证；单位购车必须提供买车证明及有效的组织机构代码证复印件，并盖公章。

交易中提供的证件：买卖双方达成交易的过程中，由具有交易资格的交易公司办理车辆转籍、过户手续。

交易后提供的证件：买方应取得变更后的机动车登记证书、机动车行驶证、车辆牌照、车辆购置附加税证、保险单、路桥票证等有效证件。

（五）结账、交接车辆

（1）按合同结清余款。

（2）检查并交接车辆：交接前应再次对交易车辆进行检查和试车。

下图所示为广州二手车交易流程。

```
                    ┌──────────┐
                    │  二手车   │
                    └─────┬────┘
                          │
                          │              ┌──────────────────────────────┐
                          │         ┌───▶│        发动机钢印号            │
                          │         │    └──────────────────────────────┘
                    ┌─────┴────┐    │    ┌──────────────────────────────┐
                    │ 查证检测 ├────┼───▶│        车架上钢印号            │
                    └─────┬────┘    │    └──────────────────────────────┘
                          │         │    ┌──────────────────────────────────┐
                          │         └───▶│ 携带：身份证，车辆的行驶证和产权证 │
                          │              └──────────────────────────────────┘
                          │
                          │              ┌──────────────────────────────┐
                          │         ┌───▶│        车辆登记证书            │
                          │         │    └──────────────────────────────┘
                          │         │    ┌──────────────────────────────┐
                          │         ├───▶│  车主身份证或组织机构代码证    │
                          │         │    └──────────────────────────────┘
                    ┌─────┴──────┐  │    ┌──────────────────────────────┐
                    │ 鉴定评估    ├──┼───▶│        行驶证原件              │
                    │（参考价）   │  │    └──────────────────────────────┘
                    └─────┬──────┘  │    ┌──────────────────────────────┐
                          │         ├───▶│   车辆购置税（费）凭证         │
                    ┌─────┴────┐    │    └──────────────────────────────┘
                    │ 办证审核 │    │    ┌──────────────────────────────┐
                    └─────┬────┘    ├───▶│        路桥费缴讫证            │
                          │         │    └──────────────────────────────┘
                    ┌─────┴────┐    │    ┌──────────────────────────────┐
                    │   交易   │    └───▶│        废气排放检测证          │
                    └─────┬────┘         └──────────────────────────────┘
                          │
                    ┌─────┴──────┐       ┌──────────────────────────────────┐
                    │ 商定价格    ├──────▶│ 根据评估价格，市场同类产品交易价格 │
                    └─────┬──────┘       └──────────────────────────────────┘
                          │
                    ┌─────┴──────┐
                    │ 买家支付订金 │
                    └─────┬──────┘
                          │
                    ┌─────┴──────┐
                    │ 签订交易合同 │
                    └─────┬──────┘
                          │
                    ┌─────┴──────┐       ┌──────────────────────────────┐
                    │ 过户或转籍  ├──────▶│   买家支付余款，交易完成        │
                    └────────────┘       └──────────────────────────────┘
```

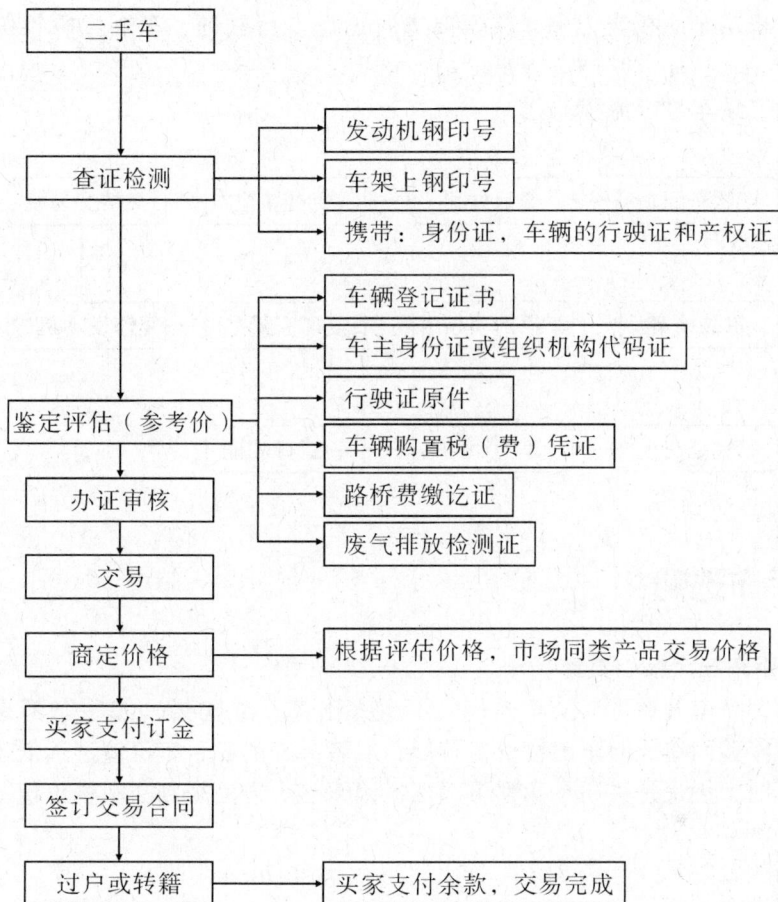

二、二手车过户流程

（一）二手车过户流程

二手车过户流程包括：无机动车产权登记书的客户，应补办机动车产权登记书；有违章记录的车辆，到交警队处罚中心接受处罚，解除电子违章和手工抄牌违章记录；领取车辆变更登记本；交纳旧机动车交易税；复印车辆发动机号和车架号各两份；车辆刑侦检索；审核档案；旧车牌（换号）或行驶证更名；车辆照相；领取新行驶证等。

（二）车辆过户资料

（1）车辆过户的证件：无机动车产权登记书的客户，应补办机动车产权登记书（车主身份证、行驶证）；交易税：行驶证、买卖双方身份证明；路桥票证；机动车保险单；到交警队处罚中心接受处罚，解除电子违章和手工抄牌违章记录。

（2）车管所车辆过户的证件：现车主身份证明、行驶证、交易税、车辆路桥票证、机动车保险单、旧车牌（换号）、车辆照相、领取新行驶证等。

（3）车辆过户的时间：有以下证件且没有电子违章和手工抄牌违章的情况是一个工作日

内。证件包括：机动车产权登记书、买卖双方身份证、行驶证、车辆过桥年票、机动车保险单等。

下图所示为二手车过户流程。

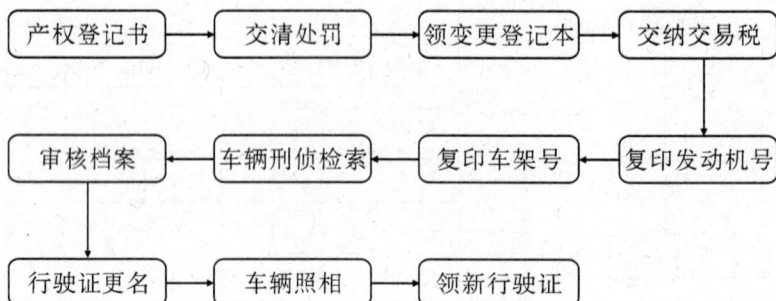

产权登记书 → 交清处罚 → 领变更登记本 → 交纳交易税

审核档案 ← 车辆刑侦检索 ← 复印车架号 ← 复印发动机号

行驶证更名 → 车辆照相 → 领新行驶证

三、二手车选购

（一）选二手车三大核心要素

越来越多的消费者开始进入换车时代，不少人出售（或购买）二手车都是新手，不少客户都是因为缺少经验而造成旧车出售价格较低，或者买来的二手车价值远远低于实际价值。在面对一辆二手车时，无论是买还是卖都可以根据以下三个方面来判断车辆价值：静态检测、动态检测、手续检测。

1. 静态检测

车辆的静态检测是最重要的，大部分消费者在选购二手车的时候可以看一看车辆整体外观，这主要包括车辆拍照（这部分可以判断车辆的上牌年份），要看一下车辆的左右侧面腰线是否流畅笔直，这一点可以判断车辆是否发生过重大车祸。

在看车辆外观的时候可以重点观察一下两侧大灯的新旧程度，细心的客户还可以观察一下两只大灯上面的生产日期，如果不一样的话有可能是因为车头受到冲击导致更换大灯。

还有一个重要的细节就是要观察车身整体漆面的光洁度，看其是否存在细微色差。有些车主在车辆发生剐蹭或者碰撞事故之后，选择了非正规4S店进行维修，钣金以及喷漆工艺与原厂车型的工艺质量存在偏差，所以表面上能够很明显地看出这些"硬伤"。还有车轮的新旧程度也是值得注意的方面，毕竟5条轮胎的价值也是不菲的，如果这辆二手车的轮胎已经接近磨损极限，那么购买之后又会为车主增添一分负担。

刚刚行驶过几千乃至1~2万公里以内的二手车逐渐受到消费者的认可，这些车型的优势在于车辆"几乎是全新的"而且也在厂家的质保期限之内。购买这种二手车首先免去了购买新车发生的"购置附加税"，而且在价格上也比新车便宜很多。

2. 动态检测

在动态检测方面客户需要进入车内，此时不用急着启动车辆，可以先表面上观察一下车辆内饰整体情况，检查是否有明显的松垮、新旧不一或过度磨损。还需检查车内的真皮、桃木、金属装饰条是否完好无损以及是否得到了有效的保养。

动态检测时可以发动车辆，发动后首先可以在车内观察一下车身、方向盘、变速器杆是否有明显的抖动。其次可以驾驶车辆行驶一段距离，主要观察车辆的整体性，特别是在通过一些坑洼路面、减速坎的时候，底盘、悬架、内饰是否有明显的异响、抖动。

3. 手续检测

手续的完整性对于车辆的价值也有较大的影响，某些关键手续缺失所造成的影响甚至比车辆状况不佳的影响还大。车辆交易必要的手续主要是车辆的登记证书、行驶证、购置附加费、购车发票等，非必要手续还包括车辆的保养记录、保险单等。出售之前应该确定车辆的这些手续完整，税费齐全，如果缺少购置附加费等都会从车辆总价值中扣除，但是将来补办比较麻烦，因此建议正常地缴纳各项税费。

购买二手车能够为车主带来诸多益处，除了节省开支、在有限的开支之内为车辆档次升级之外，很多新驾驶员用于练手以及企业用于公务接待等，也是二手车的主要用途。而对于想出售二手车的消费者来说，一定要在平日注意保养自己的爱车、注意保存车辆保养记录和相关手续，以此增加日后出售车辆时候的车辆残值。

一、二手车常见的行话

1. **车整**：理解为车子整齐？显然不合适、不准确。但这是二手车圈里说得频率最高、听得最普遍的话。其意思就是车况很好。到二手车交易市场时留意一下商家的话，常会听到带有"这车特整，巨整，一般整吧"等类似的表达。

2. **车糙**：就是车整的反义词，车况很差。

3. **宣份**：商家收到"宣份"车时，最高兴了，就是表示以低于正常行情的价格收的车，比如行情是5万元，商家却以4.8万元收到，显然利润就更多了，收得越低就越"宣份"，利润越高。

4. **顶了**：宣份的反义词，即高价收了车子，收得越"顶了"就赚得越少。如果商家觉得太高，索性不收，否则他磨破嘴皮子也很难转手。

5. **煮着**：就是表示收来的车子很难脱手，好久卖不出去，资金收不回来。

6. **过生日了**：就是"煮着"的延续，"煮了"一年没卖出去，车都过一岁生日了。

7. **冒泡儿**：和论坛里的用语很像，商家见面总问："今儿冒泡儿了没有？"意思就是今天成交了没有，或有没有意向性购买的客户。

二、二手车交易的陷阱

陷阱一：车辆手续不全。二手车完整的手续应包括：车辆登记证（或购车原始发票）、行驶证、车辆购置税完税证明及交强险等。如果车辆登记证、行驶证缺失且未及时补办，那么该车可能是"黑车"。如果交强险、车辆路桥费存在费用拖欠问题，买主就会增加一大笔支出。二手车交易时，若卖方以各种借口不能出具全部手续，买方应提高警惕。

陷阱二：里程表上动手脚。许多消费者在挑选二手车时，通常会凭里程表判断车况。卖方往往会利用购买者的这种心理，在里程表上动手脚。

陷阱三：新漆掩盖"外伤"。消费者选购二手车时，假如旧车重新喷漆，且前脸、尾部和 A、B、C 柱周围有修补的痕迹，该车极有可能发生过交通事故。

陷阱四："调理心脏"抬价钱。许多消费者买车时往往过于关注汽车的"心脏"，而忽视了车身的健康。二手车销售者正是抓住了消费者的这种心理，通过更换发动机零部件，使车辆"心脏"显得年轻，以抬高价格。

陷阱五："营转非"蒙混过关。在二手车市场，富康、捷达、桑塔纳最受消费者青睐，但需谨防"营转非"车辆混入。所谓"营转非"车辆，是指曾用于出租营运的汽车，经不法渠道流入二手车市场，冒充非营运车辆。这类汽车通常成色较新，使用年限较短，价格极具诱惑力。

陷阱六：违法记录未处理。市场上有许多待售二手车有交通违法记录未处理，一旦购买此类车，消费者就要为前任车主的交通违法行为"负责"。

第四节 汽车俱乐部组织

一、汽车俱乐部起源

时代进步了，思想升级了，汽车成了消费热点，同时各种各样的问题也暴露出来了，客户因此很需要一个专业的服务机构来为其服务。各种各样汽车相关行业迅速崛起，特别是各种类型的汽车俱乐部如雨后春笋般涌现，汽车俱乐部这个行业就这样诞生了，而且是在国内汽车消费市场需求初期和国民素质水平高速提高的时期进入市场。在商业服务方面，汽车俱乐部作为驾车人团体的代表，力求为客户寻求最大的回报。比如，与汽车生产商和销售商磋商，同时也作为客户的一个强有力的服务保障者：为会员在信贷服务和保险等方面谋求更大的优惠，为会员在汽车使用中提供服务，和会员在汽车旅游、汽车生活中共享信息，这对汽车消费也是一种很大的推动力量。

追溯俱乐部的历史，应回到 1902 年的美国，当时全美只有 2 000 辆汽车，这些车主由于各种原因组成一个类似"沙龙"的组织，这也是俱乐部的雏形。最初俱乐部建立是以汽车救援为初衷的，当时会员之间通过酒吧的形式加强彼此间合作。之后，这种俱乐部开始在一些国家发展起来，新加坡和澳大利亚分别在 1905 年和 1969 年相继成立俱乐部。

汽车俱乐部，国际上统称 AA 会，即 Automobile Association，如果直译应作汽车协会。可以看出，这里所谓的"俱乐部"并不是词典里定义的概念，而目前在我国这类组织之所以都叫做汽车俱乐部，完全是出于突出其"会员制"这一特定组织形式，才借用了俱乐部的组织概念。

当今国际上有两大汽车俱乐部组织——国际汽车联盟（FIA）和国际汽车旅游联盟（AIT）。

国际汽车联盟是以组织汽车运动赛事为主的组织，总部设在法国巴黎，世界上各大汽车运动赛事均由其主办。例如 555 拉力赛、一级方程式汽车赛等。世界各国以汽车运动为经营方向的大型汽车俱乐部都是这个联盟的成员，我国现有的汽车俱乐部中特纳多汽车俱乐部和蜂鸟越野车俱乐部就属于这一类型的俱乐部，但它们都还未能正式成为 FIA 的成员。

国际汽车旅游联盟是普通驾车人的组织，1898 年成立于瑞士，发展至今已有百余年历史，目前国际拥有 138 个成员国，2 亿以上在册会员。国际汽车旅游联盟的成员为世界各国的汽车俱乐部，其主要职能是为其会员提供各类应急性和便利性的与驾车人相关的服务，如旅游、文化、救援、金融、购物、优惠、服务等，现在国际汽车旅游联盟的服务内容几乎已经涵盖了驾车人生活的方方面面。1998 年初，中国的大陆汽车俱乐部被该组织接纳为会员。

在经营内容上，FIA 和 AIT 泾渭分明：一个是体育赛事的金手指，一个是汽车社会不可或缺的生活服务大总管，但在经营管理模式上却十分统一：会员制。

二、中国汽车俱乐部的发展

中国汽车俱乐部的发展直到 1995 年才开始，到 1997 年北京成立的救援类俱乐部就有 28 家，由于盲目发展、业务重复，到 1999 年只剩下几家有规模的俱乐部，如大陆汽车俱乐部、万和汽车俱乐部、1998 汽车俱乐部和一路平安汽车俱乐部。北京的俱乐部在成立之初，一样也都遇到一些问题，许多人对这种新型的汽车业务所知甚少。几乎在一年内，北京突然之间成立了许多俱乐部，竞争特别激烈，许多俱乐部由于硬件不足，对会员的承诺无法履行，造成驾车人对俱乐部的不信任感，使俱乐部的发展遇到前所未有的困难，有些俱乐部被迅速地淘汰出局。当时许多与厂商挂钩的俱乐部，由于利益关系也遭遇厄运。私家车的发展使得驾车人理念迅速转变，市场急需一些能提供以救援业务为主的俱乐部，这时就需要一家商业运作模式良好的俱乐部。只有这样，俱乐部才能为会员提供更好的服务，况且俱乐部的发展已有先例，经过几年的摸爬滚打，俱乐部在 1999 年后稳步成熟，到目前为止，北京有上万名会员的俱乐部只有一两家。细微服务是俱乐部立足之本，要做就一定要专业化、规模化。"俱乐部本意应该是某种兴趣相同的人共同相聚交流的团体，而并不是一个营利性的机构，俱乐部的主要工作就是会员的发展和维护。"目前俱乐部全是采用会员制的形式来发展的。

另外需要明确的是，由于各个汽车俱乐部服务特点不同，会员的概念也有所不同。会员制的优势显而易见——花钱买服务、锁定服务是核心，从而保证了客户的忠诚度，达到一定规模后，拥有大量忠实客户的俱乐部成为一个消费群体的代言人，使俱乐部在发展新的商业合作模式和伙伴时无往不利。国外的汽车服务业发展至今已有上百年历史，会员制已成为各发达国家汽车服务业经营的不二法门。究其原因就在于会员制能够很好地保障客户的利益，也就是会员制的核心原则——"利益不冲突原则"，即俱乐部不可以做任何与客户利益有冲突的事情。

然而会员制模式虽好，却也给俱乐部的老总们带来不少苦恼：首先私家车少，会员发展难度大。由于我国所有制的原因，公车仍占主导地位，而汽车俱乐部的服务对象大多以私家车为主，这种相对较小的市场规模，使中国的汽车俱乐部需要在发展初期比国外俱乐部付出更多的努力。其次汽车服务市场的混乱和驾车人的挑剔使俱乐部往往陷入保障服务质量和开发服务内容的两难局面：目前中国汽车售后服务、汽修、汽配等相关市场极不规范，而有车族还是属于高收入的极少数人，他们对服务极为挑剔，但又不懂得如何正确保护自己的消费权益，这就使得处于服务中介者地位的俱乐部往往两头受气。为了避免这种尴尬，俱乐部只能自行开发主营服务项目，以保证服务质量，但服务内容单一又很难吸引更多的客户。这一问题在从事救援、汽车租赁、洗车、汽车装饰等行业的汽车俱乐部十分普遍。

会员制的法宝在于靠规模制胜，而实际上大多数中国现有的汽车俱乐部还没有达到生存线就已经死亡了。据统计，1996、1997 年，我国的汽车俱乐部有三百多家，而现在国家工商注册的有知名度和实力的俱乐部仅有一百多家。这些现有的俱乐部活着的主要原因或者是经济实力雄厚，或者是有一两个能够造血的主营项目。虽然坚持会员制在汽车俱乐部初创时难度较大，但这是短期利益和长远利益的角逐。客观上来说，会员制模式也促使汽车俱乐部行业经历了一个大浪淘沙的洗礼过程。

三、国内汽车俱乐部的形式

通常客户选择某一品牌的轿车代表其在文化以及爱好方面对这一品牌的认可，车友们需要这样的组织来诠释汽车文化、凝聚人气、提供无微不至的服务，甚至是保护。

在这种情况下，将选择同一品牌汽车的车主召集在一起意味着这一群体具有极强的共性，而反过来，通过车主俱乐部的活动，厂商也可以进一步强化自身的品牌建设。这可以说是目前车友会或者车主俱乐部存在的最大理由。

国内汽车俱乐部目前主要有三种形式：根据主导方的不同可分为汽车厂商（经销商）俱乐部、商业俱乐部与车主自发俱乐部。

第一类俱乐部是以汽车厂商（经销商）为主导组织的俱乐部。厂商由于在资金、技术以及组织等方面的软硬件设施都是其他形式的俱乐部所不可比拟的，因此在组织此类俱乐部时具有很大的优势。但从目前来看，国内真正以厂商为主的汽车俱乐部还非常少，最常见的是以售后服务为目的的俱乐部。车主从经销商处买车，同时可加入其组织的品牌车主俱乐部，这在一些有实力的国产车经销商中尤其常见。

以深圳为例，这类俱乐部大部分为单一品牌服务，如时间较长的里程车会、新兴的深业阳光车友俱乐部、红彤车主俱乐部等；少数为多种品牌混杂，如大兴汽车俱乐部（旗下代理的多种品牌车）。这类俱乐部共同的特征是结合其本身的企业文化服务车主，弘扬汽车文化，培养品牌忠诚度，车主在自觉与不自觉间融入其中。但是以经销商为主导的俱乐部由于区域、品牌（往往局限在一个品牌上）、人群等条件上存在先天的不足，最终会限制其长期的发展。

比较健康的体系应该由厂商建立一种规范的俱乐部，搭建一个厂商和车主、车主与车主之间进行沟通的平台。在这个平台上，所有的会员不仅可以享受到由俱乐部提供的多种会员礼遇和增值服务，而且通过这个平台会员之间可以互相交流，拓展商机、交流用车经验、分享生活点滴、结交知心朋友。通过这种方式不仅可以使厂商的品牌形象得到升华，而且可以让消费者找到家的感觉。

第二类是典型的商业俱乐部。其商业目的明确，服务专业规范，车主可自由选择，如深圳的高成达标远车会，车友除了享受各种优惠服务（技术咨询、维修拯救、美容养护、保险理赔等），还可以通过车会组织的各类活动广交朋友，增长见识；也有一些以专业服务见长的车会，如各地的越野车俱乐部，基本是四驱爱好者之家。在这一类俱乐部中，一批效仿欧美、立足区域、面向全国的连锁汽车俱乐部纷纷成立，有名的如北京的大陆汽车俱乐部、上海的安吉汽车俱乐部、江苏的苏友俱乐部等。

第三类是车主自发成立以沟通交流为主的车主俱乐部，国外这一类俱乐部也颇流行。在一些热销国产车中，不少用户由于年龄、职业、爱好、经济状况等相近，借助 IT 时代的网聚号召力，成立了一些活力四射的俱乐部。虽然俱乐部没有明确的组织机构，CEO 也是大家民主推选的活跃分子，常常以 FB 为由头进行活动，不过因车主之间的认同感让他们更好地体会到汽车生活的魅力。

目前，国内做得比较成熟而且不错的俱乐部有以下几个：上海大众的菠萝派，早在 2001 年进入国内之前便有几位 POLO 的 fans 在西陆论坛里组建了一个小型俱乐部，并取名菠萝派。从这个俱乐部的论坛就可看出其受欢迎的程度："POLO 故事"、"交流园地"、"五湖四海"等（www.polopai.com），通过各种活动的组织与论坛的内容建设，菠萝派俱乐部得到不断的快速发展，不仅吸引了更多的 POLO 迷，也大大促进了 POLO 车主之间的交流。

在深圳比较出名的宝来（BORA CLUB）和夏利 2000（CHINA ECHO）的车友俱乐部，不仅活动搞得有声有色，网上的精神家园更吸引了全国各地的车友。只不过这类车友俱乐部由于缺乏专业管理，更多停留在大家交流维权经验的层面上，谈不上专业服务享受。

无论上述哪种形式，汽车俱乐部都在试图营造一种多赢局面，一方面厂商通过俱乐部可以持续深化自身品牌文化的内涵，提高用户忠诚度；另一方面，车主可以通过俱乐部全面感受更丰富的汽车文化，同时扩大自身的交际网络；此外，俱乐部以及其他组织者更可获得进一步的商业机会。

复习思考题

1. 汽车售后服务的基本流程有哪些？
2. 二手车交易的流程有哪些？
3. 二手车过户的流程有哪些？
4. 二手车选购要注意哪些问题？
5. 国内汽车俱乐部有哪几种形式？

实训练习题

考察当地的二手车市场，了解其发展情况，画一张其交易流程图。

第九章　汽车营销策划

学习目标

1. 掌握汽车营销策划书编写的格式和内容；掌握汽车渠道策划、汽车市场推广策划以及汽车网络营销策划的内容和技巧。

2. 理解汽车营销策划工作既是一门科学又是一门艺术创新，在掌握各种技巧的基础上理解汽车营销策划的深刻内涵。

3. 结合案例，在汽车营销实战中不断提高营销策划人员的策划能力、创新能力、组织能力等。

奇瑞 A3 营销策划方案

一、市场背景

1. 奇瑞汽车股份有限公司的市场背景

（略）

2. 国际市场背景

（略）

二、市场现状分析

1. 奇瑞 A3 车型的市场优势

（1）性价比高。

（2）价格优势。

（3）车型丰富。

（4）售后服务的优势。

2. 客户群体分析

（略）

三、市场营销策略

1. 社会好市民形象的广告宣传

2. 魅力十足的社会活动

四、具体营销活动策略——千婚迎新年、千车拍卖等

1. 程序

2. 前期准备工作

A. 宣传。

B. 向参与此次活动的相关单位发函。

C. 精心制造千辆奇瑞 A3 结婚车备用。

D. 制作作为赠品和奖品的千车小模型。

E. 督促协作单位准备活动中其所承担的物品和其广告宣传物。

F. 活动期间各项准备工作及新闻发布的筹备等。

G. 为了能使活动更好地开展，一定要取得民政部门的大力支持和协助。

3. 新闻发布会

A. 新闻发布会举行单位。

B. 新闻发布会举办地点。

C. 新闻发布会时间。

D. 新闻发布会邀请的新闻组织。

E. 新闻发布会的主题。

F. 新闻发布会的内容。

4. 奇瑞 A3 千婚迎新年活动

A. 活动目的。

B. 活动方式。

C. 活动宗旨。

D. 活动原则。

E. 活动口号。

F. 活动思想。

5. 千对结婚新人报名及筛选阶段

（1）筛选条件。

（2）交纳结婚费用。

6. 培训和训练

（略）

7. 千车聚集迎新年摆字活动

（略）

8. 促销策略

（略）

第一节 营销策划书的编写

一、营销策划的含义

营销策划是根据企业的营销目标，以满足消费者需求和欲望为核心，设计和规划企业产品、服务和创意、价格、渠道、促销，从而实现个人和组织的交换过程。

营销策划的目的是为了改变企业现状，完成营销目标，借助科学方法与创新思维，立足于企业现有营销状况，对企业未来的营销发展作出战略性的决策和指导，带有前瞻性、全局性、创新性、系统性。

营销策划适合任何一个产品，包括无形的服务，它要求企业根据市场环境变化和自身资源状况作出相应的规划，从而提高产品销售量，获取利润。营销策划的内容包含市场细分、产品创新、营销战略设计、营销组合 4P 战术等四个方面的内容。

二、营销策划人员的基本要求

企业对营销策划人员的要求主要有以下几点：

（1）营销策划人员需要掌握综合知识和技能，包括了经济学、行为科学、数学、统计学、心理学、社会学、生态学、商标学、广告和法律等学科。

（2）营销策划人员必须有丰富的阅历和营销经验，对企业在营销各个环节的问题能作出准确的判断。

（3）营销策划人员要有敏锐的洞察能力，能把握市场上的各种机会和规避市场上的风险。

（4）营销策划人员要有系统思维能力，能用综合的知识去解决复杂的问题。

（5）营销策划人员要充满工作热情，把策划当成自己生命中的一部分，才能有强大的动力和兴趣把工作做到极致。

三、营销策划书编制的原则

为了提高策划书撰写的准确性与科学性，应首先把握其编制的几个主要原则：

（1）逻辑思维原则。策划的目的在于解决企业营销中的问题，按照逻辑性思维的构思来编制策划书。首先是设定情况，交代策划背景，分析产品市场现状，再把策划中心目的全盘托出；其次进行具体策划内容的详细阐述；三是明确提出解决问题的对策。

（2）简洁朴实原则。要注意突出重点，抓住企业营销中所要解决的核心问题，深入分析，提出相应的可行性对策，针对性强，具有实际操作指导意义。

（3）可操作原则。编制的策划书是要用于指导营销活动，其指导性涉及营销活动中的每个人的工作及各环节关系的处理，因此其可操作性非常重要。不能操作的方案创意再好也没有任何价值，不易于操作的策划也必然要耗费大量人、财、物，管理复杂、显效低。

（4）创意新颖原则。要求策划的"点子"（创意）新、内容新、表现手法也要新，给人以全新的感受。新颖的创意是策划书的核心内容。

四、营销策划书的基本内容

策划书没有一成不变的格式，它依据产品或营销活动的不同要求，在策划的内容与编制格式上也有变化。但是从营销策划活动一般规律来看，其中有些要素是共通的。

（一）封面

策划书的封面可提供以下信息：①策划书的名称；②策划的客户对象；③策划机构或策划人的名称；④策划完成日期及本策划适用时间段。因为营销策划具有一定时间性，不同时间段上市场的状况不同，营销执行效果也不一样。

（二）正文

策划书的正文部分主要包括：

1. 策划目的

策划书要明确本营销策划所要达到的目标、宗旨，作为本策划执行的动力或强调其执行的意义所在，以要求全员统一思想、协调行动，共同努力保证策划高质量地完成。

企业营销存在的问题纷繁多样，可概括为六个方面：

（1）企业开张伊始，尚无一套系统营销方略，因而需要根据市场特点策划出一套行销计划。

（2）企业发展壮大，原有的营销方案已不适应新的形势，因而需要重新设计营销方案。

（3）企业改革经营方向，需要相应地调整行销策略。

（4）企业原营销方案严重失误，不能再作为企业的行销计划。

（5）市场行情发生变化，原经销方案已不适应变化后的市场。

（6）企业在总的营销方案下，需在不同的阶段，根据市场的特征和行情的变化，设计新的阶段性方案。

2. 分析当前的营销环境状况

对同类产品市场状况、竞争状况及宏观环境要有清晰的认识，这是为制定相应的营销策略、采取正确的营销手段提供依据的。"知己知彼方能百战不殆"，因此这一部分需要策划者对市场比较了解，主要分析：

（1）当前市场状况及市场前景分析。

①产品的市场性、现实市场及潜在市场状况。

②市场成长状况，产品目前处于市场生命周期的哪一个阶段上。对于不同市场阶段上的产品公司营销侧重点如何，相应营销策略效果怎样，需求变化对产品市场的影响。

③消费者的接受性，这一内容需要策划者凭借已掌握的资料分析产品市场发展前景。如台湾一品牌的漱口水《"德恩耐"行销与广告策划案》中策划者对"德恩耐"进入市场风险的分析、产品市场的判断颇为精彩。如对产品市场成长性分析中指出：以同类产品"李施德林"的良好业绩说明"德恩耐"进入市场风险小；另一同类产品"速可净"上市得到普遍接受说

明"李施德林"有缺陷；漱口水属家庭成员使用品，市场大；生活水平提高，中、上阶层增多，显示其将来市场成长。

（2）对产品市场影响因素进行分析。主要是对影响产品的不可控因素进行分析：如宏观环境、政治环境、居民经济条件，如消费者收入水平、消费结构的变化、消费心理等。对一些受科技发展影响较大的产品如计算机、家用电器等产品的营销策划中还需要考虑技术发展趋势的影响。

3. 市场机会与问题分析

营销方案是对市场机会的把握和策略的运用，因此，分析市场机会就成了营销策划的关键。只要找准了市场机会，策划就成功了一半。

（1）针对产品目前营销现状进行问题分析。一般营销中存在的具体问题，表现为多方面：企业知名度不高，形象不佳，影响产品销售；产品质量不过关，功能不全，被消费者冷落；产品包装太差，提不起消费者的购买兴趣；产品价格定位不当；销售渠道不畅，或渠道选择有误，使销售受阻；促销方式不当，消费者不了解企业产品；服务质量太差，令消费者不满；售后保证缺乏，消费者购买后顾虑多等都是营销中存在的问题。

（2）针对产品特点分析优势、劣势。从问题中找劣势予以克服，从优势中找机会，发掘其市场潜力。分析各目标市场或消费群特点进行市场细分，对不同的消费需求尽量予以满足，抓住主要消费群作为营销重点，找出与竞争对手的差距，把握好市场机会。

4. 营销目标

营销目标是在之前的目的、任务基础上公司所要实现的具体目标，即营销策划方案执行期间，经济效益目标达到：总销售量为×万件，预计毛利×万元，市场占有率实现××。

5. 营销战略（具体行销方案）

（1）营销宗旨。一般企业可以注重三方面：

①以强有力的广告宣传攻势拓展市场，为产品准确定位，突出产品特色，采取差异化营销策略。

②以产品主要消费群体为产品的营销重点。

③建立起点广面宽的销售渠道，不断拓宽销售区域等。

（2）产品策略。通过前面产品市场机会与问题分析，提出合理的产品策略建议，形成有效的4P组合，达到最佳效果。

①产品定位。产品市场定位的关键主要在客户心目中寻找一个空位，使产品迅速启动市场。

②产品质量功能方案。产品质量就是产品的市场生命，企业对产品应有完善的质量保证体系。

③产品品牌。要形成一定知名度、美誉度，要树立消费者心目中的知名品牌，必须有强烈的创牌意识。

④产品包装。包装作为产品给消费者的第一印象，要能迎合消费者，制定使其满意的包装策略。

⑤产品服务。策划中要注意产品服务方式、服务质量的改善和提高。

（3）价格策略。价格策略包括三个普遍性原则：

①拉大批零差价，调动批发商、中间商积极性。

②给予适当数量折扣，鼓励多购。

③以成本为基础，以同类产品价格为参考，使产品价格更具竞争力。若企业以产品价格为营销优势，则更应注重价格策略的制定。

（4）销售渠道。产品目前销售渠道状况如何，对销售渠道的拓展有何计划，采取一些实惠政策提高中间商、代理商的销售积极性或制定适当的奖励政策。

（5）广告宣传。

6. 策划方案各项费用预算

这一部分记载的是整个营销方案推进过程中的费用投入，包括营销过程中的总费用、阶段费用、项目费用等，其原则是以较少投入获得最优效果。费用预算方法在此不再详述，企业可凭借经验，具体分析制定。

7. 方案调整

这一部分是作为策划方案的补充部分。在方案执行中可能出现与现实情况不相适应的地方，因此方案贯彻必须随时根据市场的反馈及时对方案进行调整。

营销策划书的编制一般由以上几项内容构成。企业产品不同、营销目标不同其则所侧重的各项内容也不同，在编制上也可有详略取舍。

奥迪德奥 4S 店的推广方案

一、SWOT 分析

（一）Strength（优势）

1. 奥迪品牌作为中国汽车市场的一线品牌，具有强大的号召力，也是中国"官车"并演绎成为成功人士专车，具有成熟的品牌基础。

2. 本店坐落在城市快速交通干道旁，基础设施现代、豪华，标准的现代 4S 店完全满足目标客户的消费心理需要。

3. 专营奥迪品牌汽车的整车销售、维修服务和配件供应，同时提供与汽车服务相关的信贷、保险、装饰、救援、俱乐部等全方位汽车服务。

（二）Weakness（劣势）

1. 进入重庆市场相对正典公司较晚，未能在目标客户心中形成良好的口碑和品牌效应；自身缺乏品牌意识，宣传不足导致知名度不高。

2. 所在位置不理想，相对于其他市场，南坪机动车交易市场是从二手交易市场发展起来的，相对于轿车特别是高档车的交易号召力不足甚至带来负面效应。

（三）Opportunity（机会）

1. 随着社会整体经济水平的提高，家庭轿车的需求正在释放，不断涌现出来的城市精英越来越追求成功带来的成就感而购置高档轿车。

2. 成熟的奥迪轿车品牌拥有一大批的忠诚消费者，中国加入 WTO 后，汽车关税的下降导致合资品牌轿车整车成本的下降，刺激消费的增加。

（四）Threat（威胁）

1. 目前汽车市场竞争激烈，生产厂家的利润下降，销售利润也大幅度下调，生产厂家甚至将竞争压力转移到经销商渠道上来，使其不堪重负。

2. 原油市场的持续大幅上扬，导致消费者购车时更趋向选择排量小的经济型轿车，高档轿车在整体汽车市场的份额逐步下滑。

二、营销策略

1. 市场定位：比附型的老二策略（市场挑战者）

（略）

2. 品牌定位：人性化、专业化、标准化

（略）

三、推广策略

1. 传播策略

在确定整体形象策略之后，针对德奥4S店整体宣传构想，我司初步提出形象塑造"四化战术"：

A. 主题系列化。

B. 宣传新闻化。

C. 公关节点化。

D. 宣传阶段化。

2. 媒体策略

（略）

3. 主题推广语

（略）

4. 促销活动

A. 地面活动推广秀。

B. 自驾游出征启动仪式。

C. 联合驾校举办奥迪德奥4S店体验班。

D. 积极参加各种车展活动，提升德奥4S店品牌知名度。

四、广告推广

第一阶段：形象塑造（10.10—10.30）

1. 启动时机

（略）

2. 媒体选择

（略）

3. 发布策略

（略）

4. 效益分析

（略）

5. 位置选择

（略）

6. 执行计划：户外媒体计划表

7. 设计样稿（后附）

第二阶段：媒体传播（11.1—12.30）（略）

广告方向

通过媒体悬念式广告吸引目标消费者的注意，利用报纸软文和新闻的配合，积极传达"德奥4S店"的相关信息，大力炒作"德奥4S店"的品牌形象和知名度。

第三阶段：深度推广（6.1—春节）（略）

广告方向

通过立体的传播网络，在消费者心中奠定"德奥4S店"的品牌地位，培养消费者的购车习惯，完成春节前的营销目标。

第二节　营销渠道策划

一、营销渠道的含义

（一）营销渠道的定义

营销渠道是促使产品或服务顺利地被使用或消费的一整套相互依存的组织；也指某种商品或服务从生产者向消费者转移的过程中，取得这种产品或服务的所有权或帮助所有权转移的所有企业和个人。营销渠道的始点是生产者或制造商，终点是消费者或用户，中间环节包括商人中间商（因为他们取得所有权）和代理中间商（因为他们帮助转移所有权）。前者又包括批发商和零售商，后者又包括代理商和经纪商。

建立营销渠道有助于：减少市场中交易的次数；专业化营销渠道的设置使分销成本最小化；营销渠道为买卖双方收集市场资源提供了便利。

（二）营销渠道的职能

（1）调研。收集在制订计划和进行交换时所必需的信息。

（2）促销。进行关于所供应货物的说服性沟通。

（3）接洽。寻找可能的购买者并与其进行沟通。

（4）匹配。使所供应的货物符合购买者需要，包括制造、装配、包装等活动。

（5）实体分配。从事物品的运输、储存等。

（6）谈判。为了转移所供货物的所有权，而就其价格及有关条件达成最后协议。

（7）财务。为补偿渠道工作的成本费用而对资金的取得与使用。

（8）风险承担。承担与从事渠道工作有关的全部风险。

（三）营销渠道的类型

营销渠道通常按渠道层次数目来进行分析。零层渠道指没有中间机构，通常叫做直接营销渠道，一层渠道含有一个中间机构，二层渠道含有两个中间机构，三层渠道含有三个中间机构，更高层次的营销渠道较少见。下图给出了不同层次的营销渠道的基本框图。

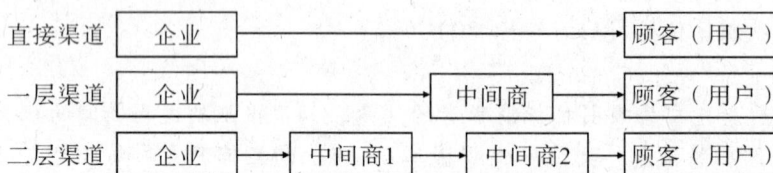

```
直接渠道   [企业] ────────────────────────────→ [顾客（用户）]

一层渠道   [企业] ──────────→ [中间商] ──────→ [顾客（用户）]

二层渠道   [企业] ──→ [中间商1] ──→ [中间商2] ──→ [顾客（用户）]
```

（1）直接营销渠道和间接营销渠道。直接营销渠道也叫零层营销渠道，是指企业自己直接向客户提供产品，没有任何中间商的介入。间接营销渠道是指企业通过一层或一层以上中间环节向客户提供产品。

（2）长渠道和短渠道。长渠道和短渠道是相对而言的，一般而言，中间环节越少，渠道就越短，一层渠道通常称为短渠道。而中间环节越多，渠道就越长，环节多的渠道通常被称为长渠道。

（3）宽渠道和窄渠道。按营销渠道中每个层次的同类中间商数目的多少，可以将营销渠道分为宽渠道和窄渠道。宽渠道是指企业同时选择两个以上的同类中间商向客户实现产品的分销服务。宽渠道意味着企业使用的同类中间商数量多，产品在市场上的分销面宽。窄渠道就是企业使用的同类中间商数量少，表示产品在市场上的分销面窄。独家分销是最窄的营销渠道。

二、营销渠道设计决策

（一）确定渠道模式

确定渠道模式实际上就是确定渠道长度问题。汽车企业选择营销渠道，不仅要求保证将物品及时送到目的地，而且要求选择的营销渠道效率高、营销费用少，能取得最佳的经济效益。因此企业在选择营销渠道之前，必须综合分析本企业的战略目标、营销组合策略以及其他影响营销渠道选择的因素，最终确定渠道模式。汽车企业的渠道模式选择主要是指汽车企业需不需要中间商（涉及短渠道还是长渠道）参与。如果需要，如何来选择和确定；如果不需要，就直接面对客户进行营销活动。

（二）确定同类中间商数目

确定同类中间商数目实际上就是确定渠道宽度问题。营销渠道宽度是指营销渠道中每一层次使用同类型中间商数目的多少。中间商是指介于汽车企业与消费者之间，专门从事汽车产品流通活动的经济组织或个人；换而言之，中间商是汽车企业向客户出售汽车产品时的中介机构。汽车企业的中间商多为代理商，代理商专门为汽车企业组织货源，或为供需双方提供中介服务。中间商具有组织货源、传递汽车产品信息、提供咨询以及参与汽车服务等多项功能。汽车企业在制定渠道宽度决策时面临着三种选择：密集性分销策略、选择性分销策略和独家分销策略。

1. 密集性分销策略

也叫广泛分销策略，是一种宽渠道分销策略，指汽车企业在同一渠道环节层次上，尽可能通过中间商来完成汽车销售活动。这种策略能够与潜在客户广泛接触，广告的效果好，容易组织更多的货源，但渠道不易控制，与中间商的关系也较松散。

2. 选择性分销策略

这种策略是指汽车企业在某一地区有选择地确定几个具有一定规模和丰富市场经验的中间商，从事分销活动。采用这种策略有助于汽车企业加强对渠道的控制，保持与中间商的良好合作关系，减少中间商之间的盲目竞争，提高渠道运转效率。但中间商也会对汽车企业提出一定的条件和要求。鉴于汽车企业的特点，选择分销的策略较多地被采用。

3. 独家分销策略

也称为集中性分销策略，是一种窄渠道分销策略，主要是指汽车企业在一定的市场区域内仅选用一家经验丰富、信誉很好的中间商为企业推销产品和组织货源。双方一般都签订合同，规定双方的销售权限、利润分配比例、销售费用和广告宣传费用的分担比例等；规定在特定的区域内不允许汽车企业再委托其他中间商推销其产品，也不允许所选定的中间商再推销其他企业生产的同类竞争性产品。其优点是：易于控制市场的销售价格；可以提高分销商的积极性和销售效率；有利于产销双方较好地合作。其缺点是：汽车企业在该地区过分依赖该中间商，易受其支配；在一个地区选择一个理想的中间商很困难，若选择不当或客观条件发生变化，可能会完全失去市场；一个地区只有一个中间商，可能会因为营销力量不足而失去许多潜在客户。鉴于汽车企业的特点，一般不宜采用独家分销策略。

三、我国汽车企业最常见的、最有效的汽车销售渠道

通过多年的试验和探索，我国主要汽车生产企业建立的营销流通体系几经变化与改革。目前来看，大致可划分为三种模式：

（1）以地区营销代理为主的模式。这一模式的特点是：汽车生产企业（企业集团）建立自己的独资营销公司或合资公司，以这些公司作为营销的主要渠道来代理营销企业产品。上海汽车集团生产的桑塔纳轿车，其营销体系采用这一模式，天津汽车工业集团有限公司的产品营销体系与此相类似。

（2）以联营、联合营销公司联销为主的模式。这一模式的特点是无须投入大量资金与汽车流通企业合资或建立自己的独资公司，而是生产企业提供厂名（商誉）、周转车，或在经销价格上给予优惠，与原流通企业组成联营、联合经销公司，联合销售厂家汽车。目前，一汽、东风等汽车公司的汽车营销体系属于这一模式。

（3）合作的关系。通过提供优惠的汽车经销价格和货款结算方式，将流通企业确定为生产企业的特约经销公司。经营方式采取联合营销，这一模式以北京吉普汽车有限公司的营销流通体系为代表。

除上述三种模式外，如上海通用汽车有限公司的营销网络采用"通用土星"的营销模式，

即上海通用直接与各地的经销商打交道，取消中间的批发环节。从发展趋势来看，广汽本田、桑塔纳、一汽等也将采用此种模式。

我国传统的营销流通模式由于流通层次过多，从而造成价格混乱、流通成本过大等问题。而新兴的营销代理模式由于中间层次少，流通成本相对下降，信息的传达也快，使生产厂家更易于控制中间营销环节。

下图所示为差异化的渠道模式。

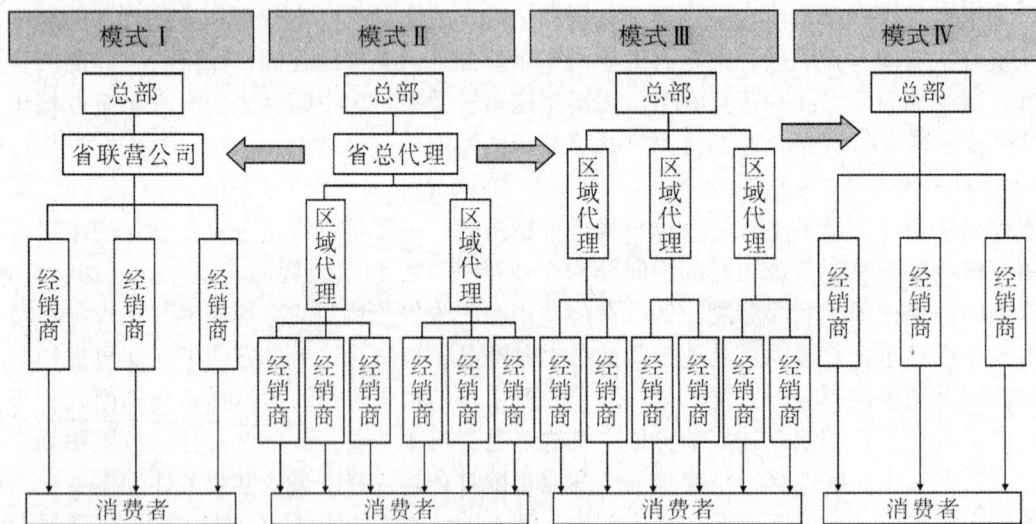

以广汽本田为例，介绍其营销模式的主要特色。

广汽本田在建设营销体系时，首先确定了基本指导思想：

（1）四位一体，前店后厂。

（2）直销，经销商必须直接卖给最终用户。

（3）实行全国统一营销价格，运费另收，标准统一；即车价 = 基本价格 + 统一规定的运费。

同时，建设特约营销服务店的条件为：

（1）根据当地的营销市场、维修状况，决定建店规模。

（2）确立统一的企业形象，必须达到基本要求。

（3）谨慎考虑经销商建设投资，并分析回收期。

（4）在建设网点过程中，提供营销、售后、维修和零配件供应和其他培训。

（5）小轿车经营权由广汽本田统一申请，维修站获得"一类大修资格"。

广汽本田的营销模式的主要特点为：

（1）四位一体（整车营销、售后服务、零配件供应、信息反馈），功能齐全。

（2）特约站运营以售后服务为中心。

（3）统一的 CI（企业形象）。

（4）直销。对经销商一律实行买断经营。

（5）全国实行统一营销价格，运费另计。

（6）品牌专营。

（7）以个人用户为主要的目标市场。

四、汽车营销渠道的变革

（一）从扁平化到区域化

1. 扁平化弊端凸现

督导制或走访制是汽车企业销售渠道管理扁平化的主要形式。督导或者区域经理像空中飞人一样，定期对各个区域的经销商进行走访，现场指导经销商的经营活动，并对经销商日常工作进行检查。对于在检查中发现的一些问题，以及经销商提出的需求，督导或区域经理将其带回总部，由总部进行统一的决策。

2. 区域化特征明显

我国市场本身就是多元化的，各地的消费能力、消费心理都有很大的差别，如果全国采取统一的方案，则可能只能满足某一个区域的消费者，差异化的营销是必要的。而销售渠道区域化则能够满足这一要求。现在一些企业开始放权给区域，比如现在一汽大众和一汽丰田的大区普遍拥有包括销售管理、市场推广、售后服务、财务控制、培训支持、经销商管理等职能，在配件、大客户、服务、人事、财务的控制上进一步加强。各个大区能够单独制定符合各自区域的实际营销策略，对自己区域内的绝大部分事务进行快速的反应。以奇瑞、广汽本田、北京现代等为代表的企业，则在各地设立的商务中心或销售大区，根据区域的实际情况实行灵活的营销策略。比如，广汽本田在北京和上海的广告传播就可能会因地域的差别有许多不同之处。这几个企业的工作人员均表示，与区域化做得比较早的几个企业相比，他们的区域在执行层面的事务会更多一些，以后将逐步增加区域的决策权。上海通用目前是多品牌运作，各个品牌事业部均有自己的区域设置，其工作人员表示区域也是以执行层面为主。

（二）全新的四大模式

1. 2S＋A 降低门槛广布网点

从东风雪铁龙西南商务处证实，他们今后将主要采取"2S＋A"的模式。"2S"指的是配件＋维修，"A"则指销售，采取这种模式的目的，是要占领四川二级城市的汽车市场。这是充分考虑到二级城市经销商的建店能力和投入回报问题而作出的调整。"2S＋A"的模式降低了经销商代理东风雪铁龙品牌的门槛，有利于东风雪铁龙的网点遍地开花，同时保证了省会城市4S店的利益，是一个兼顾消费者、经销商、厂家三方利益的全新渠道方案，有利于厂家和经销商共同把车市做强做大。据悉，东风雪铁龙在全国都将采取这种渠道模式。

2. 旗舰店提升品牌美誉度

广州车展之际，长安铃木广州分公司、江门泰卓和东莞羚丰等广东地区三家4S店同期开业。长安铃木表示，他们计划年内在北京、上海、广州、沈阳等重点城市，以及成都、兰州等西部大城市新建超过50家4S高标准"旗舰店"，通过核心城市的重点经销商导入铃木品牌，有效提升长安铃木渠道的综合竞争水平。

3. 社区布点全面占领市场

形象店＋社区网点也是未来汽车营销渠道发展的一个趋势。例如，在全新奥迪A4成都上市当晚，奥迪特意安排成都三和奥迪总经理甘绍津接受媒体专访。甘绍津在畅谈下一步车商的发展动向时表示，以形象店为核心，然后再在高档社区发展网点，这是一种全新的渠道模式。这就好比形象店是艘"航空母舰"，而社区网点是"护卫舰"。"护卫舰"多了，"母舰"才能安全，对社区市场实行精确"打击"，可以提高品牌的市场有效占有率。

4. 加盟店借力小经销商

在广州车展上，一位广东经销商老总在谈及车市如何"御寒"时，谈到了品牌输出，然后搞加盟的做法。为了进一步占领二线城市市场，他们允许下面的一些小经销商挂他们的牌子卖车，但加盟店店面必须与总店一致。这样既解决了车商在省会城市的发展困局，也解决了二线城市小经销商品牌不够、卖车难的问题。据悉，成都精典汽车也有类似计划，他们依托品牌输出，借助二线城市经销商的网络卖车，进一步占领二线城市市场。

五、汽车营销渠道未来的三大趋势

在金融风暴的影响下，汽车行业的销售渠道大概有以下三种趋势的变化：

第一种是由厂家主导的"汽车超市模式"。最典型的是江淮汽车在 2009 年年初推行的"江淮汽车超市"，将江淮汽车旗下的轿车、MPV、SUV、大客车、轻卡、重卡等集中销售，声称"总有一款适合你"。当然这种做法可能是一个特例，因为江淮汽车没有外资合作伙伴，可以整合旗下所有的车型集中销售，而一汽、上汽、东风等大型汽车集团由于难以协调不同的外资合作伙伴的利益，无法对渠道进行整合。这种模式既方便消费者购买该品牌的不同产品，也让消费者有更多选择，同时加强了该品牌的综合管理，起到综合营销的作用。

第二种模式是大型汽车经销商的集团化经营。这些大型汽车经销商有许多4S店，但它们在集团层面进行资源整合，统一采取市场行动，统一进行客户关系管理，甚至不同的品牌共享售后服务资源，这样4S店的部分功能由集团行使。从全国范围看，汽车经销商集团化是一种必然趋势，一些大型汽车经销商集团拥有的4S店动辄几十家甚至上百家，和厂家的谈判能力较强。这种模式提高了经销商在销售环节中的重要性且提高了其竞争力。

第三种模式是电视购物。真正引起人们关注是湖南卫视的"快乐购"电视购物节目，2009 年 4 月 15 日它创下一个新的销售神话：一小时内卖出 75 辆奔驰汽车，让业界为之一惊。电视购物的营销成本低，受众面广，以往多用于快速消费品和奢侈品销售，但它在汽车行业小试牛刀便显示出超强的人气，让人们看到了一种全新的汽车销售模式的发展前景。当然短期内电视购物还无法与4S店抗衡，而且汽车厂家对这种全新的销售方式仍在观察之中，不会轻易尝试。但这种模式方便消费者购买，宣传力度高，一旦厂家、消费者接受了汽车电视购物方式，它所爆发出来的能量将是十分惊人的。

第三节 市场推广策划

一、广告策划

（一）广告策划的含义

狭义、朴素的理解是把广告策划看作整个广告活动中的一个环节，在某种确定的条件下将广告活动方案进行排列组合和计划安排，以广告策划方案或策划书的编写为终结。广义、现代的观点认为广告策划是从广告角度对企业市场营销管理进行系统整合和策划的全过程，从市场调查开始，根据消费者的需要对企业产品设计进行指导，对生产过程进行协调，并通过广告促进销售，实现既定传播任务。现代意义的广告策划基本上以此广义为共识，把广告策划看作是以企业营销组合为基础，对企业广告活动进行的规划、决策、组织和协调。具体来说，就是根据广告主的营销策略，按照一定的程序对广告活动的总体战略进行前瞻性规划的活动。它以科学、客观的市场调查为基础；以富于创造性和效益性的定位策略、诉求策略、表现策略、媒介策略为核心内容；以具可操作性的广告策划文本为直接结果；以广告活动的效果调查为终结；追求广告活动进程的合理化和广告效果的最大化，是广告公司内部业务运作的一个重要环节，是现代广告运作科学化、规范化的重要标志之一。

（二）广告策划的特性

广告策划作为广告公司运作业务的战略性统筹谋划，具有以下不同于一般计划的特殊性：

1. 战略性

广告策划是从广告角度对企业市场营销管理进行系统整合和策划的全过程。因此它要配合企业的整体营销进行战略层面上的运筹，眼界应高远、宽广，其作用具有原则指向性、抗衡协同性。

2. 全局性

广告策划对于未来的广告计划、广告执行具有统领指导作用，因而它必须既向前看，又向后看，即既要有前瞻性，又要有全局性。广告策划者在策划时必须尽量全面地考虑到一切因素，包括常规的和突发的，在脑海里要时刻装着整体的概念，这样的策划才不会轻易被外界因素所干扰。

3. 策略性

广告策划的灵魂和核心是战略指导思想、基本原则和方向的确立，是决定"做什么"的问题；但一旦战略确定，就要有与此相匹配的可操作的、巧妙的战术和方法，就要同时制定出关于"如何做"的一系列策略，如广告表现策略、广告媒体策略等。

4. 动态性

广告策划要适应变化多端的未来环境和条件，应该是富于弹性的、动态有变化的。广告策划伴随着广告活动的全过程，包括事前谋划、事中指导、事后监测，因而是周而复始、循环调整的。在整个广告活动过程中都有相应的阶段性策划工作重点，应该把策划作为广告活动的调控器来运用。

5. 创新性

广告策划活动是一项创造性思维活动。创造性是广告策划的关键和保证,创造性的策划具有从别人的所有特点中找出空隙的能力,以及找出别人所没有做过的事情的能力,具体表现在广告定位、广告语言、广告表现、广告媒体等各个方面。

(三)广告策划的一般程序

1. 开展广告市场调查

广告调查是广告策划的重要组成部分,它包括为制定有效的广告决策而进行的调查,以及测定广告活动效果的调查。广告调查包括公众信息调查、商品信息调查、市场环境信息调查,其中商品信息调查的内容包含:企业背景状况调查、商品历史信息调查、商品个性信息调查、商品相关信息调查、商品服务信息调查、商品市场适销信息调查以及商品形象信息调查;公众信息调查的内容包含:公众对企业的认知评价、公众的消费能力状况、公众的需要状况、公众的消费方式、公众需要与商品的一致性程度、公众对商品的评价、公众消费时尚、消费心态、消费者行为模式与影响因素;市场环境信息调查的内容包含:市场文化信息、市场消费状况、市场商品格局、市场竞争对手、国家的经济政策、自然环境等。

2. 进行广告目标决策

广告目标就是广告主通过广告活动所要达到的目的。"广告最基本的目标在于促进销售,除上述基本目标之外,在广告活动中还存在许多特殊目标。因此在现代广告活动中,一般都具有多元和多重目标。"在目标与目标之间构成了一个目标系统,这是一个总目标分解为小目标(分目标)的多层次目标系统。在这个系统中,分目标往往是实现总目标的具体手段。按照广告目标所涉及的内容,可分为外部目标和内部目标。外部目标是与广告活动的外部环境有关的目标,如市场目标(包括市场占有率、广告覆盖面以及广告对象等);计划目标(如销售量目标、销售额目标、利润率目标);发展目标(包括树立产品和企业形象、扩大知名度等)。所谓内部目标是与广告活动本身有关的目标,如:广告预算目标、质量目标、广告效果目标。缺乏目标的广告是"无的放矢";缺乏明确的广告目标的广告活动,必然失去导向依据和有效的评价指标。

3. 制定广告定位策略

广告定位就是广告代理和企业根据消费者的需求、重视和偏爱,为准备宣传的商品设定市场地位,也就是在市场上树立产品的恰当形象,确定所扮演的角色。定位的重点在于对潜在客户的想法施加影响,使消费者产生一种符合其心愿的印象,所以创造性对客户并不重要。关键在于操纵消费者心中的想法,唤起或加强他原本已有的欲望和渴求,以达到使他倾向于企业的目的。商品的特性、企业的新意识、消费者的需求和喜好,三者协调得当就能正确地确定商品定位和广告定位。

当几乎所有的汽车厂商都在追求把小汽车设计得更长、更低、更美观的时候,金龟车显得既小又难看。若用传统方法推销,势必要想方设法掩饰缺点、夸大优点。如把宣传照片拍得更漂亮,去宣传金龟车特有的质量优势或其他特点。但金龟车却将品牌定位在"小"上,并制作了一则广告:"想想还是小的好"(Think Small),其定位获得极大成功。

4. 拟定广告媒体策略

广告媒体的选择,是运用科学的方法对不同的广告媒体进行有计划的选择和优化组合的过程。选择媒体，不是以人的主观臆测为依据的，而是有客观依据的。客观依据主要是媒体的性质、特点、地位、作用，媒体的传播数量和质量，受众对媒体的态度，媒体的传播对象以及媒体的刊播费用等。在综合因素分析基础上，根据广告对象、广告目标、广告费用的支出等情况，来选择合适的媒体。媒体选择完毕之后，还有一个媒体组合、运用的问题。企业在实施广告策略时，可以使用一个广告媒体，也可以使用多个媒体，如何进行组合就要根据策划意图来决定。媒体是舞台，也是资源。

5. 确定广告诉求策略

广告要进行有效诉求，必须具备三个条件：正确的诉求对象、正确的诉求重点和正确的诉求方法。不同消费者在不同产品的购买中起不同作用，广告活动的时间和范围是有限的，每一次广告都有其特定的目标，不能希望只通过一次广告就达到企业所有的广告目的；受众对广告的注意时间和记忆程度是有限的，在很短的时间内，受众不能对过多的信息产生正确的理解和留下深刻的印象。常见的广告诉求策略有感性诉求、理性诉求和情感化的诉求。感性诉求方式强调以境动人；理性诉求方式则强调以理服人；而情感化的诉求方式强调以情感人。

一汽大众汽车有限公司的宝来汽车广告

画面中宝来轿车上方是在蔚蓝色的天空中翱翔的滑翔伞运动员、正在冲浪及滑雪的运动员，他们的英姿令人振奋，那强烈的动感给人以风驰电掣的感受。这是一种新鲜且有冲击力的类比。文案是：

同动力，宝来

天地之间，

总有动力助我们，

翻腾纵跃，翱翔驰骋，尽享生命动感之美。

宝来就是动力，动感与力量，浑然天成，非凡驾驭，至高乐趣。

驾驭动力，生命无限精彩。

宝来，驾驶者之车。创新设计，引领全新驾驶观念，充分满足您对驾驭的所有构想。

很显然，这里突出的是宝来的动力，"动力"二字的多次重复起到了很好的强调作用。生命的动感之美用"翻腾纵跃，翱翔驰骋"突现出来。文案与画面相映相谐，巧妙自然。理性与感性的融合给人以和谐之美，让观众有种向往。在经济危机压抑下的惬意生活情调与理性达到统一。

6. 创作广告宣传文案

上海通用：男人的一生（电视广告脚本）

开场：一个黑画面，后幕：一个男人的一生。

镜头一：一个二十多岁的男性，驾着上海通用雪佛兰在路上飞驰（这时字幕：条条大路雪佛兰），旁边坐着年轻而貌美的妻子，从男子望向妻子的眼神中能看出：坚定、执著和希望妻子幸福。而从妻子看男性的眼神表现出信任和幸福。而这时镜头从车里出来，看见整辆车，车在公路向着太阳初升的地方驶去。

镜头二：一个四十岁的中年男性，在一个幽静的庭院和一友人对弈，而庭院外能看见上海通用别克车，旁边是泉水细声的敲打着木竹桶。突然手机响了，男性小声地接了电话，画面的另一半立刻出现了一个十分喧嚣的应酬场面，一个中年男性在一群妖艳的女生中大喊：今天没正事，你也来乐乐。但下棋的中年男性婉言谢绝了他。挂了电话后，他一直拿着棋子的手仍未落下，一脸思考的表情。（这时字幕：别克：心静，思远，志在千里）

镜头三：一个两鬓有些斑白的男性和其头发也白了的妻子一起坐在一个高端的拍卖会上，拍卖师报出一个高昂的叫价，大家都在低声议论而无人敢动时，他却毅然举了价牌，动作和眼神是那么的坦然自若和坚定。而旁边的妻子也在用支持的眼神看着他。随着拍卖师的锤子落下，镜头切换到他们两个上了凯迪拉克的车，而旁边的高端人士也在用鼓掌和美慕、佩服的目光为他们送行。（这时字幕在画面下方：敢为天下先）

镜头四：一个黑画面，字幕：上海通用见证一个成功男人的一生。

这段广告运用到了情景演示法，感染观众，使他们有种感同身受的感觉，也是一种向往。尤其是在经济危机中，这种广告更能让观众感动，从而使上海通用在观众中定位。

7. 确定广告预算方案

制定广告预算的方法目前为广告界采用的有数十种之多。常见的有七种：销售百分比法，利润百分比法，销售单位法，目标达成法，竞争对抗法，支出可能法和任意增减法。

（1）销售额百分比法。这种匡算方法是以一定期限内的销售额的一定比率计算出广告费总额。由于执行标准不同，又可细分为计划销售额百分比法、上年销售额百分比法和两者的综合——平均折中销售额百分比法以及计划销售增加额百分比法四种。

（2）利润百分率法。利润额根据计算方法不同，可分为实现利润和纯利润两种百分率计算法。这种方法在计算上较简便，同时使广告费和利润直接挂钩，适合于不同产品间的广告费分配。但对新上市产品不适用，因为新产品上市要做大量广告，掀起广告攻势，广告开支比例自然就大。利润百分率法的计算和销售额百分率法相同，同样是一种计算方法。

（3）销售单位法。这是以每件产品的广告费摊分来计算的广告预算方法。按计划销售数为基数计算，方法简便，特别适合于薄利多销商品。运用这一方法，可掌握各种商品的广告费开支及其变化规律。同时，可方便地掌握广告效果。公式：

$$广告预算 = （上年广告费/上年产品销售件数）×本年产品计划销售件数$$

（4）目标达成法。这种方法是根据企业的市场战略和销售目标，具体确立广告的目标，再根据广告目标要求所需要采取的广告战略，制订出广告计划，再进行广告预算。这一方法比较科学，尤其对新上市产品发动强力推销是很有益处的，可以灵活地适应市场营销的变化。广告阶段不同，广告攻势强弱不同，费用可自由调整。目标达成法是以广告计划来决定广告预算。广告目标明确也有利于检查广告效果，其公式为：

$$广告费 = 目标人数平均每人每次广告到达费用×广告次数$$

（5）竞争对抗法。这一方法是根据广告产品的竞争对手的广告费开支来确定本企业的广告预算。在这里，广告主明确地把广告当成了进行市场竞争的工具。其具体的计算方法有两种：一是市场占有率法，一是增减百分比法。市场占有率法的计算公式如下：

$$广告预算 = （对手广告费用/对手市场占有率）×本企业预期市场占有率$$

增减百分比法的计算公式如下：

$$广告预算 = （1±竞争者广告费增减率）×上年广告费（注：此法费用较大，采用时一定要谨慎。）$$

（6）支出可能额法。这是根据企业的财政状况、可能支出多少广告费来设定预算的方法，适用于一般财力的企业。但此法还要考虑到市场供求出现变化时的应变因素。

（7）任意增减法。以上年或前期广告费作为基数，根据财力和市场需要对其进行增减，以匡算广告预算。此法无科学依据，多为一般小企业或临时性广告开支所采用。

此外，计算广告预算的方法还有很多。

8. 撰写《广告策划书》

以下以别克君威广告策划方案书为例（该方案策划时间为2005年）。

别克君威广告策划方案
第一部分：市场调查

一、营销环境分析

1. 企业市场营销环境中的宏观制约因素

（1）企业目标市场所处区域的宏观制约因素。

a. 国民经济运行状况良好，经济增长强劲。

b. GDP 增长带动轿车产业发展。

汽车工业的发展与国民经济 GDP 的增长（见下图）有密不可分的关系。据国家统计局最新预测资料显示，中国近五年的国民经济发展与汽车增长速度呈平稳的递增态势（见下表）。按照国际经验，当人均 GDP 达到 4 000 美元左右，就到了汽车进入家庭的时候，这是发达国家进入汽车私人消费时期具有普遍意义的规律。

近5年GDP

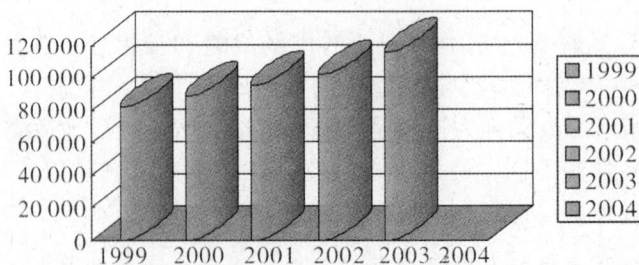

年份	1999	2000	2001	2002	2003
GDP（%）	7.1	8.0	7.3	8.0	9.1
汽车增长率（%）	3.78	4.50	4.88	5.83	10.34

c. 汽车产业发展政策、法规出台，拉动国内汽车市场发展。

国家汽车产业政策的相继出台和落实，势必对汽车消费起到拉动作用；而银行汽车消费信贷的推出和实现，则是汽车消费市场快速成长和发展不可或缺的重要手段。

d. 从个人收入状况，分析国内市场中高档轿车发展。

在这项对 12.5 亿国人做的调查中，占总调查量 20% 的高收入者拥有着 42.4% 的财富。中国高收入阶层年总收入一般在 20 万元以上，人数不到总人数的 1%。30 岁上下的年轻人正在拥有越来越多六七十岁老年人当年不敢想象的财富。中国境内的高收入者主要集中在以下这些职业上：著名影星、歌星、时装模特、作家、运动员、部分个体和私营企业主、外企和国际机构中的中高级雇员、金融机构管理人员、房地产部门的开发商和经理、部分企业承包者和技术入股者、高新技术产业中的领先者、著名经济学家和律师等。仅占我国总人数不到 1% 的高收入者，恰恰是中高档轿车现时的拥有者和实际购买者，是中高档轿车市场最具价值的用户。

（2）市场的政治背景。

a. 加入 WTO 后对市场的冲击。

加入 WTO 后，国内中高档轿车不仅要面对大量国外品牌轿车的冲击，还将与其同品牌原产地的洋轿车对垒，由此可见日后中高档轿车市场的厮杀将极为惨烈。

b. 成品油价格连续上调。

近年来国际市场油价动荡剧烈，但其总趋势是不断上涨的。美国车普遍给人的印象是耗油量大，再加上在消费者的反馈中，一概对别克车耗油不满。所以油价的上涨与人们的固有思想都对别克君威都有负面影响。

c. 中美日关系发展。

中国和美国、日本的关系一直影响着中国车市，有时可能成为最主要因素。

d. 交通的恶化对车市的影响。

随着机动车数辆的突增，交通状况的恶化对中高档轿车的影响主要由政府的政策决定。如果政府对轿车采取限制政策，将势必影响到轿车的销售；如果政府加强对交通的管理，轿车的销售量还将稳步提高。

2. **市场营销环境中的微观制约因素**

（1）企业的目标和资源。上海通用汽车有限公司是上海汽车工业集团和美国通用汽车公司各投资50%组建而成的迄今为止我国最大的中美合资企业，总投资为15.2亿美元。上海通用汽车成立于1997年6月，1998年上海市政府把上海通用汽车列为上海市一号重点工程，同时也被美国通用汽车公司列为全球一号战略项目。上海通用汽车公司占地面积55万平方米，建筑面积23万平方米，共有冲压、车身、油漆、总装和动力总成五大车间。公司不但引进了国际最先进的轿车产品、汽车制造工艺和设备，而且同时引进了通用汽车公司先进的管理方法。公司严格按照精益生产原则规划、设计、建设和管理工厂，五大车间采用模块化设计、柔性化生产，可以实现多个车型共线生产，满足市场多元需要。产品销售实行单层次市场拉动式营销体系和品牌经营战略，直接面向用户，对市场信息和用户需求快速反应。近年来，打造一个本地化国际品牌已成为上海通用的企业目标。

（2）供应商与企业关系。上海通用作为美国通用的一部分，拥有并共享最优化的全球资源，上海通用既是购买商也是供货商，其生产的发动机出口加拿大。上海通用与供货商是一种优势互补、平等的关系。

（3）产品的营销中间商和产品的关系。上海通用采用4S店直销的销售方式，要求所有经销商跟上海通用保持一张面孔、一个声音，他们必须按照上海通用设定的这种面貌和声音来对外进行沟通。

3. **市场规模**

（1）市场规模。1999—2004年五年轿车销售量（见下图）。

近五年轿车销售量

根据这五年的轿车销售状况，可以分析出轿车的发展已经进入超高速状态，预计在2004年达到260万辆。

（2）中高档轿车市场的构成。

构成这一市场的品牌有君威、帕萨特、雅阁、马自达6、索纳塔、新蓝鸟。由于马自达6新品上市，没有包含在2003年数据中，但从2004年1月数据来看，全国20万~30万元的中高档轿车市场销售量为26 565辆，马自达6增速迅猛，超过雅阁的4 231辆，达到4 354辆，排名第三。排名第一的是帕萨特，9 508辆；第二是君威，5 329辆（见下图）。据近期数据可以分析出，处于优势地位的品牌是帕萨特、别克君威、雅阁和马自达6。与别克君威构成竞争的品牌是帕萨特和雅阁，由于马自达6的市场定位与帕萨特、君威和雅阁有明显不同，所以对君威不构成显性竞争。

2004年1月中高档轿车销售量份额

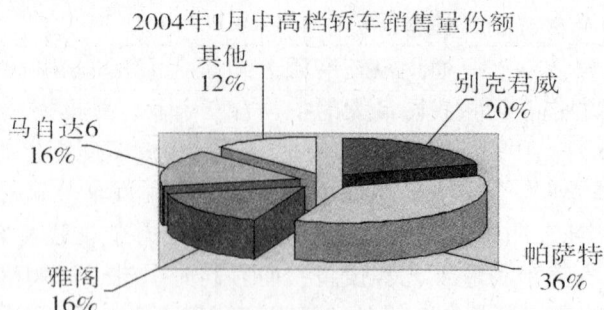

4. 市场构成的特征

按照近几年的汽车消费规律，每到秋冬季节，汽车销售最为火爆，被业内人士称之为"黄金季节"，而春夏季相对来说就清淡很多。

5. 营销环境分析总结

国内轿车产业外部整体环境趋好，各生产厂商有着较为广阔的市场发展空间。特别是国内大中城市有着强劲的消费能力、超前的消费观念、高素质的消费群体，使其成为中高档轿车最具吸引力的市场，市场成功率极大，回报率极高。但上海别克轿车同其他轿车生产厂相比，面临的外部环境威胁稍大。

二、消费者分析

1. 消费者的总体消费态势

中国消费者在购车时除了注意轿车排量外，还十分注意车辆大小和配置，中高档轿车也在不断朝着"大而全"的方向发展。由于世界顶级名车，如奔驰、宝马在外形上很大，使人们很容易将大和豪华、气派联系在一起，从而联想到车主尊贵的身份。中国消费者在选择三厢车还是两厢车时与欧美消费者的观念大相径庭，绝大多数国内消费者都选择三厢轿车，而不喜欢两厢轿车（见下图）。

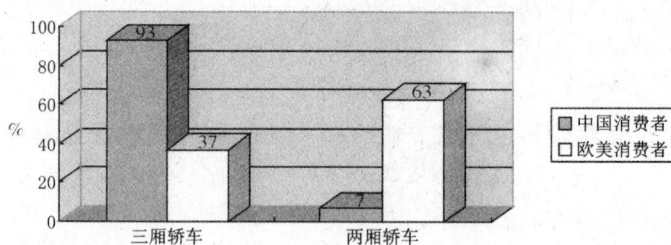

2. 现有消费者分析

（1）消费者的构成。别克君威及其前身车型共卖出 197 352 辆（见下表）。

别克君威及其前身销售量

年　份	销售（辆）	同比增长率%
1999	19 826	—
2000	30 543	54.1
2001	19 670	−35.6
2002	37 325	89.75
2003	89 988	141.1

购买中高档轿车的消费者中，大专学历占 29.8%，本科学历占 45.6%，硕士以上学历占 13.4%，高中以下（包括高中和中专）占 13.0%（见下图）。

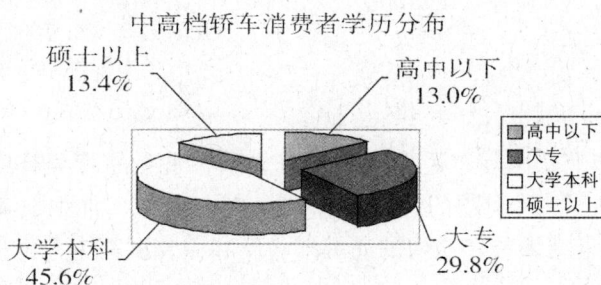

中高档轿车消费者学历分布

现有中高档轿车的用户中，45 岁以上占 32.7%，36～45 岁占 48.2%，30～35 岁 17.3%，20～29 岁 1.8%（见下图）。

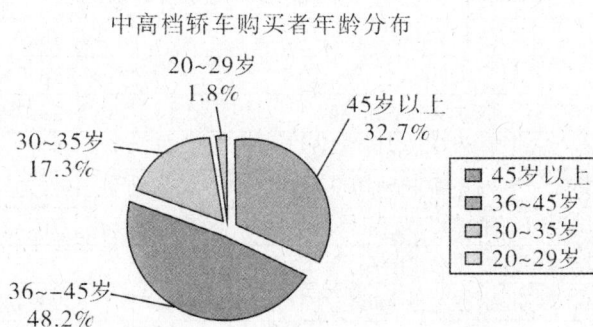

中高档轿车购买者年龄分布

别克君威的消费者大多是建立了家庭的男性，他们在大中城市已定居，职业一般为高级主管或私营企业主，家庭月收入为 1.5 万～3 万元。

（2）消费者行为分析。经过调查发现，别克君威基本上是卖给商务、公务的客户层，而且是以私人客户为主。购车者希望借别克大气的外观和舒适的内部环境提升其在商务和公务进行中的表现力。这些消费者购买别克君威全部选择在环境良好、服务正规的 4S 店中。

（3）现有消费者的态度。

a. 本品牌的认知程度。

别克君威的品牌认知程度逐年递增（见下图）。2004 年别克品牌知名度（提示前的品牌认知度）已达到 83%，提示后的品牌知名度达 100%。

别克品牌认知度

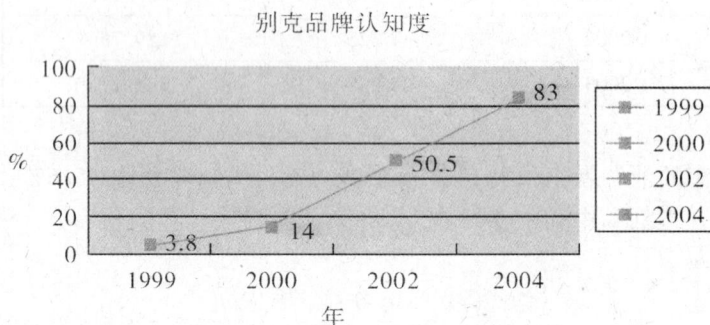

b. 品牌的偏好程度。

据新华社在 2002 年北京国际车展期间的调查显示，别克品牌美誉度的排名位居第四，调查对象对"你最喜爱的品牌"问题的选择率，别克排在宝马、奔驰、奥迪之后，位居沃尔沃之前。从本次消费者调查结果看，通用的品牌知名度和美誉度基本上发展均衡。如上图所示。

（3）消费者对本品牌的满意程度。在中国质量协会对 2003 年度各车型用户满意度指数测评结果中，别克的两款轿车的满意度都排在前十名（见下表），仅次于上海大众，说明消费者对别克旗下的产品满意度较高。

我国轿车行业 2003 年度用户满意度指数前十名

1	波罗 Polo	78.2
2	宝来 Bora	78.0
3	奥迪 A6 Audi A6	77.7
4	雅阁 Accord	77.5
5	别克新世纪 Century/G	77.0
6	帕萨特 Passat	76.4
7	爱丽舍 Elysée	73.6
8	别克赛欧 Sail	73.4
9	蓝鸟 Bluebird	73.2
10	奇瑞 Chery	72.6

（4）本品牌未满足的消费者的需求。本品牌还没有满足既需要尊贵气派、安静舒适，又对驾驶体验有较高要求的部分消费者需求。

（5）消费得对品牌最满意的方面和最不满意的方面。最满意的方面：别克品牌是高价值的体现，给人以尊崇体验。最不满意的方面：别克品牌旗下车型大多操控不灵活，使品牌给人以笨拙感。

3. 潜在消费者分析

（1）潜在消费者特征：收入偏高、稳重、理性、不张扬。

（2）潜在消费者的购买行为。潜在消费者一部分是那些在两年前购买了"老三样"（捷达、富康、桑塔纳）的大批车主，他们准备换中高档轿车，其选择趋于理性，结实耐用、便于修理是其首要的考虑因素。所以这部分潜在消费者对上海大众的帕萨特情有独钟，上海大众遍及全国的服务网点和维修费用的低廉成为选择的主要原因。想要改变这部分人的购买计划相当困难，这部分消费者都有若干年的驾驶经验，购车时理性的成分很大。

另一部分潜在消费者希望购买一辆又实惠又体面的中高档轿车，这正是日本车系的特质。由于中国中高档车市场上只有雅阁是日系车，他们的选择只有一个，这给改变他们的购买计划带来了机会，改变其购买品牌的可能性较大。

还有一部分消费者虽然有购买能力，但认为中国在 2006 年以前车价和国际接轨前不合理，希望等到车价合理后再购买，目前处于观望状态。

（3）潜在消费者被本品牌吸引的可能性。据以上新华社在 2002 年北京国际车展期间的调查，别克品牌已经拥有很高的知名度，潜在消费者也对别克品牌的价值有很高的认同度。但是别克在服务的地区覆盖率上，还难以满足那些理性的潜在消费者的需求。而对希望购买日系中高档车的消费者，别克君威大气的外观和精致的做工可以满足一部分潜在消费者需求，而在实惠方面很难达到要求。

4. 消费者分析总结

经过分析，我们发现别克君威的现有消费者以建立了家庭的男性为主，年龄在 30 到 45 岁之间，在大中城市定居，家庭月收入 1.5 万 ~3 万元，受过大专以上教育，一般为高级主管或私营企业主。现有的消费者事业有成，进取心强，对产品的不满主要集中在车辆的性能还不是很高。

潜在消费者购买趋于理性，更偏好于实惠的车型，他们对其他品牌并无明显不满，对别克君威印象良好，但他们更需要一部既实惠又气派的中高档轿车。

三、产品分析

1. 产品性能

别克君威现有六款车型，其中发动机排量为 2.0L 的有有两款，2.5L 发动机的两款，3.0L 发动机有两款。

别克君威 2.5L 以上车型采用的 V6 发动机是其与同价位车角逐中最耀眼的配备，其大排量及低转速、高扭矩的特性令快速起步、加速超车游刃有余，高速平稳顺畅。其独有的 60 度稳定结构，运行缓冲空间大，令发动机振动噪音降到最低，造就了这款车完美的静音效果；发动机中的电脑控制模块 PCM 智能化运作，不仅能精确协调发动机和变速箱，使换挡平稳顺畅，更具诊断监测功能，在行驶中及时预警。除此之外，别克君威将驾乘者的安全视为第一要务，君威采用全金属封闭承载式车身，前排标准配备专为中国人体型设计的双安全气囊，ABS 防抱死制动系统、TCS 防滑控制系统、侧面双防撞杆、北美警用加强型底盘等安全设备一应俱全，安全性能卓越出众。由于购买君威的人士需要舒适安静的环境和固若金汤的安全，所以发动机的平顺安静和驾乘的安全不仅是最突出的产品性能，也成为最适合消费需求的性能。

2. 产品质量

别克轿车在海外被誉为美制车中质量最好的车种，在国内也秉承这一良好传统，质量上乘。别克新世纪（别克君威是其改进升级版）轿车在中国质量协会对 2003 年度各车型用户满意度指数测评结果中名列第五（见下表），在同级车中名列第二，超出行业水平（71.3 分），用户的评价也很高。

企业名称	车型	满意指数
上海大众	波罗 Polo	78.2
	帕萨特 Passat	76.4
	桑 2000 Santana2000	70.6
	普桑 Santana	66.6
一汽大众	宝来 Bora	78.0
	奥迪 A6 AudiA6	77.7
	捷达 Jetta	72.0
长安铃木	羚羊 Gazelle	68.5
	奥拓 Alto	65.1
上海通用	别克新世纪 Century/G	77.0
	赛欧 Sail	73.4
神龙汽车	爱丽舍 Elysée	73.6
	富康 Fukang	67.1
天津夏利	夏利 Xiali	63.5
广汽本田	雅阁 Accord	77.5
吉利汽车	豪情	64.0
东风日产	蓝鸟 Bluebird	73.2
上汽奇瑞	奇瑞 Chery	72.6
东风悦达起亚	千里马 Accent	64.1
一汽轿车	红旗 RedFlag	65.2

3. 产品价格

（1）同类产品与本产品价格比较（2.0L 级别、2.5L 级别、3.0L 级别）。

2.0L 级别	帕萨特 2.0（手/自）	雅阁 2.0（手）	索纳塔 2.0（手/自）	蒙迪欧 2.0（GLX/China-X）	君威（2.0/2.0 +）	新蓝鸟（手/自）
价格（元）	209 000/224 000	229 800	179 000/198 000/209 800/225 000	209 800/229 800	206 800/216 800	206 800/223 800/216 800/233 800/253 800

　　君威 2.0/2.0 + 是别克君威的入门车型，价格在 2004 年 5 月 17 日别克全系列降价后已成为同级车中较低水平（见上表）。

2.5L 级别	帕萨特 1.8T（手/自）	雅阁 2.4	索纳塔 2.7V6	君威（2.5G/2.5GL）	马自达 6
价格（元）	238 900/279 800	259 800	249 800	232 800/248 800	239 800/265 800

　　君威 2.5G、2.5GL 是别克君威的主打车型，2003 年其销售量占君威销售总量 70.8%，其价格比竞争对手略低，2.5GV6 也是同级车中最便宜的车型（见上表）。

3.0L 级别	帕萨特 3.0V6	雅阁 3.0V6	君威（GS3.0/GS3.0 旗舰）
价格（元）	322 500	309 800	298 000/338 000

　　君威的两款 3.0 车型豪华配置丰富，在降价后基本和同级车持平（见上表）。

2004 年 5 月 17 日别克君威降价表

车型	原售价（万元）	现售价（万元）
君威 3.0GS 旗舰版	36.90	33.80
君威 3.0GS	33.80	29.80
君威 2.5GL	26.38	24.88
君威 2.5G	24.38	23.28
君威 2.0 豪华版	23.68	21.68
君威 2.0	22.38	20.68

　　（2）产品的性能价格比。

　　2004 年 5 月 17 日，别克全系列降价后，2.0L 与 2.5L 两个级别的 4 款车性价比优异，明显高出同级车，尤其2.5LV6的价格已接近近期价格底线，加之性能在同级车平均水平之上，在市场上很有竞争力。

3.0L两款车型的降价已将别克车的顶级版本降到35万元以下，由于3.0LV6在整车配置上优于对手，性价比均衡。

4. 产品材料、质地、工艺分析

2000年5月26日上海通用通过了上海质量体系审核中心（SAC）和挪威船级社（DNV）的联合质量体系评审，成为中国汽车行业中第一个获得QS－9000认可的汽车制造公司，同时也成为GM系统首家满足QS－9000标准的总装厂。零部件采购及供应链方面，上海通用汽车依据QSTP（质量、服务、技术、价格）的原则实施全球化采购，在实施本土化的同时积极推动国内零部件行业的全球化进程，目前已有180家国内零部件生产厂家经上海通用汽车推荐进入通用汽车全球的采购体系，产品的零部件完全由通用在全球的样板工厂采购，国产化率达到40%以上，保证了零件的优质。

别克君威在设计生产时，特别对车辆进行了本土化调教，特别是V6发动机专门根据中国路况和油品特质进行了充分的本土化改进，采用16万公里免更换铂金火花塞、高密度新型凸轮轴，可靠、耐用而不娇柔。经过改进的整车令消费者对车的整体性能更有信心。

5. 产品的外观及命名

君威具有与别克品牌一脉相承的豪华、气派、尊贵、高雅的外观，对目标消费者极具吸引力。而名字"君威"也是近年来轿车中文命名中少有的好名字，让人很容易联想到君临天下、威武的形象，彰显出东方意境与中国文化内涵。

四、竞争对手的营销状况分析

1. 竞争对手数目

君威在中高档车市场上共有6个竞争对手，分别是：上海大众帕萨特、长安福特蒙迪欧、北京现代索纳塔、一汽马自达6、广汽本田雅阁、日产风神新蓝鸟。

其中主要的竞争对手有2个：广汽本田雅阁和上海大众帕萨特。

2. 竞争对手分析

（1）广汽本田。广汽本田汽车有限公司由广州汽车集团公司和本田技研工业株式会社按50：50的股比合资建设和经营，于1998年7月1日正式挂牌成立，合资期限30年。2005年广汽本田的生产能力已达到年产12万辆汽车，生产的车型有新一代广汽本田雅阁、7人座多功能轿车奥德赛（Odyssey）以及家用轿车飞度。

广汽本田生产的雅阁轿车是君威的主要竞争对手之一。2003年雅阁共卖出80 450辆，中高档市场占有率达29%，2003年初广汽本田将新雅阁的价格下调了4万元进行促销并取得了销售同比增长78.0%的好成绩。如下表所示。

广汽本田的服务在两年前做得很好，曾在2002年9月由中国质量协会、全国用户委员会组织展开的全国轿车用户满意度指数测评中，取得满意度第一的好成绩。但是由于近两年其他汽车厂商越来越重视产品质量和服务，广汽本田在消费者心目中的形象开始下滑，2003年落到了第五位。

广汽本田于2003年1月上市的新一代雅阁在消费者心目中的评价极高，在由AMS（Auto Motor Sport）发起，《北京青年报》、《中国汽车画报》和新浪网联合主办的"2004年度车"评选中获得"年度车"大奖，也是此次评选的最高奖项。

雅阁近几年的销量表

年　份	销售（辆）	同比增长率%
2000	32 233	—
2001	51 052	58.4
2002	45 209	− 11.45
2003	80 450	78.0

（2）上海大众。上海大众汽车有限公司是中德合资的轿车生产企业。公司于1985年3月成立，9月正式投产，中德双方各投资50%。旗下拥有桑塔纳、桑塔纳2000、帕萨特、波罗、高尔四个产品平台五大系列共几十款车型，现已具备年产轿车45万辆的生产能力。上海大众的几十种车型不断满足各细分市场的需求，深受商务、公务、警务、私人、出租等市场的喜爱。上海大众所生产的帕萨特系列是上海通用别克君威的最大竞争对手，2003年帕萨特共销售出122 445辆，同比增长55.4%，不仅继续领跑中高档车市场，在2003年轿车销量排行中仅次于捷达和桑塔纳列于第三位。帕萨特在中高档市场上的占有率也达到了41.8%。这样的成绩依赖于帕萨特铺天盖地的广告和覆盖全面的营销渠道。2002年帕萨特在平面广告上的花费达8 941.1万元。其中帕萨特轿车试驾活动广告投放为127.9万元，其试驾促销费用是其他中高档轿车的7倍之多。如下表所示。

帕萨特的目标消费群是成熟、稳重、事业有成的男性，这类人群的范围比较广泛。实际上，很多消费者看中的是帕萨特维修方便，到任何一个县市都可以维修，这使得消费者对帕萨特的评价大多是结实耐用、扎实稳重。

帕萨特近几年的销量表

年　份	销量（辆）	同比增长率%
2000	30 069	—
2001	54 677	81.8
2002	78 794	44.1
2003	122 445	55.4

（3）比较竞争对手及自身的优势劣势。在产品质量上，君威、帕萨特、雅阁都是出自世界名厂，质量上乘，没有明显的优劣之分，只是在细节的处理上各有不同。在定价上，三款车的价格覆盖范围都较广，大致可分为高、中、低三档，在2.0L级别中，帕萨特更占优势，在2.5L这一级别，君威性价比高，优势明显，而3.0L的级别中，雅阁的价格极具吸引力，三个品牌各有优势。在促销上，雅阁借助多年来的口碑，在广告上投入很少；帕萨特的投入最大，基本是雅阁的两倍，主要用于平面广告，试车广告也是平均水平的7倍；君威在宣传上注重品牌的塑造，广告都与品牌的塑造有关。在销售渠道上，上海大众傲视群雄，全国500多家4S店几乎为上海通用和广汽本田之和（见下表）。

车　型	索纳塔	君　威	风神蓝鸟	雅　阁	帕萨特
生产厂家	北京现代	上海通用	风神公司	广汽本田	上海大众
特约维修站（4S 站）规模	34 家	130 家	63 家	140 家	500 家
新车免费保养的次数	1	4	2	1	1
质保期	2 年或 6 万公里	2 年或 4 万公里	2 年或 6 万公里	2 年或 6 万公里	2 年或 6 万公里
保养费用（元）	320	340	210	200	250
换三滤机油（元）	480	500	400	618	600
客户服务中心免费电话	8008101100	8008202020	8008308899	8008308999	8008201111

五、企业与竞争对手的广告分析

1. 企业与竞争对手以往广告活动情况、广告诉求、创意表现

（1）别克君威。1999 年 7 月，上海通用推出了别克第一个电视广告，将希望开一辆技术先进轿车的目标消费者作为诉求对象，将广告的诉求重点放在介绍功能上，向目标消费群传达出别克是与国际同步的新车，向消费者传递了理性的信息。1998 年 12 月，一个名为"推球篇"的电视广告问世。几百双手推着一个巨球前进，然后表达别克"当代精神当代车"的品质，最后的结束语是"别克来自上海通用汽车"。由于第一个广告过后，别克的产品获得了消费者的肯定，当年投产即赢利 6 亿元人民币，广告的目的以从介绍产品转为提升品牌价值，所以广告的诉求重点也转变为宣扬一种向前超越的精神，向目标消费群传递一种感情。在 1999 年 6 月别克又推出在美国加州拍摄的"不含任何水分"的"水滴篇"广告。这种富有艺术品位诉诸产品性能的广告立竿见影地为别克汽车带来了大量买家。2002 年末别克君威正式下线，2003 年初，上海通用聘请罗兰贝格咨询公司对别克汽车消费者进行了长达 8 个多月的调查，最终确立品牌定位：别克是为渴望在成功基础上再求超越的中国商务精英打造的座驾。针对品牌定位，别克广告不再沿袭以往诉求于产品性能的做法，强化情感诉求，将诉求的对象锁定在具有追求成功的热情的男士身上，重点向他们传递品牌价值。"心静、思远、志在千里"广告则成为别克提升其形象的关键一笔。别克君威"心致、行随，动静合一"、"在动静中容智慧，于无声处见君威"都在不断提升品牌价值。

2004 年 2 月 29 日，上海通用汽车把别克上升为其子产品的母品牌时，首度以影视语言对品牌内涵进行宣导，选择了一个极其普通的标点符号，以极其独特的创意方式与消费者沟通。

（2）帕萨特。2000 年 6 月，上海大众引进了在国际车坛屡获殊荣、与世界同步的帕萨特。这一年，帕萨特的广告宣传"惊世之美，天地共造化"一度脍炙人口，也将帕萨特的优雅外观、完美工艺形象烙进了人们心中。这次上海大众所针对的人群范围较广，没有特意固定，诉求的对象也比较模糊，只要能买得起的消费者都是诉求对象，广告的诉求重点放在产品的质量性能上，向消费者介绍帕萨特，属于理性诉求。

2001 年 7 月，帕萨特的主题电视广告"里程篇"投播，用对人生成功道路的回顾和思索

把品牌与"成功"联结在了一起，同时为该品牌积淀了丰富的人文内涵。其目的是提升品牌形象，此广告将成功人士作为诉求的对象，将广告诉求的重点放在对成功的回顾和思索上，第一次将情感诉求作为广告主体。

2001年12月，上海大众推出了帕萨特2.8V6，配备了2.8L V6发动机和诸多全新装备，为了将帕萨特的尊贵与卓尔不凡乃至整个上海大众的形象推向一个新层面，上海大众将山、水、湖泊、森林、平原、沙漠与帕萨特融为一体，以大自然变换中蕴藏着的无限生命力，表现出帕萨特2.8V6的动力。此广告的诉求对象虽不明显，但依然是指向成功人士。由于V6发动机是这款车的一个亮点，所以上海大众将广告的诉求重点放在性能上，但并没有把广告限定在理性诉求上，整部广告都渗透着一种豁达之美，令人体会到成功的豪迈。

2003年4月，帕萨特除推出天窗版之外，帕萨特全系车型开始采用真皮内饰作为标准配置，而1.8Turbo自动挡和2.8V6两款豪华车型均推出天窗版，并提出新的广告策略"帕萨特，成就明天"，将成熟、稳重、事业有成的男士作为诉求对象，将对成功的回顾转变成对成功的期待和渴望，而且暗示只要扎实稳重，成功将会成为必然。此广告的情感诉求明显。

（3）本田雅阁。1999年雅阁上市之际，广汽本田曾喊出了一句"起步，就与世界同步"的响亮口号。但从此以后，广汽本田很少为畅销车雅阁在电视上做广告。本田雅阁的广告历来主要集中在平面广告，且创意一般，主要目的仅仅是让消费者了解雅阁轿车。但这并没有影响雅阁的销售，相反本田雅阁是市场上加价购买最严重的品牌，这是因为1999年广汽本田雅阁上市之初的10万辆本田进口及走私车口碑很好。极少的广告投入使本田雅阁在电视广告上很少出现。

2. 广告分析总结

别克君威的广告更注重品牌价值的体现，感性诉求居多。帕萨特的广告也注重品牌价值。中高档轿车的广告多在表现购车者对成功的态度，在别克君威和帕萨特的广告中有相似体现。本田雅阁的广告比较少，质量一般。

第二部分：广告策略

一、目标市场策略

通过对市场、消费者以及竞争对手的分析，根据消费者的年龄、教育、收入、地区分布、购买动机和购买行为特征，以及上海通用别克的品牌定位，我们确定了目标市场：事业有成、进取心强的高收入人群所构成的市场，这部分人群生活稳定，希望在成功的基础上再次超越，体现并提升自我价值成为这部分人群的追求。

二、产品定位策略

别克君威体现了当代造车精神，安全与安静是产品最大的特点。所以别克君威采用实体定位策略，其产品定位为：别克拥有美国车固有的安全、同级车中最安静的车厢。其产品内涵与成功紧密相连。

三、品牌形象策略

由于君威处在上海通用产品线的高端，所以最能代表别克品牌大气沉稳、激情进取，是"心静、思远、志在千里"的最好写照。建议继续强化品牌渗透出的成功内涵，淡化"心致、行随、动静合一"，完全采用"心静、思远、志在千里"的品牌口号宣传，达到别克品牌的完全统一。

四、广告诉求策略

由于别克君威当时上市已经一年半，其性能已经被广泛认可，加之性能并非此车卖点，理性诉求已经不能完全反映君威的内涵，所以别克的品牌广告建议采取感性诉求策略，而君威的广告建议采取理性诉求和感性诉求相结合的诉求策略。

诉求对象：建立了家庭的男性为主，年龄在 30 到 45 岁之间，在大中城市定居，家庭月收入 1.5~3 万元，受过大专以上教育，一般为公司高级主管及私营企业主。

诉求重点：品牌的价值和给人带来的成功内涵（品牌）；豪华舒适、大气尊贵（君威）；固若金汤的安全与同级车中最安静的车厢（君威）。

对于别克品牌完全采用感性诉求策略，深化别克成功内涵。在君威广告上采用感性和理性相结合的诉求策略，强调轿车的可靠性和独特的安全设计，尤其强调君威在同级车中拥有最安静的车厢。

五、产品表现策略

1. 广告主题

（1）别克品牌的内涵是在成功的基础上再求超越。

（2）别克君威拥有广阔胸怀、成功气质。

（3）别克君威风格大气豪迈、实力卓越出众，专为成功人士量身定做的世界级豪华轿车，与成功的您驰骋于时代前列，愈加相得益彰。

（4）别克君威拥有同级车中最安静的车厢。

2. 广告内容

电视广告文字脚本一

主题：别克品牌的内涵是在成功的基础上再求超越

内容："逗号篇"——全屏幕出现一组平行叙述的画面：破纪录冲刺的瞬间，字幕"纪录"；三位成功人士相聚，展示他们年轻时代的获奖合影照片，字幕"荣耀"；一双男人的手和一双女人的手，在婚纱的衬托下叠握，由光滑变为粗糙，字幕"承诺"；丰收的原野，孕妇轻抚隆起的腹部，字幕"收获"；刚到世间的新生儿转到汽车的发布典礼，字幕"杰作"；运动健儿攀上顶峰，站在雪山之巅眺望世界，字幕"征服"，这时他的身影幻化成一个"逗号"；最后出现别克品牌的盾形标志，加入旁白"心静、思远，志在千里，别克"。在每幅画面的最后，都是一个个"逗号"，揭示几千年来人类社会前行的一条哲理——成功之后不能停息，诠释出别克品牌的精神——"心静、思远，志在千里"。

电视广告文字脚本二

主题：别克君威拥有广阔胸怀与成功气质。

内容：音乐响起，如涓涓细流，镜头一开始聚焦在一辆行走着的别克君威上。随着镜头的逐渐拉远，别克君威逐渐变小，画面中的内容更加丰富，先后出现山间公路、秀丽山川、云雾、瀑布，整个画面如同一张山水画，别克君威在画中浓缩为一点，旁白："不是我们渺小，而是世界很宽广"；紧接着打出字幕与别克标志——"心静、思远，志在千里，BUICK"。

平面广告创意一

主题：别克君威拥有广阔胸怀和成功气质。

内容：利用电视广告文字脚本二所描述的场景，当所有的景物都进入画面的山水画，别克君威在画中浓缩为一点，但能看清楚外形是君威，这时的君威已经融入了山水画。广告文案：不是我们太渺小，而是世界很宽广。

六、广告媒介策略

本次广告投放主要选择电视和报纸杂志的结合，在旺季到来前逐渐加强投放频率，别克的品牌广告要给人视觉效果，所以全部放在电视。君威的广告分两部分，感性诉求广告投放在报纸上，让受众人群在短时间内记忆；理性诉求与感性诉求相结合的广告投放在汽车专业杂志上，便于受众人群长时间记忆。

第三部分：广告计划

一、广告目标

（1）通过广告宣传，强化别克品牌在人们心目中的地位，别克在中国家喻户晓，在目标消费者心目中的认知度达到90%以上。

（2）继续扩大销售量，第三季度（旺季）销售35 000辆以上。

（3）继续扩大市场份额，在2004年下半年在中高档车市场份额提高到40%。

二、广告时间

考虑到别克君威降价与下半年上海通用凯迪拉克发布时间，将本轮广告时间确定为：

开始时间：2004年5月27日，与君威降价同步。

结束时间：2004年8月底。

三、目标区域

全国重点城市：包括北京、上海、广州、深圳、武汉，以北京、上海为重点。

四、广告诉求对象及重点

诉求对象：同上。

诉求重点：同上。

五、广告媒介选择与发布计划

别克品牌广告全部放在中央电视台二套经济频道和四套国际频道，根据感性诉求的广告的特点，在电视这种视觉和听觉结合的媒体效果会更好，广告不需要对产品介绍，只需要观众被动接受强烈的感官冲击，从而达到强化品牌形象的作用。选择国际频道和经济频道有利于品牌国际化宣传。宣传强度随着销售旺季的到来逐渐增强。

时间	6月	7月	8月
中央电视台二套	＊＊	＊＊＊	＊＊＊＊
中央电视台四套	＊＊＊	＊＊＊＊	＊＊＊＊＊

别克君威的广告在销售旺季到来之前的一个月（6月）在中央一套、二套、四套强势推出，别克君威理性诉求和感性诉求相结合的广告全部投放到报纸和杂志，包括《羊城晚报》、《北京青年报》、《北京娱乐信报》、《中国汽车画报》、《汽车杂志》。其中报纸广告全部放在该报纸每周的汽车周刊中，采用16开的版面；杂志广告全部放在封二，采用16开整面广告。

	6月	7月	8月
羊城晚报	＊ ＊ ＊ ＊	＊ ＊ ＊ ＊	＊ ＊ ＊ ＊
北京青年报	＊ ＊ ＊ ＊	＊ ＊ ＊ ＊	＊ ＊ ＊ ＊
北京娱乐信报	＊ ＊ ＊ ＊	＊ ＊ ＊ ＊	＊ ＊ ＊ ＊
南方都市报	＊ ＊ ＊ ＊	＊ ＊ ＊ ＊	＊ ＊ ＊ ＊
新民晚报	＊ ＊ ＊ ＊	＊ ＊ ＊ ＊	＊ ＊ ＊ ＊
楚天都市报	＊ ＊ ＊ ＊	＊ ＊ ＊ ＊	＊ ＊ ＊ ＊
中国汽车画报	＊	＊	＊
汽车杂志	＊	＊	＊

＊代表次数

六、广告费用预算（略）

第四部分：广告活动的效果预测和监控（略）

二、促销策划

从市场营销的角度看，促销是企业通过人员和非人员的方式，沟通企业与消费者之间的信息，引发、刺激消费者的消费欲望和兴趣，使其产生购买行为的活动。促销策略包括很多方面的内容，这里主要介绍有关营业推广和公共关系这两方面的内容。

（一）营业推广

营业推广是指企业在特定的目标市场中，为了迅速刺激需求和鼓励消费而采取的促销措施。它是一种时间长、刺激强的促销手段，要比广告、公共关系对销售的刺激更为直接和迅速。营业推广采用的主要方式有：产品展示会、销售折扣、样品赠送、抽奖赠品等。

营销推广具有针对性强、方法灵活多样和非经常性的特点，一般需要其他促销手段配合，它对企业推广出新的品牌或新产品、争取中间商合作有较大作用。

营业推广的表现形式主要有两个方面：一是对最终用户的营业推广形式；二是对中间商的促销方式。

1. 对最终客户的营业推广

（1）服务促销。服务促销主要包括：售前服务、订购服务、送货服务、售后服务、维修服务、供应零配件服务、培训服务、信息咨询服务等。

（2）分期付款与低息贷款。克莱斯勒汽车公司每年要向数十万名客户发放专访贷款，客户的贷款可以两年内分 18 次偿还；福特公司不仅给予客户 400～4 000 美元的价格折扣，而且给予 2.9％ 的预算贷款；丰田公司实行"按月付款销售"；现代公司的客户购车时只需付 20％～25％ 的车款，余下部分在十几个月到几十个月（最长可达 50 个月）内付清。我国目前很多汽车企业也推行分期付款销售。

（3）鼓励购买"自家车"。国外汽车公司普遍对本公司的职员实行优惠售车，他们将此种方式称为购买"自家车"，并以此唤起职员对本公司的热爱感，激发职员的责任感和荣誉感，较好地将汽车销售与企业文化结合起来。例如，大众公司规定本公司职员每隔九个月可以享受优惠购买一辆本公司的轿车，每年大众公司以此种方式销售的汽车近 90 000 辆。近年来我国的部分汽车公司也在推进这种销售方式，加快轿车进入家庭的进程。

（4）订货会与展销促销。主要方式有现货交易、样品交易、以名优产品为龙头的展销、新产品展销、区域性展销等。这期间一般有优惠活动，可以起到"以新带旧、以畅带滞"的作用。

（5）价格折扣和价格保证促销。在 20 世纪 80 年代，通用公司将某紧凑型轿车的零售价调到比批发价格高 26% 的价位，雪佛兰调高 20%，然后分别以削减 90 美元和 500~700 美元的折扣出售，终于打开了销售局面。

（6）竞赛与演示促销。汽车企业可以将开展汽车知识文化竞赛、驾驶水平比赛、现场展示产品等方式结合起来，从而展示企业实力、产品质量和性能，以建立和保持产品形象和企业形象。

2．对中间商的促销

（1）现金折扣。这种促销方式是指如果中间商提前付款，可以按原批发折扣再给予折扣。例如按规定，中间商应在一个月内付清货款，如果在 10 天内付清款项，则再给予 2% 的折扣；如果在 20 天内付清货款，则给予 1% 的折扣；如果超过 20 天，则不给予另外折扣。这种方法有利于企业尽快收回资金。

（2）数量折扣。数量折扣是对于大量购入的中间商给予的一定折扣优惠，购买量愈大，折扣率愈高。数量折扣可按每次购买量计算，也可以按一定时间内的累计购买量计算。在我国，通常称为"批量差价"。

（3）功能折扣。这种折扣形式是企业根据中间商的不同类型、不同分销渠道所提供的不同服务给予的不同折扣。例如，商量报价是"100 元，折扣 40% 及 9%"，表示给零售商折扣 40%，即卖给零售商的价格为 60 元，给批发商再折扣 9%，即 54 元。

（二）公共关系

公共关系的任务是协调社会组织与公众的关系，塑造组织良好的社会形象，以促进组织不断发展和完善。公共关系是由组织、公众、传播三要素构成的。汽车企业公共关系的表现方式主要有：

1．散发宣传资料

宣传资料包括与企业有关的所有刊物、小册子、画片、传单、年报等。这些资料要印刷页头、图文并茂，并在适当的时机向目标客户及有关社会团体、社会公众散发，可以吸引他们认识和了解企业，扩大企业的影响。

2．借助公关广告

（1）致意性广告：即向公众表示节日欢庆、感谢或道歉等。

（2）倡导性广告：即汽车企业首先发起某种社会活动或提出某种新观念。

（3）解释性广告：即企业就某方面的情况向公众介绍、宣传或解释。

（4）赞助性广告：即企业通过赞助某项社会活动，以扩大企业的影响和知名度，如一年一度的"丰田杯"。

（5）服务性广告：即企业通过有计划、有组织地为用户提供服务，以此引起公众对企业及其产品的兴趣和关心，如"××汽车服务月活动"等。

3. 举办各种专题活动和策划企业的演讲或报告

通过这类活动的举办，扩大企业的影响和潜在客户对企业产品的认识，举办各种专题讲座、产品展示会、报告会、举办各自庆祝活动等。

4. 参与社会公益活动

如丰田汽车公司为了改善美国人对日本汽车大量涌入市场的不满情绪，利用各种机会向美国各类消费者组织、社会福利机构捐赠，还为美国中学生提供在日本学习的奖学金。丰田公司对美国人的奉承，颇得一些美国民心，有助于消除美国男人对日本汽车的反感，改善关系。

5. 推广各种车展

汽车企业可以利用各种汽车展览会来推广汽车产品，因为汽车展览会都会引来大量的汽车爱好者和有意购车的潜在客户，这样不仅可以提高产品的知名度，而且有望在汽车展中增加销售订单。例如广州国际车展、上海国际车展。

6. 新车上市推广

每个汽车企业推出新产品时都会举办大型的新车上市推广活动，以提高公众对新车的认识和了解，让新车进入消费者的眼帘。

例如，在海南亚龙湾，上海通用汽车举办的以"激活你的世界"为主题、以"塑造健康休闲形象"为理念的别克凯越 HRV 的新车上市推广活动。上海通用特别邀请人气渐旺的青年演员孙俪、摄影师刘若寒、热舞教练杨扬、专业设计师王焱代言 HRV 族，与 16 位木偶表演对照，勾勒出 HRV 驾乘者的多彩生活。

7. 其他推广

其他推广包括向社会发布招聘高素质的优秀人才的信息。如东风日产公司在 2006 年在中央电视台第二频道举行为期几个月的百万年薪的营销总监的招聘活动。活动结束宣布招聘结果的时候，同时让新招聘的营销总监公布了新轩逸的上市价格。这个招聘过程吸引了几百名高素质的优秀人才参加。这样的活动不仅可以大大提高企业及产品的知名度，还可以招揽到社会上的优秀人才，为企业的发展打下战略基础。

三、车展营销策划

（一）车展的作用

车展一般有以下作用或特点：

1. 名车荟萃

如 2009 哈尔滨国际车展以国际化的组织手法、先进的服务手段和完备的配套设施，为国内外车商搭建了高标准的汽车展示平台。每年世界顶级豪车的登陆，都为哈尔滨国际车展带来了璀璨的光环。随着车展规格档次的不断升级，国际车展推出名车的力度也水涨船高，很多中国首发、甚至是只在国际顶级车展才展出的珍稀车型，也出现在哈尔滨国际车展的展台上。千万元售价的劳斯莱斯、迈巴赫、宾利、阿斯顿马丁、法拉利、玛莎拉蒂、F1 赛车以及概念车的全角度展示，为车友打开了一幅全球汽车的盛世宏图。咫尺间看世界名车，近距离观豪车的风采，这才是车友真正想要的体验，也是顶级车展的象征和标志。

2. 新车成为专业车展的看点

随着欧、美、日、韩等国汽车巨头联合参展，与国内车企同台竞技，争夺世界最大汽车市场的份额，车友选择车展的目的主要有两种：一种是寻找自己现在可能买或需要买的新车，另一种就是看最新款的车型，了解汽车发展水平和趋势。而车展的功能，则是将车友的梦想完美实现。车展涵盖了所有下线新车并举行隆重精彩的新车下线首发仪式，而且能在最短时间和距离内看遍所有新车，作出购买选择。另外，跑车、越野车、新型动力车、环保节能车，甚至超长版汽车、巨型卡车都能在车展上找到，这些只有在高档杂志或是影视画面中才能看到的汽车，将实实在在地出现在触手可及的地方，有些甚至可以试乘试驾。

3. 展台体现了车展的档次

如哈尔滨国际车展作为专业性国际化车展的代表，汽车厂商和组委会为其倾注了极大的精力。车展主办方用一年的时间广邀全球厂商，完善软硬件设施，积极筹备；车商以极为艺术化的方式展现，增强展台的效果。华美的展台造型，奢华大气的装饰，与新车相得益彰。展台称得上是巨资打造的"短暂的艺术"，是车展档次的真正体现。车友在逛车展的同时，得到了无与伦比的魔幻视觉体验。

4. 美女成为车展文化的亮点

欧美车模、双胞胎姐妹组合、人体彩绘表演、民族服装秀等花样百出、手法翻新的车模展示，年年创新。不管是暴露性感的美女，还是庄重典雅的车模，都成为吸引闪光灯的焦点。美女与香车的组合是国际车展最闪耀的一道风景。车模之战，可谓是在新车型之外竞争最为激烈的战场了。车商挑选模特的要求一年比一年高，车展主办方组织的车模大赛，更是吸引无数少女和摄影爱好者以及媒体的积极参与。无可否认，美女的出现已经成为车展文化的独特亮点。如果没有美女车模的映衬，车展不知将失去多少芳华美艳和无穷回味。

世界五大国际车展

巴黎国际车展作为世界五大车展之一，起源于 1898 年，在每年的 9 月底至 10 月初举行。东京车展始于 1966 年。东京车展具有鲜明的特点：日本本土车厂出产的五花八门、千姿百态的小型汽车历来是车展的主角。同时各种各样的汽车电子设备和技术也是展会的一大亮点。一年一度的北美国际汽车展创始于 1907 年，是世界上历史最长、规模最大的汽车展之一，每年一月初在美国的底特律举行。日内瓦国际汽车展举办地在瑞士的日内瓦，每年一届，今年是第 80 届（2010 年 3 月 4 日—3 月 14 日）。车展吸引了全世界 30 多个国家和地区的 265 家展商，展出了大约 900 款各类汽车，其中有 70 款轿车属于全球或欧洲首发。法兰克福国际车展一般安排在 9 月中旬举行，为期两周左右。

（二）车展营销应注意的问题

1. 主题鲜明

巴黎车展以面向 21 世纪为主题，展出即将投放市场的新型车或代表新技术的"未来车"。第 74 届日内瓦车展上，绿色环保、安全性、柴油动力、前卫概念成为热门话题。第 36 届日本东京国际车展五花八门、千姿百态的小型汽车是车展的主角。同时各种各样的汽车电子设备和技术也是展会的一大亮点。

2. 体现未来趋势

车展起着引导汽车新潮流的作用，展台也是体现未来汽车潮流的舞台，是厂家展示自己的特色、对汽车未来趋势的理解和领先潮流的实力的机会。观众希望通过车展看到汽车行业消费的前景和走向。上海的上届车展虽有 20 余款新车亮相，但能称得上体现未来趋势的车并不多，车型基本雷同，技术泛泛，使车展变成了上市新车的发布会。

第 72 届日内瓦汽车车展共有 30 多种车型作世界首展。第 73 届日内瓦国际汽车展展出了大约 900 款各类汽车，其中有 70 种轿车属于全球或欧洲首发。第 74 届日内瓦国际车展共展出 500 多款各类汽车，其中 50 多款新车型首次亮相。

3. 演绎文化

汽车走入百姓的生活，成为生活的一部分，代表着一种生活方式，因而汽车的竞争从深层次来讲进入了文化竞争的时代，车展也就成了演绎汽车文化的平台，国际汽车巨头在日内瓦、底特律等著名车展上极力向观众展示品牌文化、汽车文化。

第四节　网络营销策划

一、网络营销的含义

关于网络营销的认识，一些学者或网络营销从业人员对网络营销的研究和理解往往侧重某些不同的方面：有些偏重网络本身的技术实现手段；有些注重网站的推广技巧；也有些人将网络营销等同于网上直销；还有一些人把新兴的电子商务企业的网上销售模式也归入网络营销的范畴。

从"营销"的角度出发，网络营销定义为：网络营销是企业整体营销战略的一个组成部分，是建立在互联网基础之上、借助于互联网特性来实现一定营销目标的一种营销手段。

据此定义，可以得出下列认识：

1. 网络营销不是网上销售

网上销售是网络营销发展到一定阶段产生的结果，网络营销是为实现网上销售的目的而进行的一项基本活动，但网络营销本身并不等于网上销售。

这可以从两个方面来说明：

（1）因为网络营销的效果可能表现在多个方面，如提升企业品牌价值、加强与客户之间的沟通、作为一种对外发布信息的工具。网络营销活动并不一定能实现网上直接销售的目的，但是很可能有利于增加总的销售量。

（2）网上销售的推广手段也不仅仅靠网络营销，往往还要采取许多传统的方式，如传统媒体广告、发布新闻、印发宣传册等。

2. 网络营销不仅限于网上

一个完整的网络营销方案，除了在网上做推广之外，还很有必要利用传统营销方法进行网下推广。这可以理解为关于网络营销本身的营销，犹如关于广告的广告。

3. 网络营销建立在传统营销理论基础之上

因为网络营销是企业整体营销战略的一个组成部分，网络营销活动不可能脱离一般营销环境而独立存在，网络营销理论是传统营销理论在互联网环境中的应用和发展。有关网络营销理论与传统营销理论的比较将在以下内容中作深入分析。

二、汽车网络营销的作用

（一）面向客户的需求

在汽车市场竞争日趋激烈的今天，企业比以往任何时候都更重视和了解自己的客户是谁、客户需要什么样的产品等客户需求信息。网络技术为汽车企业进行市场研究提供了一个全新的通道，汽车企业可以借助它方便迅速地了解全国乃至全球的消费者对本企业产品的看法与要求，随着上网人数的急剧增长，网上调研的优势将愈加明显。企业还可以借助互联网络图文声像并茂的优势，与客户充分讨论客户的个性化需求，从而完成网上定制，以全面满足汽车消费者的个性需要。与此同时，网络技术为汽车企业建立其客户档案、做好客户关系管理带来了很大的方便。汽车企业有了这样的基础平台，就可以致力于做好客户信息挖掘，定期或不定期地了解客户的各类需求信息，从而赢得市场竞争的主动权。

（二）实现与客户的沟通

汽车消费属于大件消费，虽然在短期内尚无法完全做到网上看货、订货、成交、支付等，但是网络营销至少能够充分发挥企业与客户相互交流的优势。企业可以利用网络为客户提供个性化的服务，使客户真正得到其希望的使用价值及额外的消费价值。网络营销以企业和客户之间的深度沟通、使企业获得客户的深度认同为目标，满足客户显性和隐性的需求，是一种新型的、互动的、更加人性化的营销模式，能迅速拉近企业和消费者的情感距离。它通过大量的人性化的沟通工作，树立良好企业形象，使产品品牌对客户的吸引力逐渐增强，从而实现由沟通到客户购买的转变。

（三）获取低廉的成本

相对传统营销方式而言，网络营销可以使企业以较低的成本去组织市场调研、了解客户需要、合作开发产品、发布产品信息、进行广告宣传、完成客户咨询、实施双向沟通等，从而有利于汽车企业降低生产经营成本，增强产品价格优势。同时网络营销还具有信息传递及时、增强企业的信息获得、加工和利用的能力的功能，使企业提高市场反应速度，避免机会损失和盲目营销的损失，从而改善营销绩效。总之，网络营销可以为企业节约时间和费用，提升营销效率，既使企业获得低廉的成本，又使客户获得实惠。

（四）便利用户的购买

由于生产集中度和厂家知名度相对较高，产品的同质度也较高，企业比较注重市场声誉，服务体系较为完备，同时对企业营销的相关监督措施较为得力，像汽车、家电等高档耐用消费品，在市场发育较为成熟后就特别适合网络营销。客户可以放心购买，不必过于顾虑产品质量等问题。

三、企业网络营销的基本策略

（一）网络营销导向的企业网站建设和维护策略

企业网站建设与网络营销方法和效果有直接关系，没有专业化的企业网站作为基础，网络营销的方法和效果将受很大限制，因此网络营销策略的基本手段之一，就是建立一个网络营销导向的企业网站。也就是以网络营销策略为导向，从网站总体规划、内容、服务和功能设计等方面为有效开展网络营销提供支持。

（二）网站推广策略

网站推广的基本目的就是为了让更多的用户了解企业网站，并通过访问企业网站内容、使用网站的服务来达到提高网站访问量、提升品牌形象、促进销售、增进客户关系、降低客户服务成本等目的。常用的方法包括搜索引擎营销、网络广告、资源合作、信息发布、病毒式营销等。

（三）网络品牌策略

与网络品牌建设相关的内容包括专业性的企业网站、域名、搜索引擎排名、网络广告、电子邮件、会员社区等。最近调查显示，6%的车辆销售可以直接归功于网络广告（不包括点选广告），网络广告的投资收益率是其他非网络媒体的两倍以上。汽车有关网页上的网络广告在提升购买欲方面是最有效的。与电视广告相比，网络广告在印象成本上有很大价值，对销售量的提升意义重大。

（四）信息发布策略

信息发布需要一定的信息渠道资源，这些资源可分为内部资源和外部资源，内部资源包括企业网站、注册用户电子邮箱等，外部资源则包括搜索引擎、供求信息发布平台、网络广告服务资源、合作伙伴的网络营销资源等。掌握尽可能多的网络营销资源，并充分了解各种网络营销资源的特点，向潜在用户传递尽可能多的有价值的信息，是网络营销取得良好效果的基础。

（五）网上促销策略

在以网上销售为标志的电子商务还没有普及之前，网上促销即对整体销售提供支持，是网络营销的主要作用之一。网上促销是各种网络营销方法的综合应用，网上促销效果是各种网络营销活动综合作用的效果，包括网站推广、信息发布、网站内部广告、邮件列表、大型网站和专业网站的网络广告、E-mail 营销、搜索引擎营销等。

2005 年赛拉图上市时，在网络中出尽了风头。从上半年的"你的车，你命名"活动起，赛拉图系列活动就充分地利用了网络良好的互动性这一特点，短期内在网络整合了包括主流门户网站在内的各大媒体，进行互动有奖征名活动，不但引起了网友的关注，同时获取了大量的潜在用户信息。

在 6、7 月份，东风悦达起亚趁热打铁，及时地推出"赛拉图搜寻最风尚的你"及"赛拉图风尚之星慧眼奖"主题活动，整合了网络选秀、广告宣传、关注投票，甚至歌手助阵等精彩要素，利用多视角、多层次的活动参与互动方案，有效地宣传了这款车的定位与特点。

（六）网上销售策略

网上销售的实现包括建设完整的在线销售管理系统的企业网站，以及通过专业电子商务平台开展在线销售等。网站按公司和产品两大部分来组织内容，配以经销商的评价，或是公司管理层对企业方针的阐述。网站访问者不但可以查询到遍布世界的汽车经销商、零售商和各种型号汽车制造分厂的目录，还可以向访问者提供多渠道、多选择的产品查询与购买方案规则，网上汽车导购成为站点不变的主题。例如，通用汽车公司希望自己新建立的 B2B 网站（GMBuyPower.com），能在 2010 年年底之前达到 500 亿美元的销售额。另外，通用汽车公司还计划通过和主要的互联网企业结成联盟，使网站的访问流量比去年增加 10 ~ 15 倍。

2005 年丰田锐志上市前，自 9 月开始在新浪、搜狐和雅虎这三家国内主流门户网站的汽车频道首页与新闻内页有计划、有规模地投放了大量广告。广告主题表述十分明确，一是预订，二是宣传锐志最大的技术卖点。就广告形式而言，包括了网络广告中最为常见的通栏、擎天柱等形式，也包括全屏、流媒体、图文等投入较大、视觉效果与传播效果较好的广告形式。锐志如此大范围的造势宣传，使得锐志品牌的知名度在一夜间得以迅速提升。

（七）客户服务策略

在线服务的主要手段包括 FAQ、电子邮件、在线表单、即时信息、论坛等；其中既有企业事先整理出供客户自行浏览的信息，也有企业根据客户的提问作出解答的信息。

（八）客户关系策略

客户关系是与客户服务相伴产生的一种结果，良好的客户服务才能带来稳固的客户关系，因此客户服务策略和客户关系策略是一致的。

（九）网上市场调研策略

主要的实现方式包括通过企业网站设立在线调查问卷、通过电子邮件发送调查问卷，以及与大型网站或专业市场研究机构合作开展专项调查等。

（十）网站流量统计分析策略

对企业网站流量的跟踪分析不仅有助于了解和评价网络营销效果，同时也为发现其中所存在的问题提供了依据，网站流量统计既可以通过网站本身安装的统计软件来实现，也可以委托第三方专业流量统计机构来完成。

四、网上 4S 店

（一）网上 4S 店的含义

2008 年 11 月 13 日，新浪汽车在中国首次推出了其整合多项优势资源、颠覆传统营销理念的全新购车工具——网上 4S 店。这是一种全新的购车方式，它运用 WebEx 强大的协同功能，通过整合文字、图片、视频、音频、互动、网络导航等多种演示手段，彻底颠覆了业界传统的购车方式，为汽车终端销售市场带来了一场全新的变革。

网上 4S 店作为一种具有革命性意义的汽车网络营销整合平台，通过模拟线下售车的全过程，让汽车购销双方在足不出户的情况下即可实现网上看车、选车、咨询、订单生成的全过程，突破了时间和空间的限制，轻松便捷地完成选车购车的全过程，同时还可享受各种线下 4S 店没有的特别优惠。例如，通过新浪汽车网上 4S 店购买荣威 550 的车主即可得到厂家特别提供的限量版车辆模型。可以说，网上 4S 店将网络独具的 3D 展示和互动的功能发挥到极致。如此，汽车厂商的品牌展示需求和经销商销售需求也通过网上 4S 店实现了有机的结合，一体化推动了终端销售。与传统的汽车 4S 店的"坐销"模式相比，网络营销的主动性和互动性将为汽车行业带来营销模式的全新变革。

网上 4S 店这种全新的以网络为依托的营销平台，是汽车网络营销广度与深度的完美结合。它在充分利用网络的交互性、广泛性的基础上，整合各方面的优势资源于一体，在汽车生产厂商、经销商和消费者之间搭起了一座最好的沟通桥梁，开启了电子化和数字化营销的新篇章。

（二）网上 4S 店的作用

1. 受众与品牌的互动：品牌的全面展示，受众的全面了解

网上 4S 店作为一种全新的网络购车工具，无论是对于生产商、销售商还是消费者都具有非凡的意义。它通过全方位的整合资源颠覆了传统的购车方式，满足了生产商对品牌的展示需求和销售商对销售的需求，同时最大限度地满足了消费者的多元化需求。

汽车属于相对复杂的产品，消费者在购买之前必定需要收集相关的信息，对产品和品牌有一个全面的了解，网络则成为其获取汽车信息的主流渠道；而作为汽车网络营销整合平台——网上 4S 店的推出，正好满足了消费者对这方面的需求。他们可以不受时间和空间的限制，随时上网看车、评车以及进行在线交流，使受众对产品和品牌进行全面的了解。网上 4S 店通过发挥网络平台的优势，与消费者建立一种互动、双赢的营销模式。

2. 受众与受众的互动：客户口碑的分享，试驾体验的分享

随着互联网飞速发展，更多消费者选择通过网络来了解新闻动态、网上购物、进行信息的交流与共享等。网络营销最大的优势和核心资源是互动性强，它不仅可以让销售商和消费者进行互动，消费者与消费者也可以进行互动，多项互动共同促进消费者对产品和品牌的认知、了解。受众与受众的交流与互动，能产生巨大的口碑效应。很多消费者在购车之前都会关注该车已购车主的评价、点评等，比如看汽车论坛和博客里网友是怎么评论的。口碑营销在网络营销时代变得越来越重要，它利用口碑传播来维护产品和品牌的生命力。口碑营销强调和注重受众

与受众之间"多对多"的传播，它从受众出发，最终将营销诉求反馈到受众，有效利用了网络的互动性强、传播范围广的优势，将受众的需求与企业营销诉求相结合，依靠消费者口口相传来扩大影响力，因此口碑营销又被业内人士称为"病毒式营销"。网上4S店凭借强大的网络优势，通过3D展示让消费者在线了解车辆的实际驾乘感受，实现在线试驾体验的分享。

复习思考题

1. 编写营销策划书的基本格式是什么？
2. 汽车渠道策划的思路以及我国汽车渠道的变革和未来趋势怎样？
3. 汽车广告策划的程序有哪些？
4. 汽车促销的基本策略有哪些？
5. 汽车公关策划的策略有哪些？
6. 车展的作用以及应注意的问题有哪些？

实训练习题

结合某汽车企业的情况，撰写一份该汽车企业的营销策划案。

参考文献

1. 罗静，单晓峰．汽车销售技法．广州：华南理工大学出版社，2007
2. 范小青．汽车营销实务．杭州：浙江大学出版社，2007
3. 宋润生．汽车营销基础与实务．广州：华南理工大学出版社，2007
4. 叶冠．销售从被拒绝开始．北京：企业管理出版社，2006
5. 张国方．现代汽车营销．北京：电子工业出版社，2005
6. 陈永革．汽车市场营销．北京：高等教育出版社，2005
7. 苏朝晖．客户关系的建立与维护．北京：清华大学出版社，2007
8. 武文胜．经营客户．北京：机械工业出版社，2005
9. 方光罗．市场营销学．大连：东北财经大学出版社，2005
10. 李欣禹．快速提高汽车销售业绩．北京：电子工业出版社，2005
11. 霍亚楼．汽车营销实训．北京：中国劳动社会保障出版社，2005
12. 菲利普·科特勒．营销管理．北京：中国人民大学出版社，2003
13. 李先国．销售管理．北京：中国人民大学出版社，2004
14. 何宝文．汽车营销实务．重庆：重庆大学出版社，2008
15. 汤兵勇．客户关系管理（第二版）．北京：高等教育出版社，2008
16. 刘同福．汽车营销策划实用手册．广州：南方日报出版社，2004
17. 郑树清．论汽车工业的特征和一般发展规律．上海经济研究，2004（8）
18. 冯波．汽车工业发展模式的比较与选择．天津汽车，2004（2）
19. 韩林．我国汽车工业发展走势与对策．中国军转民，2005（4）
20. 李怀彬．汽车贸易政策．商用汽车，2005（9）
21. 程军．建立我国的二手车市场．汽车研究与开发，2004（4）
22. 石涛．我国汽车业供应链管理研究．汽车工业研究，2005（7）
23. 焦志伦．基于模块化理论的汽车行业供应链研究．物流技术，2005